Über dieses Buch

Nicht viele Linke haben in den letzten zehn Jahren Rudi Dutschkes Forderung verwirklicht, den »Marsch durch die Institutionen« anzutreten. Allerdings einer Fraktion der Linken aber ist dies in beachtlichem Maße gelungen: den Sowjetkommunisten. Dank der Finanz- und Einflußmacht der DKP/SEW, aber auch dank der scheinbaren Geschlossenheit sowjetmarxistischer Ideologien und »Bündnis«-Strategien haben die DKP und ihre Freunde in wichtigen linken Teilbereichen des wissenschaftlichen, politischen und Gewerkschaftslebens Fuß gefaßt und ihre Stellung ausgebaut.

Dies ist gefährlich, nicht, weil es sich um angeblich radikale Linke handelt, sondern weil es in einer verdeckten Form geschieht und weil diese sowjethörige Variante des Kommunismus jede linke Institution und Gruppierung zutiefst diskreditiert. Allzulange gab es naive linksliberale Biedermänner in unseren (Hoch-)Schulen und Kultusverwaltungen, in Gewerkschaften und Parteien, in Jugend- und Studentengruppen, Verlagen und »Initiativen«, die aus Unkenntnis, Bequemlichkeit, Toleranz, aus einem unkritischen Solidaritätsgefühl gegenüber allem, was sich »links« gibt, Sowjetmarxisten akzeptierten, ohne sie gleichzeitig zu zwingen, ihre Position offen darzulegen und zur Diskussion zu stellen.

Diese Auseinandersetzung aber muß geführt werden, will man ein »Umkippen« wichtiger Bereiche der linken Wissenschafts-, Bildungs- und Jugendarbeit ins Antidemokratische verhindern. Der vorliegende Band eines kompetenten Autorenteams leistet diese Auseinandersetzung sachkundig.

Es ist ein notwendiges Buch. Denn die Ideologien und Taktiken der Unterwanderung, die das Buch darstellt, befähigen Gewerkschafter oder Studenten nicht etwa zu aktivem radikaldemokratischen, gesellschaftsverändernden Handeln, sondern treiben sie in eine ideologische und politische Sackgasse: in die Situation orthodox-marxistischer »Berufsrevolutionäre im Wartestand«, ausgehalten von einer »russischen Partei«, wie Kurt Schumacher sagte: der DKP.

Angaben über die Autoren finden sich auf S.272

Das vorliegende Buch wird zugleich als Bd. 10 in die Reihe der »Studientexte« der Hochschulinitiative Demokratischer Sozialismus aufgenommen.

Ossip K. Flechtheim/Wolfgang Rudzio/
Fritz Vilmar/Manfred Wilke

Der Marsch der DKP durch die Institutionen

Sowjetmarxistische Einflußstrategien und Ideologien

Fischer
Taschenbuch
Verlag

Lektorat: Walter H. Pehle

Unser Umschlagfoto
verweist auf einen wissenschaftlichen Kongreß des DGB
zu dessen 30jährigen Bestehen,
der nicht zuletzt dem Ziel diente,
der sowjetmarxistischen Geschichtsklitterung
ein wahrheitsgetreueres Bild der Gewerkschaftsgeschichte
entgegenzustellen.

Originalausgabe
Fischer Taschenbuch Verlag
November 1980

Umschlagentwurf: Jan Buchholz / Reni Hinsch
Foto: Harald Frey

Fischer Taschenbuch Verlag GmbH, Frankfurt am Main

Gesamtherstellung: Hanseatische Druckanstalt GmbH, Hamburg
Printed in Germany
880-ISBN-3-596-24223-1

Inhalt

Einleitung: Warum dieses Buch notwendig wurde

Weniger als 1% der Bürger in der Bundesrepublik wählen DKP. In Anbetracht ihres anhaltenden politischen Mißerfolgs sucht die DKP nun – nicht ohne Erfolg! – andere Kanäle des Einfluß- und Machtgewinns: DKP-orientierte Wissenschaftler und Funktionsträger haben – meist ohne offenes Bekenntnis ihrer Parteiposition! – in den letzten zehn Jahren in einigen Hochschulfachbereichen, in Schulen und Studentengruppen, in politischen Kampagnen und linken Zeitschriftenredaktionen weit überproportionalen Einfluß gewonnen, vor allem aber auch in einigen gewerkschaftlichen Bildungs- und Organisationsbereichen. Durch emsige Aktivität haben DKP-nahe Personen und Gruppen in vielen Bereichen, *wo Positionen nicht aufgrund allgemeiner Wahlen, sondern aufgrund besonderer Aktivität besetzt werden,* starken Einfluß erobern können.
Nirgends sollte dieser Konflikt »gelöst« werden durch administrative Maßnahmen gegen Personen. Vielmehr muß die politische Position von DKP-Anhängern *inhaltlich,* sachlich und offensiv kritisiert werden. Mit anderen Worten: Es ist *nicht* zu kritisieren, daß es an Hochschulen, in Gewerkschaften und Jusogruppen der Bundesrepublik sowjetmarxistisch (oder auch anders) orientierte Kommunisten gibt, sondern es ist
erstens zu kritisieren, daß diese Personen in *verdeckter* Form, ohne ihre kommunistische Position offen darzustellen, um Machtgewinn in Institutionen und Gewerkschaften ringen; und es sind ...
zweitens die leninistischen bzw. Stamokap-Ideologien und die Taktiken ihres innergewerkschaftlichen Machtgewinns, mit denen sie operieren, offen zu kritisieren.
Dabei stehen im folgenden die Begriffe »Sowjetmarxisten«, »sowjetmarxistisch« als zusammenfassende Kurzbezeichnung der DKP- wie auch der DKP-nahen Gruppierungen und Ideologien; dieser Begriff macht deutlich, daß es sich bei den Anhängern dieser Ideologien und Strategien nicht einfach um »Marxisten« handelt (wie sie selber stets glauben zu machen versuchen, um ihre Gegner als »Antimarxisten« abstempeln zu können), sondern *um eine sehr eingeengte, mit einer Idealisierung der Sowjetunion verknüpfte* Richtung des Marxismus.
Vor allem der Machtgewinn der Sowjetmarxisten in einigen gewerkschaftlichen Bereichen, nicht zuletzt in Bereichen der gewerkschaftlichen Jugendarbeit, macht die offensive inhalt-

liche Auseinandersetzung unabdingbar. Denn nichts wäre für die Gewerkschaftsbewegung gefährlicher als die einschläfernde Meinung einiger Gewerkschaftsfunktionäre, solche Auseinandersetzung erübrige sich, da die kommunistischen Kollegen – was immer sie sonst denken und tun mögen – im Gewerkschaftsbereich sich ja nicht als DKP-Anhänger zu profilieren versuchten, vielmehr loyal und aktiv mitarbeiteten. Das Vorstandsmitglied der IG Druck, Detlef Hensche, verstieg sich sogar zu der erstaunlichen Verharmlosungsformel (Gewerkschaftliche Monatshefte 8/79), kommunistische Gewerkschaftsarbeit unterscheide sich nach bisherigen Befunden nicht von »sonstiger, etwa sozialdemokratischer«.[1]
Dem steht nicht nur die Erfahrung der gesamten europäischen und insbesondere die der deutschen Gewerkschaftsgeschichte entgegen, in der einzelne Kommunisten zwar immer wieder sich als gute, oft vorbildliche Kollegen erwiesen haben, die KPs jedoch *jederzeit* – oft zum Schaden geschlossener Gewerkschaftsarbeit – mit eiserner Härte die Einhaltung ihrer parteitaktischen Linie von ihren Mitgliedern in den Gewerkschaften erzwungen haben. Widerlegt wird solche Blauäugigkeit ebenso von den klaren Anweisungen, die von der DKP auch heute an ihre Gewerkschaftsmitglieder gegeben werden. So heißt es in der Broschüre »Kommunist sein – was ist das?« der DKP (erschienen im November 1978): »Arbeiter sagen zu einem bekannten kommunistischen Betriebsfunktionär: ›In den Betriebsrat wählen wir dich, dort bist du unser Mann. Aber in den Landtag wählen wir dich nicht, denn dort bist du der Mann der Partei!‹ Was heißt das denn? Das heißt, daß … es uns häufig noch nicht gelingt, die Erkenntnis zu vermitteln: Der Kommunist vertritt nicht nur im Landtag die Partei, sondern *er ist eben auch im Betrieb der Mann der Partei,* ja, gerade darum vertritt er die Interessen seiner Arbeitskollegen im Betrieb so konsequent, weil er Kommunist, weil er Parteimann ist.« (S. 6; Hervorh. vom Verf.)
Zur Ehre vieler kommunistischer Kollegen sei gesagt, daß sie in zahllosen Fällen aktiv mitarbeiten, weil sie solidarische Kollegen sind, weil sie selbstbewußte kritische *Menschen* sind und *nicht,* weil sie als »Parteileute nur gut funktionieren. Aus DKP-Sicht aber soll es genauso sein, wie es hier geschrieben steht, und im Zweifelsfall handeln und argumentieren auch die meisten (und gerade die jungen) Funktionäre widerspruchslos auf der parteizentral vorgegebenen Linie. Dies zeigt sich natürlich nicht tagtäglich. In entscheidenden Fragen der gesellschaftspolitischen Orientierung, wie sie bei der Bundesjugendkonferenz

des DGB 1977 aufbrachen, tritt diese – z. B. prosowjetische – Linie dafür um so deutlicher in Erscheinung. Diese »Linie« aber steht in grundlegenden Fragen im Widerspruch zu demokratischen Grundprinzipien und den auf ihnen basierenden Prinzipien und Satzungen der Gewerkschaften. Es kann also kein Zweifel daran bestehen, daß die inhaltliche Auseinandersetzung mit Ideologien und organisationspolitischen Taktiken der DKP und ihrer Freunde in den Gewerkschaften – insbesondere in der Bildungsarbeit – von lebenswichtiger Bedeutung für die Zukunft der deutschen Gewerkschaftsbewegung ist.
Aus diesem Grund ist dieses Buch notwendig geworden. Die in ihm vorgelegte Sammlung von Analysen, Dokumentationen und Schlußfolgerungen soll in allgemeinverständlicher Form politisch Aktiven, Funktionären und speziell Referenten helfen, sich in einer sachlichen, kenntnisreichen Form mit den Ideologien, Organisationsformen und Strategien der DKP und ihrer Freunde auseinanderzusetzen. Undogmatische Linke, vor allem aber Gewerkschafter werden dadurch in die Lage versetzt, *ihre eigene Position und Orientierung* gegenüber der DKP-Position mit Entschiedenheit zu bestimmen.
Ausdrücklich ist in diesem Zusammenhang auf eine häufig wiederkehrende Argumentationsweise einzugehen, mit der Linksliberale und Linke – besonders auch im Umkreis des »Sozialistischen Büros« – sich der Auseinandersetzung mit den Sowjetmarxisten und den DKP-gesteuerten Praktiken entziehen oder gar vor ihr warnen: »Was regt Ihr Euch über die paar DKP-Leute und Stamokaps in den Gewerkschaften und Hochschulen auf? Schaut doch mal nach rechts! Von dort rollt doch der Angriff! Rechte Sozialwissenschaftler, Historiker, Juristen, Ökonomen prägen doch nach wie vor Lehre und Forschung an den meisten Hochschulen, rechte Lehrer überwiegen an den Schulen – und auch in den Gewerkschaften überwiegen rechte Sozialdemokraten, die von Kapitalismuskritik, Basisdemokratisierung und aktiver Gewerkschaftspolitik zur Gesellschaftsreform nichts wissen wollen. Dort steht doch unser ideologischer und politischer Gegner. Ihr aber lenkt von dieser Gefahr ab, indem Ihr eine dagegen doch weitaus geringere Gefahr groß an die Wand malt!«
Diese weit verbreitete »linke« Argumentation betrügt sich selbst, da sie unterschlägt, daß man ohne eine glaubwürdige linke Theorie und Praxis »im Rücken« keine glaubwürdige Auseinandersetzung mit dem Konservatismus führen kann. Zutiefst unglaubwürdig bleibt aber linke Theorie und Praxis, wo immer sie sich in den – natürlich! – ohnehin weitaus kleineren linken

Handlungsfeldern in (Hoch-)Schule, Gewerkschaft etc. unterwandern läßt durch Ideologen, Funktionäre und deren »Freunde«, die, wie wir in diesem Buch zeigen, Schleichwege zur Macht benutzen, die den Sowjetsozialismus zum Ideal erheben, die demokratische Verfassungsordnung dagegen als »bürgerliche Demokratie« geringschätzen, den »Marxismus-Leninismus« zur allgemein verbindlichen kommunistischen Weltanschauung erklären und aufgrund all dessen das Verlogenste fordern: das »antimonopolistische« Bündnis mit all den von ihnen so abgrundtief verachteten Reformkräften. Mit anderen Worten: Jene linke Blauäugigkeit, die auf die offensive Kritik des Sowjetmarxismus und seiner verdeckten Einflußstrategien glaubt verzichten zu können, vergißt, daß nur eine solche Linke in Gewerkschaft, Hochschule und Politik Boden gewinnen kann im Ringen mit den konservativen und reaktionären Kräften, die sich der großen Mehrheit vertrauenerweckend präsentieren kann: demokratisch, undogmatisch und vor allem: frei von auch nur der leisesten Rückbindung an den totalitären sowjetkommunistischen Machtblock und -anspruch.
Die Zeit drängt. Es konnte daher nicht das Ziel sein, mit einer solchen Orientierungshilfe zu warten, bis in einer erschöpfenden Untersuchung alle Aspekte sowjetmarxistischer Ideologie und Taktik dargestellt werden können. Auch mußte die Darstellung für den in der schulischen, politischen und gewerkschaftlichen Praxis Stehenden überschaubar bleiben.
Wir haben uns daher – auf vorhandenen Studien aufbauend – auf eine schwerpunktmäßige Darstellung besonders wichtiger Aspekte beschränkt und hoffen, daß Literaturhinweise und die Fortführung der Diskussion in den wissenschaftlichen, politischen und Gewerkschaftsorganen die Lücken in dieser Publikation schließen werden.
Die Gliederung des Ganzen ist, wie wir hoffen, logisch: Zur Sprache kommen
1. die Organisations- und Aktionsformen (Taktiken) des Machtgewinns der Sowjetkommunisten,
2. die sowjetmarxistischen Ideologien,
3. die daraus sich ergebenden theoretischen und politischen Schlußfolgerungen.

Als Autoren dieses politischen Aufklärungsbuches arbeiteten zusammen: Ossip K. Flechtheim, Wolfgang Rudzio, Fritz Vilmar und Manfred Wilke. Das Oberurseler Team der DGB-Bundesjugendschule (vgl. S. 21) hat durch seine Analyse der kommunistischen Strategien, die in unseren Text eingegangen ist, wesentlich mit zum Gelingen des Ganzen beigetragen, –

ebenfalls Horst-Dieter Iske durch einen materialreichen Vorentwurf zum VIII. Kapitel (»Feindbild Sozialdemokratie«) sowie durch zahllose Hilfen bei der Endredaktion. Ferner haben wir allen zu danken, die uns Studien, Informationen, Dokumente und sachkundigen Rat zur Verfügung stellten, – insbesondere Gerhard Beier, Helga Grebing, Hans Kremendahl, Wolfgang Krüger, Karl Ludwig, Hans-Joachim Schabedoth, Manfred Scharrer[2], Klaus-Jürgen Scherer und Hermann Weber.
Um das Buch gut lesbar zu machen, haben wir den Text soweit wie möglich von fachwissenschaftlichen Details entlastet. Aus diesem Grunde ist allerdings den an wissenschaftlichen Belegen und Details Interessierten sehr zu empfehlen, den Anmerkungsteil mitzulesen und die Literaturhinweise (wie überhaupt den Anhang!) zu beachten.
Die in diesem Buch verwirklichte Teamarbeit bedeutet nicht die Herstellung einer Einheitslinie und -meinung in dem Sinne, daß jeder Autor sich für jeden Satz jedes Kapitels mitverantwortlich fühlen müßte.
Daß die meisten Texte zwar schwerpunktmäßig von jeweils einem Autor erarbeitet, weitgehend aber in Teamarbeit ergänzt, verbessert und zu einem Ganzen integriert wurden, ist nicht zuletzt der Tatsache zu verdanken, daß sämtliche Autoren Mitglieder der »Hochschulinitiative Demokratischer Sozialismus« sind und sich demgemäß einer Theoriearbeit verpflichtet fühlen, die sowohl einen »weithin nurmehr wahlpolitisch orientierten sozialdemokratischen Pragmatismus« zu überwinden sucht, wie auch »einen praktisch unfruchtbaren Ableitungsmarxismus, der sich mehr mit der Immunisierung der eigenen Theorie als mit der Erkenntnis und Veränderung der Wirklichkeit beschäftigt«. (Zitiert aus dem Gründungsaufruf der HDS.)
Die »Hochschulinitiative Demokratischer Sozialismus« nimmt daher die vorliegende Arbeit gleichzeitig auch als 10. Band in ihre »Studientexte« auf, die dem interessierten und engagierten Leser zugleich *als die ausgearbeitete positive Alternative* zu jeder – und insbesondere der sowjetmarxistischen – Form dogmatisch-marxistischer oder auch nur sozialliberaler Sozialismustheorie zu empfehlen sind: ihre Grundlegungen reformsozialistischer Theorie und Praxis sowie ihre Studien zur Wirtschaftsdemokratie, zur Vollbeschäftigung und Humanisierung der Arbeit, zur Bilanz sozialliberaler Reformpolitik und Sozialpolitik sowie zum Verhältnis von Eurosozialismus und -kommunismus (vgl. Anm. 236!). Mit dieser Theoriearbeit wurde gleichzeitig der Beweis erbracht, daß Reformsozialismus durchaus konkrete inhaltliche wie methodische Theorieansätze zu entwickeln

vermag, ohne sich an die illusionär gewordenen Lehrformeln eines doktrinären Marxismus zu klammern oder der Marxtöterei bzw. einem bloß sozialliberalen Pragmatismus zu verfallen. Nur dieser Beweis aber: die erwiesene Konkretheit, Durchsetzbarkeit und Zielbewußtheit eines reformpolitischen, reformsozialistischen Gesamtkonzepts kann letztlich die illusionäre Faszination überwinden, die für viele nach einer sozialistischen Perspektive Suchende immer noch von der scheinbaren Geschlossenheit und marxistischen Traditionstreue der sowjetkommunistischen (bzw. einer ihr nahestehenden) Ideologie und Politik ausgeht.
Was übrigens die innergewerkschaftliche Diskussion mit Hilfe dieses Buches betrifft, so möchten wir gleich im vorhinein dem Einwand begegnen, die hier vorgelegten Texte und die darin zum Ausdruck kommenden Einschätzungen über Defizite gewerkschaftlicher (Jugend-)Bildungsarbeit könnten zu »wissenschaftlich« bzw. praxisfern-akademisch geraten sein: Drei der vier Autoren haben, als aktive Gewerkschafter, selbst jahrelange Erfahrung mit der gewerkschaftlichen Bildungsarbeit hinter sich – in der Allgemeinverständlichkeit ihrer Sprache, in ihren Aussagen und Forderungen sind daher alle Beiträge gerade auch der Alltagspraxis der gewerkschaftlichen Bildungs- und Organisationsarbeit verpflichtet geblieben.
Zum Schluß, aber »nicht zuletzt«, muß auf ein Problem der Wissenschaftlichkeit bei einer solchen aktuellen und brisanten Analyse hingewiesen werden. Bei der *Analyse der Ideologien* ist Wissenschaftlichkeit im Sinne von »Belegbarkeit« aufgestellter Behauptungen problemlos herstellbar, und daß nicht »aus dem Zusammenhang« gerissen wurde, erweist sich an der kontinuierlichen Wiederkehr der dingfest gemachten Ideologiegehalte in je neuen Zusammenhängen der Kapitel V–IX. Bei der *Analyse der Strategien* dagegen sind zwar entscheidende Trends, Ereignisse, taktische Verhaltensweise etc. nachgewiesen; oft aber würde »belegen« heißen müssen: Namen nennen. Hier aber gilt, was Oskar Negt und seine Mitautoren (vgl. Anm. 240) in ihrer Verteidigung des »Oberurseler Papiers« geschrieben haben, auf das der 1. Teil unseres Buches sich ja wesentlich stützt: »Eine – über eine bloße Tendenzbeschreibung hinausgehende – personelle Benennung von DKP-Anhängern in den Gewerkschaften (würde) genau jenen administrativen Aussonderungsprozeß provozieren, an denen keiner fortschrittlichen Position innerhalb der Gewerkschaften gelegen sein kann; deshalb ist die vielfache Aufforderung an die Autoren des Oberurseler DKP-Papiers: ›Nennt doch endlich Namen!‹ meist naiv, bisweilen bösartig: verlangt sie doch von diesen Autoren,

denen sie jetzt schon Diffamierung vorwirft, eine personelle Konkretisierung, die dann in der Tat administrative Konsequenzen hätte und dann erst den Diffamierungsvorwurf rechtfertigen könnte, der jetzt zu Unrecht erhoben wird« (S. 62). Auch wir haben, in diesem hier benannten Dilemma, auf eine Wissenschaftlichkeit verzichtet, die (nicht ohnehin bekannte) Funktionsträger ins Rampenlicht rücken müßte – auf die Gefahr hin, daß etliche, wie bisher auf eben diese Zurückhaltung vertrauend, noch eine weitere Zeit lang im Halbdunkel wirken können.
Nicht verzichten aber darf man auf die viel gewichtigere Frage, wie intelligente Wissenschaftler, Gewerkschafter und Jungsozialisten dazu kommen können, sich der – mit Sartre zu sprechen – schwachsinnigen Ideologie und Parteilinie der Sowjetkommunisten anzuschließen. Es ist bedauerlich, daß wir dieser für die linke Intelligenz höchst bedeutsame Frage in diesem Buch nicht genauer nachgehen konnten. Wenigstens aber sei die Antwort eines sehr prominenten (zeitweilig) Betroffenen zitiert; J. P. Sartre gab sie kurz vor seinem Tod in einem sehr intensiven Gespräch mit Benny Lévy (»Die Linke neu denken«, in: Freibeuter 8/80 S. 44), und sie trifft wohl den Kern der Sache: *Ichschwäche.* »In manchen Augenblicken redete ich mir ein, daß die Pseudo-Ideen der Partei Wahrheiten enthalten, daß sie sich auf eine solide Basis stützen müßten und ihr schwachsinniger Eindruck nur oberflächlich war. Tatsächlich war ich beeindruckt, weil die kommunistische Partei sich die Partei der Arbeiter nannte. Ich glaube, das ist ein Irrtum. Ein Intellektueller muß immer etwas finden, an das er sich klammern kann, und ich hatte eben das gefunden, wie viele andere auch.
L.: Wie kommt es, daß Intellektuelle das Bedürfnis haben, sich an diese Schweinerei zu klammern, das heißt, sie als Stütze, als Grundlage zu nehmen?
S.: Weil es darum ging, eine Zukunft für die Gesellschaft zu finden. Die Gesellschaft sollte endlich aufhören, so beschissen zu sein, wie sie heute überall ist. Ich glaube nicht, ganz allein und durch mein eignes Denken die Welt verändern zu können, aber ich erkannte gesellschaftliche Kräfte, die versuchten, voranzugehen, und ich fand, daß mein Platz in ihrer Mitte sei.«
Ein Hinweis zum Lesen des Buches mag noch nützlich sein: Wer sich *vor* der Beschäftigung mit den sowjetkommunistischen Einflußstrategien zunächst mit den sowjetmarxistischen *Inhalten* jener Politik vertraut machen möchte, kann ohne weiteres mit dem Zweiten Teil beginnen (121 ff) oder zumindest mit Hilfe des Kapitels V (»Klischees«) sich einen Überblick über die Ideologie verschaffen.

Erster Teil:

Sowjetkommunistische Organisationsformen und Strategien in der Bundesrepublik

Der Kampf um die Gewerkschaft in Westeuropa muß »rücksichtslos und, so wie wir es getan haben, unbedingt bis zur völligen Diskreditierung aller unverbesserlichen Führer des Opportunismus und Sozialchauvinismus und bis zu ihrer Verjagung aus den Gewerkschaften geführt werden«. Dabei muß man »zu jedwedem Opfer entschlossen sein und sogar – wenn es sein muß – zu allen möglichen Kniffen, Listen, illegalen Methoden, zur Verschweigung, Verheimlichung der Wahrheit bereit sein, um nur in die Gewerkschaften hineinzukommen, in ihnen zu bleiben und in ihnen um jeden Preis kommunistische Arbeit zu leisten«.

Wladimir I. Lenin
(aus: Der Radikalismus,
die Kinderkrankheit des Kommunismus,
in: Lenin, Ausgewählte Werke,
Moskau 1947, S. 698 und 701.)

Übersicht

Da die Kommunisten auf dem *geraden* Wege der Demokratie, d. h. durch Wahlen, bislang keinerlei überlokalen Einfluß in Parteien und Gewerkschaften gewinnen konnten, haben sie mit Erfolg begonnen, *Umwege* zur Macht zu finden:

1. Einerseits durch *Organisationsformen,* die das Markenzeichen der sowjetmarxistischen Orientierung nicht sichtbar an sich tragen und die daher vielen gutgläubigen Linken zunächst schlicht als »fortschrittlich«, »sozialistisch« erscheinen und als solche akzeptiert werden: (Erläuterung der Abkürzungen S. 65 ff., der Verlage und Zeitschriften S. 267!):
   - z. B. Jugend- und Studentenorganisationen wie Falken, SDAJ, SHB, ADS in Berlin, Stamokap-Flügel der Jusos,
   - in Bildungsinstitutionen, z. B. im gesellschaftswissenschaftlichen Bereich der Universitäten Marburg und Oldenburg oder in der Hamburger Hochschule für Wirtschaft und Politik oder in Teilen der gewerkschaftlichen Jugendbildungsarbeit,
   - z. B. Verlage wie den Kölner Pahl-Rugenstein Verlag, der »Pläne«-Verlag etc.,
   - z. B. Zeitschriften wie die »Neue«, »Konkret«, die »Blätter für deutsche und internationale Politik«, das »Argument« oder die »Deutsche Volkszeitung«,
   - z. B. politische »Aktionen« wie die »Kampagne für Frieden und Abrüstung« oder die Großveranstaltungen gegen die Berufsverbote.

2. Andererseits sind *Vorgehensweisen, d. h. Taktik und Strategie* notwendig, um in und mit diesen Organisationsformen politischen, insbesondere aber gewerkschaftlichen Einfluß zu gewinnen, z. B.
   - bienenfleißige Betriebs- und Gremienarbeit in Gewerkschaften und Zuarbeit bei gewerkschaftlichen Aktionen und Demonstrationsveranstaltungen, bei kritikloser Einordnung in die gewerkschaftliche Verwaltung, solange man noch keine Mehrheit hat,
   - klassenkämpferischer Wortradikalismus, aber Vermeidung jeder radikalen, im Gegensatz zur offiziellen Gewerkschaftslinie stehenden betrieblichen oder außerbetrieblichen Aktion,

- Angebot attraktiver Freizeitveranstaltungen für Jugendliche,
- Organisation von politischen Großveranstaltungen, die wichtige, von den etablierten linken Organisationen (SPD und Gewerkschaften) vernachlässigte Themen artikulieren (z. B. Abrüstung, Jugendarbeitslosigkeit, Berufsverbote, Antifaschismus etc.) – wobei stets die Rüstung, die Unterdrückung der Jugend und die Berufsverbote im anderen Teil Deutschlands und in Osteuropa ausgeklammert bleiben,
- schrittweise Übernahme von Redaktionen, Verlagen etc. (z. B. durch zunehmenden finanziellen Einfluß).

Wer sich mit Kommunisten sowjetmarxistischer Prägung in unserer Politik auseinandersetzen will, muß die Kenntnis und Kritik dieser Organisationsformen und Taktiken mit einbeziehen. *Insbesondere muß allen Betroffenen klarwerden, daß diese Umwegstrategie zum Machtgewinn der linken politischen Kultur in diesem Land unabsehbaren Schaden zufügt: Weil jene Strategie des »verdeckten« politischen Machtkampfes mit Notwendigkeit jede Sachdebatte, jede politische Kampagne vergiftet.* Denn es wird sofort gefragt: Wer steht dahinter? Was bezwecken die damit? Welchen Machtgewinn durch die Hintertür versprechen die sich davon? – Und nicht zuletzt: Inwiefern paßt das ins politische Konzept der Sowjetunion/DDR? Und was weit schlimmer ist: Der Tatbestand oder auch nur Vorwand sowjetmarxistischer Unterwanderung ruft in jeder linken Diskussion und Aktion, in jeder radikalen Bürgerinitiative die Schnüffeleien der professionellen Verfassungs- und Staatsschützer auf den Plan (s. die Dossiers über Betriebs- und Personalräte beim Verfassungsschutzamt!) – anstelle des offenen (gewerkschafts-)politischen Meinungs- und Einflußkampfes tritt eine Atmosphäre von Verhohlenheit, personalpolitischem Intrigenspiel, rein taktischem Paktieren (wieviel Stimmen bringst du mir...), Agentenschnüffelei und Illegalität.
Nutznießer einer solchen DKP-linken Verneblungs- und Mauschelpolitik sind – wie die antigewerkschaftlichen Kampagnen von Strauß und seinen Freunden deutlich beweisen – die Reaktionäre und Gewerkschaftsfeinde von rechts, die Leidtragenden aber vor allem gerade diejenigen linken Gruppen und Organisationen, die mit den klassengesellschaftlichen Strukturen in der Bundesrepublik sich nicht abfinden wollen, deren Forderungen nach einer wirtschaftsdemokratischen und gesellschaftlichen Neuordnung aber immer wieder in die Nähe des

Sowjetmarxismus gerückt werden, der durchaus berechtigte Systemkritik unglaubwürdig macht, nur weil *er* sie im Munde führt.

Dieser Erste Teil – dem die kritische Darstellung der sowjetmarxistischen Ideologien im Zweiten Teil folgt! – gliedert sich in vier Kapitel:

Zunächst zeigt eine zusammenfassende Darstellung den internen und öffentlichen Ablauf der aktuellen Konflikte und Diskussionen, die – insbesondere in den Gewerkschaften – durch das immer offensivere Auftreten sowjetmarxistischer Strategien und Ideologien seit 1977 ausgelöst wurden.

Da die – unterschlagene oder schöngefärbte – kommunistische Gewerkschafts- und Parteigeschichte in diesen Auseinandersetzungen eine zentrale Bedeutung hat, und weil man gegenwärtige Organisationstaktiken und -gegensätze ohne geschichtlichen Hintergrund kaum hinreichend verstehen kann, folgt dann ein kurzer historischer Rückblick. Denn es muß gegenüber den diffamierenden Darstellungen der DDR-Geschichtsschreibung und der von ihr weitgehend abhängigen »Marburger Schule« (vgl. Kap. IX) deutlich gemacht werden, daß die Kommunisten nicht erst heute, sondern seit 60 Jahren, unter ihrer anhaltenden Erfolglosigkeit leidend, zum Schaden der Gewerkschaftsbewegung mit allen ideologischen und taktisch-organisatorischen Mitteln versucht haben, als widerspruchslose Befehlsempfänger der Moskauer Zentrale kommunistische Parteiagitation in die Gewerkschaftsarbeit hineinzutragen. Im Mitvollzug einer stalinistischen Zickzack-Politik, die bis hin in den Freundschaftspakt mit Hitler führte, haben sie schon lange vor den Tagen des 17. Juni oder der Unterdrückung des Prager Frühlings oder der Einkerkerung Rudolf Bahros in der deutschen Arbeiterschaft ihre Glaubwürdigkeit verspielt. Aber ihre heutigen Strategien des Machtgewinns finden sich fast alle schon in der Geschichte der kommunistischen Partei- und Gewerkschaftsarbeit seit dem Ersten Weltkrieg wieder.

Auf diesem Hintergrund werden dann einige der genannten sowjetmarxistischen Organisations- und Aktionsformen, mit denen insbesondere – aber nicht nur! – die Gewerkschaften konfrontiert sind, eingehender beschrieben (Kap. III und IV). Da die Ausführungen des »Oberurseler Papiers«[3] in dieser Hinsicht besonders konkret, praxisnah und erfahrungsreich sind, sind sie in dieses Kapitel teils wörtlich, teils weiter ausdifferenziert übernommen worden. Da das Folgende selbst Ergebnis weiterführender und differenzierender Diskussionen

von Gerhard Beier und Fritz Vilmar mit den Autoren darstellt, und da auch dieser Text insofern eine Teamarbeit ist, ist auf die Methode des Zitierens verzichtet worden; es kann genügen, hier ausdrücklich darauf zu verweisen, daß das »Oberurseler Papier« weitestgehend integriert wurde.
Mit Dokumenten und authentischen Erlebnisberichten, die die hier beschriebenen Organisationstaktiken im einzelnen belegen, könnte man Bände füllen; hier konnten wir zumindest beispielhaft – durch knappe Dokumentation von sechs »Fällen« – anschaulich machen, wie sowjetkommunistische Disziplinierung, Kaderarbeit und Ausgrenzung anderer linker Positionen funktioniert.

I. Kommunistische Unterwanderung – ja oder nein?

Zusammenfassender Bericht über die gewerkschaftlichen Konflikte und Diskussionen 1977–1980

1. Unterwanderung – keine Frage der Quantität

Periodisch wird die demokratische Zuverlässigkeit des DGB und seiner 17 Einzelgewerkschaften daran gemessen, wie hoch der »Unterwanderungsfaktor« bei ihnen ist: wieviel Betriebsräte der DKP angehören (der Verfassungsschutz machte 1975 800 aus, das waren 0,4% der fast 200 000 gewählten Betriebsräte), und welche Funktionsträger der Gewerkschaften DKP-Mitglieder sind. Horst-Udo Niedenhoff vom »Institut der deutschen Wirtschaft« registrierte 1978: »Nach dem Verfassungsschutzbericht ist der DKP ein nennenswerter Erfolg in den Gewerkschaften versagt geblieben.«[4] Lediglich auf dem 9. ordentlichen Gewerkschaftstag der Gewerkschaft Handel, Banken und Versicherungen wurde ein DKP-Mitglied in den Hauptvorstand wiedergewählt. Bereits seit einigen Jahren gehört je ein DKP-Mitglied dem Hauptvorstand der IG Druck und Papier sowie dem der Industriegewerkschaft Holz und Kunststoff an. Was soll angesichts solcher Zahlen überhaupt das Gerede von der kommunistischen Unterwanderung? Zumal eines hinzukommt: Wer in Betrieb und Gewerkschaft offen als DKP-Mitglied auftritt, den kann unmöglich der Vorwurf der »Unterwanderung« treffen, es sei denn, man ist prinzipiell der – rechtlich und politisch unhaltbaren – Meinung, Kommunisten hätten in Betrieben, Gewerkschaften und in der Politik nichts zu suchen.

Spektakuläre Ereignisse in den Gewerkschaften zeigten allerdings, daß erfolgreiche kommunistische Unterwanderung nicht von einer großen Anzahl aktiver Kommunisten abhängt. Die aktuelle Diskussion um die »kommunistische Unterwanderung« begann nach der 10. DGB-Bundesjugendkonferenz im Dezember 1977. Ein Initiativantrag von der IG Chemie-Papier-Keramik zur Solidarität mit dem damals noch inhaftierten Rudolf Bahro wurde von der Antragskommission abgeblockt. Die SDAJ zeigte in dieser Frage auf einer DGB-Bundesjugendkonferenz erstmalig Flagge. Das für die Jugend zuständige DGB-Vorstandsmitglied Karl Schwab war betroffen über den

»kompromißlosen« Auftritt »einer politischen Gruppierung« und führte den Erfolg der SDAJ auf »die Kaderpolitik der DKP« zurück, die »im Verein mit anderen aus der Gewerkschaftsjugend einen Gremienverband gemacht«[5] hat. Diesen offenen Worten des zuständigen DGB-Vorstandsmitgliedes über die DKP-Politik in der Gewerkschaftsjugend wurde innergewerkschaftlich kräftig widersprochen. Die Deutsche Postgewerkschaft (DPG) formulierte im Mai 1978 das grundlegende Argumentationsmuster der Schwab-Kritiker in dieser Frage: 1. Selbstverständlich Abwehr aller Versuche, die Gewerkschaften parteipolitisch »zu mißbrauchen«; 2. Verteidigung des Prinzips der »Einheitsgewerkschaft«; 3. die Auseinandersetzung mit den Anhängern der SDAJ und DKP muß »ausgehend von den gewerkschaftlichen Forderungen und Zielen gesehen werden«; 4. das Gerede von der Unterwanderung diene nur den Unternehmern und der politischen Reaktion.[6]
Die Belege für die letzte Behauptung wurden denn auch bald nicht nur von den CSU-Materialien zur Gewerkschaftsfrage[7] geliefert: Emil-Peter Müller schrieb im Juni-Heft 1978 des »gewerkschaftsreports«, den das unternehmernahe »Institut der deutschen Wirtschaft« herausgibt, über die Gewerkschaftsarbeit der SDAJ. Er forderte einen »deutlichen und unmißverständlichen Abgrenzungsbeschluß gegenüber rechtsextremen und linksextremen Organisationen unter Einschluß der Deutschen Kommunistischen Partei und ihrer organisatorischen Trabanten, der Sozialistischen Deutschen Arbeiterjugend, dem Marxistischen Studentenbund Spartakus, wie auch den Jungen Pionieren«.[8] Müller bezieht sich mit seiner Forderung auf bestehende Unvereinbarkeitsbeschlüsse der Gewerkschaften gegen Neonazis und maoistische K-Gruppen (Unvereinbarkeitsbeschlüsse, die den ungeteilten Beifall der DKP genießen). Bei der gewerkschaftlichen Polemik gegen solche »Unternehmeransinnen« wird immer unterschlagen, daß von Müller ja nur gefordert wird, ihre bereits vorhandenen Abgrenzungsbeschlüsse auch auf die bislang noch ausgenommene DKP auszuweiten.[9]
Im Herbst 1979 legten die für Bildung und Betriebsräte/Jugend zuständigen IG Metall-Vorstandsmitglieder Hans Preiss und Georg Benz dem Vorstand eine (selbstverständlich vertrauliche) Dokumentation zur Auseinandersetzung über Inhalte und Formen der gewerkschaftlichen Jugendpolitik vor. In ihrem Anschreiben sprechen sie davon, daß die 10. Bundesjugendkonferenz eine »Vertiefung der gegensätzlichen Auffassungen brachte«, und zwar »vor allem die damit verbundenen

Pressekampagnen. Hier begann eine neue Phase.« Gemeint war die erwähnte Mehrheit DKP-naher Delegierter. Benz/ Preiss kehrten sie unter den Teppich: »Der Kollege Schwab hat voreilig mit Rückschlüssen, die einer ernsthaften Prüfung nicht standhalten, dem Gerede von der ›kommunistischen Unterwanderung‹ Vorschub geleistet«; sie beklagen den Vertrauensbruch Karl Schwabs gegenüber den Ergebnissen des gemeinsamen Gesprächs von DGB-Bundesvorstand und DGB-Bundesjugendausschuß am 5. 12. 1978. Auf dieser Sitzung wurde die ein Jahr zuvor stattgefundene Jugendkonferenz »nachbereitet«. Vereinbart wurde damals: Die Gewerkschaftsjugend erarbeitet eine eigene politische Position und nimmt von »dieser positiv beschriebenen eigenen Zielsetzung« aus eine Abgrenzung »gegenüber den unterschiedlichen politischen Strömungen«[10] vor. Im Klartext heißt das: Wir legen einen Katalog fest, was gewerkschaftliche Jugendarbeit will, und welche politische Positionen diese Forderungen nicht mittragen können. Bei der Ausarbeitung dieses Katalogs glaubte man, Zeit zu haben. Im DGB ist der Prozeß langwierig, bis die »konsensfähigen Formeln« endlich ausgehandelt sind. Bei diesem Katalog kam erschwerend hinzu, daß die Formeln auch für die DKP-nahen Kräfte annehmbar, also hinreichend nichtssagend sein mußten.

2. Das Oberurseler Papier

Diese Ausarbeitung wurde aber gestört. Mitarbeiter der DGB-Bundesjugendschule Oberursel, zu denen auch der Leiter der Schule, Hinrich Oetjen, gehörte, hatten ein sehr ausführliches »Diskussionspapier zur Strategie der DKP und SDAJ im gewerkschaftlichen Jugendbereich« formuliert.[11] Das Papier blieb nicht intern; die Frankfurter Rundschau veröffentlichte es am 5. 5. und 7. 5. 1979. Als bislang präziseste Darstellung sowjetkommunistischen Einfluß- und Machtgewinns in den Gewerkschaften ist es in vollem Umfang im I. Teil unserer kritischen Analyse mit verarbeitet worden. Benz/Preiss dagegen befanden: »Die hier formulierten Prinzipien gewerkschaftlicher Jugendarbeit stehen im krassen Gegensatz zu DGB-Beschlüssen, darüber hinaus werden ehren- und hauptamtliche Funktionäre diffamiert. Die in diesem Papier abgegebenen Erklärungen zur Auseinandersetzung mit der SDAJ/DKP stehen im Widerspruch zu der Strategie, wie sie im Gespräch zwischen dem DGB-Bundesvorstand und dem DGB-Bundesjugendausschuß abgesprochen wurden. Nachdem die Kollegen Benz und Preiss den Kollegen Schwab um Stellungnahme ersuchen, findet auf dessen Vorschlag am 20. 2. 1979 ein Gespräch mit den Mitarbeitern aus Oberursel statt. Als Ergebnis stellt Kollege Schwab unter anderem fest, daß dieses Papier für die Diskussion über die gewerkschaftliche Jugendarbeit ungeeignet ist und nicht weiter verbreitet werden darf.«[12]

Innergewerkschaftliche Diskussionen sind in der Regel auch Kompetenzauseinandersetzungen: Welche Organisationsebene darf was? Die »Linie« festlegen »darf« de facto und in der Regel nur die Gewerkschaftsspitze. (Natürlich müssen die Gewerkschaftstage sie »absegnen«.) Folglich ist es im Rahmen dieser Logik ungehörig, Inhalte zu diskutieren, wenn schon von vornherein feststeht, daß zu diesem Problem die diskutierenden Personen rangmäßig überhaupt nichts zu sagen haben können. Es ist deshalb auch nicht zufällig, wenn Außenstehende mit solcher bürokratischen Sprache wenig anfangen können und vergeblich nach ihrem Sinn suchen. Der Sinn der zitierten Sätze ist der: Die zuständigen IG Metall-Vorstandsmitglieder haben mit ihrem DGB-Kollegen Schwab gesprochen und ihm »verdeutlicht«, daß das Oberurseler Papier den Interessen der IG Metall und den verabredeten Sprachregelungen und Vorgehensweisen hinsichtlich DKP/SDAJ nicht entspricht und deshalb verschwinden muß. Gefährlich war für die DKP, daß das »Oberurseler Papier« nicht bloß abstrakte politische und gewerkschaftliche Forderungskataloge auf ihre wechselseitige Stimmigkeit prüfte, sondern Vorgehensweise, Bündnis- und Personalpolitik der DKP bzw. der ihr nahestehenden Gruppen beschreibt. Es ging (und geht) um das *innergewerkschaftliche* Verhalten der DKP-Kollegen. Das Oberurseler Papier beschreibt es wie folgt:

»Wegen ihres politischen Selbstverständnisses als der ›Avantgarde der Arbeiterklasse‹ sind die Mitglieder der DKP-orientierten Organisationen vor allem auf die Besetzung von Leitungsfunktionen fixiert. Die wichtigste Frage für diese Vertreter ist, wer die Arbeiterklasse führt. Dabei ist die selbständige Handlungsfähigkeit und Meinungsbildung der Arbeiter ihrer Meinung nach nicht möglich, da die Massen nur begrenzt einsichtsfähig sind. Wenn die Partei Gremien besetzt hat, besteht die wichtigste Aktivität in der Abfassung von Beschlüssen und Entschließungen, die Massenrückhalt für die in der DKP vorhandenen Positionen nach außen demonstrativ vorspiegeln sollen. *DKP-Positionen geraten so zu gewerkschaftlichen.* Als

solche werden sie nach dem Selbstverständnis der DKP von den Massen eher anerkannt und befolgt. Dadurch soll sich ein Abbau des Antikommunismus langfristig einstellen.«[13]
Besonders kritisch beurteilt die Studie die Blauäugigkeit und Bequemlichkeit vieler sozialdemokratischer Funktionäre; da die DKP bei Wahlen keine Rolle spielt, und auch anerkannte DKP-Betriebsräte keine Stimme bekommen, sehen sie auch kein DKP-Problem in den Gewerkschaften; DKP/SDAJ-Leute scheinen vielmehr benutzbar für die eigene Politik: »Unter den gegenwärtigen Bedingungen erscheinen die Mitglieder der DKP-Organisationen nicht als gefährlich. Im Gegenteil: Will man in der Organisation Ruhe haben, sind Kommunisten oft die uneigennützigste Stütze.«[14] Auf diese Weise kommen »Koalitionen« zustande, die auf den ersten Blick politisch undenkbar erscheinen. Gestandene, politisch eher »rechts«-sozialdemokratisch und antikommunistisch eingestellte Gewerkschaftsfunktionäre arbeiten mit DKP-nahen Aktivisten, vor allem mit SDAJ-Funktionären im Jugendbereich über Jahre hinweg reibungslos zusammen. Grundlage dieses »Bündnisses« ist die unermüdliche Bereitschaft der Stamokap- und DKP-Anhänger, mit erheblichen Opfern an Zeit Gremien- und organisatorische »Dreckarbeit« zu leisten; hinzu kommt die doppelbödige Solidaritätspolitik der DKPler: Solidarität ist für sie kein praktisches Verhalten auf Gegenseitigkeit gegenüber Andersdenkenden, sondern besteht primär in der Stärkung der eigenen Fraktion im DGB und – zu diesem Zweck – in der servilen Anpassung an die Organisationsführung – solange man diese nicht selbst übernehmen kann. Dabei bringt die DKP/SDAJ in gewerkschaftsinterne Koalitionen ihre Bereitschaft ein, u. a. sehr unsolidarisch als Hilfspolizei zu fungieren und z. B. die Abgrenzungsbeschlüsse gegen die maoistische Konkurrenz zu überwachen. (Vgl. das Fallbeispiel S. 96ff.) Auf Denunziation und Säuberung versteht sich der DKP-Apparat ja. Über solche Opportunitäts-Solidarität schreiben die Oberurseler: »Sind DKP-Vertreter in den Gewerkschaften gefährdet, appellieren sie an die ›Solidarität aller Demokraten und Sozialisten‹. Sie warnen davor, sich zum Instrument der ›Rechten‹ machen zu lassen, indem man die Präsenz der Kommunisten in den Gewerkschaften nicht verteidigt. Umgekehrt gilt die Parole von Solidarität und Einheit nicht mehr. Andere ›Linke‹ werden von der DKP insbesondere innerhalb der Gewerkschaften heftig bekämpft.«[15]
Nicht nur im DGB-Jugendbereich ermöglichte die Abgrenzungsarbeit gegen linke Konkurrenz der DKP einen soliden

Ausbau ihrer Position, die dann mit entsprechenden gewerkschaftlichen Beschlüssen nach außen abgesichert wird. Die DKP konnte ihren Einfluß wesentlich erweitern, weil es ihr seit 1970 gelang, massive sowjetmarxistisch orientierte Kader in etlichen sozialwissenschaftlichen Hochschulbereichen (z. B. in Marburg, Münster, Oldenburg, Hamburg [HWP] und Berlin; vgl. die Fallbeispiele S. 109ff.!) zu etablieren sowie den Stamokap-Flügel bei den (Hochschul-)Jungsozialisten und »Falken«. Die Ideologieproduktion und Referententätigkeit dieser Kader beeinflußte zunehmend die gewerkschaftliche (Jugend-)Bildungsarbeit. Die Oberurseler differenzieren in ihrem Papier sauber zwischen den verschiedenen DKP-nahen Gruppierungen und ihren »Bündnissen« und Zielen. So erhoffen sich die Stamokap-Jusos »von der Stärkung der DKP durch derartige Bündnisse eine Linkswendung der SPD, eine größere Unabhängigkeit der Gewerkschaften von der SPD und ein Zurückdrängen des Kapitalismus. Nicht immer werden diese Ziele oder Positionen so klar in den Einzelfragen vertreten oder erkennbar. Sie sind dennoch verläßliche Stützen der DKP-Gewerkschaftsstrategie.«
Eine wichtige Voraussetzung dieser Bündnisse ist die »linkssozialdemokratische« Programmatik der DKP, die in der Tagesarbeit den Anschein erweckt, als ob sich die DKP nur dadurch von der SPD unterscheidet, daß die DKP das Endziel Sozialismus noch nicht aus den Augen verloren hat. Die DKP versucht eine politische Selbstdarstellung, nach der ihre Tagespolitik noch verknüpft ist mit dem Ziel einer Gesellschaft der Freien und Gleichen. Ihr Mißerfolg in der Bundesrepublik beruht – nach ihren Ideologen – auf der antikommunistischen Propaganda, in der sich Nazis, Reaktionäre und »rechte« Sozialdemokraten einig waren und sind.
Diese Ideologie kommt bei Jugendlichen und Studenten ohne geschichtliche Erfahrungen an, denen SPD und Gewerkschaften in ihrem tagespolitischen Pragmatismus kompromißlose Orientierung, Heimat und Tradition gleichermaßen verweigern. Und dieses politische Aufklärungsbuch wurde eben deshalb notwendig, weil in den etablierten reform-linken Großorganisationen kaum jemand diese Jugendlichen aufklärt, daß sie einem grundlegenden Irrtum aufsitzen, wenn sie glauben, der Sowjetkommunismus und eine Bündnispolitik mit ihm wären im Interesse der Linken. Eine »Volksfront-Sozialdemokratie« wäre in der Bundesrepublik mit Recht dem Verfall preisgegeben. Eine Volksfront-Sozialdemokratie hätte unweigerlich den Sieg der CDU/CSU zur Folge und würde eine Verschiebung

des gesellschaftlichen Kräfteverhältnisses zugunsten der Konservativen bedeuten. Es gibt aber zu wenige, die mit diesen Jugendlichen und Studenten sprechen und ihnen klarmachen: Wer das Bündnis mit der DKP predigt und ihren Kadern Tür und Tor öffnet, betreibt die Selbstzerstörung von SPD und Gewerkschaften. Denn er macht beide unglaubwürdig. Die politischen Gründe, warum dies so ist, hat Dieter Schneider, Chefredakteur des ÖTV-Magazins, in seiner Auseinandersetzung mit dem Vorstandsmitglied der IG Druck und Papier, Detlef Hensche, benannt; als dieser die blauäugige Behauptung aufgestellt hatte, er könne keinen Unterschied zwischen der Gewerkschaftspolitik von DKP- und SPD-Anhängern feststellen: »Der Antikommunismus ... ist *eben nicht allein* von bösen Kapitalisten erfunden und in die Arbeiterbewegung hineingetragen worden oder gar – wie uns Detlef Hensche glauben machen möchte – von der ›Frankfurter Allgemeinen Zeitung‹ oder von CSU-Generalsekretär Edmund Stoiber auf die Tagesordnung gesetzt worden. Antikommunismus ist vielmehr von den Kommunisten selber gefördert und wachgehalten worden: Durch ihre eigene Herrschaftspraxis. Er ist gewachsen aus bitteren und leidvollen Erfahrungen unzähliger Menschen, von denen nicht wenige unter uns leben.«[16]
Aber genau über diese *Erfahrungen* mit kommunistischer Politik soll nach dem Willen der DKP und ihrer Freunde nicht gesprochen werden. Dies gilt gleichermaßen für die DKP-Politik der Positionseroberung in den Gewerkschaften, wie für die Politik ihrer »Bruderparteien« an der Macht.

3. Der Krach wegen der »Marburger« Gewerkschaftsgeschichte

Anfang Januar 1979 geschah etwas, mit dem die DKP-Freunde in den Gewerkschaften und Universitäten nicht gerechnet hatten: Die kommunistische Gewerkschaftspolitik wurde ein selbständiges Thema der öffentlichen Auseinandersetzung. Es kam zu einer Kontroverse über die *Gewerkschaftsgeschichte,* die bislang nur Spezialhistoriker interessierte. Bereits 1977 erschien im kommunistischen Pahl-Rugenstein Verlag eine von einem Autorenkollektiv unter Federführung der Marburger Politikwissenschaftler Frank Deppe und Georg Fülberth verfaßte »Geschichte der deutschen Gewerkschaftsbewegung«. Bis Ende 1978 hatte dieses Buch ohne Beanstandung Verbrei-

tung in der gewerkschaftlichen Bildungsarbeit gefunden. Da erschien im Herbst 1978, fast gleichzeitig in der »Quelle« (Funktionärsorgan des DGB) und im »Langen Marsch«, eine Rezension des Soziologen Manfred Scharrer, der abschließend zu dem Urteil kam, daß »die ›Geschichte‹ der geschickteste Versuch sei, die parteikommunistische Geschichtsschreibung (der SED, d. Verf.) an den bundesrepublikanischen Leser zu bringen«.[17] Diese Rezension wäre schnell vergessen gewesen, wenn nicht die Rezensierten geholfen hätten, die ihr gebührende Beachtung zu »organisieren«: Bevor noch die Besprechung irgendwo erschienen war, schickten Deppe, Fülberth und Dr. Jürgen Harrer ein zehnseitiges Gutachten, das durch zwei Seiten von Prof. Wolfgang Abendroth komplettiert wurde, an alle Vorstände der Einzelgewerkschaften, deren Presseabteilungen und an den DGB-Bundesvorstand. Tenor des Gutachtens: Scharrers Besprechung sei gar keine, »sondern eine Sammlung von hinterhältigen Unterstellungen, offenen Unwahrheiten und Verzerrungen«. Offenkundiges Ziel: Scharrers Rezension sollte in den Papierkorb wandern; verkleidet unter der Sorge, die Gewerkschaftspresse könnte »mißbraucht« werden, hat dies der Marburger Politikwissenschaftler Deppe in seinem Anschreiben auch so gefordert: »Es gehört nicht zu unseren Gewohnheiten, allzuviel Zeit auf die Auseinandersetzung mit solchen – fachlich und moralisch wenig kompetenten – ›Rezensionen‹ zu verwenden. In diesem Fall machen wir eine Ausnahme, weil die Aktion Oetjen/Scharrer offensichtlich darauf angelegt ist, ausgerechnet die Gewerkschaftspresse zum Exerzierfeld ihrer persönlichen und politischen Vorurteile zu machen.«[18] Der Fehler auch dieses Briefes: Er wurde öffentlich. Damit war die Absicht von Frank Deppe gescheitert, den Beginn einer wissenschaftlichen und politischen Auseinandersetzung administrativ zu verhindern.
Als erster meldete sich Theo Pirker zu Wort. In einem offenen Brief an seinen Kollegen Deppe kam er zum Kern der Auseinandersetzung, Deppes Versuch, einen Kritiker auszuschalten: »Was Sie und Ihre Kollegen auch immer von meiner und des Kollegen Scharrer Position auf dem Gebiete der Geschichtsschreibung der deutschen Gewerkschaftsbewegung und Arbeiterbewegung halten mögen – Sie werden es einfach hinnehmen müssen, daß Leute wie Scharrer und ich eben Historiker und Soziologen der deutschen Gewerkschaftsbewegung und Arbeiterbewegung sind. Dies kann solange nicht wegdefiniert werden, als Sie und Ihre Kollegen, sei es in einzelnen Instituten der Gesellschaftswissenschaften oder an einzelnen Universitäten

oder – was die Lage der Arbeiterklasse verhüten möge! – nicht die politische Macht in der Bundesrepublik übernommen haben und damit über unmittelbar wirkende Sanktionen gegen solche ›Historiker‹ verfügen.«[19] In seiner Antwort an Pirker wollte Deppe sofort das inhaltliche Ende der Debatte über seine Gewerkschaftsgeschichte verfügen; indes, sie dauert immer noch an.

Die »Marburger« und ihre Freunde haben in dieser Auseinandersetzung mittlerweile unübersehbare Mengen an bedrucktem Papier produziert. Um den Kern der Auseinandersetzung wurde dabei immer herumgeschrieben. Auf den Skandal, daß Politikwissenschafts-Professoren mit einer gezielten Rufmordaktion versuchten, eine öffentliche Auseinandersetzung über ein von ihnen veröffentlichtes Buch administrativ zu verhindern, gingen die Betroffenen nicht ein. Die Veröffentlichung einer bereits seit August 1979 fertigen Dokumentation »Gewerkschaftsgeschichte kontrovers« in der Reihe rororo-aktuell scheiterte daran, daß Deppe und seine Freunde monatelang die Nachdruckerlaubnis für ihren Rundbrief an die Gewerkschaftsvorstände verweigerten und Freimut Duve, der Herausgeber der Reihe, die gewerkschaftspolitische Dimension der Auseinandersetzung auf den »Faktenkrieg« der Historiker reduzieren wollte.[20] Es gibt eine mangelnde Courage mancher sich »links« verstehender Publizisten und Lektorate, die notwendige Auseinandersetzung mit dem Sowjetmarxismus engagiert und offensiv zu führen.

Es ist allerdings auch nicht risikolos, die Sowjetmarxisten und ihre Integrationsfiguren zu kritisieren. Welche Emotionen und Diffamierungen in der Linken hochgespielt werden, wenn ausnahmsweise einmal nicht die Sozialdemokratie, sondern orthodoxe Marxisten Gegenstand linker Kritik sind, hatte seit seiner Kritik der »Marburger Parteihochschule« nicht nur Fritz Vilmar erfahren müssen (dessen Warnungen sich seit 1973 nur allzusehr bestätigt haben[21]). Auch der Politikwissenschaftler und linke Sozialdemokrat Peter v. Oertzen erfuhr dies, als er im März 1979 seine Kritik der »Marburger« Gewerkschaftsgeschichte mit einem Kommentar zu einem Aufsatz von Wolfgang Abendroth[22] verband, in dem dieser – sowjetmarxistisch taktierend – zur Verurteilung Rudolf Bahros Stellung nahm. Peter v. Oertzen verschickte seine Kritik an die Vorstände der Gewerkschaften und publizierte sie in der Frankfurter Rundschau.[23] Seine Schlußfolgerung:

»Abendroth steht prinzipiell auf der Seite des politischen Systems des sogenannten ›realen Sozialismus‹. Er kritisiert ihre

›Unterdrückungshandlungen‹ nur aus taktischen Gründen. Er hält die Freiheit der Wissenschaft, der Meinung und der politischen Betätigung nicht prinzipiell für unantastbar, sondern fordert diese Freiheiten nur für die ›bürgerliche Demokratie‹; dem ›sozialistischen‹ Staat gesteht er das Recht zu, diese Freiheiten aus politischen Opportunitätsgründen einzuschränken oder – wie in der Praxis der Staaten des ›realen Sozialismus‹ – gänzlich zu verweigern. Ich erspare mir einen Kommentar zu dieser intellektuellen und moralischen Haltung. Jedenfalls sind die Auffassungen Abendroths unvereinbar mit den Grundsätzen der Demokratie, den Zielen des Sozialismus und den Traditionen der freiheitlichen Arbeiterbewegung.«[24]

Die Folge dieser massiven Kritik: Die Mehrheit des Fachbereichs Gesellschaftswissenschaften der Universität Marburg nahm v. Oertzens Abendroth-Kritik »mit äußerstem Befremden und mit Empörung zur Kenntnis« und wies, ohne inhaltlich Stellung zu nehmen, »den Angriff auf Wolfgang Abendroth zurück«.[25] Von diesem Beschluß distanzierten sich nur wenige Professoren des Fachbereichs, u. a. Elsenhans, Greven, Schuon und Schiller. Sie hielten es für »äußerst unangemessen, wenn per Mehrheitsbeschluß des Fachbereichsrats versucht wird, hier Zensuren zu verteilen«.[26] Prof. Dr. Klaus Fritzsche, der Vorsitzende des Verbandes deutscher Schriftsteller (VS), Bernt Engelmann, und der ehemalige IG Metall-Bezirksleiter Willy Bleicher stellten sich vor Wolfgang Abendroth. Mit der Behauptung, »ihn zu verteidigen, heißt zugleich die Einheitsgewerkschaft und die demokratischen Kräfte überhaupt zu stärken«, sammelten sie Solidaritätserklärungen im universitären und gewerkschaftlichen Bereich.[27]

Die Erklärung bekam über 2400 Unterschriften. Der gleichzeitig angekündigte Privatdruck mit der vollständigen Liste der Unterschriften ist bislang nicht erschienen. Die Unterschriftenliste kann sich sehen lassen: ca. 200 hauptamtliche Gewerkschaftssekretäre, darunter die IG Metall-Vorstandsmitglieder Georg Benz und Hans Preiss, vom IG Druck und Papier-Vorstand Detlef Hensche, der Kandidat für den künftigen HBV-Vorstand Lorenz Schwegler, *fast alle Dozenten des Bildungszentrums Sprockhövel der IG Metall,* eine beachtliche Zahl von WSI-Mitarbeitern, Norbert Trautwein, Mitarbeiter des Referates Gesellschaftspolitik beim Vorsitzenden des DGB (Heinz Oskar Vetter), an die 100 Professoren, die Berliner Senatorin für Familie, Jugend und Sport, Ilse Reichelt, und die SPD-Bundestagsabgeordneten Coppik, Egert und Schulze. Diese Sympathiebekundungen können in zahlreichen Fällen gleichzeitig als Bekenntnisse zu einer Bündnispolitik mit der DKP in den Gewerkschaften und im Wissenschaftsbereich gewertet werden. Denn es ist seit Jahren bekannt, daß der ehemalige Stalinismuskritiker Wolfgang Abendroth sich seit Anfang der 70er Jahre zum prominentesten Repräsentanten einer DKP-orientierten Volksfrontpolitik gewandelt hat.[28] Peter v. Oertzen bestand daher im Brief an seinen SPD-Parteigenossen Klaus Fritzsche auf einer Antwort auf die Kernfrage der Auseinandersetzung:

»Leider geht Euer Aufruf am Kern der Sache völlig vorbei. Die Frage ist: Hat Wolfgang Abendroth die – unleugbare – Unterdrückung der Freiheit der Wissenschaft, der Meinung und der politischen Betätigung in den Staaten des ›real existierenden Sozialismus‹ gerechtfertigt oder nicht. Lautet die Antwort: Ja!, dann ist die von Abendroth vertretene Auffassung ›mit den Grundsätzen der Demokratie unvereinbar‹. Um diese Antwort drückt Ihr Euch herum.«[29]

4. Die kritische Auseinandersetzung geht weiter

Schwerpunkt der Auseinandersetzung ist die Gewerkschaftsjugend. Selbstkritisch wird mittlerweile die katastrophale Vernachlässigung oder allzu zentralistische Steuerung der gewerkschaftlichen Jugend(bildungs)arbeit eingestanden, die u. a. dazu geführt habe, daß »die SDAJ in der DGB-Jugend scheinbar zum alleinigen Sachwalter ›linker‹ und ›fortschrittlicher‹ Politik« avancieren konnte. Dieter Gaarz (Abt. Jugend des DGB-Vorstandes) behauptete in seinem Artikel im Funktionärsorgan der IG Chemie-Papier-Keramik, die DKP mache in der DGB-Jugend die »Probe aufs Exempel«; der Kern der Politik sei Apparat- und Personalpolitik: »Gewerkschaftsarbeit bedeutet für DKP/SDAJ in erster Linie:

- Schüren von antikapitalistischen Emotionen,
- Heranzüchten eines parteipolitisch nutzbaren Kaders,
- Aufspüren und Einbinden von potentiellen Bündnispartnern.«[30]

Auf den ersten Blick ein bescheidenes Umsturzprogramm, das aber weniger harmlos erscheint, wenn man weiß, mit welch geringer Energie die Bewußtseinsbildung in vielen Gewerkschaften betrieben wird, und wie klein der Kreis der wirklich Aktiven in allen gesellschaftlichen Großorganisationen ist, so daß konzentrierte Kaderpolitik organisatorisch enorme Wirkungen haben kann. Dabei ist zunächst von der Tatsache auszugehen, *daß die etwa 10 000 hauptamtlichen Funktionäre der Gewerkschaftsorganisationen mit der Masse ihrer alltäglichen Aufgaben häufig bereits total überlastet sind.* Die Gewerkschaftsfunktionäre und Betriebsräte sind im Alltag damit beschäftigt, Arbeitskonflikte durchzufechten, Kollegen zu informieren und zu beraten, den Sozialstaat mitzuverwalten, in vielen gesellschaftlichen Proporzgremien Arbeitnehmerinteressen zu vertreten und oft an Wochenenden noch an irgendwelchen Sitzungen bzw. Schulungen teilzunehmen. Höhepunkt jedes Jahres ist für die Funktionäre der Einzelgewerkschaften die Tarifrunde. Insgesamt eine meist aufreibende und unromantische Arbeit, deren unspektakuläre Erfolge selten gewürdigt werden. Mißt man die Ergebnisse dieser Tagesarbeit gar an den DGB-Konzeptionen einer wirtschaftsdemokratischen Neuordnung, so ist von programmatischer Orientierung in der Praxis – selbst in den Tarifbewegungen und Gewerkschaftstagen – wenig zu spüren. Ausnahmen, wie die Ansätze einer Tarifpolitik zur Humanisierung der Arbeit, bestätigen die Regel.

In der Tagesarbeit handeln die Gewerkschaften gemäß ihrer Rolle als gesellschaftlicher Kontrahent gegenüber den Interessen der Kapitaleigner und -verfüger, aber in ihrem Selbstverständnis ist diese Funktion nicht wirklich akzeptiert. Die Funktionäre arbeiten als »Sozialmanager« und Sozialpolitiker, viele von ihnen träumen aber noch vom »Sozialrevolutionär« – zumindest wissen sie, daß viele (jüngere) Mitglieder »etwas in dieser Richtung« von ihnen erwarten. Genau diese Bedürfnisse scheinen nun die von der DKP verbreiteten klassenkämpferischen Parolen und antikapitalistischen Emotionen zu befriedigen. So läßt man sie gewähren (zumal sie niemals offen mit DKP-Parolen auftreten würden), läßt sie bei Mai- oder Antikriegsfeiern, bei Schulungen und Demonstrationen marxistische Sonntagspredigten halten.

Die DKP bedient mit ihren antikapitalistischen Gemeinplätzen und Emotionen die Glaubenswelt vieler – besonders junger – Funktionäre und aktiver Mitglieder. Gleichzeitig dienen diese marxistischen Allgemeinheiten (in der Stamokap-Lehre zusammengefaßt, vgl. Kap. VII!) als ideologischer Kitt jener Kader, die sich gleichzeitig, in diesem Unterwanderungsprozeß, in der beschriebenen Form allmählich als einflußreiche Gewerkschaftsfraktion konsolidieren.

Im Sommer 1979 versuchte das Vorstandsmitglied der IG Druck und Papier, Detlef Hensche, mit verschiedenen Artikeln

»die Legende der Unterwanderung« als Popanzideologie der Unternehmer aus der Welt zu schaffen. Hensches Behauptung: »Bisher ist nirgends aufgezeigt worden, in welchen Fragen sich denn etwa kommunistische Gewerkschaftsarbeit von sonstiger, etwa sozialdemokratischer Gewerkschaftspolitik unterscheidet«, erfuhr aber nicht nur den Widerspruch des ÖTV-Vorstandsmitglieds Dieter Schneider sondern, wie gesagt, auch den des Jusovorsitzenden Gerhard Schröder: »Auch Detlef Hensche sollte wissen: Kommunisten versuchen, jeden ihrer Kritiker mit dem Hinweis darauf mundtot zu machen, daß Antikommunismus (und auch Antisowjetismus) des Teufels sei und sich für ›fortschrittliche‹ Menschen nicht gehöre. Sie wollen den Kern des Problems vernebeln und eine offene Diskussion über Inhalte und Ziele kommunistischer Politik verhindern.«[31]

Dieter Schneider beließ es nicht bei der Kritik an der Argumentationsweise. Seit langem wurde nicht mit so außergewöhnlicher Schärfe und Klarheit die Unvereinbarkeit von gewerkschaftlicher Autonomie und Unabhängigkeit mit den Zielen kommunistischer Parteipolitik formuliert: Es geht »um Ziele, die eine Partei, in diesem Falle die DKP, *innerhalb* der Gewerkschaften verfolgt. Hier sind die Gewerkschaften betroffen und gefordert; hier geht es darum, sich von Positionen abzugrenzen, die niemals – es ist zu betonen: *niemals* – von freien Gewerkschaften akzeptiert werden können – es sei denn, sie wollten sich selber aufgeben. Eine Gewerkschaft, wie wir sie verstehen und wie sie sich in der für uns alle verbindlichen Satzung des Deutschen Gewerkschaftsbundes beschreibt, kann *keine Partei über sich dulden* – auch keine Partei, die von sich behauptet, ›die Gesamtinteressen der Arbeiterklasse‹ zu vertreten (Programm der DKP, Seite 84).«[32]

Seit Herbst 1979 eskalierte die Auseinandersetzung in den Gewerkschaften über die kommunistische Politik. Die Freunde »fortschrittlicher Bündnisse« gingen in drei Gewerkschaften zum Angriff über, in der HBV, der GEW und der IG Metall. In der Gewerkschaft HBV warf deren Vorsitzender, Heinz Vietheer, das Handtuch und verzichtete auf eine erneute Kandidatur. Der Kandidat für die Nachfolge – gewählt wurde im September 1980 – Günter Volkmar, hat mit Christian Götz und Lorenz Schwegler zwei Vorstandskandidaten auf dem Ticket, die klare Verfechter des »fortschrittlichen Bündnisses« sind. Als die Sprachlosigkeit überwunden war, und die Zukunft der HBV im DGB Besorgnis auslöste, wurde die Optik der Ein-

heitsgewerkschaft durch die Nennung von zwei weiteren Kandidaten wieder ins rechte Licht gerückt: Elfriede Hoffmann, Mitglied des Parteivorstandes der SPD, und der Sozialausschüßler Horst Viehoff von der CDU.
Im Landesbezirk Nordrhein-Westfalen der GEW stand die Übernahme des Landesbezirks durch das »fortschrittliche Bündnis« auf der Tagesordnung. Durch eine bemerkenswerte Koalition zwischen unabhängigen Linken und Sozialdemokraten gelang es, dies zu verhindern. Für die DGB-Landesbezirksvorstandssitzung legte am 17. 9. 1979 die Vorsitzende der GEW, Ilse Brusis, »Thesen zur Diskussion um kommunistische Aktivitäten in den DGB-Gewerkschaften« vor. Ilse Brusis beschrieb die Mechanismen des Machtgewinns der DKP: »In der gegenwärtigen gewerkschaftlichen Auseinandersetzung *resultieren die größten Schwierigkeiten mit Kommunisten aus deren Streben, unidentifizierbar zu sein.* Eine Sondergruppe sind hier die sogenannten Stamokaps, deren politische Heimat ideologisch eigentlich die DKP ist, die aber entweder aus persönlichen oder aus taktischen Gründen ein Parteibuch einer der großen Parteien vorzeigen. Diese Gruppe betreibt objektiv die Politik der Kommunisten, aber in einer Weise, die sie in der Regel weder sprachlich noch aktionsmäßig besonders auffallen läßt.« Hauptschwerpunkt in der Gewerkschaftsarbeit dieser Gruppierung: Personalpolitik. Nach Ilse Brusis ist diese Politik für die Entwicklung der Einheitsgewerkschaft besonders gefährlich, da bislang kaum wirksame Gegenmittel entwickelt wurden. Dies ist schwierig, »weil der Zusammenhalt dieser Gruppierung häufig mehr von informellen Kontakten, als von eindeutigen politischen Kriterien geprägt ist«: Personalpolitik gestützt auf ein informelles Kommunikationsnetz, das so verknüpft ist, »daß auch eingeschriebene DKP-Mitglieder die Bezeichnung Kommunisten mit Empörung als ›Diffamierung‹ zurückweisen.« Schwerpunkte der »Aufbauarbeit« liegen »im Jugend- und Bildungsbereich«; hinzu kommen zudem »ihre Einflußstrukturen im Hochschul- und Schulbereich«. Gegenwehr sieht Ilse Brusis in der »ohne taktische Vertagung« gesuchten offenen Auseinandersetzung. Ilse Brusis widerspricht der Forderung nach administrativen Maßnahmen: »Auch Kommunisten haben ihren Platz in den Gewerkschaften.« Aber es muß »mit offenen Karten« gespielt werden, »damit nicht große Teile der Mitgliedschaft getäuscht und betrogen werden«. Die Bedeutung des Papiers von Ilse Brusis liegt darin, daß sie
1. die vier Hauptbereiche der Positionseroberung benennt:

Jugend, gewerkschaftlicher Bildungsbereich, Schule und Hochschule,
2. die informelle Vernetzung einer auf »Unidentifizierbarkeit« beruhenden Kaderpolitik im Gewerkschaftsapparat anspricht, und
3. die Folgen dieser Apparat-Eroberungspolitik für die Entwicklung der Einheitsgewerkschaft aufzeigt: Vergiftung der innerverbandlichen Meinungsbildung, weil niemand mehr sicher sein kann, daß offen diskutiert wird; Gremienzentrierung und damit »Eindämmung breiter Mitgliederaktivitäten« mit dem Ergebnis, »daß wenige Leute viele repräsentieren«.[33]

DKP-Gewerkschaftspolitik bedeutet die Zerstörung des Prinzips der Gegenseitigkeit und des ehrlichen Umgehens miteinander, tödlich für eine Einheitsgewerkschaft, die auf dem Prinzip der Anerkennung und des Respektes unterschiedlicher politischer, weltanschaulicher und religiöser Vorstellungen ihrer Mitglieder beruht.

5. Kommunistische Unterwanderung als innergewerkschaftlicher Konfliktstoff: Benz/Preiss kontra Schwab/Oetjen; D. Schneider kontra D. Hensche; H. Rappe kontra Benz/Preiss

Die Gewerkschaftsjugend lieferte im Herbst 1979 Schlagzeilen:
Es begann mit dem »Antikriegstag« des DGB am 1. September, als Heinz Oskar Vetter in der Dortmunder Westfalenhalle ausgepfiffen wurde. Die Pfiffe waren besonders laut, als er vom Hitler-Stalin-Pakt sprach, einer der entscheidenden Voraussetzungen für Hitlers Überfall auf Polen. Dem Vernehmen nach soll ein Spitzenfunktionär des DGB-Landesbezirks Nordrhein-Westfalen vor der Kundgebung den damaligen Bundesjugendsekretär, Heinz Hawreliuk, zu Vetter geschickt haben mit der dringenden Bitte, diese Passage seiner Rede zu streichen. Die SDAJ, ohne die in der Jugendarbeit zur Zeit nichts mehr »läuft«, würde dies als Antisowjetismus auffassen und stören.
Die Broschüre zum »Antikriegstag« der Gewerkschaftsjugend, u. a. mit Beiträgen von Georg Benz und dem Vorsitzenden der Gewerkschaft Holz und Kunststoff, Kurt Georgi, wurde nicht gedruckt. In ihr war weder vom Hitler-Stalin-Pakt die Rede,

noch stand ein Wort darin zum sowjetischen Militarismus und zu Ereignissen wie Ungarn 1956 und Prag 1948 und 1968.
Mitte September wurde der DGB-Bundesjugendsekretär, Heinz Hawreliuk, seines Amtes enthoben. Intern wurde mangelndes Stehvermögen gegenüber der DKP-Fraktion in der DGB-Jugendarbeit als ein Hauptgrund genannt. Die Funktionsenthebung des »Metallers« Hawreliuk war der unmittelbare Anlaß für die Vorstandsmitglieder der IG Metall, Georg Benz und Hans Preiss, die Frage der gewerkschaftlichen Jugendpolitik im DGB offensiv anzugehen:
»Die ›Funktionsenthebung‹ des Kollegen Heinz Hawreliuk ist der vorläufige Höhepunkt einer Auseinandersetzung über die Jugendarbeit und Jugendbildungsarbeit im DGB. Der kalkulierte oder ungewollte politische Paukenschlag hat die zu erwartende Diffamierungskampagne gegen Heinz Hawreliuk und seine angeblichen Hintermänner in den Vorstandsetagen der Gewerkschaften ausgelöst. Die Presse wird, nachdem die weiteren noch zu erwartenden Entscheidungen ausgewalzt sind, zur Tagesordnung übergehen; in den Schubladen liegt neuer Stoff für künftige Verleumdungskampagnen gegen den DGB.«[34]
So beginnt das Anschreiben zu einer Dokumentation über die Auseinandersetzung im DGB-Jugendbereich, die die beiden den anderen Vorstandsmitgliedern der IG Metall am 27. 9. 1979 zustellen ließen.
Bemerkenswert ist die Problemsicht: Der Höhepunkt der Auseinandersetzung über die Jugendpolitik im DGB wird nicht etwa durch – dringend notwendige – Sach- und Zieldebatten markiert, sondern durch die öffentliche Diskussion über die Funktionsenthebung des DGB-Bundesjugendsekretärs herbeigeführt; sie wird als »Diffamierungskampagne« charakterisiert. Mit diesem Aufhänger ist die eigene DKP-unterwanderte Jugend- und Bildungspolitik der kritischen Diskussion enthoben. Schuld an den Schwierigkeiten sind die anderen, die sich für die Durchsetzung ihrer Ziele der öffentlichen Diskussion (d. h. im Apparat-Jargon immer der »Diffamierungskampagnen«) bedienen. Nach Benz/Preiss ist es Zeit, daß die IG Metall darauf dringt, daß »neue, bessere Voraussetzungen für die zukünftige DGB-Jugendarbeit und Jugendbildungsarbeit« geschaffen werden. »Dies können wir nur leisten, wenn Probleme, die über Jahre vor uns hergeschoben wurden (von wem? Benz/Preiss waren doch ›zuständig‹! d. Verf.) und nun zu einer solch schwerwiegenden politischen Eskalation geführt haben, endlich aufgegriffen und ausgeräumt werden.«[35] Welche Pro-

bleme, wird nicht gesagt, – gefordert aber werden administrative »Maßnahmen«: mehr Einfluß der IG Metall auf die Jugendpolitik des DGB, Demütigung Karl Schwabs und Absetzung von Hinrich Oetjen, Leiter der DGB-Bundesjugendschule, Diskussionsverbot: Statt offener Diskussion das Verbot der Beteiligung von Funktionären an der internen und öffentlichen Debatte über die Ziele kommunistischer Politik in den Gewerkschaften. Nichts anderes bedeutet es, wenn der Jugendausschuß der IG Metall in einer Stellungnahme vom 10. 10. 1979 vom Vorstand fordert, er solle in folgendem Punkt »klärend auf den DGB-Bundesvorstand« einwirken: »Der DGB-Bundesvorstand muß sich gegen alle bisherigen Versuche der Diffamierung gewerkschaftlicher Arbeit – insbesondere der Jugendarbeit – als angeblich ›kommunistisch unterwandert‹ nach innen und außen konsequent und notfalls offensiv zur Wehr setzen.«[36]
Die Jugendabteilung der IG Metall beließ es nicht bei solchen Forderungen an ihren Vorstand. Vom Bezirksjugendsekretär der IG Metall in Niedersachsen, Hasso Düvel (SPD-Stadtverordneter in Hannover), wurde bekannt, wie er die geforderte Politik nach unten umsetzte. Für eine Arbeitstagung des DGB-Niedersachsen über die gewerkschaftliche Jugendarbeit stellte er Anfang November eine Materialsammlung zusammen. Diese Materialien verteilte er nicht nur an Jugendfunktionäre und Mitarbeiter der Jugendbildungsarbeit der IG Metall, er betrieb auch Meinungsbildung bei anderen Gewerkschaften. Gegen wen es ging, erkannte man bereits an der Sorgfalt, mit der ein Nachdruck des »Oberurseler Papiers« durch die »Marxisten-Leninisten Deutschlands« (und nicht etwa der Abdruck der Frankfurter Rundschau) in die Materialien aufgenommen wurde. Als maoistische Gruppierung fällt sie im Zweifel unter die gewerkschaftlichen Unvereinbarkeitsbeschlüsse. Hasso Düvel in seinen das Material einleitenden Bemerkungen:
»Diese Positionen der Oberurseler (kritische Reflexion der Gremienarbeit, der damit verbundenen ›Stellvertreterpolitik‹ der Funktionäre, Zweifel am Nutzen zentraler Bildungsleitfäden, weitere Diskussion vorliegender Gewerkschaftsbeschlüsse, ohne immer auf die Vorstandserlaubnis zu warten; d. Verf.) hätten an sich längst Gegenstand einer offenen, jedoch mit Konsequenz (!) verbundenen Diskussion in den Gewerkschaften sein müssen.«
Diese Forderung (die man ja nur unterstützen kann!) wird dann konkretisiert. Und nun ist auf einmal nicht mehr *Diskussion*

gemeint, sondern *Ausgrenzung* der vom eigenen Standpunkt abweichenden Positionen. Die nicht benannten »Konsequenzen« einer solchen »Diskussion« sind bei denen, die auf solche Praktiken setzen, dann immer »Säuberung« und »Selbstkritik« gewesen:
»Da aber die Oberurseler Positionen von den verantwortlichen Jugendfunktionären (Bundesjugendsekretäre, Bezirkssekretäre) vieler Einzelgewerkschaften getragen werden, so muß die Frage gestellt werden: *Stehen die Vorstände dieser Gewerkschaften ebenfalls hinter diesen Positionen? Wenn nicht, erwarten wir, daß dies deutlich gesagt wird.* Diese Frage ist deshalb von Bedeutung, weil bei vielen dieser Gewerkschaften die programmatische Beschlußlage ähnlich ist, wie bei der IG Metall. Damit werden von diesen Funktionären Positionen vertreten, die im Gegensatz zu den eigenen Beschlüssen ihrer Organisation stehen.« Es muß daher »die Frage gestellt werden: ›Was kann noch alles an organisationsschädlichen Auffassungen unter dem Tarnmantel des Vorwurfs der sogenannten kommunistischen Unterwanderung vertreten werden?‹«[37]
Bei Hasso Düvel geht es längst nicht mehr darum, ob die Behauptung der »Oberurseler« über die kommunistische Unterwanderungspolitik zutrifft, ob sie wahr ist. Aber diese »Apparatschik-Sprache« ist so denunziatorisch in ihrer gewollten Zweideutigkeit und Vagheit, daß man den Sinn der Worte und Sätze wie bei einem Geheimkode dechiffrieren muß; der Klartext lautet:
Es ist alles zu versuchen, um den Oberurselern (u. U. sogar als Freunden der Maoisten) nachzuweisen, daß sie mit ihrem unbotmäßigen Diskussionsbeitrag gewerkschaftlichen Normen und »Ordnungen« sowie dem Ansehen, der Geschlossenheit der Einheitsgewerkschaft geschadet haben. Damit hat man sie als Organisations»schädlinge« fertiggemacht. Mit ihren »Sympathisanten« ist entsprechend zu verfahren.
Hasso Düvel führt seinen Entlarvungsfeldzug natürlich im Namen der innergewerkschaftlichen Demokratie und zur Verteidigung der Einheitsgewerkschaft, in der SPD-, CDU- und DKP-Mitglieder ihren Platz haben:
»Es ist sicherlich nicht abzustreiten, daß auch DKP-Mitglieder in einige Gremien und Ausschüsse gewählt wurden und auch in Zukunft gewählt werden, aber das ist nun einmal das Prinzip der Einheitsgewerkschaft, daß jeder abhängige Beschäftigte, egal welcher Partei er angehört oder nicht angehört, Mitglied und auch Funktionär werden kann, wenn er auf Grundlage der Satzung und der Beschlüsse arbeitet. Außerdem wird ja nicht

jemand aufgrund seiner Parteizugehörigkeit Mitglied in gewerkschaftlichen Gremien.«

Als Kronzeugen zitiert Hasso Düvel dann Detlef Hensche und Hans Preiss: »Mitglieder und Funktionäre werden nicht nach ihrem Parteibuch bewertet. Was zählt, ist allein der Einsatz für die Interessen der Arbeiter und Angestellten auf der Grundlage gewerkschaftlicher Zielvorstellungen.«[38]

Auch Düvel drückt sich also vor der Auseinandersetzung; er tut dies, indem er vom Thema ablenkt. Denn die Oberurseler und Ilse Brusis haben den DKP-Freunden niemals das Recht bestritten, Gewerkschaftsfunktionäre zu sein. Ihnen geht es um offensive Kritik der planmäßigen aber verdeckten Machteroberungspolitik der Sowjetkommunisten und ihrer Freunde, die danach streben, »unidentifizierbar« zu sein, die ihre Positionen benutzen, um sowjetmarxistische Vorstellungen in »gewerkschaftliche Beschlußlagen« zu verwandeln, und die schließlich andere linke Positionen im Namen der Einheitsgewerkschaft als gewerkschaftsfeindlich ausgrenzen.

Auch Detlef Hensche, IG Druck-Vorstandsmitglied, versucht in seinen Artikeln, diejenigen, die die kommunistischen Einflußstrategien ernst nehmen und beim Namen nennen, als nützliche Idioten der Gewerkschaftsgegner zu diffamieren. Dabei hat er in seinem Eifer, die Fakten der kommunistischen Unterwanderung herunterzuspielen, genau die Bereiche beschrieben, in denen das diskutierte Problem aktuell ist, und die sich völlig mit denen decken, die Ilse Brusis benannt hat: Bildungs- und Jugendarbeit. »Felder, die eher am Rande der gewerkschaftlichen Politik angesiedelt sind. ... Die zentralen Fragen der Gewerkschaftsarbeit spielen offensichtlich keine Rolle. Auch der Eingeweihte weiß bis zur Stunde nicht, was etwa die Besonderheiten einer kommunistischen Tarifarbeit, etwa im Unterschied zur sozialdemokratischen Politik sein sollen. Oder: Worin liegen die Merkmale einer kommunistischen Betriebsarbeit, wiederum etwa im Unterschied zur sozialdemokratischen?«[39]

Wesentliche Unterschiede kommunistischer und (sozial)demokratischer Tarif- und Betriebspolitik sind klar zu benennen: Sozialreform durch gewerkschaftliche Tarifpolitik, Arbeitnehmervertretung, Mitbestimmung, Öffentlichkeitsarbeit und Bildung im Rahmen einer parlamentarischen Demokratie sind für den DGB reformpolitischer Selbstzweck. Für Parteikommunisten aber ist dies eine sozialdemokratische Todsünde: »Integration des Proletariats in das bürgerliche System.« Ihre Gewerkschafts- und Betriebsarbeit dagegen ist – wie schon seit

60 Jahren (vgl. Kap. II!) – Mittel der revolutionären Parteipolitik. Augenfälliger Ausdruck dessen ist der verbale Forderungsradikalismus kommunistischer Betriebszeitungen und Flugblätter: Sie formulieren mit Vorliebe nichtdurchsetzbare Forderungen, mit dem Ziel, den »systemstabilisierenden Reformismus« »rechtssozialdemokratischer« Gewerkschaftsführer zu entlarven. Und im großen Stil wird Antireformismus als Weltanschauung genau in *den* Bereichen produziert, die Hensche »Randfelder« gewerkschaftlicher Politik nennt: in der Jugend- und Bildungsarbeit.

Denn im Jugend- und Bildungsbereich gibt es nicht nur eine Politik »stillen« Machtgewinns, es gibt nicht nur »Unterwanderung« (der größere Teil der DKP-Freunde hat das Mitgliedsbuch der SPD in der Tasche, viele treten in der Jugend- und Bildungsarbeit als »Jungsozialisten« auf und versuchen, in ihren politischen Aussagen »unidentifizierbar« zu sein). Es gibt, exemplarisch vorgeführt in der »Gewerkschaftsgeschichte« der »Marburger Schule« (vgl. Kap. IX) auch eine offene, systematische Schönfärbung oder Weglassung der verhängnisvollen Ergebnisse kommunistischer Gewerkschaftspolitik und eine konsequente Diffamierung der Ergebnisse reformerischer, sozialdemokratischer und demokratisch-sozialistischer Politik. Auf diese Unterschiede geht Detlef Hensche vorsichtshalber nicht ein.

Da das »Oberurseler Papier« sich genau mit der Art und Weise der innergewerkschaftlichen Durchsetzung dieser Linie beschäftigt, muß seine inhaltliche Diskussion verhindert werden. Hans Preiss und Georg Benz haben auf der Sitzung des geschäftsführenden Vorstandes der IG Metall am 3. 12. 1979 in Berlin mit einem »Positionspapier« zur Diskussion über die Jugendarbeit nicht viel von ihren administrativen und politischen Absichten als Vorstandsbeschluß durchsetzen können; eines haben sie erreicht, das »Oberurseler Papier« wurde verurteilt:

»Die seit Jahren öffentlich geführten Angriffe gegen die Gewerkschaften erhielten durch die Verbreitung des im Hause der Gewerkschaftsjugend erstellten Papiers ›Zur Strategie der DKP und SDAJ im Bereich der Gewerkschaftsjugend ...‹ neuen Auftrieb. Die in diesem Papier bezogenen Positionen können von der IG Metall nicht getragen werden. Die darin enthaltenen Diffamierungen unserer ehrenamtlichen und hauptamtlichen Kollegen sowie die Angriffe gegen die gewerkschaftliche Bildungsarbeit der IG Metall werden zurückgewiesen.«[40]

Nach dieser »Positionsbestimmung« soll in den Gewerkschaf-

ten über das »Oberurseler Papier« und damit über die sowjetkommunistische Politik in den Gewerkschaften nicht mehr diskutiert werden.
Erfreulicherweise hat mit der IG Chemie nun endlich eine wichtige Gewerkschaft offen und offiziell gegen diese IG Metall-Politik des Verschweigens und Mundtotmachens Stellung bezogen: »Auf der 11. Bundesjugendkonferenz der IG Chemie ... in Augsburg übte der stellvertretende Vorsitzende, Hermann Rappe, Kritik an der Haltung der IG Metall im Streit über die Jugendarbeit und die Einschätzung der DKP sowie der ihr nahestehenden Sozialistischen Deutschen Arbeiterjugend (SDAJ). Rappe erklärte, er sei nicht der Meinung, daß die DGB-Jugendarbeit ein ›Ableger‹ der IG Metall-Jugendarbeit werden wird. Er sei nicht gewillt, ›Unterwanderungsabsichten der SDAJ oder der DKP mit dem Mantel gewerkschaftlicher Einheitsliebe zuzudecken‹.
Gleichzeitig versicherte Rappe dem für die Jugendarbeit zuständigen, in Augsburg anwesenden DGB-Vorstandsmitglied, Karl Schwab, und dem ebenfalls anwesenden Leiter der DGB-Bundesjugendschule in Oberursel, Hinrich Oetjen, daß die IG Chemie sie auch weiter unterstützen werde. Die in der DGB-Bundesjugendschule erarbeiteten Materialien lobte Rappe als ›richtungsweisend‹. Er dankte Oetjen ausdrücklich für seinen Mut, ›Offenheit‹ in die Sache gebracht zu haben. Damit hat zum ersten Mal ein Vorstandsmitglied einer DGB-Gewerkschaft auch öffentlich in diesem Konflikt Partei ergriffen. Rappe betonte, daß es dabei nicht um Probleme von Einzelpersonen gehe, sondern um konzeptionell unterschiedliche Vorstellungen zwischen DGB-Gewerkschaften.
Zum aktuellen Hintergrund dieser eindeutigen Solidaritätserklärungen – der allerdings auf der Konferenz nicht offen ausgesprochen wurde – gehört der Verlauf eines vertraulichen Spitzengespräches zwischen IG Metall und DGB (im Februar 1980) in Frankfurt ... Die IG Metall hat nach zuverlässigen Informationen dabei durchsetzen können, daß Schwab Oetjen unter Androhung arbeitsrechtlicher Konsequenzen anweisen mußte, jede öffentliche Äußerung und jeden Außenkontakt zu unterlassen.«[41]
Vorläufig letzter »Gipfelpunkt« erfolgreicher DKP-Einfluß-Strategien im DGB: Ein höchst verdienter Bezirkssekretär der Gewerkschaft HBV wird am 30. Juni 1980 fristlos vom Vorstand gekündigt, allen Informationen zur Folge, weil er in seiner Bezirksdelegiertenversammlung einen Unvereinbarkeitsbeschluß HBV/DKP nicht verhinderte![41a]

II. Die KPD und die Gewerkschaften in der Weimarer Republik[42]

Die Geschichte der KPD 1918–1933 ist letztlich nicht nur die Geschichte isolierter politischer Gedanken oder einzelner Politiker – ebensowenig beschränkt sie sich auf die Geschichte eines Apparates, so interessant und wichtig die zum Teil sensationellen Enthüllungen über die verschiedenen illegalen Geheimapparate der KPD sind. Politisch liegt der Wesenskern der Kommunistischen Partei anderswo.

1. Geschichtliche Voraussetzungen

Primär sind wir mit einer sozialen und politischen Bewegung konfrontiert, die zeitweise sogar den Charakter einer Massenbewegung hatte. Dabei ist zu bedenken, daß diese Bewegung selber wieder innerhalb einer älteren Mutterpartei entstanden ist. Die KPD stellt also keine Institutionalisierung einer absolut neuen Bewegung dar; sie ist vielmehr eine Tochterpartei und eine Bewegung, die trotz der Feindschaft gegen die Mutter oder den Vater – nämlich die alte Sozialdemokratie! – wichtige Züge ihrer Ahnen nie ganz verleugnen konnte. Ja, wie in der Familie die Tochter – und noch öfter der Sohn –, selbst wenn sie gegen Vater und Mutter rebellieren, doch zeit ihres Lebens von den Eltern, gegen die sie sich auflehnen, wenn auch negativ bestimmt bleiben, so kann man auch von der KPD sagen, daß sie nie ganz von ihrem Vater- oder Mutterkomplex losgekommen ist (um einmal diesen tiefenpsychologischen Begriff zu gebrauchen).
Bereits vor 1914 unterschied man in der SPD drei Richtungen: auf dem rechten Flügel die Revisionisten, auf der Linken die revolutionär-marxistische Gruppe, dazwischen das marxistische Zentrum Bebels und Kautskys. In Wirklichkeit war nur die zahlenmäßig kleine radikale Linke einigermaßen geschlossen. In der Mitte und auf der Rechten gab es eine aktivistische radikal-demokratische Minderheit – die große Mehrheit bediente sich dagegen nur zeitweilig nach außen hin einer pseudomarxistischen Ideologie und Phraseologie, die ihrer wahren Natur wenig entsprach. In der Tat gab es schon vor 1914 in der Partei und noch mehr in den Gewerkschaften eine breite Schicht, die primär sozialpolitisch orientiert war. Im übrigen war sie politisch indifferent oder gar konformistisch – keineswegs war sie darauf aus, die damalige Verfassungswirklichkeit

radikal zu bekämpfen. Das wurde offenbar, als der Kaiser am 4. 8. 1914 sein Wort von den »vaterlandslosen Gesellen« zurücknahm. Das Gros der SPD unter Führung von Ebert und Scheidemann trat nun offen auf den Boden des status quo und war bereit, sich mit einem »sozialen« Obrigkeitsstaat abzufinden, falls nur einige Fehler, wie etwa das preußische Dreiklassenwahlrecht, korrigiert würden.

Diese Gruppierung war ganz besonders »nationaldeutsch«; die anderen Richtungen orientierten sich stärker an ausländischen Vorbildern. Deutschland war einerseits auf dem Wege der Demokratisierung erheblich weiter fortgeschritten als etwa das zaristische Rußland, andererseits waren doch vor 1914 der Ausnutzung der demokratischen Institutionen durch die sozialistische Bewegung hier viel engere Schranken gesetzt als etwa in England. Das erklärt zum Teil, wieso gerade in Deutschland die verschiedenen Richtungen sich so stark voneinander abhoben, von diesen orientierte sich die eine – radikal-demokratische – nach dem Westen und die andere – revolutionär-marxistische – nach dem Osten, während die dritte, »zentristische« Richtung, vor allem zwischen den verschiedenen Strömungen zu vermitteln und so die Einheit der Partei aufrechtzuerhalten suchte.

Die tiefe Krise des Kapitalismus, die 1914 mit dem Ausbruch des Ersten Weltkrieges offenkundig wurde, aktualisierte die Spannungen, die bis dahin verborgen geblieben waren. Der Krieg, die Demokratisierung der halb-absolutistischen konstitutionellen Monarchien, der Sieg der Bolschewiki in Rußland, die Erschütterung der internationalen Wirtschaftsordnung beschleunigten die weitere Differenzierung der großen Arbeiterparteien, darunter auch der Sozialdemokratie in Deutschland. Mit den Losungen »Vaterlandsverteidigung« und »Burgfrieden« aktualisierte der Krieg in noch nie dagewesener Schärfe die Forderung nach Zusammenarbeit mit dem Bürgertum und nach vollkommenem Verzicht auf den Klassenkampf. Die Demokratisierung der Monarchien einerseits, die Machteroberung der Bolschewiki in Rußland andererseits setzten die Frage der Stellung zum demokratischen Staat wieder auf die Tagesordnung. Die allgemeine politische und ökonomische Krise verdeutlichte den engen Zusammenhang zwischen dem Klassenkampf und Teilreformen einerseits und dem revolutionären Machtkampf andererseits. In der Krisensituation des Krieges und in den krisengeschüttelten labilen Nachkriegsrepubliken ward es immer schwieriger, zugleich reformistische Politik zu praktizieren und eine revolutionär-marxistische Ideologie zu propagieren. Jetzt schien sich alles auf eine einzige Alternative zuzuspitzen: Entweder wurde man der neuen demokratischen Republik zuliebe staatserhaltend – »konservativ« sogar um den Preis der Drosselung von Tageskämpfen und der Aufgabe des direkten Kampfes um den Sozialismus –, oder man ordnete alles der Organisierung der sozialen Revolution unter und war bereit, äußerstenfalls sogar die parlamentarische Demokratie auf dem Altar einer bolschewistischen Diktatur zu opfern. Demokratie ohne Sozialismus oder Sozialismus ohne Demokratie – das schien nun die Alternative zu sein, die sich doch vor 1914 für eine Partei wie die Sozialdemokratie, die ja bereits in ihrem Namen die Synthese von Sozialismus und Demokratie versinnbildlichen wollte, nie gestellt hatte.

Rückblickend sehen wir, daß sehr wohl damals – 1918 und in den folgenden Jahren – die Lösung in der Verwirklichung von Sozialismus und Demokratie hätte liegen können. Hätte sich damals das Gros der sozialistischen Bewegung einheitlich und energisch für eine solche Politik eingesetzt, so wäre sicher manches in dieser Richtung durchzusetzen gewesen. In diesem Falle wäre auch wohl die Einheit der Sozialdemokratie erhalten geblieben oder doch die Spaltung in Sozialdemokratie und Kommunisten bald wieder verschwunden. Ohne eine solche zugleich demokratische und sozialistische Ausrichtung war dagegen der Bruch in der Sozialdemokratie so gut wie unvermeidlich. Da aber damals die meisten Sozialisten in Deutschland eben nur die Alternative Sozialismus oder Demokratie sahen, war die Einheit der Partei nicht zu retten. Wie sollten schließlich die Verfechter der bolschewistischen Spielart des Sozialismus, die sich alsbald Kommunisten nannten, und die Anhänger der Weimarer Lesart von Demokratie, die Sozialdemokraten (wobei die Betonung immer mehr auf »Demokraten« lag!) in derselben Partei zusammenarbeiten – insbesondere, wenn es sich um eine so typisch deutsche Partei wie die SPD handelte, in der absolute Parteidisziplin stets oberstes Gesetz gewesen war.

Nicht zufällig ging gerade in Deutschland die Spaltung in den Jahren nach dem Ersten Weltkrieg besonders tief. Im Gegensatz nicht nur zu alten Demokratien wie England, sondern auch etwa zu Österreich wurde hier die Sozialdemokratie unter dem Druck starker militaristisch-bürokratisch-feudaler Traditionen und Institutionen immer weiter nach rechts gedrängt, während gleichzeitig der linke Flügel der USPD und die spätere KPD sich so sehr bolschewisierten, daß sie immer wieder die erfolgreiche Aufstandsstrategie der Bolschewiki in Rußland einfach nachzuahmen versuchten. Die Erklärung für diese Polarisierung liegt sicherlich zum Teil in der historischen Tradition

Deutschlands selbst. In Preußen insbesondere sind die freiheitlich-revolutionär-demokratischen Kräfte stets erheblich schwächer gewesen als in manchen Ländern des Westens. Der Schwäche dieser liberal-antiautoritären Elemente entsprach die Stärke autoritär-reaktionär-bürokratischer Institutionen, Kräfte und Verhaltensweisen.

Der bekannte Soziologe Robert Michels hat schon vor dem Ersten Weltkrieg nicht nur von den autoritären Tendenzen in den Massenparteien gesprochen, sondern auch bereits darauf hingewiesen, daß militärische Begriffe und eine kriegerische Sprache bei der SPD eine große Rolle spielten. Später hat man die Gewerkschaften als Vorschulen der Armee gelobt. Die deutsche Arbeiterbewegung hatte es im Kaiserreich mit einem übermächtigen Gegner zu tun, der sie durch eine Politik der Nadelstiche niederhielt, ohne sie jedoch je vor die klare Alternative »Revolutionärer Kampf oder Untergang« zu stellen. Um dem straff- organisierten und disziplinierten Gegner erfolgreich entgegentreten zu können, erhob die Sozialdemokratie die Organisationsdisziplin und die disziplinierte Organisation zum Allheilmittel. So wurde sie im Kampf gegen die alten Autoritäten selber immer autoritärer. Ja, der für die deutschen Parteien so typische Doktrinarismus machte die Parteidisziplin und -einheit zu einem integralen Bestandteil der Ideologie; das Nebeneinander entgegengesetzter Richtungen innerhalb einer Partei wurde immer mehr zu einem Stein des Anstoßes. Die zwangsweise Durchsetzung der Parteieinheit um jeden Preis sollte in Deutschland nach 1914 anders als in Österreich zu einem wesentlichen Faktor der permanenten Parteispaltung werden.

Die autoritäre Entwicklung in der SPD wurde noch dadurch verstärkt, daß ja auch die Menschen, die sich in ihr und in den anderen Arbeiterorganisationen zusammenfanden, trotz allem ehrlichen Verlangen nach Freiheit doch auch selber wesentlich durch die Charakterbildung in der patriarchalischen Familie, in der autoritären Schule und Staatskirche, im autokratischen Heer, in der ausgesprochen hierarchischen Fabrik mitgeformt waren. Hatte man ihnen hier beigebracht, daß es immer und überall in erster Linie auf Gehorsam und Ordnung ankäme, so war es nur zu natürlich, daß sie auch in ihren eigenen Organisationen von diesen Verhaltensweisen nur schwer loskamen. Die Mehrheit war nur allzu bereit, bei sich bietender Gelegenheit ihre Gefügigkeit von den alten Obrigkeiten auf die neuen zu übertragen.

Der Gedanke an eine revolutionäre Umwälzung, sei es auch nur etwa im Stile der großen Französischen Revolution, war insbe-

sondere seit dem Scheitern der letzten großen Revolution von 1848 immer mehr verblaßt. Nach dem Tode von Engels und Wilhelm Liebknecht waren weder Kautsky noch Bernstein, und schon gar nicht Ebert oder Scheidemann, imstande, sich die historische Entwicklung in Kategorien wie »Revolution«, »Aufstand«, »Freiheit«, »Individualismus« konkret vorzustellen. Die materielle und ideelle Kraft Preußens und Deutschlands im Zeitalter der Entwicklung des Hochkapitalismus und Imperialismus schien ein für allemal zu beweisen, daß die Weiterentwicklung nur auf dem Wege des Kompromisses mit den bestehenden Mächten denkbar war: also nicht Aufstand, Rebellion, Chaos, Anarchie – sondern Reform, Kompromiß, Ordnung und Autorität!
Der Konservativismus der Sozialdemokratie fand seine Krönung in der Burgfriedenspolitik von 1914 und der Koalitionspolitik von 1919. Angesichts der Stärke der Reaktion scheute die SPD immer mehr vor dem offenen und konsequenten Kampf mit dieser zurück. Bei dem Fehlen eines echten Machtbewußtseins neigten besonders die sozialdemokratischen Führer dazu, die Reaktion zu verharmlosen: Man spiegelte sich immer wieder vor, diese werde schon räsonabel werden und einen ehrlichen Kompromiß mit der neuen Ordnung und der SPD schließen, insbesondere wenn diese bescheiden und vorsichtig auftreten würde. Hinzu kam noch, daß rechts von der Sozialdemokratie im Bürgertum wenig wirklich zuverlässige und machtvolle Kräfte vorhanden waren, die ihr helfen konnten, die Reaktion zu entmachten und die demokratische Revolution zu Ende zu führen. Die Funktion, die etwa in England die Liberale oder sogar die Konservative Partei hat, mußte infolgedessen im Deutschland der Weimarer Republik die Sozialdemokratie selber mehr oder weniger mitübernehmen. Das führte aber dazu, daß die SPD, die ausgezogen war, um die konservative Republik sowohl gegen die äußerste Reaktion wie auch gegen den Ansturm von links zu verteidigen, immer wieder vor dem Dilemma stand, im Bunde mit der Reaktion die konservative Republik zu schützen, damit aber auch die Stützpunkte der Gegenrevolution in der Wirtschaft, Verwaltung, Justiz, Armee, Schule, welche sich auch nach 1918 in dieser Republik hatten erhalten können.

2. Entstehungsbedingungen der KPD

Diese Identifizierung der Sozialdemokratie mit einer ungefestigten Demokratie, mit einer Demokratie, die selber reaktionäre Elemente in sich trug, mußte in jedem Falle auf den linken

Flügel abstoßend und aufreizend wirken. Sie wurde dort schlagwortartig zusammengefaßt in dem haßerfüllten Wort: »Noske-Politik.« Die negative Wirkung war noch um so stärker und verhängnisvoller, als sich der linke Flügel bereits sehr früh mit der Idee und Wirklichkeit der russischen Oktoberrevolution von 1917 und des Bolschewismus zu identifizieren begann. Der beispiellose Sieg der Bolschewiki bewirkte, daß sich die kommunistische Linke in einem im wesentlichen spontanen Prozeß herauskristallisiert hat, der wahrscheinlich auch ohne das Eingreifen der Bolschewiki früher oder später zu einer Spaltung geführt hätte. Deren Intervention hat diesen Spaltungsprozeß allerdings beschleunigt.

Tief begründet lag die Spaltung in der typisch kommunistischen Ideologie. Diese spiegelt sowohl das Dilemma der reformistischen Vorkriegs- und Nachkriegsbewegung im Kampf um den Sozialismus wie auch den Erfolg des Bolschewismus in Rußland wider. Der Antagonismus von »Monopolkapitalismus« und »Sozialismus«, von »Bourgeoisie« und »Proletariat«, von »bürgerlicher Diktatur« und »proletarischer Demokratie« gehört bereits zum Credo des revolutionären linken Flügels der Sozialdemokratie von vor 1918 ebenso wie auch der von den Kommunisten übernommene Glaube an die Krisenhaftigkeit der kapitalistischen Entwicklung und an die Unvermeidlichkeit eines revolutionären Übergangs zum Sozialismus.

Neu dagegen war die Verabsolutierung der wenigstens teilweise durch die eigentümliche »Rückständigkeit« Rußlands bedingten Charakteristika der russischen Revolution und der Sowjetunion, also des außerordentlich gewalttätig-blutigen Verlaufs der Revolution, der revolutionären Spontaneität der Bauernbewegung, der Schwäche des Bürgertums, der Hegemonie der bolschewistischen Partei gegenüber den Räten, der zentralistisch-bürokratischen Struktur der russischen Kommunistischen Partei, vor allem aber auch der Herausbildung einer totalitären Parteiherrschaft im Zeichen Stalins. Die typisch russischen Einflüsse trugen zur Stärkung der dogmatisch-totalitären und zum Absterben der demokratisch-humanistischen Aspekte der kommunistischen Ideologie erheblich bei. Im Verlauf dieses Prozesses wurde schließlich die These von der eigenen Unfehlbarkeit und Unersetzbarkeit zum wesentlichsten Kernsatz der neuen Ideologie. Die weitere Existenz und Entwicklung der kommunistischen Bewegung wurde so von einem Dogma getragen, das sich wirklich nur mit dem totalen Absolutheitsanspruch einer autokratisch-dogmatischen Kirche vergleichen läßt – ein Vergleich, der oft gezogen worden ist.

Die dogmatische Verhärtung mußte selbstverständlich die Kluft zwischen der kommunistischen Bewegung und Organisation einerseits, allen anderen nicht nur reformistischen, sondern auch ausgesprochen radikal-revolutionären sozialistischen Richtungen andererseits, immer mehr aufreißen. Die KPD wurde schließlich zu einer Partei, der es vor allem darauf ankam, ihren eigenen Machtanspruch durchzusetzen und alle anderen Strömungen der sozialistischen Bewegung nach ihrem eigenen Ebenbild zu formen und sich zu unterwerfen.
Der Totalitätsanspruch der Partei wird im Verlauf der Geschichte der KPD immer stärker. Er bestimmt auch ihre inneren Auseinandersetzungen, bei denen es ja stets auch um das Verhältnis zu anderen sozialistischen Organisationen, Gewerkschaften, Parteien usw. ging. So wurden immer wieder alle diejenigen Kommunisten, die auch nur ansatzweise bereit waren, die Unabhängigkeit anderer sozialistischer Ideologien und Organisationen anzuerkennen, ausgeschaltet und schließlich aus der Partei verdrängt. Hier liegt die Bedeutung der zahlreichen, für den Außenstehenden schwer durchschaubaren typischen innerparteilichen Auseinandersetzungen.
Man spricht im kommunistischen Lager gern von der festen und klaren »Generallinie« – in Wirklichkeit stellt sich diese Generallinie als ein ausgesprochener Zickzack-Kurs dar. Die kommunistischen Parteien schwankten immer wieder zwischen einem gemäßigteren Rechtskurs und einem extremeren Linkskurs. Dabei schlug bei diesen dauernden Rechts- und Linksschwenkungen das Pendel zunächst immer weiter aus. Die innerparteiliche Demokratie, die ursprünglich noch durchaus vorhanden war, wurde immer mehr abgebaut. Diese Einengung der Bewegungsfreiheit innerhalb der KPD zeigte sich darin, daß zunächst der linke, dann aber auch der rechte Flügel beseitigt wurde. Keine der späteren Schwenkungen – auch nicht die Rechtsschwenkung – führte zu einer Wiederbelebung der innerparteilichen Demokratie. Im Gegenteil, je gewagter und extremer die Strategie und Taktik der Parteiführung, um so bürokratischer und autoritärer das Parteiregime!

3. Zickzack-Kurs: Die verhängnisvolle »Linie« der KPD...

Das »Bewegungsgesetz« des Kommunismus im Zeitalter Stalins wollen wir nun an Hand der Entwicklung der KPD nach 1918 kurz illustrieren. Der von Liebknecht und Luxemburg im Weltkrieg begründete »Spartakusbund« – eine kleine Elite von

Intellektuellen und Arbeitern – trennte sich erst nach der Novemberrevolution von der USPD. Ende 1918 wurde die KPD als unabhängige Partei gegründet. Schon auf dem Gründungsparteitag setzte sich die Linke, die nur auf den unmittelbar bevorstehenden Sieg der sozialistischen Revolution hinarbeitete, gegen ihre eigene Führung durch – gegen den Widerstand von Rosa Luxemburg und Karl Liebknecht lehnte die Mehrheit die Beteiligung an den Wahlen zur Nationalversammlung ab. Nach der Ermordung ihrer Führer bestimmte in den ersten Monaten die Linke den Kurs der Partei. Er führte von Niederlage zu Niederlage, ohne daß allerdings die Partei als Organisation einfach zusammenbrach. Die revolutionäre Krise der gesamten Gesellschaft war noch so tiefgehend, daß die KPD immer wieder neuen Auftrieb erhielt. Schon 1919 gelang es dann aber dem rechten Flügel unter dem brillanten, aber auch egozentrischen Paul Levi – der selber 1921 mit der Kommunistischen Partei brach und zur Sozialdemokratie zurückkehrte –, eine Wendung nach rechts durchzusetzen, die zur Abspaltung des ultralinken syndikalistischen Flügels führte, der sich dann als Kommunistische Arbeiterpartei selbständig organisierte, um allerdings schon bald allen Einfluß zu verlieren.

Die neue rechte Politik der KPD schwächte sie zwar zunächst organisatorisch, erleichterte dann aber die Verschmelzung mit dem linken Flügel der Unabhängigen Sozialdemokratie, die damals als Massenpartei bedeutender und wichtiger war als die zunächst noch sehr kleine KPD. Erst seit der Vereinigung der alten KPD mit dem linken Flügel der USPD auf dem Parteitag in Halle 1920 können wir wirklich von einer kommunistischen Massenpartei in Deutschland sprechen. Diese neue Partei mit ihren fast 400 000 Mitgliedern, 33 Tageszeitungen, starken Gewerkschaftspositionen, mehreren Parlamentsfraktionen, die sich erst VKPD (»Vereinigte Kommunistische Partei Deutschlands«) nannte, um dann allerdings das V bald fallen zu lassen, erzielte zunächst gewisse Erfolge mit einer Einheitsfrontpolitik, die von Paul Levi recht geschickt eingeleitet wurde. Sie geriet aber dann im März 1921 in eine furchtbare Krise, als die Linken in der Partei in Mitteldeutschland einen Aufstand organisierten, der für die Partei zur »Marneschlacht« wurde. Wieder einmal hatte sich eine immanente Linkstendenz in der Partei durchgesetzt, eine illusionär-utopische Ungeduld. Man glaubte, daß, wenn man nur voranginge und das revolutionäre Banner hochhielte, die Massen schon folgen würden. Die Märzkatastrophe war immerhin so überwältigend, daß der KPD 1921 nichts anderes übrigblieb, als eine neue Schwenkung nach rechts vorzunehmen, wobei auch schon russischer Einfluß zu spüren war. Diese neue Rechtspolitik, die 1921 und 1922 mit einer gewissen allgemeinen Erholung in Deutschland und in der Welt sowie einem zeitweiligen Nachlassen der Inflation zusammenfiel, wurde sogar 1923 nicht modifiziert, obwohl damals die Inflation ihren Höhepunkt erreichte und sich sowohl die allgemeine wie die Wirtschaftslage katastrophal verschlechtert hatte.

Erst nachdem die Inflation überwunden war, erfolgte paradoxerweise Ende 1923 eine neue Linksschwenkung – nun wirklich als spontane Reaktion der Parteimitglieder auf den sogenannten »Verrat der Rechten«, die es angeblich in der revolutionären Situation versäumt hätten, einen Aufstand zu wagen. Da diesmal der linke Kurs mit dem Beginn der Stabilisierung zusammenfiel, wirkte er so verheerend, daß er bald wieder aufgegeben wurde. Im Verlauf der neuen Wendung wurde dann 1925 der linke Flügel unter Ruth Fischer, Maslow und anderen aus der Partei hinausgedrängt. Diese Wendung war allerdings vor allem dem sehr massiven Eingreifen der Russen zu verdanken und alles andere als spontan.

Die neue Zentrale setzte sich aus jenen Linken zusammen, die mit Ruth Fischer gebrochen hatten und die den Russen absolut ergeben waren (Thälmann, Dengel, Dahlem und andere) sowie einer linkeren Apparatgruppierung (Neumann, Remmele, Ulbricht) einerseits, den gemäßigten Anhängern der früheren Mittelgruppe und Rechten andererseits (Ewert, Gerhart – ein Pseudonym für einen der Brüder Ruth Fischers –, später Ernst Meyer und die sogenannten »Versöhnler«). An der Spitze der Zentrale stand Thälmann, »der ruhende Pol in dem häufigen Wechsel der führenden Persönlichkeiten«. In jenen Tagen wird der treue »Teddy« in den Augen seiner Bewunderer unmittelbar an der Spitze der Partei zum bolschewistischen »Berufsrevolutionär«. Das Stichwort für die neue Zentrale hieß »Konzentration der Kräfte«. Ihr Erfolg wurde unter anderem bewiesen durch eine angeblich ständige Mitgliederzunahme. So soll die Partei am 1. Januar 1926 schon wieder 160 000 Mitglieder gehabt haben. Wie groß der Zuwachs wirklich war, läßt sich nicht nachprüfen, da die letzten bekanntgegebenen Zahlen auf 150 000, beziehungsweise 180 000 für 1924 lauteten.

Der neue Kurs erschöpfte sich im wesentlichen darin, daß man die »Übertreibungen« sowohl Brandlers wie auch Ruth Fischers zu vermeiden und auf einer mittleren Linie zu lavieren suchte. Bis 1928 und 1929 wurde diese Taktik durchgehalten. Sie lief parallel zu der damaligen Politik Stalins, der sich im Kampf gegen Trotzki und Sinowjew auf Bucharin und die

Rechten stützte, ohne sich jedoch die Möglichkeit zu einer neuen Linksschwenkung zu verbauen. Es kam zu gelegentlichen Einheitsfrontaktionen mit der SPD und zur Wiederaufnahme der Arbeit der freien Gewerkschaften. In diesem Zeitraum allgemeiner, wenn auch bedrohter Stabilität, in der die Löhne zwar langsam, aber doch ständig stiegen und die Arbeitslosigkeit wenigstens in den Jahren 1924, 1927 und 1928 unter zehn Prozent blieb, wurde selbst die KPD relativ stabil und »seriös«. Sie konzentrierte sich auf Opposition in den Parlamenten, auf die Wahlen, auf Gewerkschaftspolitik und – last but not least – auf Propaganda für die Sowjetunion. Jetzt fungierte die KPD als eine bei aller leninistisch-radikalen Ideologie in der Praxis relativ »loyale Oppositionspartei«. Ja, sie erschien beinahe wie eine Neuauflage jener Vorkriegs-Sozialdemokratie, die noch unter der Führung von Bebel, Kautsky usw. marxistisch-radikal aufgetreten war. Freilich verstärkte sich zugleich die Abhängigkeit vom Kreml. Eine neue Konstellation in Deutschland (aber auch in Rußland!) konnte das Gesicht der Partei über Nacht wieder verändern und vor allem die nur übertünchten Gegensätze der Gruppen und Fraktionen wieder offenkundig machen. Eine Verschärfung der Lage würde gerade auch jene politisch-organisatorische Schwäche offenbaren, die in Zeiten der Stabilität hinter einer relativ eindrucksvollen Fassade verborgen blieb.
Die letzte Wendung war wieder mitbestimmt von einer Umgruppierung im Fraktionskampf in Rußland. Um 1928/1929 brach Stalin mit der Rechten (Bucharin, Rykow und Tomski), die ihn im Kampf gegen Trotzki und Sinowjew unterstützt hatte. In der neuen »linken« Phase erzwang er in der Sowjetunion mit der Abwendung von der Neuen Ökonomischen Politik (NEP) den sogenannten »sozialistischen Aufbau« im Zeichen der Fünfjahrespläne. Der Bruch mit Bucharin führte aber auch sofort zu einem Zerwürfnis mit den »Rechten« und den sogenannten »Versöhnlern« in der Kommunistischen Internationale, die nach links schwenken mußte. Diese ihre vierte Wendung stieß auf um so geringeren Widerstand, als ihr bald die ersten Anzeichen der großen Weltwirtschaftskrise folgten. Es sah zunächst so aus, als ob die Stalinisten damals die objektive Situation richtiger einschätzten als viele sozialdemokratische und bürgerliche Ökonomen, die kühn verkündet hatten, der organisierte Kapitalismus habe die Krise endgültig überwunden. Umgekehrt entwickelte die Dritte Internationale die Theorie, daß der Weltkapitalismus in seine Endkrise eingetreten sei. Diese würde automatisch die Massen nach links zu

den Kommunisten treiben. Die Hauptgefahr in dieser sogenannten »Dritten Periode« liege darin, daß die Partei hinter den sich rasch radikalisierenden Massen zurückbleibe. Da sowohl die Bourgeoisie wie auch die Sozialdemokratie immer stärker nach rechts tendierten, verschwände der Unterschied zwischen der Sozialdemokratie, den »alten« bürgerlichen Parteien und den Faschisten. Es bilde sich eine faschistische Einheitsfront, so hieß es weiter, die jetzt in Deutschland von Hitler und Ludendorff bis zu den linken sozialdemokratischen Führern und den Trotzkisten reiche. Diese könne nur von einer unter rein kommunistischer Führung stehenden proletarischen Front geschlagen werden. Bei der allgemeinen Verelendung würde diese unter klaren revolutionären Losungen zwangsläufig immer stärker werden und schließlich siegen. Die objektive Lage erfordere daher jetzt den Bruch mit der Taktik der »Einheitsfront von oben« und den verschärften Kampf gegen die SPD und die reformistischen Gewerkschaften. Ja, gelegentlich ging man sogar so weit, auch die Taktik der sogenannten »Einheitsfront von unten« zu vergessen und die Kinder einfacher Sozialdemokraten als »kleine Zörgiebels« zu beschimpfen in Erinnerung an den verhaßten sozialdemokratischen Polizeipräsidenten, der auf Kommunisten hatte schießen lassen. Aber selbst dort, wo man sich genau an die »Generallinie« hielt, stand diese nun im Zeichen der fatalen Theorie vom »Sozialfaschismus«, die sich bereits 1928 auf dem 6. Weltkongreß der Kommunistischen Internationale angekündigt hatte und die an gewisse Traditionen von 1923 und 1924 anknüpfte, als die KPD auch schon von der »einen reaktionären Masse« gesprochen hatte.
»Einheitsfront von unten« hieß nichts anderes, als daß man die Anhänger der SPD und der ihr folgenden Organisation aufforderte, sich von diesen zu trennen und der KPD zu folgen. Aber auch die »Einheitsfront von oben«, die sicherlich die Abwehrkraft der Linken zeitweilig zu stärken vermochte, litt unter einem grundsätzlichen Widerspruch: Alle Kommunisten – angefangen von Lenin! – betonten immer wieder, daß diese Einheit nur temporär sein könnte und daß in ihrem Verlauf die Massen für den Kommunismus gewonnen und so alle reformistischen, aber auch sonstigen nichtorthodox kommunistischen Organisationen schließlich liquidiert würden. Welcher Kommunist konnte sich da eigentlich wundern, daß die so sehr begehrten Bündnispartner wenig Lust zeigten, mit den Kommunisten zusammenzuarbeiten und eine »Unterstützung« anzunehmen, deren Wesen Lenin selber einmal in seiner bekannten Schrift über den »Radikalismus als die Kinderkrankheit des

Kommunismus« zynisch offenbart hatte, als er dort erklärte, man solle einen Henderson (von der Labour Party) ebenso stützen »wie der Strick den Gehängten stützt«.

4. ... am verhängnisvollsten in der Gewerkschaftspolitik

Untersuchen wir nun etwas genauer das Verhalten der KPD gegenüber den Gewerkschaften in den 20er und 30er Jahren. Nach dem Ersten Weltkrieg nahmen sowohl der Zahl wie auch dem Einfluß nach die Gewerkschaften einen großen Aufschwung. Sie blieben jedoch vielfach zerstritten. Es bestanden weiterhin drei politische Richtungen, deren Gewerkschaften ihrerseits in Arbeiter-, Angestellten- und Beamtengewerkschaften zerfielen. An die Stelle der alten Generalkommission trat zwar 1920 ein föderalistischer Zusammenschluß der sozialistisch orientierten Freien Arbeitergewerkschaften, der »Allgemeine Deutsche Gewerkschaftsbund« (ADGB). Dieser umfaßte aber nur die ausgesprochenen Arbeitergewerkschaften. Seinen Höhepunkt erreichte er um 1920 mit etwa acht Millionen Mitgliedern in 50 angeschlossenen Verbänden. Seitdem ging die Mitgliederzahl fast ständig zurück. 1931 betrug sie nur noch 4,4 Millionen Mitglieder in 30 Verbänden.
Die stärksten Gewerkschaften im ADGB waren die Metallarbeiter, die Staats- und Gemeindearbeiter und die Transportarbeiter. Die Angestelltengewerkschaften waren im »Allgemeinen Freien Angestelltenbund« (AFA-Bund) zusammengeschlossen. Sie galten zwar auch als sozialistisch, betonten aber doch gleichzeitig ihre Unabhängigkeit vom ADGB. 1925 zählten sie über 400 000 Mitglieder, wovon nicht weniger als 200 000 dem Zentralverband der Angestellten angehörten. Im »Allgemeinen Deutschen Beamtenbund« (ADB) waren alle Beamtengewerkschaften, die auf dem Boden des Sozialismus standen, zusammengefaßt. Die Christlichen Gewerkschaften lehnten sich an die Deutschnationale Volkspartei, die Deutsche Volkspartei, vor allem aber auch an das Zentrum an. Diese Gewerkschaften hatten im Jahr 1921 ungefähr 1,3 Millionen Mitglieder, 1927 aber nur noch 800 000. Die stärkste Einzelgewerkschaft war hier der »Deutschnationale Handlungsgehilfenverband«, der im Jahre 1931 über 400 000 Mitglieder zählte. Den Christlichen Gewerkschaften stand auch der Deutsche Beamtenbund nahe, der allerdings organisatorisch selbständig war. Er war ausgesprochen antisozialistisch und betrachtete sich

mehr als Berufsorganisation denn als Gewerkschaft. Schließlich gab es noch die zahlenmäßig schwachen Hirsch-Dunckerschen Gewerkschaften. Diese standen der liberalen Deutschen Demokratischen Partei nahe. Ihre Mitgliederzahl ging von 526 000 im Jahre 1921 auf 350 000 im Jahre 1927 zurück. Die Aufsplitterung der Gewerkschaften kontrastierte mit der Einheit der Unternehmerverbände – sie trug sicherlich das Ihre zur Schwächung und zum Niedergang der Arbeiterbewegung bei.
Nach der Verschmelzung des linken Flügels der USPD mit der KPD im Jahre 1920 sah es fast so aus, als ob die Partei auf dem besten Wege wäre, die Mehrheit in den dem ADGB angeschlossenen Gewerkschaften zu erobern. Auf dem 2. Parteitag erklärte einer der Führer der Partei, Heckert, daß die KPD 1923 vielleicht Einfluß auf 30 bis 35% der gewerkschaftlich organisierten Arbeiter gehabt hätte. Bei den Delegiertenwahlen zum Metallarbeiterverbandstag am 23. 7. 1923 erhielt die Opposition (KPD und USPD) die Mehrheit der Stimmen und ein Drittel der Mandate. Bei einer Abstimmung unter den Mitgliedern des Berliner Metallarbeiterverbandes, ebenfalls im Juli, erhielten die KPD 54 000 und die SPD nur 22 000 Stimmen. Auch bei den Wahlen zum Verbandstag der Textilarbeiter erhielt die Opposition über ein Drittel der Delegierten. Die Zahl der kommunistischen Gewerkschaftsfraktionen stieg zwischen Juli und Ende Oktober 1923 von 4000 auf 6000, die der kommunistischen Bevollmächtigten, Geschäftsführer und Angestellten von 286 auf 342, die Zahl der Roten Kartelle verdoppelte sich beinahe (von 1100 auf 2100). Die Zahl der hinter der Opposition stehenden Arbeiter ist für den Juli 1923 auf 2,5 Millionen geschätzt worden.
Nachdem es die KPD versäumt hatte, die Krise (Höhepunkt der Inflation) im Oktober 1923 zu einem Frontalangriff auf das »System« zu nutzen, war es schon im Herbst 1923 zu einer Massenflucht aus den Gewerkschaften gekommen. Infolge der Inflation waren diese in Kampfunfähigkeit und Passivität verfallen. Während 1922 80% der Industriearbeiter gewerkschaftlich organisiert gewesen waren, betrug 1923 die Mitgliederzahl im ADGB noch rund sieben Millionen, 1924 war sie hingegen auf vier Millionen zurückgegangen. *Alle Gewerkschaften zusammen* hatten 1924 nur noch 4,7 Millionen Mitglieder. Unter diesem Rückgang litt natürlich auch die kommunistische Opposition. Immerhin tat die KPD zunächst noch einiges, um dem deutschen Proletariat seine Kampforganisationen zu erhalten. Unter der Parole: »Rettet die Gewerkschaften!« sammelte sie die Unzufriedenen.

Noch um die Jahreswende 1923/24 war der kommunistische Einfluß in den Gewerkschaften recht stark gewesen. Am stärksten war er im Deutschen Metallarbeiter-Verband (DMV), wo die KPD bei den Delegiertenwahlen zum Verbandstag, der vom 18. bis 23. 2. 1924 stattfand, fast die Hälfte der Stimmen erhalten hatte; stark war auch ihr Einfluß bei den Bauarbeitern, Holzarbeitern, Gemeinde- und Staatsarbeitern sowie im Angestelltenverband gewesen. Doch die neue linke Politik trug das Ihre dazu bei, daß die Parteimitglieder die Gewerkschaften verließen und die wichtigsten Gewerkschaftspositionen verlorengingen. Die Zahl der kommunistischen Gewerkschaftsangestellten soll nach dem Frankfurter Parteitag (April 1924) nur noch 150 betragen haben. Während Anfang 1923 70% der Mitglieder der KPD Berlin-Brandenburg gewerkschaftlich organisiert gewesen seien, seien es ein Jahr später nur noch 20 bis 30% gewesen. Zwar kann man argumentieren, die Partei habe sich von der antigewerkschaftlichen Massenstimmung mitreißen lassen, aber doch offiziell nie die Parole: Heraus aus den Gewerkschaften und Gründung neuer Verbände! herausgegeben. Aber sogar der für die Gewerkschaftsarbeit verantwortliche August Enderle mußte zugeben, daß die Partei die Beteiligung oft hervorragender KPD-Mitglieder an gewerkschaftlichen Neugründungen geduldet und sich dadurch mitschuldig gemacht habe. Wie zu erwarten, reagierte die Gewerkschaftsbürokratie auf diese Politik mit verstärkten Ausschlüssen. Auf dem Textilarbeiterverbandstag im März 1924 wurde über die Hälfte der 117 oppositionellen Delegierten ausgeschlossen. Besonders ausschlußfreudig war auch der Zentralverband der Angestellten (ZDA): 117 kommunistische Delegierte zur Generalversammlung Berlin wurden ihrer Funktionen enthoben. Hingegen kam es bei den Zimmerern, Buchdruckern, Schuhmachern, Gemeindearbeitern (und anderen) kaum zu Ausschlüssen. Die Ausschlußpolitik hatte angeblich »bei den kommunistischen revolutionären Massen und bis zu einem gewissen Grade auch bei der ganzen KPD ein Abweichen von der Gewerkschaftspolitik der Komintern zur Folge«.[43] Nun kam es erst recht zur Neugründung selbständiger Verbände.

5. Zersplitterung und Niedergang; RGO

Die Zersplitterung der Arbeiterschaft war um so verhängnisvoller, als bereits Ende 1923 und Anfang 1924 eine Offensive der Unternehmer gegen die unter Arbeitslosigkeit, Hungerlöhnen und Belagerungszustand leidende Arbeiterklasse einsetzte. Bis zum Sommer 1924 erfolgte eine Reihe von Aussperrungen, als deren Ergebnis der Achtstundentag verlorenging. Von kommunistischer Seite ist betont worden, daß im Gegensatz zum Versagen der Linken, »die Bourgeoisie in dieser Periode ebenso klug wie brutal gehandelt hat«.

In der Epoche ihrer Neuen Ökonomischen Politik (NEP) und der relativen Stabilisierung des Weltkapitalismus waren die Russen an der Herstellung der internationalen Gewerkschaftseinheit als einem Mittel des Schutzes der Sowjetunion vor Intervention interessiert. Bereits auf dem 5. Weltkongreß der Kommunistischen Internationale hat sie gegen die linke Gewerkschaftspolitik der deutschen Partei die Politik der Herstellung der internationalen Gewerkschaftseinheit verkündet. Der Widerstand hiergegen war gleich groß bei Mitgliedern und Führung der KPD. Auch der Mai-Zentralausschuß und der 10. Parteitag 1925 brachten keine entscheidende Besserung, da die Beschlüsse, daß jedes Parteimitglied gewerkschaftlich organisiert sein müsse, zunächst auf dem Papier blieben. Immerhin war Ende 1924 die Massenflucht aus den Gewerkschaften zum Stehen gekommen; der Offene Brief des EKKI (Exekutivkomitee der Kommunistischen Internationale) an die Mitglieder der KPD gegen die Parteilinke und die Beseitigung der Ruth-Fischer-Zentrale signalisierten den Beginn der Wiederaufnahme der Gewerkschaftsarbeit.

Der Einfluß der KPD auf die gewerkschaftlich organisierten Arbeiter betrug angeblich zur Zeit des 10. Parteitages 1925 nur noch 10%. Im Bericht der Zentrale an diesen wird zugegeben, daß gegenüber den früheren Berichten »der vorliegende einen Rückgang des Einflusses der revolutionären Opposition in den freigewerkschaftlichen Verbänden zeigt«. Während Pieck 1925 auf dem 10. Parteitag bekanntgeben konnte, daß bei den Metallarbeiterwahlen in Berlin die KPD 6225 Stimmen erzielt habe gegenüber 6850 Stimmen für die SPD, illustrierte der EKKI-Vertreter Samuely die letztjährigen Verluste der Partei in den Gewerkschaften mit den folgenden Ziffern: Von den 80 000 Betrieben, die zur Durchführung von Betriebsrätewahlen berechtigt waren, war die Partei kaum in zehn Betrieben an Wahlen beteiligt. In 20 von den 30 größten deutschen Betrieben hätten keine Kampfwahlen stattgefunden. Bei den Eisenbahnern sei der kommunistische Freie Eisenbahnerverband von 20% auf 10% aller Stimmen zurückgegangen. Bei den Gewerkschaftswahlen sei die KPD zurückgegangen in Bitterfeld von 67% auf 16%, in Düsseldorf von mehr als der Hälfte auf 33%, in Erfurt von 66% auf 45%, in Essen von mehr als der Hälfte auf 48%, in Jena von 60% auf 25%. Im Deutschen Metallarbeiter-Verband (DMV) sei die KPD zurückgegangen von 48% auf 16%, in Chemnitz auf 10%, in Offenbach von 25% auf 19%.

Angesichts dieser Verluste war nun das Hauptproblem die Rückführung der abgesplitterten Verbände in die Freien Gewerkschaften. 1925 gab es die folgenden unter dem Einfluß der KPD stehenden selbständigen Gewerkschaftsverbände: Union Gruppe Bergbau, Union Gruppe Metall, Freier Eisenbahnerverband, Schiffahrtsbund, Verband der ausgeschlossenen Bauarbeiter, Verband der Buchbinder (Opposition), Verband der ausgeschlossenen Textilarbeiter, Industrieverband der Chemiearbeiter, Verband der Land- und Waldarbeiter. Die Mitgliedschaft aller revolutionären und syndikalistischen Verbände war seit 1922 erheblich zurückgegangen (von 250 000 auf etwas über 60 000 Ende 1925). Die KPD gab selber zu, daß die Verbände mit ihren insgesamt 50 000 Mitgliedern gegenüber den 6 Millionen der Freien Gewerkschaften trotz ihrer revolutionären Einstellung keine Rolle spielten. Die Verschmelzung gelang der KPD über Erwarten gut; sie erklärte selber, daß, insbesondere bei den Bergarbeitern und Eisenbahnern, die Vereinigung mit den Freien Verbänden unter überraschend günstigen Bedingungen gelungen sei.

Die letzte Wendung der Partei um 1928/29 zu einer ultralinken Strategie und Taktik bedeutete in den Gewerkschaften Bruch der Disziplin, Kampf gegen die Führung ohne Rücksicht auf das Stärkeverhältnis und schließlich Spaltung der Gewerkschaften. »Gegen den Dreibund von Unternehmertum, bürgerlicher Staatsgewalt und reformistischer Bürokratie sind selbständige Kampf- und Streikleitungen zu bilden. Die Kräfte sind auf die unorganisierten Massen, die verelendetsten und unterdrücktesten Schichten zu konzentrieren. Die KPD und die Revolutionäre Gewerkschaftsopposition (RGO) müssen die ökonomischen und politischen Kämpfe der Arbeiterklasse selbständig führen. Jetzt sind nicht mehr die Gewerkschaften, sondern in erster Linie die Betriebe die Arena des Kampfes zwischen SPD und KPD. Die Partei hat ein System revolutionärer Vertrauensmänner in den Betrieben zu schaffen und bei den Betriebsrätewahlen eigene ›rote Listen‹ gegen die Listen der Freien Gewerkschaften aufzustellen«,[44] so Thälmann und Merker. Hatte 1919 die KAP geglaubt, die Allgemeine Arbeiterunion (AAU) werde die Revolution bringen, so war genau zehn Jahre später die KPD wieder soweit, davon zu träumen, es käme für den Sieg

nur auf die Entdeckung einer so schönen Organisationsform wie der RGO an.
1929 und 1930 war man nun so »links«, daß man alles versuchte, um eine Spaltung zu provozieren und so rasch wie nur möglich neue Gewerkschaften zu gründen. In diesen Jahren befolgte die KPD weitgehend, ohne es einzugestehen, eine Politik des: »Heraus aus den Freien Gewerkschaften!« Später kam es insoweit zu einer »Wendung«, als man gleichzeitig auf zwei Hochzeiten zu tanzen versuchte. Man wollte nun die Positionen in den Freien Gewerkschaften halten und sogar ausbauen und erst später verselbständigen, gleichzeitig aber nicht auf die selbständige Führung der Streiks und die Organisierung neuer Massen verzichten. Die neue RGO-Linie[45] wurde von Franz Dahlem 1930 in seinem Artikel »Die Entwicklung der RGO zur Kampfgewerkschaft« expliziert, wo er ausdrücklich von einem »Kurs auf Rote Industrieverbände« spricht. Auch in der Resolution des ZK vom Januar 1931 heißt es: »Das wichtigste Kettenglied der proletarischen Revolution ist zweifellos unter den gegenwärtigen Bedingungen die wirkliche Organisierung und erfolgreiche Führung der proletarischen Wirtschaftskämpfe.« »Die Internationale« bemerkt hierzu: »Die wichtigste zentrale Tagesaufgabe ist die Stärkung der RGO, die Ausbreitung der RGO zu einer Millionenorganisation.« Allerdings fügt sie im Sinne des Kampfes gegen die ultralinken Auswüchse hinzu, daß »Fraktionsarbeit in den reformistischen Gewerkschaften nicht überflüssig« sei. In Wahrheit blieb es in bezug auf die Arbeit in den Freien Gewerkschaften bei frommen Wünschen, platonischen Erklärungen und papiernen Resolutionen. Das zeigte am deutlichsten der 14. Kongreß des ADGB, der vom 31. 8. bis zum 4. 9. 1931 in Frankfurt tagte, und auf dem sich unter 307 Delegierten kein einziger KPD-Vertreter befand.
Die KPD erklärte selber immer wieder, daß ihre neue Linie nur Sinn habe, wenn es ihr gelänge, große Streikwellen und Massenstreiks bis zum Generalstreik auszulösen, zu organisieren und schließlich zum Siege zu führen. In Wirklichkeit gelang aber der RGO höchstens die Auslösung lokal beschränkter Streiks, die alle sehr rasch, allzuoft mit der Niederlage der Streikenden, endeten. Zu wirklich großen und lang dauernden Massenstreiks kam es nie, vom Generalstreik ganz zu schweigen.
Im Januar 1931 streikten allerdings im Ruhrbergbau, jener Hochburg des Syndikalismus, wirklich 58 000 Kumpels unter Führung der RGO. Diese benutzte die Gelegenheit sofort zur Gründung eines roten »Einheitsverbandes der Bergarbeiter

Deutschlands«. Der Streik brach aber schon nach ein paar Tagen zusammen und selbst der Kommunist Birkenhauer mußte zugeben, daß der »Streikabbruch anarchisch« war. Als Antwort auf die Papenschen Lohnabbauverordnungen kam es 1932 zu einer neuen Streikwelle. In der Zeit von Mitte September bis zur ersten Oktoberwoche wurden mehr als 280 Streiks gezählt. Die RGO, deren Mitgliederzahl im November 1932 312 000 betragen haben soll, hatte zwar begrenzten Einfluß; doch selbst diese Bewegung ließ eher ahnen, was bei einem neuen Konjunkturaufschwung die deutsche Arbeiterschaft an Kampfkraft aufweisen konnte. Nichts konnte falscher sein als die Behauptung des 12. EKKI-Plenums, »die Streikwelle (zeige) die wachsende Klassenkraft des Proletariats«.
Die neue Gewerkschaftslinie wurde, was ja nicht überraschen sollte, am weitesten vorgetrieben von dem Leiter der Gewerkschaftsabteilung der KPD, Paul Merker. Als die Zentrale sich gegen die Exzesse der neuen Linie wandte, trat Merker im März 1930 in offene Opposition. Er versuchte, eine Fraktion zu bilden, wobei er eine Stütze in der Organisation Berlin-Zentrum und deren Parteisekretär Peuke fand. Diese letzte offene Opposition in der KPD war aber schon so schwach, daß sie ohne große Anteilnahme der Mitgliedschaft in einigen Wochen liquidiert werden konnte.

6. Nach 1945: Weiter im Zickzack-Kurs

Wir schließen diesen Überblick mit Hermann Webers zusammenfassender Darstellung kommunistischer Gewerkschaftspolitik nach 1933 bzw. 1945 ab[46]:
»Auch nach der Machtergreifung Hitlers versuchten die Kommunisten zunächst, die RGO fortzuführen. Die sogenannte Brüsseler Konferenz der KPD 1935 nahm dann aber nicht nur selbstkritisch zu dieser Politik Stellung, sie forderte wieder die Einheitsfront und setzte sich für die Einheitsgewerkschaft ein: ›Unter keinen Umständen darf wieder die frühere Zerreißung der gewerkschaftlichen Bewegung nach Parteirichtungen eintreten. Die Kommunistische Partei ist für die Einheit und die volle Selbständigkeit der Gewerkschaftsbewegung und wird ihren Wiederaufbau mit allen Kräften unterstützen und fördern.‹[47]
Diese Linie schien für die KPD nach 1945 verbindlich. Die Gründung des FDGB und der Aufbau der Gewerkschaften in Westdeutschland ermöglichten den Kommunisten zunächst

Mitarbeit und Funktionsbesetzungen. Die ... Entwicklung des FDGB zeigte freilich, wie die kommunistische Haltung zu verstehen war. In der Bundesrepublik änderte die KPD mit dem ›Kalten Krieg‹ ihre Haltung und es änderte sich das Verhältnis der Gewerkschaften zu den Kommunisten. Die ›These 37‹ des KPD-Parteitags vom März 1951 behauptete, die ›rechten Gewerkschaftsführer‹ stellten ›im Auftrage‹ des ›amerikanischen Imperialismus‹ die Gewerkschaften ›in den Dienst der Kriegsvorbereitungen‹. Die KPD forderte von ihren Anhängern, ›Kampfhandlungen auszulösen auch gegen den Willen rechter Gewerkschaftsführer‹.[48]
Die KPD organisierte eigene Streikleitungen und Gewerkschaftskonferenzen. Die Folge war der Verlust fast aller Funktionen in den Gewerkschaften, da die Kommunisten Reverse unterschreiben sollten, in denen die These 37 als gewerkschaftsfeindlich abgelehnt wurde. Wer unterschrieb, wurde aus der KPD ausgeschlossen, wer nicht unterschrieb, verlor die Gewerkschaftsfunktion oder wurde ausgeschlossen. Der KPD-Parteitag 1954 ließ die These 37 stillschweigend fallen, zwar wurde gegen die Reverse polemisiert, die Unterschrift aber empfohlen, falls das ›zur Sicherung weiterer gewerkschaftlicher Arbeit‹ unumgänglich sei.[49] Das bald darauf folgende Verbot der KPD beendete diese Phase.«

7. Fazit

Fassen wir zusammen: Die gerade nach kommunistischer Auffassung so wichtigen Gewerkschaften blieben Bollwerke des Reformismus. Die bereits vom Nationalsozialismus geschwächte SPD konnte immerhin noch im Krisenwinter 1932/33 mehr Stimmen auf sich vereinen als die KPD (20,4% gegenüber 17%). Die Kernschichten der beschäftigten Arbeiter klammerten sich angesichts der Arbeitslosigkeit und des Massenelends um so verzweifelter an die SPD, die ihrerseits die Kommunisten als die sogenannten »Kozis« immer stärker haßte und verachtete. Und was den kommunistischen Einfluß unter den nichtproletarischen Werktätigen, den Angestellten und Beamten, den Kleingewerbetreibenden und Bauern anlangte, so war er nicht der Rede wert. Die Massen reagierten eben nicht im Sinne der kommunistischen Erwartungen auf die große Wirtschaftskrise. Während das Gros des Bürgertums und des Kleinbürgertums den Nationalsozialisten ebenso folgte wie sogar ein Teil

der Arbeitslosen, von denen sich allerdings auch viele der KPD anschlossen, blieben die beschäftigten Arbeiter bei der Sozialdemokratie. Die ganze kommunistische Rechnung war so nichts als eine phantastische Fehlkalkulation gewesen – die Kommunisten hatten sie ohne den Wirt, das heißt ohne die heißbegehrten Massen, gemacht. Mit Recht hat Franz Borkenau seine Darstellung der letzten ultralinken Phase der kommunistischen Strategie in der Zeit von 1928/29 bis 1934/35 den »Sprung in den Abgrund« betitelt. Diese Strategie und Taktik trug zur Katastrophe der Arbeiterbewegung in Deutschland 1933 bei und erwies sich darüber hinaus als ein weiterer schwerer Schlag für die Kommunistische Internationale.
In der Weimarer Zeit, aber auch nach 1945 bleibt ein Zickzack-Kurs, damit *eine grundlegende Unglaubwürdigkeit kommunistischer Gewerkschaftsideologie und -praxis festzustellen:* Zeitweilig Mitarbeit in den (sozialdemokratischen) Gewerkschaften, wenn auch aus links-kritischer Position – zeitweilig antigewerkschaftliche (»revolutionäre«) Politik inner- oder außerhalb der Gewerkschaften.
Das Scheitern der KPD angesichts des Faschismus war kein isoliertes Phänomen – es fand seine Parallele und Ergänzung in dem Versagen der anderen demokratischen Kräfte und Institutionen, ja der Republik selber. Das legt die Vermutung nahe, daß bei dem Bankrott der KPD objektive Faktoren eine wichtige Rolle gespielt haben. Dennoch ist daran festzuhalten, daß die Niederlage der Partei nicht aus diesen allein abgeleitet werden kann. Es bleibt ein eigenes subjektives Versagen, für das die Partei vor sich selber und der Geschichte verantwortlich ist. Auch ist dieses Versagen nicht lediglich die Folge einer mehr oder weniger zufällig falschen Taktik – es ist vielmehr die logische Konsequenz einer in der Natur der Partei selber angelegten, in diesem Sinne »naturnotwendigen« Politik.
Die KPD war nie organisatorisch oder politisch stark genug, die Weimarer Republik ernsthaft zu bedrohen. Sie war immer nur gerade so stark, daß sie der Rechten und dem Nationalsozialismus als Kinderschreck und Sündenbock für deren Angriff auf die Demokratie zu dienen vermochte. Ganz anders als der KPD gelang es der NSDAP, durch eine geschickte Einheitsfrontpolitik von rechts die Linke aufzurollen und unter dem Vorwand des Kampfes gegen den Kommunismus und Marxismus der Republik und der Demokratie den Todesstoß zu versetzen. Das ist die wichtigste Lehre aus der wenig erbaulichen Geschichte der KPD. Diese Lehre bleibt beherzigenswert.

III. Sowjetkommunistische Organisationsformen in der Bundesrepublik

Wie einleitend schon betont, wäre es naiv, die Analyse der DKP-orientierten Gewerkschaftsarbeit auf die Parteimitglieder zu beschränken. Eine solche Betrachtungsweise griffe erheblich zu kurz. Denn sehr viele Förderer der DKP-Politik, gerade in den Gewerkschaften, bekennen sich keineswegs offiziell zur DKP, und viele haben auch Vorbehalte gegen bestimmte Teile der Parteiarbeit oder gegen das Sozialismusvorbild DDR/Sowjetunion.

Wenn eine Sekte wie die DKP in wichtigen Teilbereichen der Gewerkschaften Erfolge hat, liegt dies an der Vielfalt von Gruppierungen und Initiativen, die auf je eigene Weise der DKP-Politik förderlich sind, oft ohne sich öffentlich mit der Partei zu identifizieren. Erst hierdurch wird eine »Bündnispolitik« im Sinne der DKP praktisch möglich.

Wir unterscheiden daher

- DKP-Organisationen und
- DKP-nahe Organisationsformen.

1. DKP-Organisationen

Die wichtigeren direkt und offen sowjetmarxistisch firmierenden Organisationen sind rasch aufgezählt:

a) Die Deutsche Kommunistische Partei (DKP – bis zu ihrem Verbot 1956, KPD, in Westberlin: SEW), mit etwa 40 000 Mitgliedern (die Zahl stagniert seit einiger Zeit, angeblich ist sie sogar leicht rückläufig). In freien Wahlen bleibt die DKP, von einigen »proletarischen« oder »akademischen« Hochburgen (Marburg!) abgesehen, unter 1%. Aufgrund des Prinzips der Einheitsgewerkschaft jedoch arbeiten zahlreiche Kommunisten aktiv in Gewerkschaften mit, als Vertrauensleute, Betriebs- und Personalräte. Zahlreiche kommunistische Betriebszeitungen unterstützen ihre Tätigkeit oder versuchen, die DKP als die eigentlich klassenkämpferische Partei der Arbeiterschaft ins rechte Licht zu rücken.

Die DKP fordert in ihren Publikationen und Programmen ihre Mitglieder auf, aktiv in den Gewerkschaften mitzuarbeiten. So heißt es im Mannheimer Programm der DKP: »Für jeden kommunistischen Arbeiter und Angestellten ist es selbstverständlich Pflicht, ein aktiver Gewerkschafter zu sein und für die

Verwirklichung *der den Interessen der Arbeiterklasse dienenden Gewerkschaftsbeschlüsse* zu kämpfen.« (Die von uns hervorgehobene »schlitzohrige« Formulierung verweist darauf, daß nur die von der Partei als »der Arbeiterklasse dienend« erklärten Gewerkschaftsbeschlüsse für Kommunisten maßgeblich sind!) In einigen Verlautbarungen wird davon gesprochen, daß über 70% der DKP-Mitglieder auch Gewerkschaftsmitglieder seien. Die Einheitsgewerkschaft ist nach Meinung der DKP ein Meilenstein in der Geschichte zur »Einheit der Arbeiterklasse«, selbst wenn diese Einheitsgewerkschaften bisher überwiegend sozialdemokratisch »kontrolliert« sind. Diese sozialdemokratische »Kontrolle« zu vermindern oder zu durchbrechen, ist ein wesentliches Ziel der Partei. Zwischenziel ist angeblich die gern beschworene »Autonomie« der Gewerkschaften (vgl. dazu die Analyse des DKP-Begriffs von Gewerkschaftsautonomie S. 147), in Wahrheit ist das Ziel mittelfristig mindestens die »Kontrolle« über einen Bereich der Gewerkschaftsarbeit oder die »Kontrolle« über einzelne Gewerkschaften.

b) Die »Sozialistische Deutsche Arbeiterjugend« (SDAJ), der offizielle Jugendverband der DKP, ist mangels anderer aktiver politischer Jugendgruppen vielfach der einzige in der und für die Gewerkschaftsjugend präsente linke Jugendverband.

c) Der »Marxistische Studentenbund Spartakus« (MSB), in vielen Universitäten und Hochschulen, aber auch im »Verband deutscher Studentenschaft« (VDS) durch Bündnisse mit anderen linken Gruppierungen in der Exekutive der Studentenvertretungen beteiligt, vielfach im Bund mit dem ebenfalls DKP-nahen SHB und denjenigen Juso-Hochschulgruppen, die dem Stamokap-Flügel zuzurechnen und daher ebenfalls bündniswillig sind.

Über die Strategien dieser Parteiorganisationen wird gesondert zu berichten sein.

2. DKP-nahe Organisationen

Es gibt zwei grundsätzlich zu unterscheidende Gruppen von DKP-nahen Organisationen und Gruppierungen:

- *Einheitsfront-Anhänger*, d. h. Gruppierungen, die aus Sozialdemokraten, Gewerkschaftern oder unabhängigen Linken bestehen und die Zusammenarbeit mit dem sowjetmarxistischen »Lager« und seinen westdeutschen Vertretern im Interesse der »Einheit der Arbeiterklasse« für notwendig

halten, ohne deshalb notwendigerweise mit allen sowjetischen bzw. DKP-Politiken einverstanden zu sein,
- *von der DKP beherrschte Organisationen,* d. h. Gruppierungen, Initiativen, Medien, die von der DKP finanziell und/oder personell kontrolliert werden, ohne dies offenkundig zu machen.

Zweifellos sind die Übergänge zwischen diesen beiden nicht direkt kommunistischen Organisationsstrukturen fließend, prinzipiell aber ist der Unterschied festzuhalten.

Einheitsfront-Anhänger

Nicht wenige sich links verstehende Gewerkschafter und Sozialdemokraten, insbesondere die Mitglieder des SHB (Sozialistischer Hochschulbund) und der Stamokap-Fraktion der Jusos (aber auch starke Kräfte der »Falken« und Naturfreundejugend) bejahen die sowjetmarxistische Idee eines »breiten antimonopolistischen Bündnisses« (vgl. S. 164ff.!), sie setzen sich daher für eine »Bündnispolitik mit der DKP« oder dazurechenbaren Organisationen ein. Erhofft wird von der Stärkung der DKP durch derartige Bündnisse nicht zuletzt auch eine Linkswendung der SPD, eine größere Unabhängigkeit der Gewerkschaften von der SPD (die Dominanz der SPD in den Gewerkschaften und die Rücksichtnahme auf die SPD in Regierungen ist danach für wesentliche Versäumnisse der Gewerkschaften verantwortlich) und ein Zurückdrängen des Kapitalismus durch Veränderungen des Machtgefüges in der Weltkonkurrenz. Nicht immer werden diese Ziele oder Positionen so klar in den Einzelfragen vertreten oder erkennbar. Sie sind dennoch verläßliche Stützen der DKP-orientierten Gewerkschaftsstrategie.

Von den Jusos ist nur der Stamokap-Flügel in größerem Umfang in den Gewerkschaften präsent. Die Gewerkschaftsarbeit dieser Jungsozialisten gleicht in hohem Maße der der DKP-Vertreter. (Details über die Stamokap-Position vgl. Kap. VII!)

Hinzuweisen ist schließlich noch auf jene Gruppe unter den für die »Einheitsfront« eintretenden, die nicht die Stamokaptheorie zur Grundlage ihrer Bündnispolitik macht, sondern, vor allem im Gefolge Abendroths (vgl. S. 31f.), die weltpolitische Bedeutung Osteuropas. Fehlentwicklungen im »realen Sozialismus« werden von ihnen zugestanden, aber für die Situation in den kapitalistischen Ländern als unwesentlich verdrängt. Dadurch, daß der »reale Sozialismus« nach ihrer Meinung, durch den weltpolitischen und gesellschaftspolitischen Konkurrenzdruck, den er erzeugt, im Westen die Erfolgschancen antikapitalistischer Arbeit vergrößert, ist eine Volksfrontpolitik zusammen mit der DKP angebracht. Trotz einer von der DKP verschiedenen politischen Position ergibt sich innerhalb der Gewerkschaften eine fast gleiche Verhaltensweise.

DKP-beherrschte Organisationen

Wie einleitend schon skizziert, hat die DKP allen Anlaß, auf Umwegen, in getarnten Organisationsformen und durch Unterwanderung von Organisationen um gesellschaftlichen Einfluß zu ringen.
Das KPD-Verbot und die allgemeine Verketzerung der Kommunisten zu Staatsfeinden hat gerade diese politische Gruppierung fast zwangsläufig auf den Weg der Unterwanderung verwiesen. Angesichts der Repressionen von oben, der antikommunistischen Meinungsmanipulation, aber auch eines ohnedies katastrophalen Vertrauensverlustes infolge der stalinistischen Praktiken, speziell in der DDR, versuchten und versuchen westdeutsche Kommunisten vielfach, ohne offene Deklarierung ihres parteipolitischen Standpunkts Stützpunkte in »besetzbaren« gesellschaftlichen Bereichen aufzubauen. Da dies in Großorganisationen nicht – oder, in den Gewerkschaften, meist nur unter fast völliger Aufopferung der eigenen politischen Position – zu realisieren ist, mußten weniger stabil durchorganisierte, aber wichtige Randbereiche ausgewählt werden: beispielsweise in der Friedensbewegung, im Medienbereich, in Jugendgruppen und an der Hochschule. Im Rahmen der Friedensbewegung wurde die »Deutsche Friedensunion« (gemeinsam mit evangelischen Kritikern der antikommunistischen Ostpolitik) Ende der 50er Jahre aufgebaut, ferner die »Frauen-Friedensbewegung«; erheblicher Einfluß wurde in Kriegsdienstverweigerer-Organisationen gewonnen (im »Verband der Kriegsdienstverweigerer« und in der »Deutschen Friedensgesellschaft/Internationale der Kriegsdienstgegner«). Eine erhebliche Korrumpierung linker Publikationen wurde durch DKP-orientierte Unterwanderung erreicht, die nicht selten mit ganz kapitalistischen Tricks, durch Beschaffung von verlegerischen Eigentumsrechten, auf DKP-Linie gezwungen wurden: erwähnt seien die Publikationen »Argument«, »Konkret«, »Berliner Extradienst«, die links-evangelische »Stimme der Gemeinde«, die ebenso wie der »Extradienst« inzwischen eingegangene »Sozialistische Politik«, »Kürbiskern« und die VVN-Zeitung »Die Tat«. (Vgl. dazu den Anhang, S. 267 ff.)

Im Universitätsbereich wurde nicht nur der offen kommunistische Marxistische Studentenbund Spartakus gegründet, sondern es wurde an den meisten Universitäten auch der SHB (Sozialistische Hochschulbund) so weitgehend unterwandert, daß seine Politik von der des Spartakus – von wenigen Gruppen abgesehen – nicht mehr zu unterscheiden ist. Besonders ärgerlich ist die Unterwanderung im »Bund Demokratischer Wissenschaftler«, dieser an sich so notwendigen Gegengründung zu dem gegen die Hochschuldemokratisierung gerichteten »Bund Freiheit der Wissenschaft«: Der Vorstand des BdWi befindet sich ebenfalls mehrheitlich in der Hand DKP-orientierter Wissenschaftler, – das Image des Verbandes ist entsprechend!

3. Zwei Beispiele: Menschen in der kommunistischen Organisation: »auf Linie« – oder ausgeschlossen

Fall 1: Karl Ludwig oder: Tarifpolitik kontra DKP-Ideologie[50]

Karl Ludwigs Ausschluß aus der DKP erfolgte am 15. 8. 1978 durch die Kreisschiedskommission in Kassel. 1978 war Karl Ludwig 21 Jahre Mitglied von KPD und DKP gewesen. Eingetreten war er in die KPD 1957, ein Jahr nach ihrem Verbot. Karl Ludwig arbeitete aktiv in der kommunistischen Betriebsgruppe bei Henschel(-Thyssen-Rheinstahl) und in der IG Metall, deren Vertrauensmann und Verwaltungsstellendelegierter er lange Jahre war.
Unmittelbarer Anlaß des Ausschlußverfahrens war die Veröffentlichung eines nicht gedruckten Leserbriefs an die UZ in dem von Hannes Schwenger herausgegebenen rororo-aktuell-Bändchen »Solidarität mit Rudolf Bahro«. Karl Ludwig protestierte in diesem Brief gegen den von der DKP betriebenen Rufmord an Rudolf Bahro und forderte eine kritische Auseinandersetzung mit dessen Thesen. Die Kritik Rudolf Bahros an den Zuständen im »realen Sozialismus« aufnehmend, fragt er seine Partei: »Wollen wir nun den Sozialismus für alle Menschen, auch für die letzte Putzfrau, oder wollen wir einen privilegierten Sozialismus, wo die Putzfrau Putzfrau bleiben muß, weil immer Putzfrauen gebraucht werden? Oder, daß auch mal die Frau Ministerin oder Frau Direktorin im Jahr vier bis sechs Wochen die Putzfrau machen müssen und in der Zeit die Putzfrau mal eben Ministerin oder Direktorin macht? Das

muß unsere Partei entscheiden, welchen Sozialismus wir als DKP wollen. Ist das nun das Ziel des Sozialismus und Kommunismus oder nicht?«
Die DKP hat Karl Ludwig auf seine Frage geantwortet: Sie hat ihn ausgeschlossen. Die Partei duldet in ihren Reihen keine lesenden Arbeiter, die es wagen, der Partei in aller Öffentlichkeit solche Fragen zu stellen. Bemerkenswert sind bei diesem Parteiausschluß auch noch die Umstände: Die Kreisschiedskommission der DKP, die den Arbeiter Karl Ludwig ausschloß, bestand vorwiegend aus Studenten und jungen Akademikern. Die Mitglieder der DKP-Betriebsgruppe bei Thyssen-Rheinstahl waren nicht da, Betriebsferien.
Wer wurde da nun ausgeschlossen? Karl Ludwig ist Schmied, wuchs in einem kleinen hessischen Dorf bei Kassel auf und marschierte als Pionier in Hitlers Krieg durch Rußland und Nordafrika. Von 1943 bis 1947 war er in englischer Gefangenschaft. Als er heimkam, wußte er, das darf nicht noch einmal geschehen und jeder muß sich darum kümmern, daß sich Nazismus und Krieg nicht wiederholen. Für ihn waren das nicht nur Worte, für ihn mußte die Verteidigung der Demokratie und der Arbeiterrechte im Betrieb beginnen: Er wurde aktiver Gewerkschafter. Die Henschelwerke in Kassel (Lokomotiven, LKW und Panzer) waren bis zum Bau des VW-Werks in Baunatal bei Kassel *der* Großbetrieb Nordhessens. Die KPD gewann Karl Ludwig erst als Sympathisanten und 1957 – also ein Jahr nach dem Verbot – als Mitglied durch die Aktivitäten kommunistischer Betriebsräte. Als 1968 die DKP gegründet wurde, war Karl Ludwig aktiv dabei. 1972 wurde er sogar in den Bezirksvorstand Hessen der DKP gewählt und just 1972 begannen seine Differenzen mit der Partei.
Wichtiger noch als der unmittelbare Anlaß des Ausschlusses – öffentliche Solidarität mit Rudolf Bahro – sind für die innergewerkschaftliche Diskussion die Differenzen von 1972: Erstens weigerte sich Karl Ludwig, eine Parteikampagne über eine laufende Tarifauseinandersetzung der IG Metall zu stellen, zweitens stellte die Betriebsgruppe Thyssen-Rheinstahl auf der hessischen DKP-Bezirksdelegiertenkonferenz in Frankfurt den Antrag, Delegationen nicht nur in die DDR zu schicken, sondern auch zu den französischen und italienischen Kommunisten zu fahren, um sich dort umzusehen, und drittens schließlich solle, so der zweite Antrag, die DKP »eine bundesweite Kampagne für eine reine Arbeiterforderung starten, so wie für die Ostverträge und Angela Davis«: Karl Ludwig fordert eine

Kampagne für die Herabsetzung des Rentenalters auf 60 Jahre. Beide Anträge werden abgelehnt, aber nicht nur das, Karl Ludwig wurde als »Ökonomist« abgekanzelt.
Karl Ludwig wollte mit dieser Kampagne die DKP als Arbeiterpartei bekannt machen, praktisch etwas gegen den Antikommunismus tun und die Partei in den Augen der Arbeiter insgesamt glaubwürdiger machen. Karl Ludwig auf einer erweiterten Kreisvorstandssitzung der DKP-Kassel 1972 zu diesen Problemen:
»Wir Kommunisten haben den Antikommunismus durch unsere Tätigkeit in Betrieb und Gewerkschaft zurückgedrängt, denn nur so ist es uns doch möglich, überhaupt zu arbeiten und zwar so, daß man uns ernstnimmt, ja mit uns rechnet. ... Wenn mich die Arbeiter verstehen sollen, so muß ich mich mit ihrem Denken vertraut machen. Ein Großteil der Arbeiter steht, eben durch den Antikommunismus, dem Sozialismus ablehnend gegenüber. Für sie bedeutet er: kein Auto, Mangelerscheinungen des täglichen Lebens, Zwang. Sie sehen eben die politischen Forderungen wie Ratifizierung der Ostverträge, europäische Sicherheitskonferenz usw. nicht als ihre ureigensten Forderungen an. Wenn es so wäre, müßte unsere Partei bei der nächsten Wahl mindestens 20% der Stimmen bekommen. Der überwiegende Teil der Arbeiter ist apolitisch, bezieht noch den Standpunkt des Klassengegners. Er weiß überhaupt nicht, daß man etwas ändern kann. Gerade wir Betriebsarbeiter wissen genau, wie schwierig es ist, ihn dazu zu bringen, daß er erst mal etwas für sich selbst tut, für seinen Lohn.«[51]
Diese Rede, in der er sich mit der bevormundenden Politik des DKP-Apparates gegenüber den Betriebsgruppen auseinandersetzte, und in der er Parteifunktionären vorwarf, »sie werden noch bösartig, wenn die Arbeiter nicht so wollen, wie sie es wünschen«, illustriert, um welche Arbeiterpolitik es Karl Ludwig ging und zu welcher er seine Partei bewegen wollte. Die DKP wollte er mit der Kampagne zur Senkung des Rentenalters vorwärtsbringen. Wichtig ist bei der Ablehnung dieser Kampagne nicht die vor der Bezirksdelegiertenkonferenz gegebene offizielle Begründung, die Forderung stünde ja schon im Parteiprogramm der DKP (das die Arbeiter bekanntlich nicht kennen). Aufschlußreich und bedenkenswert ist die inoffizielle Begründung, die Karl Ludwig zu hören bekam: »Die werden das mit dem 60-Jahre-Rentenalter nicht wollen, weil wir ja dann der DDR wieder voraus sind.«
Diese Erklärung wird erhärtet durch die Berichterstattung der DDR-Medien beim Stahlarbeiterstreik 1978/79. Zwar wurde

wortreich über den Kampf der Stahlarbeiter berichtet, aber mit keinem Wort wurde erwähnt, worum die Tarifauseinandersetzung ging: um den Einstieg in die 35-Stunden-Woche. Sollte die Loyalität der DKP zum realen Sozialismus etwa den Ausbau des Sozialstaates hier behindern?

Was am »Fall« Karl Ludwigs so wichtig ist: Bei seinem Ausschluß wurden die Eigeninteressen des DKP-Apparats deutlich:

1. Gewerkschaftliche Solidarität vor Ort, die von der Partei nicht kontrolliert ist, wird dann bekämpft, wenn sie Eigeninteressen der Partei berühren.
2. Der Apparat läßt sich in seine Politik von Arbeitern nicht hereinreden, im Zweifel wirft er die Arbeiter raus.
3. Arbeiterinteressen werden vom Parteiapparat sorgfältig geprüft, ob sie sich mit der Loyalität zum realen Sozialismus Moskauer Ausgabe auch vertragen, wobei hier die DDR eine besondere Bedeutung hat.
4. Nicht das vom Bundesverfassungsgericht verhängte KPD-Verbot 1956 ist schuld am sektenhaften Zustand der DKP, sondern wichtiger ist, was die Arbeiter über die Moskauer Ausgabe des Sozialismus denken: »Für sie bedeutet er: kein Auto, Mangelerscheinungen des täglichen Lebens, Zwang.« Kurzum, kein erstrebenswerter Zustand. Diesen Antikommunismus der Arbeiter, der für Karl Ludwig handfeste und berechtigte Gründe hat, den wollte er angehen, u. a. damit, daß die DKP nicht mehr »jeden Mist drüben« rechtfertigt. Als er das öffentlich versuchte, flog Karl Ludwig aus der Partei.

Karl Ludwigs Bericht:

»Nun, ich bin kein Schriftsteller, bin Arbeiter, Schmied. Also, so einfach ist das für mich nicht. Weil es mir um Recht, Demokratie, Freiheit und Sozialismus geht, will ich versuchen, der Sache zu dienen, wie und womit ich kann, und einige Hintergründe aus dem Ausschlußdokument aufzuhellen. Warum und wie mein Ausschluß aus der DKP zustande kam, dürfte ja bekannt sein.
Das, was ich jetzt schreibe, wird nicht in der richtigen Reihenfolge sein. Ich schreibe das, wie es mir einfällt. Von 1970–1972 bestand die DKP-Betriebsgruppe Henschel so etwa aus 20 Mann, davon war einer ehemaliger Betriebsrat, einer Obmann der IG Metall, 6 weitere waren Vertrauensmänner. Die

Betriebsgruppenleitung bestand aus 7 Mann, davon waren 5 Vertrauensleute, ich wurde dann zum 2. Vorsitzenden der Leitung gewählt. Wir kamen alle 14 Tage regelmäßig zusammen.
1972 wurde ich in einer Kampfabstimmung mit knapper Mehrheit in den DKP-Bezirksvorstand (Frankfurt/M.) gewählt. Die im Ausschlußdokument erwähnten ›politischen Differenzen‹, derentwegen ich in letzter Zeit nicht mehr am Parteileben teilgenommen habe, sahen in etwa folgendermaßen aus.

Der DKP-Experte fuhr mit dem Finger auf dem Tisch entlang und sagte: ›Marx und Lenin sind auch nie in einem Betrieb gewesen.‹

Im Juni 1971 brachte ich auf der Ortsdelegiertenkonferenz der IG Metall (ich war von 1960–1977, also bis zu meinem Ausscheiden aus dem Betrieb, ständig Delegierter) einen Lohnforderungsantrag von 13% ein. Er war von 14 Vertrauensleuten und Betriebsräten unterschrieben. Es war der einzige Antrag und wurde angenommen. Ab Oktober begann der Tarifkampf der IG Metall, im November wurde das erste Mal ausgesperrt. In diese Zeit fiel auch der DKP-Parteitag. Für diesen Parteitag hatte sich unser Theoretiker (er war Mitglied des Sekretariats des Bezirks Frankfurt, Land Hessen, gleichzeitig Schulungsbeauftragter der Partei in Nordhessen) etwas ausgedacht. Als Vorsitzender des Kreissekretariats Kassel hatte er eine Story über die Rüstungsproduktion in Kassel, speziell bei Henschel, verfaßt. Er ließ vom Kreissekretariat beschließen, die Kampagne gegen die Rüstungsproduktion vom Parteitag für die Henschel-Betriebsgruppe als verbindlich erklären zu lassen. Also, die Betriebsgruppenleitung tagte, und uns wurde die Story aufgetischt. Ich protestierte sofort, wir stünden mitten im Tarifkampf, die Kampagne gegen die Rüstungsproduktion solle bis ins neue Jahr zurückgestellt werden. Ich sagte wörtlich: ›Das hat Zeit bis nach Weihnachten.‹ Ich wurde überstimmt. Es gab hitzige Diskussionen darüber. Jedenfalls war von Tarifkampf keine Rede mehr.
In meinem Betrieb machte ich nur Lohnkampf, den hatte ich gut vorbereitet. Wo ich arbeitete, waren wir zu 100% gewerkschaftlich organisiert und bekamen auch einen einigermaßen hohen Durchschnittsbeitrag zusammen.
Eine Woche später, bei der nächsten Betriebsgruppenleitungssitzung, tauchte dann besagter Experte wieder auf, zusammen mit dem 2. Kreisvorsitzenden. Ich hatte vorher schon davon Wind bekommen, daß die beiden jetzt das Schwein schlachten

wollten. Die Diskussion führte ich fast allein mit ihnen. Ich sagte ihnen in etwa, daß sie mir mal Beispiele aus der Arbeitergeschichte zeigen sollen, wo die Frage der Rüstung eine so eminente Rolle gespielt hätte, daß sie wichtiger sei als ein erbitterter Tarifkampf, bei dem es bestimmt zur Aussperrung kommen wird. Darauf sagte der 2. Kreisvorsitzende: ›Dann bestände die Sowjetunion nicht‹, und der Experte fügte hinzu: ›Und das gesamte sozialistische Lager auch nicht!‹ Darauf konnte ich bloß mit schallendem Gelächter antworten.
Der Experte fuhr mit dem Finger auf dem Tisch entlang und sprach: ›Das ist die Parteilinie!‹
›So‹, sagte ich, ›Lohnkampf im Tarifstreit der Gewerkschaften ist also gegen die Parteilinie? Genosse, wenn du deine Politik so im Betrieb machen wolltest, wenn du im Betrieb wärst, dir würde ja keiner zuhören. *Ja, du könntest noch Prügel beziehen.*‹
Darauf er: ›Marx und Lenin sind auch nie in einem Betrieb gewesen!‹
Wieder war es unmöglich, Tarifkampf zu machen. Am Wochenende waren die Experten weg, zum Parteitag. Am Freitag wurde ausgesperrt. Am Sonnabend und Sonntag kamen wir mit den, wie es so schön hieß, ›schlechtesten Genossen‹ im Parteibüro zusammen und entwarfen ein Flugblatt für alle Kasseler Betriebe. Montags in der Früh wurde es verteilt, mittwochs, nach dem Frühstück, kam es in meinem Betrieb zu einem einstündigen Streik, dann kam der Kompromiß zustande: 7,5% Lohnerhöhung. Am nächsten Wochenende kamen die Experten vom Parteitag zurück. Ihr Urteil über das Flugblatt war, da stünde nichts drin. (Wir hatten die Hintergründe für die Betriebsstillegungen aufgedeckt.)
In der folgenden Woche tagte das Landessekretariat. Von dort kam, die Henschel-Gruppe hätte im Lohnkampf total versagt. Ich wies dann nach, *daß unser Kreissekretariat versagt hätte.* Das wurde nicht akzeptiert.

Wir hatten eine Politik gemacht, daß uns die Gewerkschaft und die SPD-Genossen für voll nahmen, nun war das alles falsch ...

Noch eines aus der Tarifauseinandersetzung 1972. Wieder hatte ich aus meinem Bereich eine Lohnforderung von 12% durchgesetzt, es war wieder die einzige auf dem Delegiertentag der IG Metall. Inzwischen tauchten die Chaoten (KPD-ML) mit dem gestohlenen Namen der alten KPD-Betriebszeitung *Der Hammer* auf. Hier zog man gegen die Gewerkschaften und

Betriebsräte vom Leder, sie halfen die Arbeiter zu verwirren und besorgten so die Geschäfte der Unternehmer. *Der Hammer* war von früher her bekannt und beliebt. Die meisten Arbeiter dachten, es sei unsere Zeitung, die der DKP. Da die KPD ja noch immer verboten ist, mußten wir damals für die DKP-Betriebszeitung einen neuen Namen finden. Er stammt auch von mir und lautet *Werker*. Zu Beginn der Tarifauseinandersetzung brachten die Unternehmer den *Metall-Blitz* heraus. Am Morgen, als der *Blitz* verteilt wurde, hatten wir im Betrieb eine Vertrauensleute-Vollversammlung.
Der 1. Ortsbevollmächtigte der IG Metall, Wenzel, war da. Er hielt ein Referat, den Tarifkampf betreffend. Es waren an die 400 Vertrauensleute vom ganzen Betrieb anwesend. In der Diskussion sagte ich in etwa folgendes: ›Kollegen! Da haben doch die Unternehmer eine Zeitung speziell für uns gemacht, und was schreiben sie, daß wir viel Geld verdienen. Sie machen die IG Metall madig. Nun, was wir verdienen, das wissen wir doch selbst, das brauchen die uns doch nicht zu sagen. Aber kein Wort steht drin, was sie verdienen! Das wäre doch mal für uns interessant gewesen! Die Gewerkschaft, das sind wir, alle hier Versammelten, nicht nur der Wenzel, wir sind die Gewerkschaft, und den Wenzel haben wir doch gewählt, also, sie machen uns alle madig.‹ Usw.
In der Antwort auf die Diskussionen kam dann der Wenzel (SPD) auf den *Hammer* und die Kommunisten zu sprechen. Er zog ganz schön vom Leder. Ich saß nun zufällig so, daß er mich sehen konnte. Plötzlich brach er ab und sagte laut und deutlich: ›Kolleginnen und Kollegen, ich möchte hier feststellen, daß die DKP nicht gemeint ist. Die DKP verhält sich gewerkschaftskonform.‹ Also, er hatte vor allen deutlich gemacht, daß wir, die DKP, nichts mit dem neuen *Hammer* zu tun hatten, und unsere Gewerkschaftsarbeit öffentlich anerkannt.
Ein paar Tage später hatten wir Kreismitgliederversammlung. Im Bericht über die Vertrauensleute-Vollversammlung im Betrieb bei Henschel erwähnte ich die Worte des Ortsbevollmächtigten. Da zogen die Experten über mich her, über die Henschel-Betriebsgruppe. Wir müßten ja eine schöne Scheißpolitik machen, wenn der ›Revisionist‹ Wenzel uns lobt. Mir hat es die Sprache verschlagen, über solch eine Infamie und Dummheit. Wir hatten eine solche Politik gemacht, daß uns die Gewerkschaften und die SPD-Genossen für voll nahmen, uns anerkannten, was in den 50er Jahren nicht der Fall war, er machte bekannt, daß wir mit der KPD-ML, dem *Hammer*, nichts gemein hatten, nun war das falsch. Ich verstand die Welt nicht

mehr. Man ließ an uns kein gutes Haar, sogar die Genossen der Betriebsgruppe sagten nun, ich hätte das nicht sagen sollen. Ich kam dann auch nicht mehr zu Worte.

Wir standen als richtige Doofe da.

Nun, der Stimmanteil der DKP bei den Wahlen war sehr dürftig. Die Arbeiter wählten uns nicht. Ich machte mir Gedanken, wie man das ändern könne. Anfang der 70er Jahre machte die Partei dauernd Großkampagnen für die Ostverträge und die Freiheit für Angela Davis. Da kam mir die Idee, genauso laut und intensiv eine reine, spezielle Arbeiterforderung zu vertreten. Ich wußte nun aus Erfahrung, daß die Arbeiter sich sehr wünschten, daß das Rentenalter herabgesetzt würde. Ich überzeugte die Betriebsgruppe davon, dann formulierten wir über den Kreis für den Bezirksdelegiertentag in Frankfurt einen Antrag, der etwa so lautete: ›Wir, die DKP, sind eine Arbeiterpartei. Das wissen die Arbeiter nicht. Sie glauben, daß die SPD und CDU/CSU ihre Parteien seien und wählen diese. Also müssen wir den Arbeitern beweisen, daß wir ihre Partei sind. Deshalb muß die Gesamtpartei eine bundesweite Kampagne für eine reine Arbeiterforderung starten, so wie für die Ostverträge und Angela Davis.‹
Ich hatte vorher, um sicherzugehen, daß es eine richtige Forderung sei, einen dementsprechenden Leserbrief in der hiesigen Tageszeitung *Hessische Allgemeine* veröffentlicht. Das Echo war überwältigend. Ich bekam eine ganze Reihe zustimmender Briefe, sogar vom Kreisvorstand der Jungdemokraten.
In der DKP lief das dann folgendermaßen ab. Auf der Landesdelegiertenkonferenz sagte die Sprecherin der Antragskommission, Dr. Ellen Weber, sinngemäß: ›Was soll der Antrag 60 Jahre Rentenalter? Das steht in unserem Parteiprogramm. Ostverträge und Angela Davis sind im Augenblick das wichtigste. Ich empfehle die Ablehnung.‹ Der Antrag wurde dann auch mit übergroßer Mehrheit abgelehnt. Ebenso der Antrag, Kontakte mit der italienischen und französischen KP aufzunehmen. In diesem Antrag hatten wir gesagt, daß Fahrten in die DDR ja gut und schön seien, aber alle Genossen wären schon jahrelang dorthin gefahren, das sei doch alles bekannt, aber in Italien und Frankreich seien doch kapitalistische Verhältnisse wie bei uns, dort gäbe es Städte und ganze Kommunen, die von Kommunisten regiert würden. Das sei doch für uns Kommunisten auch interessant, also, wir sollten uns da mal umschauen. Ich wußte damals von den politischen Unterschieden dieser KPs zu uns nichts.

Die beiden Anträge wurden dann so dargestellt, als würden wir sie als Alternative sehen, statt als Ergänzung, wie wir das wollten. Es hieß dann plötzlich so, als hätten wir gefordert, nur noch Kampagnen für 60 Jahre Rentenalter und nur noch Kontakte nach Frankreich und Italien, also nicht mehr zur DDR und nicht mehr Ostverträge und Angela Davis. Es folgte dann noch ein Schwall von ideologischen Belehrungen über die Wichtigkeit der Ostverträge, Angela Davis und der Besuche in der DDR. Wir standen nachher als richtige Doofe da. Auf dieser Delegiertenkonferenz wurde ich dann von einem Teil der Kasseler Genossen noch für den Landesvorstand vorgeschlagen und in einer Kampfabstimmung mit 11 Stimmen Mehrheit gewählt.

Hört mal her, was das für ein Wirrkopf ist.

Im Frühjahr 72, bei der 2. oder 3. Tagung des Landesvorstandes, spielte sich folgendes ab. Ich muß vorausschicken, daß ich einige Zeit vorher, am 8. 1. 72, unseren Schulungsexperten in einer erweiterten Kreisvorstandssitzung entlarvt hatte. ... Ich hatte allen Genossen aus dem Herzen gesprochen, donnernder Applaus, und auf einmal hatten einige Genossen sogar den Mut, dem Experten direkt und persönlich Vorwürfe zu machen. Der Experte verlangte von mir das Manuskript der Rede. Ich schrieb es ab und gab es ihm. Seine einzige Reaktion war darauf, ich hätte die Partei madig gemacht. Er trug sich mit dem Gedanken, mir ein Verfahren anzuhängen. Die Reaktion der Genossen waren empörte Rufe wie: ›Lüge! Verleumdung!‹ Ich sagte dann: ›Genossen, beruhigt euch, ich habe alles schriftlich.‹
Also, die Reaktion auf unsere Anträge kam dann in besagter Landesvorstandssitzung. Auch der Experte war dabei, er war und ist noch im Landessekretariat. Da hielt die Dr. Ellen Weber einen Vortrag über Ökonomismus, so, wie er in der Rheinstahl-Betriebsgruppe praktiziert würde. Ich glaubte zu träumen. Nun, ich antwortete darauf und erklärte das, was wir mit den 60 Jahren Rentenalter erreichen wollten, nämlich eine Arbeiterforderung durchsetzen. Hier wäre eine Aktionseinheit quer durch alle Parteien möglich, und gleichzeitig könnten wir den Arbeitern beweisen, daß wir ihre Partei sind. Von den Vertretern der Betriebsgruppe bekam ich Beifall. Die Antwort von Ellen darauf hörte sich etwa so an: ›Genossen, hört mal her, was das für ein Wirrkopf ist!‹ Dann zitierte sie aus dem Zusammenhang einige Lehrsätze aus unserem Parteilehrbuch *Grundlagen des Marxismus-Leninismus,* welche ich in meiner Replik gegen den Experten (wie oben beschrieben) abgeschrieben hatte.

In der darauf folgenden Pause sagte ich dann einigen Genossen, daß ich hierher nicht mehr komme, das sei ja nutzlose Zeitverschwendung, da meinte einer zu mir: ›Ach, du mußt gar nicht auf deren Geschwätz hören.‹ Ein anderer sagte mir unter vier Augen: ›Die werden das mit dem 60 Jahre Rentenalter nicht wollen, weil wir ja dann der DDR wieder voraus sind.‹
Daraufhin habe ich auf einer Betriebsgruppenleitungssitzung alle meine Funktionen niedergelegt, das tat dann der 1. Vorsitzende meiner Gruppe auch, und ein junger Genosse trat sofort aus, er ist heute Betriebsrat und Bildungsobmann. Also, die Betriebsgruppe flog so quasi auf. Jetzt tauchte der Landesvorsitzende auf und wollte retten, was zu retten ist. Ich sagte ihm in etwa: ›Wenn wir eine so falsche Politik machen, dann schaden wir ja der Partei, also darf ich nicht mehr führend tätig sein.‹ Dem schlossen sich noch einige Genossen an.
Die Betriebsgruppe vegetiert nun dahin. Ich zog mich von der direkten Parteiarbeit zurück. Diese Betriebsgruppe war in der Illegalität die stärkste der KPD im Bundesgebiet geworden, sie war an Mitgliederzahl größer als vor dem Verbot der KPD und gab regelmäßig die Betriebszeitung *Der Hammer* heraus. Heute ist die Gruppe 5 oder 6 Mann stark, glaube ich. Der ehemalige 1. Vorsitzende ist noch gegen Ende desselben Jahres ausgetreten und jetzt auch noch 2 Genossen, die ich noch geworben hatte, die sind aber noch im Betrieb drin.«[52]

Fall 2: Jeder Rausschmiß – eine Stärkung der Partei
»Stimmungsbild« aus der Bochumer DKP

Die Diskussionen über das Vorgehen der Realsozialisten in der DDR gegen Wolf Biermann 1976 und besonders Rudolf Bahro 1977 sind an der DKP und der SEW nicht spurlos vorbeigegangen. Betrifft der Fall Karl Ludwig die Gewerkschaftspolitik der DKP, so betreffen die Bochumer Ausschlüsse und Austritte vom Februar 1978 junge Akademiker. Die Diskussionen unter der akademischen Linken über das Vorgehen gegen Künstler und Intellektuelle in der DDR, die es wagten, gegen die Parteilinie zu veröffentlichen, setzten die der DKP nahestehenden Wissenschaftler und Studenten unter Legitimationsdruck: Die unabhängige Linke tastete sich zu der Frage vor, was eigentlich mit uns passiert, wenn die bundesdeutschen und Westberliner Ausgaben der Realsozialisten aus der DDR hier einmal die Macht haben?
Diesen existentiellen Druck gaben nun diese jungen Akademiker weiter in die DKP-Parteiversammlungen hinein; sie sangen

nicht mit, was die DKP-Zeitungen über Bahro verbreitet hatten, sondern sie fragten, wie das zu beurteilen sei, wenn da einer ein marxistisches Buch schreibe und es im Westen veröffentliche und dafür im Namen des Sozialismus verhaftet werde.
Die Reaktion des Parteiapparates ist immer dieselbe: Ausschluß. Der Ausschluß von fragenden Mitgliedern wird dann vom Bezirksvorsitzenden der DKP Ruhr-Westfalen, Manfred Kapluck, als »Stärkung der Partei« bezeichnet (s. u.), ein scheinbar paradoxer Widerspruch: Die Partei wird kleiner und stärker. Untersuchen wir das Argument.
Die DKP ist eine Glaubenspartei: Die Weltanschauung des Marxismus-Leninismus befähigt ihre Mitglieder als einzige Menschen, die Bewegungsgesetze von Natur und Gesellschaft zu verstehen; die Partei ist nach den Gesetzmäßigkeiten der Geschichte berufen, die Arbeiterklasse und ihre Verbündeten zum Sozialismus zu führen, und die Hauptfront im internationalen Klassenkampf verläuft zwischen dem von der »Partei Lenins« geführten sozialistischen Lager mit der Sowjetunion an der Spitze und dem von den Monopolkapitalisten der USA geführten Block des Imperialismus. Da auch die nationalen Klassenkämpfe von dieser internationalen Konstellation abhängen, sieht die DKP in ihrem Programm »getreu dem Vermächtnis Ernst Thälmanns – die Stellung zur Sowjetunion als entscheidenden Prüfstein für jeden Kommunisten an, für seine Treue zur Sache der revolutionären Arbeiterbewegung«. Diesen Glaubenssatz hat der Vorsitzende der DKP, Herbert Mies, in einem Beitrag zum 10. Gründungstag der DKP 1978 noch einmal unterstrichen und ihn zur realpolitischen Grundlage des innenpolitischen Gewichts der DKP erklärt:
»Das wirkliche politische Gewicht der DKP ist im Grunde genommen nur zu verstehen, wenn man erkennt, daß sie mehr darstellt als ihre eigene unmittelbare Organisation und Anhängerschaft, so wie sie heute existiert. Ihr Gewicht ergibt sich vor allem daraus, daß sie eine der großen politischen Strömungen und Kräfte unserer Epoche in der Bundesrepublik repräsentiert.... Das politische Gewicht der DKP wird also nicht zuletzt auch dadurch bestimmt, daß sie in der Bundesrepublik den marxistischen, den revolutionären Teil der Arbeiterbewegung repräsentiert und daß sie damit zugleich auch Teil der kommunistischen Weltbewegung ist, die – mit der Sowjetunion und den anderen sozialistischen Staaten als Kern – die Hauptkraft unserer Epoche darstellt.«[53]
Aus der Struktur dieser Partei ergibt sich also, daß sie stärker wird, wenn alle schwankenden und zweifelnden Mitglieder

rausfliegen, da Gewicht und Bedeutung der DKP nicht in erster Linie von Mitgliederzahl, Parlamentssitzen und Wählerstimmen hier in der Bundesrepublik abhängen, sondern von der Stärke der »kommunistischen Weltbewegung«, im Klartext: von der Stärke der Sowjetunion. Da die Welt in »gut« und »böse« geteilt ist, kann man mit zweifelnden und fragenden Genossen einfach fertig werden: Sie sind Agenten. Mit Agenten diskutiert man nicht, sondern man »entlarvt« und »eliminiert« sie. Die Logik dieser Argumentation reduziert Politik auf die Agenten- und Verschwörerperspektive. Nimmt man diese Perspektive ernst, und wir haben keinen Grund, an der Überzeugung von Manfred Kapluck zu zweifeln, so bedeutet das, daß es eine Selbstbestimmung der Menschen über die gesellschaftlichen und politischen Strukturen ihres Zusammenlebens nicht geben kann.

Wer politische Auseinandersetzung auf die Agentenebene reduziert, der muß es sich gefallen lassen, daß man ihn fragt, ob er denn nur Agenten »entlarvt« oder auch welche aktiv einsetzt, z. B. bei den Jusos, um dafür zu sorgen, daß von den Rändern der SPD »Unruhe in die Partei« getragen wird.

Gegen Kapluck ziehe ich eine andere Frontstellung vor, die Peter v. Oertzen formuliert hat: »Die Front läuft zwischen denen, die – rechts oder ›links‹ – gegebenenfalls bereit wären, ihren politischen Gegner einzulochen, wenn sie die Macht haben, und denen, die das prinzipiell ablehnen.«[54]

Gedächtnisprotokoll:[55]

»*Versammlungsleiter* (Mitglied des Kreisvorstandes und UZ-Redakteur) eröffnet die Tagung, die sich die Beratung des Programmentwurfs der DKP sowie einiger ideologischer Probleme des Kreises zur Aufgabe gestellt habe. Im Kreis Bochum habe sich in einigen Grundeinheiten revisionistische Ideologie verbreitet, die im Zusammenhang mit fortschreitender Fraktionsbildung die Arbeit der Partei hemme. Deshalb müsse der Kreisvorstand eingreifen und all denen die Probleme klarmachen, die bewußt oder unbewußt die Partei behindern.

Diskussion: Im Laufe der Diskussion meldet sich eine Reihe Genossen zu Wort, die in der überwiegenden Zahl die Linie des Kreis- und Bezirksvorstandes unterstützen. Die wesentlichen Argumentationsstrukturen sind dabei folgende:

– Der Charakter der Epoche wird vom gesellschaftlichen Fortschritt gekennzeichnet. Dabei ist die Sowjetunion die entscheidende Kraft, mit der wir bisher immer gut gefahren sind. Das Rad der Geschichte ist auf unserer Seite. Allen

Abweichlern muß ein Tritt versetzt werden, damit sie keinen Schaden anrichten können.

- Sowjetunion ist die Hauptfriedenskraft, von der uns Leute wie D. P. & Co. trennen wollen. Sie fallen damit allen antimilitaristischen Kämpfern in den Rücken ›im Stile von Acht-Groschen-Jungen‹.
- Als Arbeiter sei man auch einer dieser ›Ungebildeten‹. Arbeiter können Marx nicht am Kaminfeuer lesen. Wie lange soll man sich das Geschwafel noch anhören? Schickt uns die mal für drei Monate ans Band, dann kommen die schon auf andere Positionen.
- Geschichte beweist die Notwendigkeit der engen Verbundenheit mit den sozialistischen Staaten.
  Kommunisten haben auch zur Zeit Stalins die Sowjetunion immer bedingungslos verteidigt, u. a. wegen der Opfer im Krieg.

Wenige Redner versuchten, die Problematik etwas differenzierter zu betrachten (...) Diese Beiträge konnten sich allerdings in keiner Phase der Diskussion durchsetzen, sondern wurden im Gegenteil vom Versammlungsleiter als ›versöhnlerischer Zungenschlag‹, der die ›wohltuende Schärfe der Diskussion verwässert‹, verurteilt.

B. H.: kritisiert, daß das Einleitungsreferat nicht gerade Diskussionsbereitschaft gezeigt habe. Die Diskussion werde mit dem Hinweis auf die Absichten der Bourgeoisie beendet, denn wer wolle schon gerne Agent sein.

Parteilichkeit in der Wissenschaft dürfe nicht dazu führen, z. B. Probleme der Geschichte der Arbeiterbewegung unter den Tisch zu kehren oder zu glätten. Man müsse doch fragen können, wie der beachtliche Wählerschwund der KPD im Ruhrgebiet von 1946 bis 1953 zu erklären sei.

Manfred Kapluck (Bezirksvorsitzender Ruhr-Westfalen) unterbricht B. H.: ›Weil Du da noch nicht dabei warst.‹

B. H.: ›Wenn hier keinerlei Diskussion mehr möglich ist, kann man sein Parteibuch ja gleich abgeben.‹

Kapluck: ›Ja, ja gib her!‹ und blickt sich triumphierend um.

B. H.: gibt sein Parteibuch ab und verläßt die Versammlung.

Kapluck: ergreift das Wort: Jeder Austritt sei eine Stärkung der Partei. Für jeden von diesen Leuten kämen 10 neue Mitglieder.

Die Partei müsse sich von allen diesen Leuten trennen, auch von den Gutwilligen, sei es friedlich wie mit dem da (schwenkt das Parteibuch von B. H.) oder auf dem Wege der Ausschlüsse. Besser einer zuviel als einer zuwenig. Das seien alles Agenten,

ob bewußt oder unbewußt. Er sei das Geschwafel um irgendwelche Probleme leid. Es werde diskutiert anhand des Programmentwurfs. Wer dann noch Probleme habe, der solle zu ihm kommen. Er werde dann mit ihm Satz für Satz durchdiskutieren. Die Diskussion um andere Probleme sei beendet. Weder innerhalb noch außerhalb der Partei würde mit den Leuten noch diskutiert werden.
Zur Provokation einer Genossin, die Kapluck offensichtlich aus der DKP vertreiben möchte: Er sei als Bezirksvorsitzender ja so machtlos, er könne sie nicht rauswerfen, deshalb wolle er sie provozieren.
Er bitte darum, folgende Aussage ins Protokoll zu übernehmen: Die Genossin sei eine Agentin, ihre einzige Aufgabe sei es, Unruhe in die Partei zu tragen.
Gegen diese Aussage möge sie bei der Schiedskommission Beschwerde einlegen.
Im folgenden geht es um eine Todesanzeige in der UZ (›Unsere Zeit‹ – Zeitung der DKP) vom 6. 2. 78 mit dem Wortlaut: ›Am 24. 1. 78 verstarb der Genosse Christoph Kievenheim. Die Marxisten in der BRD und Westberlin haben in der Diskussion um die offenen Probleme der Arbeiterbewegung einen führenden Vertreter verloren.‹ (Unterzeichnet von Abendroth, Deppe, Urs Jaeggi, u. a.). – Der Dokumentarist notiert dazu: ›Chr. Kievenheim: langjähriges MSB-Bundesvorstandsmitglied... Ende 1977 Mitorganisator des Westberliner Kongresses; Ausschluß aus der DKP unter Vorwänden (Beitragszahlung versäumt); Selbstmord aus persönlichen Motiven (durch Erhängen).‹
Weiter im Protokoll:
Kievenheim habe maßgeblich den Berliner Kongreß organisiert. Diese Todesanzeige sei eine Art Verschwörung gegen die Partei, die Unterzeichner wollten auf diesem Weg in die UZ kommen.
Fast wörtlich: ›Was die aber verschweigen, dieser (blickt auf die Anzeige) Kie-ven-heim (tut, als ob er den Namen das erste Mal sieht) hat sich nämlich... krrr (Bewegung mit der Hand zum Hals). Aber das haben die nicht geschrieben, weil sie wissen, welchen Eindruck das macht, wenn sich einer der ihren... krrr ... Man weiß ja, die kommen nicht in den Himmel, es sei denn durchs Fegefeuer. (Brüllendes Gelächter.) Fragt mich nicht, wie die Anzeige in die UZ gekommen ist, aber ich werde das noch rauskriegen. (Gelächter.) Ich werde dafür sorgen, daß die sich nicht wieder in der UZ als Fraktion vorstellen können!‹«

IV. Sowjetkommunistische Strategien in der Bundesrepublik

Bevor wir auf spezielle Vorgehensweisen, Arbeitsfelder und Strategien der DKP und ihrer Freunde zu sprechen kommen, seien die allgemeinen Entstehungs- und Erfolgsbedingungen dieses Einflusses zusammenfassend dargestellt.

1. Überanpassung und Diensteifer

Bis 1968 spielte die KP kaum eine Rolle. Danach aber konnte die Stamokap-Richtung ihren Einfluß, auch in den Gewerkschaften, erheblich vergrößern. Die neue antikapitalistische wie auch organisationskritische Tendenz, insbesondere bei einer aktiven Minderheit jüngerer Kollegen, wurde von den Gewerkschaften zuwenig beachtet oder falsch eingeschätzt. Spontane Streiks 1969, die Lehrlingsbewegung, die antiautoritäre Schüler- und Studentenbewegung, all das deutete an, daß wichtige Prozesse entweder an den Gewerkschaften vorbeigingen oder nicht in das offizielle Konzept paßten und somit außer Kontrolle gerieten. Das alles ging einher mit der Auflösung der APO nach der Notstandsgesetzkampagne und der damit erlittenen Frustration sowie den nun entstehenden neuen dogmatischen Sekten und Studentenparteien. In dieser Zeit wurden auch die KP – als DKP – und ihre Jugendorganisationen neu gegründet. Die DKP-orientierten Kräfte waren stärker als andere »Linke« in der Gewerkschaftsorganisation präsent. Die DKP wollte jedoch die gerade wiedergewonnene Legalität auf keinen Fall gefährden. Deswegen vermieden sie und ihr Anhang in den Gewerkschaften jegliche politische Konfrontation (ganz im Gegensatz zu der noch in den 50er Jahren verfolgten »Politik« der KPD, vgl. S. 62!). Von vornherein demonstrierte diese Gruppierung der Organisation ihre Loyalität und ihre Bereitschaft, andere linke Kräfte zu kontrollieren, zu denunzieren und zu neutralisieren. Außerdem arbeitete sie systematisch und fleißig in den gewerkschaftlichen Gremien mit und stützte – wo es nur ging – die Organisation.

Der Stamokap-Flügel wurde deswegen weitaus nützlicher als die »Chaoten« und »Spinner« (so die Vokabeln der DKP für die übrigen Linken). Der Einfluß der letzteren Gruppen – zu denen oft undogmatische Linke mit Juso-Orientierung zählten – schwand zusehends.

Ein weiteres Merkmal des Stamokap-Flügels war für die hauptamtlichen Gewerkschafter recht angenehm. Die Einschätzung aller Stamokap-Gruppierungen war, daß die Massen ein unentwickeltes und manipulierbares Bewußtsein hätten. Die Hauptamtlichen könnten aufgrund der so beschriebenen subjektiven und objektiven Verhältnisse nicht über die bisherige Gewerkschaftsarbeit hinausgehen. Im Gegenteil: Sie verkörperten nach Meinung der Stamokap-Vertreter sogar das fortgeschrittenste Bewußtsein der Klasse. Dies alles erschien vielen Funktionären vernünftig und realistisch, es schien ihre Alltagspolitik zu bestätigen und zu unterstützen. Man schien sich auf die Stamokap-orientierten Kräfte in den Gewerkschaften verlassen zu können. Durchschaute man aber diese Politik, so wurde auf die politische Bedeutungslosigkeit der DKP bei Wahlen hingewiesen. Man bildete sich ein, die DKP-Vertreter als »nützliche Idioten«, als Hüter von Ordnung und Disziplin, einsetzen zu können, wobei die sozialdemokratischen (oder christlichen) Kontrollpositionen nicht gefährdet werden könnten.
So konnte sich dieser Flügel etablieren, ohne aufzufallen. Aus seinen Reihen kamen dann immer häufiger Referenten und Teamer für die gewerkschaftliche Bildungsarbeit. Diese erwarben sich durch jahrelange Mitarbeit eine gewerkschaftliche Praxis, die ihnen später bei Bewerbungen einen wichtigen Vorteil verschafften. So konnten sie Positionen gewinnen. In gewerkschaftlichen Organen waren sie bei ermüdender Routine belastbar. Da ein wesentlicher »Inhalt« ihrer Tätigkeit die Gremienarbeit selbst war, hatten sie die entsprechende Motivation dazu. Gewonnene Mehrheiten kamen außerdem wieder der Partei zugute.
DKP-Mitglieder oder -Sympathisanten übten aufgrund ihres beruflichen Zusammenhangs auch Einfluß in bestimmten Einzelgewerkschaften aus. Dies geschah u. a. auch durch Journalisten, einschließlich derjenigen der DKP-Presse, in der DJU (Deutsche Journalisten Union), durch DKP-Buchhändler in der Gewerkschaft HBV, durch Referenten und »Teamer« in der gewerkschaftlichen Bildungsarbeit, nicht zuletzt der IG Metall, oder durch DKP-Lehrer in der GEW.[56] Dabei wurde natürlich immer mit den anderen, nicht in der DKP organisierten Stamokap-Gruppen zusammengearbeitet.
Ein zahlenmäßig bedeutsamer, politisch unerfahrener Anhang ordnete sich im wesentlichen aus zwei Gründen diesem DKP-orientierten Flügel zu: Einerseits besaßen die DKP- oder Stamokapanhänger inzwischen fast ein linkes Monopol in den

Gewerkschaften, andererseits trug diese »linke« Position kaum Risiken in sich. Man fiel bei der Mitarbeit in diesen Zusammenhängen in der Organisation kaum auf, da man sich nicht kritisch mit offizieller Politik auseinanderzusetzen brauchte und außerdem durch diese Mitarbeit kaum praktische Folgen eintraten, mit denen man sich Ärger hätte einhandeln können.

Die Praxisprobleme von hauptamtlichen Gewerkschaftern kommen der DKP-Strategie oft entgegen. Jeder hauptamtliche Funktionär steckt unter Erfolgszwang. Er muß den guten Besuch von Versammlungen und Veranstaltungen gewährleisten und Schulungen organisieren. Er braucht Ehrenamtliche, die ihm unter großem idealistischen Einsatz helfen. »Linke Spinner« sind dafür nach seiner Meinung zu unpraktisch und zu kritisch. Viele Funktionäre fühlen sich durch die Organisation des »Alltagskrams« überfordert. Um sich lästige Arbeiten und Auseinandersetzungen zu ersparen und seine »wichtigeren« Angelegenheiten erfolgreich erledigen zu können, akzeptiert mancher Hauptamtliche gern das Hilfsangebot von Vertretern der genannten Gruppierungen oder Positionen. Diese sind jedoch nur bereit, diese Arbeiten zu erledigen, weil sie damit ihren Einfluß vergrößern und ihre Anerkennung verbessern können. Es gibt Funktionäre, die diese Taktik stark unterschätzen, einem bei der Kritik an Kommunisten vielmehr gerade ihre Tugenden vorhalten: Man solle doch diese Leute nicht schlechtmachen; sie seien fleißig und loyal; ohne die würde schon manches nicht mehr laufen; sie stellten beispielsweise Ordner und Teilnehmer bei Demos und fleißige Veranstaltungsbesucher (oft sogar den größeren Teil); man könne sich eben darauf verlassen, daß eine Veranstaltung klappt, wenn sie durch Stamokap-Vertreter mitorganisiert werde, das mache auch die Veranstaltung billig und politisch kontrollierbar; viel gefährlicher seien da »Linke«; da wisse man nicht, wo die hingehören.

Die Klassifizierung der anderen »Linken« als »Chaoten« erleichtert manchen Funktionären die Orientierung. Andersherum ist das wieder hilfreich im Sinne der DKP-Gewerkschaftsstrategie: Man wird lästige Konkurrenten los. Die »gute Zusammenarbeit« mit Hauptamtlichen belegt darüber hinaus, daß eine Bündnispolitik möglich ist und dafür Chancen und Partner bestehen.

Die teilweise Stärkung der DKP in Gewerkschaftszusammenhängen wird also oft auf Kosten anderer kritischer Kräfte erreicht. (Vgl. das Beispiel »Jugendzentren«, S. 91 ff und »Junge Presse«, S. 95 ff!)

Im folgenden sollen die Ziele und Strategien DKP-orientierter Politik in einigen gewerkschaftlichen Arbeitsfeldern dargestellt werden.

2. Betriebsarbeit[57]

Am 15. 6. 1978 schrieb der Sekretär des Parteivorstandes der DKP, Werner Zieslak, in einem Leitartikel der DKP-Zeitung »Unsere Zeit« (UZ) über die Notwendigkeit, die DKP-Betriebsarbeit zu verstärken: »Unsere Tätigkeit in den Betrieben muß der Arbeiterklasse helfen, ihre Klassenlage zu erkennen, die Veränderbarkeit dieser Lage durch bewußtes, organisiertes und einheitliches Handeln zu erfassen und sich zu diesem Zweck auf die revolutionäre Partei der Arbeiterklasse, die DKP, zu orientieren, sowohl im außerparlamentarischen als auch im parlamentarischen Kampf.« In dem Artikel wird die große Bedeutung klar, die die KP der Betriebsarbeit zumißt. Das Ziel ist, »mehr Einfluß in der Arbeiterklasse« zu erlangen.
Dabei war der Einfluß der Betriebsgruppen in den Gewerkschaften und den Belegschaften unmittelbar nach 1945 weitaus größer als heute. Zum damaligen Zeitpunkt hatten KPD-Betriebsräte und -Betriebsgruppen oftmals ganze Belegschaften hinter sich gebracht, allerdings mit rein tagespolitischen Zielsetzungen. Die Partei griff damals zentrale Bedürfnisse der Bevölkerung auf, wie rasche Ingangsetzung der Produktion, Sicherung der Ernährung und Abwehr von Eingriffen der Alliierten in die gerade anlaufende Produktion. Sie leistete hier, im Bündnis mit Christen und Sozialdemokraten, wichtige organisatorische Arbeit. Allerdings versuchte sie ständig, ihre Parteiideologie mit der Lösung der praktischen Probleme zu verkoppeln und dadurch massenwirksam zu verkaufen.
Der Kalte Krieg, die schlechten materiellen Bedingungen für Lohnabhängige in der DDR und eine bedingungslose Ablehnung amerikanischer Unterstützungsprogramme (die von der Bevölkerung nicht geteilt wurde) begünstigten Ausschlüsse aus den Gewerkschaften und ließen die KPD-Betriebspolitik scheitern. Ihr Einfluß in den Betrieben nahm erst wieder nach der Gründung der DKP neue Formen an.
Die heutigen DKP-Betriebsgruppen und kommunistisch orientierten Betriebsfunktionäre handeln mit einem anderen Hintergrund als die Nachkriegs-KPD. Die Erfahrungen der Illega-

lisierung und der RGO-Politik haben zu dem Trauma geführt, daß man schon bei der geringsten Kritik in den Gewerkschaften als »Sektierer«, »Putschist« oder »Aufwiegler« gelten könne. Die Mitarbeit in den Massenorganisationen soll auf keinen Fall gefährdet werden. Dies ist für die DKP die »Lehre aus der Geschichte«.

Kommunistische Betriebsräte sind diejenigen, die oft bereit sind, jede geforderte Arbeit in den Gewerkschaften zu erledigen, um dadurch die Anerkennung und Duldung durch andere Funktionäre zu erhalten. Wo es darum geht, unliebsame Funktionäre oder Mitglieder in die Schranken zu verweisen, sind DKP-Mitglieder die verläßlichsten Aufpasser. Sie demonstrieren damit die eigene Loyalität und die gelernte »historische Lektion«.

Der aktive und auch konkret-hilfreiche Einsatz vieler einzelner betrieblicher Gewerkschaftsfunktionäre, die der DKP angehören oder ihr nahestehen, ist unbestritten. Ihre gewerkschaftliche Leistung im betrieblichen Alltag soll in keiner Weise verkleinert werden. Es ist aber eine Leistung *trotz* und nicht wegen ihrer DKP-Zugehörigkeit. Diese nämlich desorientiert durch verbale *Scheinradikalität*. DKP-Betriebszeitungen lassen keine Möglichkeit aus, Konflikte aus Betrieben in die Öffentlichkeit zu tragen. Dabei verbleibt die Darstellung der Konflikte freilich auf einer Ebene, die eigene strategische Schlußfolgerungen nicht enthält. Betriebliche Konflikte werden nicht zum Gegenstand der Auseinandersetzung im Betrieb genommen, sondern mit ideologischen Angeboten beantwortet. Hierbei werden dem betrieblichen Konflikt entweder allgemeine Forderungen entgegengesetzt, von denen keiner weiß, wer das wie durchsetzen soll. Oder aber es wird »aufgezeigt«, daß der Unternehmer sich ständig gegen die Arbeiterinteressen verhält, so, als ob das die Belegschaften nicht schon längst wüßten. Bei dieser Vorgehensweise kann man weitgehend auf Konflikte mit der Gewerkschaft verzichten, auch wenn damit gleichzeitig eine Ausklammerung gewerkschaftlicher Lösungsvorstellungen zugunsten ideologischer Formeln einhergeht.

Was die DKP mit ihrer Betriebspolitik erreichen will und z. T. auch erreicht hat, ist, daß die Belegschaften die DKP-Gruppen oder -Funktionäre als unbestechliche Vertreter anerkennen, die von den Lösungen betrieblicher Konflikte hinter verschlossenen Türen nichts halten und offensiv für die Interessen der Lohnabhängigen eintreten.

In Einzelfällen werden betriebliche Konflikte so lange vorangetrieben, wie sie den Einfluß der DKP bei den Massen erhöhen

können, ohne dabei Konflikte mit den Gewerkschaften riskieren zu müssen. Im Saarkohle-Bergbau stellte sich die DKP 1973 an die »Spitze der Bewegung«, als die Bergarbeiter in spontanen Arbeitsniederlegungen Tariferhöhungen forderten. Umfangreiche materielle Unterstützung wurde den Bergleuten so lange gewährt, wie die IG Bergbau und Energie eine unentschlossene Haltung an den Tag legte. Als klar wurde, daß die Forderungen der Arbeitsniederlegung von der Gewerkschaft nicht unterstützt wurden, zog die DKP von einem Tag auf den anderen alle organisatorische Unterstützung zurück. Daß solche Konflikte nicht selten auf dem Rücken einzelner Personen ausgetragen werden, gehört zu einer Strategie, die auch »historische Opfer« verlangt.
Wichtig ist allein, daß der Einfluß der DKP in den Massen gestärkt wird. Hierfür werden dann auch die Ziele, die es zu realisieren gilt, jeweils nach Parteiinteressen – hier dann im Sinne einer gewerkschaftlichen Überanpassung – flexibel verändert. Das gleichbleibend geringe Echo der DKP in Betrieben und bei Wahlen zeigt jedoch, daß diese Formen betrieblicher Politik – Hin- und Her-Schwanken zwischen verbalem Radikalismus und taktischer Überanpassung, zwischen gewerkschaftlicher Tagespolitik und parteiideologischen Formeln (mit der Absicht der »Politisierung« in Richtung DKP-Positionen) – nicht zur Stärkung des Masseneinflusses führt. Wohl aber hat eine solche Strategie desorientierende Wirkung für die Betroffenen. Wichtige innerbetriebliche gewerkschaftliche Diskussionen und Auseinandersetzungen um angemessene gewerkschaftliche Betriebsstrategien werden auf eine abstrakte außerbetriebliche und außergewerkschaftliche Ebene verlagert. Daß ein solcher Verzicht auf konkretes betriebspolitisches Engagement, der Vorrang abstrakter DKP-kommunistischer Agitation und die Unterdrückung kritischer Meinung letzten Endes als Bumerang gegen die DKP zurückwirkt, zeigt der oben dokumentierte »exemplarische Fall« des Kollegen Karl Ludwig, dessen »Exekution« durch die Partei schließlich zur Auflösung einer ihrer stärksten betrieblichen Gruppen führte.

3. Gewerkschaftliche Jugendarbeit

Der Einfluß DKP- bzw. Stamokap-orientierter Jugendfunktionäre ist nicht erst seit ihrem »massierten Auftreten« auf der 10. DGB-Bundesjugendkonferenz 1977 ein Problem. In dem

Maße, wie in der gewerkschaftlichen Jugendarbeit attraktive Formen und Inhalte verschwinden und die Gremienarbeit eine übergroße Bedeutung erhält, kann sich die SDAJ hier zum alleinigen Sachwalter »linker« und »fortschrittlicher« Politik aufspielen, eine Rolle, die dem Selbstverständnis ihrer Mutterpartei sowieso entspricht. Deshalb erscheinen vielen Jugendfunktionären Auseinandersetzungen mit DKP/SDAJ als Spaltung und Schwächung des ohnehin mit dem Rücken gegen die Wand operierenden linken (demokratischen) Spektrums.

Da die Gremienarbeit in der Gewerkschaftsjugend vielfach überbetont wird, begrüßen viele Hauptamtliche den aktiven Einsatz der allzeit bienenfleißigen und gremienfixierten SDAJ-Kollegen, die – besonders auf dem Lande und in den örtlichen DGB-Kreisjugendausschüssen – durch ihr spezifisches Verständnis von Gewerkschaftsarbeit der Öffentlichkeit und der eigenen Organisation eine jugendliche »Massenbasis« und eine politische Präsenz vorgaukeln, die zwar der Realität nicht entspricht, wohl aber Eindruck macht. Der Erfolg der DKP in der Gewerkschaftsjugend ist also nicht nur mit einer straffen Parteidisziplin erklärbar. Ohne das Entgegenkommen der gewerkschaftlichen Jugendarbeit wären die jetzt zum Problem werdenden Erfolge der DKP und SDAJ nicht denkbar oder mindestens kleiner.

Es können hier nur ansatzweise Erklärungen dafür gegeben werden, warum die SDAJ insbesondere im gewerkschaftlichen Jugendbereich bestimmte Erfolge vorweisen kann. So sind Jugendliche oft noch nicht derart diszipliniert oder resigniert wie ältere Kollegen. Aus diesem Grunde suchen sie häufiger nach kritischen politischen Gruppierungen bzw. besitzen diesen gegenüber eine größere Offenheit. Hier bietet sich innerhalb der Gewerkschaften aufgrund des Präsenzmonopols fast ausschließlich die SDAJ an. Die Jusos gehören – soweit man sie überhaupt im gewerkschaftlichen Bereich antrifft – meist dem Stamokap-Flügel an; sind sie reformsozialistisch eingestellt, so tun ihre DKP-nahen Gegner alles, sie in die Ecke der »Reformisten« oder »inkonsequenten Arbeitervertreter« abzuschieben.

Die SDAJ kann Jugendlichen vielfältige Freizeitmöglichkeiten anbieten. So gibt es Treffpunkte, wo man Gleichgesinnte trifft und mit ihnen entweder »links« diskutieren oder »einen saufen« kann. Jugendliche werden in die Vorbereitung von allgemeinpolitischen Demonstrationen, Presse- und Volksfesten sowie Info-Ständen eingespannt. Handelt es sich hier um ge-

werkschaftlich Aktive, geht dieser große Energieeinsatz voll auf Kosten der betrieblichen Interessenvertretung. Die SDAJ kommt auch dem Bedürfnis der Jugendlichen entgegen, ihren Erfahrungshorizont auszudehnen, eine größere Unabhängigkeit zu erreichen und neue Kontakte zu knüpfen. Dies gelingt z. B., indem zu geringen Preisen Reisen – insbesondere in die Länder des »realen Sozialismus« – angeboten und dort Kontakte mit politisch linientreuen Kräften hergestellt werden.
Viele Jugendliche fühlen sich weder in der Familie noch in ihrem Bekanntenkreis »geborgen«. Daher suchen sie nach Alternativen. Gelingt es der SDAJ, immer wieder eine vertraute Situation für die Jugendlichen zu schaffen, in der sich auch Wohlgefühl realisiert, fällt es ihr um so leichter, auch politisch eine Bindung der Jugendlichen zu erreichen.
Die gegenwärtige wirtschaftliche Situation ist Jugendlichen oft durch Angst, Unsicherheit, Orientierungsschwierigkeiten oder Perspektivlosigkeit gekennzeichnet. Die SDAJ versucht, orientierende Angebote zu liefern und Sicherheit zu erzeugen, indem die Jugendlichen sich »fest zugehörig« fühlen können. Die SDAJ-Erklärungen der Wirklichkeit sind außerdem einfach und eingängig und beseitigen – scheinbar – recht schnell die Orientierungsschwierigkeiten der Jugendlichen.
Natürlich wird die Situation in der SDAJ von Jugendlichen widersprüchlich erlebt. Obwohl sie ungebunden sein wollen, ordnen sie sich aufgrund ihrer Unerfahrenheit der »Organisation« unter. Die Verbalradikalität von DKP und SDAJ reicht oft als Motiv zu diesem Schritt aus. (In jüngster Zeit gewährt die Partei zum Teil Diskussionsspielräume in der SDAJ zu Problemen der Kernkraft, der grünen Bewegung, der Alternativszene und manchmal sogar zu Dissidentenproblematik und Eurokommunismus. Dies aber nur so weit, als grundlegende Parteiprinzipien nicht berührt werden. So versucht die Partei, die Jugendlichen zu halten, um sie bald wieder auf »Linie« zu bringen.) Die SDAJ ist gegen antiautoritäre Verhaltensweisen. Sie will ausschließlich »antikapitalistisch« sein. Konservative, autoritäre Verhaltensstrukturen, die offenbar nur ein Teil der Jugendlichen ablehnt, werden durchgesetzt. Sichtbar wird das am Vokabular von DKP und SDAJ, die immer wieder davon sprechen, daß der Arbeitsprozeß den Arbeitern die »notwendige Disziplin« näherbringe, die nicht zuletzt auch für die Partei eine unabdingbare Voraussetzung erfolgreichen politischen Handelns sei. Diese Disziplin wird sichtbar, wenn man auf den DKP-Parteitagen *ein*stimmig die Parteithesen verabschiedet oder den Genossen eine freie Meinungsäußerung zum Fall

Bahro untersagt (vgl. den Fall Karl Ludwig, S. 68). Ordnen sich Jugendliche nicht den Interessen der SDAJ-Vorstandsspitzen unter, werden sie »ausgesperrt« und sind wieder auf sich selbst gestellt. Die SDAJ hat trotz dieses Autoritarismus eine gewisse Anziehungskraft, da es bessere, die Bedürfnisse der Jugendlichen ernster nehmende, Alternativen kaum gibt; bei nicht wenigen, die in dem geschlossenen, autoritären kommunistischen Ideologie- und »Ordnungs«-System eine Scheinsicherheit und -orientierung finden, wirkt auch gerade der Autoritarismus selbst anziehend.
Eine große Gruppe von Jugendlichen, die z. T. Vorbehalte gegen die SDAJ hat oder sich nicht zu stark einbinden lassen will, greift in mehr zufälliger Weise auf die Angebote der SDAJ zurück. Trotzdem fühlt sich auch dieses »Umfeld« zumindest von Fall zu Fall von den SDAJ-Positionen oder -Angeboten angezogen und unterstützt diese in der Praxis.
DKP und SDAJ sind nicht in allen Bereichen der gewerkschaftlichen Jugendarbeit gleichermaßen präsent. Der DGB-Jugendbereich war für diese Gruppierung relativ leicht zu erobern. In einigen Einzelgewerkschaften ist es bisher kaum gelungen, Einfluß zu gewinnen. Vermutlich liegt dies daran, daß andere linke Positionen sich hier eine gewisse Attraktivität erhalten konnten. Aber insgesamt ist der Einfluß von DKP und SDAJ unter den gewerkschaftlichen Jugendfunktionären beachtlich, wie auch der DGB-Jugendkongreß 1977 gezeigt hat (vgl. S. 23f.).
Eine ähnliche Situation stellt sich heute wieder, wo Krise und wirtschaftliche Entwicklung zu einer Debatte über die angemessene gewerkschaftliche Strategie zwingen. Da eine solche Diskussion zwangsläufig auch zu einer Auseinandersetzung mit den Positionen der DKP und der SDAJ führen müßte, wird sie zum Werk intellektueller Spinner erklärt, die außerdem aus einer bedenklichen politischen Position heraus argumentieren. Vorbehalte hauptamtlicher Kollegen gegenüber einer notwendigerweise kritischen Auseinandersetzung werden dabei ausgenutzt, um die Diskussion zugunsten der DKP/SDAJ zu beeinflussen. Daß die Gewerkschaftsjugend hierbei jegliche Attraktivität bei den Jugendlichen verliert, ist diesen Gruppen egal. Hauptsache ist, daß der »Masseneinfluß« der Partei gestärkt wird.

4. Zwei Beispiele: SDAJ kontra unabhängige linke Jugendarbeit

Fall 1: SDAJ gegen Lehrlingszentren[58]

Gründe für die Schwierigkeiten der Gewerkschaften mit ihrer Jugend

Der unbefriedigende Zustand der gewerkschaftlichen Jugendarbeit ist in den letzten Jahren oft beschrieben worden; einige Gründe lassen sich in Kürze benennen:

- Viele Jugendliche »organisieren« sich in offenbar attraktiveren politischen Zusammenhängen als der Gewerkschaftsjugend: Anti-AKW-Bewegung, Alternativszene, offene Jugendarbeit usw. Jugendliche erleben Gewerkschaftsarbeit als verknöchert, autoritär und ihre Wünsche und Interessen nicht aufnehmend. Selbstorganisation in den Gewerkschaften scheint völlig unmöglich.
- Es gibt nur noch wenige aktive Jugendgruppen im DGB oder den Einzelgewerkschaften. In vielen Betrieben sind Jugendliche nicht bereit, Jugendvertreter zu werden.
- Die gewerkschaftlichen Jugendgremien sind häufig von jungen »Multifaktionären« besetzt, die sich in Aktivismus, vor allem aber in Gremienarbeit verschleißen und »Resolutionspolitik« betreiben. (Wir fordern! Wir protestieren entschieden!...)
- DKP, SDAJ und Stamokap-Anhänger haben einen erheblichen Teil der Gremienposten besetzt und stellen viele Referenten in der gewerkschaftlichen Jugendbildungsarbeit.

Zusammenfassend kann man sagen: Trotz der 1,2 Millionen organisierten Jugendlichen verfügen die Gewerkschaften in weiten Bereichen über keine aktive Jugendorganisation. Als Ursache für die Schwierigkeiten der Gewerkschaften in ihrer Jugendarbeit werden immer wieder die Jugendarbeitslosigkeit, Lehrstellenmangel und das veränderte politische Klima der letzten Jahre (»Tendenzwende«) genannt. Dies sind alles gewichtige Gründe, aber sie genügen nicht zur Erklärung. Ein Grundproblem besteht zweifellos darin, daß die Gewerkschaften (wie auch die meisten anderen gesellschaftlichen Organisationen) nur selten eine aktive und selbsttätige Jugendarbeit akzeptierten. Dies kann exemplarisch an den Erfahrungen mit den Lehrlingszentren gezeigt werden, die 1969/70 spontan entstanden. Ausgehend von Aktivitäten in Essen, Berlin und Hamburg (dort vom damaligen DGB-Kreisvorsitzenden Adalbert Höhne unterstützt, so daß die Arbeit des Hamburger

Lehrlingszentrums von vornherein in der Gewerkschaftsjugend begann), sprang der Funke »Lehrlingszentren« über. Die DGB-Jugend kam sozusagen über Nacht zu Mitgliedern, politischem Gewicht in der arbeitenden Jugend und zu einer organisatorischen Infrastruktur. Die beiden grundlegenden Erfahrungen der Anfangsphase der Lehrlingsbewegung bestanden darin, daß eine aktive und attraktive gewerkschaftliche Jugendpolitik, die arbeitende Jugendliche anspricht und miteinbezieht, vom Freizeitangebot über die Bildungsveranstaltungen bis zu Demonstrationen und Resolutionen reichen muß, und daß die Jugendlichen diese Aktivitäten *selber* machen müssen.

Aus den Erfahrungen in der Lehrlingsbewegung kann man den Schluß ziehen, daß die Gewerkschaftsjugend innerhalb der Organisation einen gewissen Spielraum braucht, in dem sie selbständig gehen lernen kann. Daß dieser Spielraum nicht gewährleistet wurde, führte 1972 zum Ende der Lehrlingsbewegung. Ihr Scheitern kann man als die aktuellste Manifestation des nicht bewältigten Generationskonfliktes in der gewerkschaftlichen Jugendpolitik interpretieren. Ein Blick in die Gewerkschaftsgeschichte zeigt aber, daß dieser Konflikt – der sich in Tendenzen zur Reglementierung, zum Nicht-Ernstnehmen der Jugend auswirkt – in der Geschichte gewerkschaftlicher und sozialdemokratischer Jugendpolitik (von kommunistischer ganz zu schweigen!) Tradition hat.

Der unaufhebbare Kern des Generationskonfliktes besteht darin, daß jede Jugend die Welt geordnet vorfindet. Geordnet durch die Erwachsenen, die von den Jugendlichen verlangen, sich in diese Ordnung einzupassen. Die Jugend wird erzogen. Es gehört zum Erwachsenwerden dazu, daß jeder von einem bestimmten Zeitpunkt an gegen diesen Erziehungsanspruch der Eltern und generell der Älteren rebelliert und darauf besteht: »Ich will mir mein Leben selbst einrichten!« Diese Rebellion ist nicht immer offen und aggressiv, sie kann sich auch als Flucht vollziehen oder nur in der Phantasie; aber sie geschieht. Was die Gewerkschaften weitgehend bis heute in ihrer Jugendpolitik nicht umgesetzt haben, ist die Tatsache, daß sich dieser Generationskonflikt auch in der eigenen Organisation abspielt, und daß es für sie mehr als ratsam ist, diesem Konflikt bewußt auch dort Raum zu geben.

Aufbau und Niedergang der Lehrlingszentren

Bei der Lehrlingsbewegung wurde dieser Konflikt nicht ausgehalten. Für kurze Zeit waren damals viele Jugendliche bereit,

sich politisch einzumischen und ihre Sache selbst zu betreiben. Lehrlinge kümmerten sich um die Frage: Wie wollen wir heute und morgen leben? Sie kümmerten sich aktiv um ihre wichtigste gesellschaftliche Organisation, um die Gewerkschaften. Sie fragten, was können wir selber tun und wie können wir gewerkschaftliche Jugendpolitik besser durchsetzen? Gegen die grundlegendste politische Tradition Deutschlands, die Politik »denen da oben zu überlassen« – und dies gilt ja auch in den Gewerkschaften und der SPD – handelten damals viele Lehrlinge: Sie mischten sich selber ein. Sie forderten nicht bloß: »Die Gewerkschaft möge tun«, sondern sie sagten: »Wir sind die Gewerkschaft, und wir wollen selber sehen, was wir als Gewerkschaftsjugend durchsetzen können.« Funktionäre reagierten bei der Diskussion mit Jugendlichen damals etwa so: »Liebe Kollegen, die Organisation tut für Euch, was sie kann, und das müßt Ihr einsehen!« Als die Jugendlichen das nicht einsahen, sondern selbst aktiv werden wollten, wurde nicht mehr diskutiert, die Funktionäre sprachen es nicht aus, aber sie dachten: Die spinnen und die müssen wir zur Räson bringen! Das Apparatdeutsch der DKP ist in solchen Situationen sehr präzise: die Jungs auf »Linie bringen«. Man bot den Jugendlichen ein umfassendes Schulungskonzept an. (»Ihr seid viel zu ungeschult, um überhaupt zu wissen, was ihr wollt.«) Es begann das »theoriegeleitete organisierte Handeln«, wie das Norbert Trautwein 1972 ausdrückte – als umfassendes Schulungsprogramm. Man muß die Gesichter der Jugendlichen damals gesehen haben, die zum erstenmal versuchten, aktiv Politik selber zu machen, die begannen, Selbstbewußtsein zu entwickeln, die gerade erfahren hatten: Wir sind ja gar nicht so dumm, und wir haben ja was zu den Umständen zu sagen, in denen wir leben müssen! Und dann diese Sprüche »fortschrittlicher« Akademiker, die mit der Autorität von DGB-Jugendfunktionären ihnen entgegentraten.
Am Beispiel des SDAJ-Einflußgewinns bei und infolge der Auflösung der Lehrlingszentren ist zu zeigen, wie die verantwortlichen Funktionäre darauf verzichteten, die arbeitende Jugend zu aktivieren.
Die SDAJ wurde in den »Honigmonden« der APO gegründet, im Mai 1968, ein knappes halbes Jahr vor der DKP. Wes Geistes Kind dieser Arbeiterjugendverband war, zeigte sein hauptamtlicher Apparat nach dem 21. August 1968. In Prag hatten die Warschauer-Pakt-Truppen mit »brüderlicher Hilfe« den »Sozialismus mit menschlichem Gesicht« niedergewalzt, die SDAJ begrüßte und verteidigte diese Okkupation und sie

schwieg in den Jahren danach, als Hunderttausende emigrierten, Berufsverbot bekamen und politische Prozesse stattfanden. Als die Lehrlingszentren entstanden, war die SDAJ zunächst dabei: »Die Einrichtung des ›Jour-fixe‹ könnte ein geeignetes Mittel sein, Impulse aus den Betrieben und Schulen direkt in die Gewerkschaftsjugend hineinzutragen, ohne einen langen Instanzenweg zu durchlaufen. Dadurch wird gewährleistet, daß die Gewerkschaftsjugend immer konkret auf die Probleme der arbeitenden Jugend eingehen kann. Darum wird die SDAJ alles tun, dieses Programm unter der Arbeiterjugend populär zu machen.« So lautete ein Brief, den die Hamburger SDAJ an die Jugendausschüsse des DGB und der Einzelgewerkschaften im September 1969 geschrieben hat. Die Lehrlingszentren stärkten, wie gesagt, die Gewerkschaftsjugend vor allem auch personell. Jugendgremien, die jahrelang nur auf dem Papier bestanden hatten, konnten auf einmal wieder besetzt werden.
Und dann war die Jour-fixe-Arbeit für die SDAJ auf einmal gar nicht mehr so wichtig; im Vordergrund ihres Interesses stand, möglichst viele ihrer Mitglieder in die Beschlußgremien zu bekommen. Als dann Hamburger Gewerkschaftsvorstände die Jour-fixe-Debatten zu radikal und auch zu gewerkschafts- oder betriebsratskritisch fanden und sich daher u. a. dagegen wandten, daß Unorganisierte im Jour-fixe abstimmen dürften, hatten sie auf einmal eine verläßliche Fraktion, die die gleiche Ansicht vertrat: die SDAJ. Auch sie fürchtete zuviel unabhängige linke Aktivität. Sie trat, überspitzt gesagt, für die Kontrolle der Mitgliedsbücher vor Abstimmungen ein. Mit endlosen Satzungs- und Verfahrensdebatten zerstörte sie die Qualität dieses Lehrlingszentrums, seine Öffentlichkeit, Spontaneität und Offenheit; sie schied die Teilnehmer in »Besserwisser«, »Zuständige«, »Dumme« und »Anfänger«.
Die neubesetzten »zuständigen« Jugendgremien brachten Ordnung. Stufenpläne und Bildungsprogramme wurden entwickelt und den verantwortlichen Jugendabteilungen der Vorstände vorgelegt. In der Bildungsarbeit gab es plötzlich auch Stellen für hauptamtliche Bildungsreferenten, ein Stamm von ehrenamtlichen Teamern wurde aufgebaut. Die Jugend ging, die Ordnung kam.
Jedenfalls konnten jetzt die zuständigen gewerkschaftlichen Jugendgremien den besorgten Funktionären versichern: Im Jugendbereich ist jetzt Ruhe. »Chaoten«, »Spinner« und »Gewerkschaftsspalter« waren ausgeschaltet. Es wurde nur noch streng nach Satzung, Leitsätzen der Gewerkschaftsjugend und

den genehmigten Stufenplänen der Jugendbildung gearbeitet. Die »verrückten« Diskussionen gab es nicht mehr, keiner kam mehr auf die Idee, ein Buch von Mandel, Marcuse oder das »rote Büchlein« von Mao anzuschleppen. Noch einmal: Die Jugendlichen blieben weg, übrig blieben die jungen, weitgehend DKP-nahen Politprofis, die gezielt dazu übergingen, Position nach Position mit den eigenen Leuten zu besetzen. Die Gremieneroberung der SDAJ hat viele Jugendliche »verbraucht«, die es nicht aushielten, Kollegen, die nicht im eigenen Verein waren, »fertigzumachen« und die eigene Linie stur durchzusetzen. Aber der Vorteil der SDAJ bestand in ihrem außerhalb der Gewerkschaft bestehenden Apparat, der immer neue Jugendliche in die Gremien schickte[59]. Für jeden, der aufgab, kam ein anderer, der seinen Platz besetzte. Die Kälte, mit der diese jungen Funktionäre ferngesteuert »funktionierten«, ohne Rücksicht auf Bedürfnisse, Kraft oder gar Interessen von Jugendlichen, war beeindruckend und erschreckend zugleich.
Die Gewerkschaften hatten für die Ausschaltung der Lehrlingszentren und die »Verschulung« der Jugendarbeit zu zahlen: Die Gewerkschaftsjugend schrumpfte weithin zum »Gremienselbstbeschäftigungsverband«; unter der arbeitenden Jugend spielt sie nur noch eine untergeordnete Rolle.[60]

Fall 2: Antikommunistische Taktik und Pressezensur der SDAJ in der »Jungen Presse«[61]

»Die deutsche Jugendpresse ist mit ihren 11 Landesverbänden neben der Gewerkschaftsjugend und den Schülervertretungen wohl der wichtigste Zusammenschluß der Jugend. In ihr arbeiten rund 1500 jugendeigene Zeitungen mit einer geschätzten Jahresauflage von 5 Millionen: Lehrlings-, Schüler-, Jugend- und Jugendzentrumszeitungen, Soldatenzeitungen und die Zeitungen aller wichtigen Jugendverbände... Kritisiert man als Linker die Politik der DKP, gerät man genauso wie in der Gewerkschaftsjugend in Schwierigkeiten. Plötzlich jubeln falsche Freunde, die Reaktion spendet zumindest teilweise Applaus, man sieht einen willkommenen Anlaß zu Repressionen gegen ›kommunistische Unterwanderung‹. Zunächst: Wir sparen es uns, diesen Applaus anzunehmen!
Worum geht es wirklich?
Die Deutsche Jugendpresse ist keineswegs, wie von rechten – etwa der CSU-nahen ›Freien Jugendpresse‹ – immer behauptet wird, ›kommunistisch unterwandert‹.

Aber dort, wo DKP und SDAJ stark sind oder eine dominierende Rolle haben, gibt es gefährliche Entwicklungen.«

SDAJ-Politik in der »Jungen Presse Hessen«

»Die SDAJ hat hier ihren einst wichtigsten ›Bündnispartner‹, die Jungsozialisten, inzwischen abserviert. Wie kam es dazu? Auf der Jahreshauptversammlung der JPH 1977 stellte die Fraktion der Jusos einen folgenschweren Antrag: Die JPH solle die Ausweisung Wolf Biermanns verurteilen.
Mit einer Stimme Mehrheit, die die SDAJ-Fraktion eher zufällig hatte, wurde das abgewiesen. Die Jungsozialisten zogen eine völlig berechtigte Schlußfolgerung: Sie zogen aus Protest zeitweise aus. Nichtsdestotrotz wurde ein Landesvorstand der JPH gewählt, mehrheitlich aus SDAJ zusammengesetzt. Das Gremium, einmal erobert, begann die Arbeit.
Als die Lehrlingszeitung des KJVD (Kommunistischer Jugendverband Deutschlands, d. Verf.) für die Farbwerke Hoechst einen Aufnahmeantrag stellte, wurde er gegen die Stimmen der Jusos abgelehnt. Statt des Aufnahmebescheids kam die Inquisition. Die Zeitung solle zunächst einmal unterschreiben, daß sie die ›Entspannungspolitik‹ unterstütze, denn das sei Satzung der Jungen Presse Hessen. Außerdem verstoße ihre Kritik an dem Gesamtbetriebsrat bei Hoechst gegen die gewerkschaftliche Orientierung der JPH.
DKP- und SDAJ-Mitglieder sind selbst des öfteren solchen Anhörungsverfahren im Öffentlichen Dienst ausgesetzt. Daß ausgerechnet sie so etwas auch noch in Interessenorganisationen der Jugend einführen, ist in der Tat bemerkenswert. Die Ausgrenzung war jedoch nur Schritt eins. Anläßlich der Weltjugendfestspiele in Kuba erstellte die JPH dann eine Sonderausgabe des ›djp-Reports‹, der an alle Mitgliedszeitungen ging. Die djp hatte beschlossen, keines der Vorbereitungskomitees des Festivals zu unterstützen. Es gab damals einen ›Arbeitskreis Festival‹ hauptsächlich aus DKP-nahen Organisationen und eine ›Koordinierungsgruppe‹ aus DGB-Jugend, Jungsozialisten, Jungdemokraten und vielen anderen Jugendverbänden. Aber was stört das die DKP, hat sie das Gremium erst mal in der Hand?
Es entstand eine einzige Lobhudelei auf den ›kubanischen Sozialismus‹, dessen Söldner gerade nach Angola ausschwärmten. Daß beispielsweise die Jungsozialisten in Kuba gegen die Inhaftierung Bahros protestieren wollten, wurde natürlich verschwiegen.
Das Erscheinen der Sonderausgabe löste Protest aus. Die

3. Mitgliederversammlung der Deutschen Jugendpresse 1978 verurteilte dieses Pamphlet mit übergroßer Mehrheit. Änderte sich nun etwas?
Auf der Jahreshauptversammlung 1978 wurde durch SDAJ-Mehrheit – wiederum gegen die Stimmen der Jungsozialisten – die Aufnahme der Hoechster KJVD-Zeitung weiter verhindert (mit der absurden Begründung, sie habe ja auf das ›Anhörungsverfahren‹ nicht reagiert).
Da die Vorherrschaft der SDAJ völlig abgesichert war, weigerten sich die Jungsozialisten mehrheitlich, weiter das ›pluralistische‹ Feigenblatt abzugeben. Sie kündigten die Zusammenarbeit auf und setzten sich zum Ziel, durch verstärkte Arbeit von unten eine Wendung herbeizuführen.«

SDAJ-Pressezensur in der Jugendpresse NRW

»In Nordrhein-Westfalen bestehen bisher noch zwei Presseverbände. In der Jungen Presse Nordrhein-Westfalen (JPNW) sind vor allem unabhängige Zeitungen und Zeitungen von Junge Union, Jusos, Jungdemokraten und KJVD.
In der ›Arbeitsgemeinschaft Junge Presse‹ (AGJP) sind vor allem die SDAJ, aber auch Teile der Jungsozialisten und der Jungdemokraten. Auf Dauer ein unhaltbarer Zustand ...«
(Wolfgang Krüger berichtet dann, daß es zu Fusionsverhandlungen und zu ersten Versuchen der Zusammenarbeit kam. Aber es kam zu SDAJ-Zensurfällen:)
»Aus dem ersten gemeinsamen Projekt, einem Artikeldienst für die Jugendzeitungen NRWs, ›verschwand‹ kurzerhand ein Aufruf zur Solidarität mit Nico Hübner (Wehrdienstverweigerer in Ost-Berlin). Ein SDAJ-Vertreter war für den Druck verantwortlich gewesen.
Die JPNW protestierte, und es wurde eine gemeinsame Redaktion eingerichtet. Was geschah? Im nächsten gemeinsamen Projekt, einem gemeinsamen innerverbandlichen Diskussionsorgan, verschwanden nach der Verabschiedung durch die Redaktion

a) ein Aufruf zu Nico Hübner von einem Mitglied des Landesvorstands der JPNW (Juso);
b) ein Artikel gegen die ersten Zensurfälle und einiges andere.

Warum? Der SDAJ-Vertreter war immer noch für den Druck zuständig. ... Ein Zensurarbeitskreis der JPNW hatte ca. ein Vierteljahr lang eine Dokumentation gegen Jugendpressezensur erarbeitet. Die Mehrheit des AGJP-Vorstandes verweigerte dann ihre Unterschrift, da auch Zensurfälle gegen die ›Kämp-

fende Jugend‹ (Zeitung des KJVD) aufgenommen wurden: Wenn man solche ›kommerziellen‹ Zeitungen aufnehme, könne man gleich ›Bravo‹ eintreten lassen.
... Und trotz alledem trat die JPNW dann zu einer gemeinsamen Mitgliederversammlung an. Es war beschlossen worden, daß beide Verbände je 5 Vertreter für einen Übergangsvorstand stellen und diese bestätigt werden. Was passierte? Die SDAJ verfügte über eine zufällige Mehrheit – ohne daß eine Mandatsprüfung überhaupt stattfand –, drückte Einzelwahlen durch und ließ zwei ihr nicht genehme Leute (die von der JPNW nominiert und gewählt waren) kurzerhand durchfallen ...
Warum veröffentliche ich dies jetzt? Ich meine, man kann an diesen Beispielen der Politik von DKP/SDAJ in der Jugendbewegung sehr viel lernen ...
Seit Jahren reden DKP/SDAJ von der ›Aktionseinheit demokratischer Jugendverbände‹. In allen Fällen zeigt sich: Von vornherein ausgegrenzt werden die verschiedenen Teile der ›außerparlamentarischen‹ Linken, wie vor allem wir. Sie stehen für eine linke Kritik an der DKP. Von vornherein ausgegrenzt werden genauso konservativ beeinflußte Teile der Jugendbewegung. Was stört die SDAJ an ihnen? Ich meine: weniger ihre konservativen Ansichten, sondern ihre Kritik an der Sowjetunion.
Die SDAJ hatte also ihre ›Bündnislinie‹ abgesteckt. Es ging vor allem um Organisationen wie die Jusos und Judos. Und nun erhalten wir eine neue Entwicklung, wie sie zugespitzt in Hessen deutlich wird: Man haut den ehemaligen Bündnispartner über's Ohr, wenn er auf eigenen Positionen beharrt. Die ›Gremienarbeit‹ hat dabei eine Schlüsselstellung, frei nach der Devise:

a) Suche nach möglichen Bündnispartnern, in deren Windschatten die SDAJ selbst erstarkt.
b) Absicherung der Gremien und Ausgrenzung jeder Kritik.
c) Bei entsprechender Stärke läßt man den ehemaligen ›Bündnispartner‹ fallen, wenn er zum Beispiel auf der Unterstützung der osteuropäischen Opposition beharrt.«

5. Gewerkschaftliche Bildungsarbeit

Es gibt eine ständige Diskussion um die Weiterentwicklung der gewerkschaftlichen Bildungsarbeit. Traditionell wird diese Diskussion besonders im Jugendbereich geführt. Für die SDAJ/

DKP, viele Jusos und manchen jüngeren Gewerkschaftssekretär hat die gewerkschaftliche Bildung einen besonderen Rang als Vermittlungsfeld der eigenen Ideen.
Auch und gerade in der gewerkschaftlichen Bildungsarbeit gibt es Strukturen, in denen Stamokap-Vertreter sich behaupten können. Bei der Mehrheit der für Bildung zuständigen Gewerkschafter besteht ein Hang zu stärkerer Planung und Kontrolle. Gewerkschaftliche Bildung ist Zweckbildung; der verantwortliche Sekretär kann sich auf keine Experimente einlassen. Im Bildungsbereich werden außerdem von undogmatischen Linken Begriffe gebraucht, die schwer verständlich klingen und unnötig erscheinen. Angesichts der Notwendigkeit von Schulung und Zweck erscheinen dann Bildungsziele wie Emanzipation, Kompetenz, Kritik- und Analysefähigkeit, Autonomie und Phantasie als überflüssig oder sogar gefährlich.
Die Gedanken verantwortlicher Funktionäre kreisen bei den Begriffen »Planung« und »Kontrolle« in der Regel um die Vorstellungen von Ordnung, Zweckmäßigkeit und Organisation. Insgeheim wird als bedrohlich abgelehnt, was abstrakt gern anerkannt wird: die Notwendigkeit von Selbstbestimmung für Teilnehmer, die Mitentscheidung über Richtigkeit oder Falschheit angebotener Lösungen und Forderungen; es wird nicht erkannt, daß die Mündigkeit der Teilnehmer bei Bildungsveranstaltungen, wenn sie bewußt angesprochen würde, zur schwerpunktmäßigen Behandlung betriebsnaher Konflikte und Konfliktlösungen führen würde und damit helfen könnte, eine ideologische Vorauswahl von Inhalten und damit die Gefahr von Indoktrination und Kaderschulung zu bannen. Dies »exemplarische« Vorgehen erscheint aber vielen Referenten und Hauptamtlichen zu »chaotisch«. Sie sind daher lieber für allgemein bleibende ideologische Schulung als für konkrete Praxisreflexion. Es wird ernsthaft behauptet, daß Teilnehmer durch Angebote, die eine Mitentscheidung erfordern, verwirrt werden und dies dem Ziel der Bildung entgegenstünde. Die Gewerkschaftsmitglieder sollen auf einer Stufenleiter der Erkenntnis von einem gediegenen Grundwissen bis hin zu den höheren gewerkschaftlichen Einsichten geschult werden.
Anstelle der in den 60er Jahren, vor allem von der IG Metall, entwickelten Konzeption einer »betriebsnahen Bildungsarbeit« soll wieder, wie in den 50er Jahren, statt Bildung Schulung betrieben werden, heute nur durch moderne Pädagogik übertüncht. (Stufen-)Planung, Kontrolle, Transparenz, Systematisierung, Lernziele – das sind die Schlagworte, die vielen im

Ohr wohlklingen und die nicht zuletzt den DKP-nahen Referenten Vorschub leisten, die mehr als alle anderen darauf angewiesen sind, ihre antireformistischen und Stamokap-Ideologien zu vermitteln, weil sie keine konkreten Antworten auf die praktischen Fragen des Betriebes oder der Gesellschaft haben.
Das Einpauken von Grundwissen (in diesem Fall: des »marxistischen ABC«) gehörte schon immer zum Repertoire totalitärer Parteien und Organisationen. Da es in der gewerkschaftlichen Bildung immer um die Interessen der Lohnabhängigen geht, können die DKP-Konzepte der »Eintrichterung« kapitalismuskritischen Wissens streckenweise als »gewerkschaftskonform« gelten. Mit Hilfe der gewerkschaftlichen Programme und Satzungen wird der Grundstein für das richtige Klassenbewußtsein gelegt – wobei die DKP dann auch als die »richtige« klassenkämpferische Partei ins Gespräch gebracht werden kann. Bildung wird also in den Gewerkschaften nicht betrieben, um die gewerkschaftliche Praxis zu verbessern, sondern um DKP-Anhänger und Kader herauszubilden. Die Abkehr vom Erfahrungsbereich der Teilnehmer, das Verdrängen der anstehenden praktischen Probleme in Betrieb und Gesellschaft, der Aberglaube, daß man durch richtiges marxistisches Bewußtsein schon die richtigen Antworten in die Köpfe der Menschen hineintragen könne, entzieht der Bildungsarbeit eine wesentliche Funktion und leistet Resignation, Entpolitisierung und verbalradikaler Schaumschlägerei Vorschub. Eine verantwortungsvolle Bildungsarbeit, die praktische Folgen haben soll, muß in der Lage sein, sich immer wieder den Problemen und konstruktiven Vorstellungen jedes einzelnen Teilnehmers zu stellen. Diejenigen, die behaupten, sie könnten ohne die Teilnehmer wissen, was not tut (z.B. weil sie schon 10 Jahre Bildungsarbeit machen), handeln verantwortungslos, weil zur Bewältigung der Krise gerade eine starke Beteiligung jedes einzelnen Mitglieds notwendig ist, nicht aber Zentralisierung.
In Teilbereichen der gewerkschaftlichen Jugendbildungsarbeit ist es den DKP-orientierten Kräften gelungen – unterstützt durch die Strukturen der Organisation und verunsicherte Jugendliche – ihre Positionen durchzusetzen. So schafften es diese Gruppen oftmals, einen erstarrten Dogmatismus in die Inhalte der Bildungsarbeit einzuführen, statt an einer lebendigen Weiterentwicklung von Theorie und Praxis mitzuwirken. Ohne sich ernsthaft mit den Praxisproblemen von Teilnehmern zu befassen, werden sie möglichst schnell auf die »allgemeine Lage«

aller Lohnabhängigen orientiert. Aus dieser »Klassenorientierung« erhofft man sich eine stärkere Motivation der Teilnehmer zu gewerkschaftlichem Handeln, ohne daß genau geklärt wurde, wie man sich in der betrieblichen Praxis verhalten müßte, wenn Schwierigkeiten auftauchen und wie man diese vorweg einkalkulieren kann. Statt einer Praxisorientierung und -durchleuchtung soll also vorrangig Ideologie vermittelt werden, die gleichzeitig eine Orientierung auf DKP-Positionen vorbereitet.
Die Probleme gewerkschaftlicher Praxis sind z. Z. nur sehr schwer zu lösen. Nur ein Pluralismus verschiedenster Interpretationsansätze könnte weitere Klärungsprozesse in Gang setzen. DKP und SDAJ glauben jedoch, richtige Erklärungen bereits zu besitzen und wollen pluralistische Diskussionen zugunsten ihrer im sowjetmarxistischen Sinne vorgestanzten Theorie verdrängen. Daß hierbei die Vertreter anderer Ansätze gleich mitliquidiert werden, gehört zum Geschäft.
Vertreter der Stamokap-Richtung betreiben gerade innerhalb der gewerkschaftlichen Bildungsarbeit, wo langfristig orientierte, verantwortungsvolle Diskussionen um gesellschaftliche Veränderungen geführt werden müßten, einen kurzfristig angelegten, verantwortungslosen Opportunismus. In den Schulungen werden von dieser Gruppierung möglichst allgemeine offizielle Forderungen des DGB (und der DKP) vermittelt und als Perspektive ausgegeben. Unklar bleibt dabei fast immer, wie man den sich verschärfenden betrieblichen Bedingungen konkret begegnen muß.
Auch offizielle DGB-Forderungen müssen immer wieder daraufhin überprüft werden, ob sie in der gewerkschaftlichen Praxis brauchbar sind. In Bildungsveranstaltungen, die den von uns geforderten Zielen genügen sollen, müssen daher Lebendigkeit, Pluralismus und Spielraum vorhanden sein. Die Stamokap-Richtung hingegen will – der schwierigen Situation von Hauptamtlichen *scheinbar* entgegenkommend – Ruhe durch marxistisch-sozialkritische Gemeinplätze, die nebenher suggerieren, im »realen Sozialismus« seien infolge der Sozialisierung der Produktionsmittel, die »Grundansprüche« und -probleme gelöst. Daß Stamokap-Vertreter demzufolge die Sowjetunion bzw. die DDR dann auch als Wegbereiter des Sozialismus darzustellen versuchen, ist nicht weiter erstaunlich. Wie heißt es doch im Mannheimer Programm der DKP (vgl. Kap. VI, bes. S. 135ff): »Wie in der Vergangenheit, so sind auch künftig der Vormarsch des Sozialismus, der Aufschwung des Kampfes der Arbeiterklasse und der anderen Werktätigen sowie der natio-

nalen Befreiungsbewegung unlöslich mit dem Wirken der Sowjetunion als Pionier des Menschenfortschritts verbunden.«

6. »Bürgerliche« DKP-Kulturveranstaltungen

Mit Pressefesten, Volksfesten, Festivals der Jugend oder Zelttagen will die DKP den verlorengegangenen Boden im Betrieb auf anderen Ebenen wieder hinzugewinnen. Ziel dieser verschiedenen Kultur- und Freizeitaktivitäten ist es, »unpolitisch« Anerkennung zu bekommen. Die Parteimitglieder sollen als fröhliche, normale Sachwalter alltäglicher Bedürfnisse Anerkennung gewinnen. Wenn sie Kartoffeln und Eier zu »Preisstopper-Preisen« verkaufen, dann – so hoffen sie – wird die breite Bevölkerung auch die Berührungsangst mit ihnen verlieren. Alle diese Aktivitäten sind deshalb eine Art eigener »Zurschaustellung«: »Wir sind genauso wie Du und Ich.« Diesen Eindruck will die DKP in der Bevölkerung erzeugen.
Im Prinzip sind Versuche politischer Organisationen zu begrüßen, durch geselligere Kommunikationsformen wie Stadtteilfeste etc. die Distanz der meisten Bürger zu politischen Veranstaltungen abzubauen. Es ist jedoch erstens naiv zu glauben, auf diese Art und Weise die Ablehnung des Sowjetsozialismus überwinden zu können. Zweitens aber und vor allem wird keinerlei Konzept einer *alternativen* »Kultur im Alltag«, einer »Kultur für alle« verwirklicht. Mit ein paar sozialkritischen Songs schafft man noch keine Alternative zum sonst so gern geschmähten »bürgerlichen Kulturbetrieb«.
Die wichtige Möglichkeit von Kulturarbeit, gesellschaftliche Verhaltensstrukturen aufzugreifen und verändern zu wollen, wird nicht im mindesten genutzt. Die Ansätze antiautoritären, auf Selbstgestaltung zielenden Verhaltens von Jugendlichen werden nicht aufgegriffen, sondern einem vorgegebenen starren Programm unterworfen. So kommt man dem scheinbar einzigen Bedürfnis der Jugendlichen, nämlich Veranstaltungen konsumieren zu wollen, entgegen. Die DKP paßt sich also unkritisch und opportunistisch den »bürgerlichen« Massenkonsumgewohnheiten an und will diese den Parteiinteressen nutzbar machen. Es geht also auch hier nicht um Veränderungen der Lage der Betroffenen, sondern um die Stärkung der Parteiorganisation.

7. Komitees, Initiativen, Massenaktionen

Weiterhin versucht die DKP, in zahlreichen »Komitees«, »Initiativen« und »Bünden« ihrem Bedürfnis nach »Aktionseinheit« oder »Antimonopolistischen Bündnissen« Geltung zu verschaffen.
So wird in der Initiative »Weg mit den Berufsverboten« durch Unterschriftensammlungen, Kundgebungen, Demonstrationen, Pressekonferenzen, Flugblattaktionen oder durch direkte Solidaritätsaktionen bei Prozessen oder Anhörungen zum einen auf das Problem in der Öffentlichkeit aufmerksam gemacht, zum anderen den Betroffenen versichert, daß sie nicht allein stünden. – Andererseits aber wird Berufsverbot gerechtfertigt, indem Regimekritiker nach bewährter Stalinscher und Hitlerscher Manier als Vaterlandsverräter kriminalisiert werden:
»Rudolf Bahro wurde wegen ›Sammlung von Nachrichten sowie wegen Geheimnisverrats‹ verurteilt. Nico Hübner machte nicht einmal den Versuch, den Wehrdienst zu verweigern, ging nicht zur Musterung und übergab Materialien militärischer Dienststellen der DDR einer Westberliner Organisation. Ist es so unwahrscheinlich, daß Bahro Geheimnisverrat begangen hat? Welche Aufgaben haben denn wohl die 2500 hauptamtlichen Mitarbeiter und der Etat von 250 Mill. DM des Bundesnachrichtendienstes?«[62]
Auch die Freunde der DKP wie die Vorsitzende des SHB und Mitinitiatorin bei den verschiedensten Komitees und Initiativen, Mechthild Jansen, rechtfertigen öffentlich das Verhalten der Staatsbürokratie der DDR in Fällen wie Biermann, Havemann oder Bahro. Außerdem werden in den Initiativen gegen die Berufsverbote fast ausschließlich Fälle von DKP- (MSB-, SDAJ-) Mitgliedern behandelt, – Angehörige anderer kommunistischer Gruppen werden ausgegrenzt. Kein Wort wird über die Dissidenten in der UdSSR verloren.[63]
Das »Komitee für Frieden, Abrüstung und Zusammenarbeit« tritt gegen Aufrüstung in Ost und West, gegen entspannungsfeindliche und neonazistische Kräfte, gegen einen neuen Kalten Krieg auf. In den detaillierten Äußerungen aber findet man keine Kritik an den militaristischen Tendenzen in Osteuropa, an der in den letzten Jahren forcierten sowjetischen Aufrüstung und speziell an dem gewaltigen Ausbau des sowjetischen Mittelstrecken-Raketensystems. Die UdSSR und die übrigen Länder des realen Sozialismus erhalten allein die »friedliebende« Rolle zugewiesen; Adressat von konkreten Forderungen nach Abrüstung ist fast ausschließlich die NATO.[64] Kein Wort wird

über die Einführung des Wehrkundeunterrichts in der DDR verloren; es findet keine Auseinandersetzung über den Kriegsdienstverweigerer Nico Hübner aus der DDR statt. Ebenso kein Wort über die Verletzungen der Souveränität des Volkes in der DDR 1953, in Ungarn 1956, in der ČSSR 1968, in Polen 1970 und in Afghanistan 1979/80.

Das »Antiimperialistische Solidaritätskomitee für Afrika, Asien und Lateinamerika« will im Westen Unterstützungsaktionen für unterdrückte Bevölkerungen in der Dritten Welt organisieren. – Die imperialistischen Einflußstrategien der Sowjetunion in Afrika und Asien, nicht zuletzt durch den verlängerten Arm Kuba oder Vietnam, bleiben dabei selbstverständlich außer Kritik.

Stärker an der beruflichen Situation bestimmter Bevölkerungsschichten knüpfen der »Bund demokratischer Wissenschaftler« (BdWi) oder der »Bund demokratischer Juristen« (BdJ) an. – Das Zwielicht freilich, in das Personen und Aktionen durch das fehlende demokratische Ansehen der DKP – und damit auch solcher DKP-nahen Bünde – geraten, kümmert die Organisatoren wenig.

Für die Masse der Personen, die an den Aktionen der Komitees und Initiativen teilnehmen, besteht die eigene Aktivität in der Hergabe der Unterschrift. Der Kreis der Initiatoren und der Teilnehmer an Veranstaltungen läßt sich eng eingrenzen. Es werden die gleichen Personen von einer zur anderen Veranstaltung bewegt. Auch bei den Inhalten derartiger Veranstaltungen sind kaum Veränderungen festzustellen.

Die Beteiligten stammen vor allem aus den Reihen von DKP, SDAJ, MSB Spartakus, SHB, SPD, Jusos, Falken und Gewerkschaften. Insofern könnte die DKP behaupten, es handele sich sowohl von der personellen Zusammensetzung als auch von den Inhalten her um pluralistische Bündnisse. Dem ist aber, wie oben gezeigt, nicht so.

Der DKP soll das Recht nicht bestritten werden, mit derartigen Komitees, Initiativen und Bünden zu arbeiten. Irreleitend aber – nämlich hinsichtlich des politischen Charakters solcher Initiativen – ist es, wenn sich an den beschriebenen Aktivitäten Mitglieder und Funktionäre aus SPD und Gewerkschaften beteiligen. Sie fungieren dort nämlich tatsächlich als Lenins »nützliche Idioten«. *Denn es ist nirgendwo zu erkennen, daß diese Personen Inhalte in die Komitees und Initiativen hineintragen, die die Einäugigkeit der sowjethörigen Problemsicht zu überwinden in der Lage wären.* Es dominieren die Inhalte der

Stamokap- bzw. der sowjetpolitischen Position. Gewerkschafter und SPD-Mitglieder legitimieren aber mit ihrem guten Namen solche von ferne – wenn auch oft an recht langer Leine – gelenkten Initiativen. Genau dies interessiert aber die DKP: Sie möchte den Eindruck erwecken, als fänden mit *ihren* Inhalten Massenaktionen statt, die von einem breiten Spektrum demokratischer Organisationen unterstützt werden. Dabei geht es ihr erst in zweiter Linie um die Lösung der angesprochenen Probleme.
Wir sind ebenfalls für eine Kritik der Berufsverbotepraxis, der zunehmenden Militarisierung und der Unterdrückung von Völkern in der Dritten Welt. Dann darf dies aber nicht mit der einseitigen und daher falschen Wahrnehmung der DKP geschehen. Eine Politik, die immer wieder die gleichen (falschen) Inhalte und einen kleinen, konstanten Personenkreis bewegt, ist eine Politik nur vorgetäuschter Aktivität. Dem scheint der Aktivismus, das ständige Gehabe von »Mobilisierung der Massen« zu widersprechen. Aber solche manipulierte Mobilisierung »bewegt« nichts wirklich. Enzensberger hat dies richtig beschrieben:
»Wenn ich mobilisieren sage, so meine ich mobilisieren. In einem Land, das den Faschismus (und den Stalinismus) am eigenen Leib erfahren hat, ist es vielleicht immer noch oder schon wieder nötig zu erklären, was das heißt, nämlich die Menschen beweglicher zu machen als sie sind ... Wer die Massen nur als Objekt der Politik betrachtet, kann sie nicht mobilisieren. Er will sie herumschicken. Ein Paket ist nicht beweglich, es wird nur hin- und hergestoßen. Aufmärsche, Kolonnen, Paraden immobilisieren die Leute. Propaganda, die Selbständigkeit nicht freisetzt, sondern lähmt, gehorcht demselben Schema. Sie führt zur Entpolitisierung.«[65]
Diese Politik ändert nichts, aber auch gar nichts an den Problemen, zumal sie meist nicht an den konkreten Notständen hierzulande ansetzt. Im Prinzip sind *Initiativen außerhalb des oft sehr zögernd, sehr systemkonform reagierenden Parteiensystems auch in unserem Lande höchst wichtig.* Die Entwicklung der Bürgerinitiativen zeigt dies. Aber als politisch aktive Menschen wollen wir *vor* dem Beitritt zu einer »Aktionsgemeinschaft aller Demokraten und Sozialisten«[66] wissen, was deren konkreten Inhalte und Ziele sind; *die ideologische und organisatorische Vorherrschaft einer fremdbestimmten Sekte diskreditiert die besten Ziele.* Wir halten es für verantwortungslos, wenn DGB- und SPD-Mitglieder sich an solchen Komitees und Initiativen beteiligen und sich dabei den Positionen der

Sowjetmarxisten unterwerfen. Oft wird dies aber als der bequemere Weg empfunden. Man kann sich nämlich durch Mitgliedschaft in den Komitees und den Initiativen kosten- und mühelos »links« engagieren und sein schlechtes Gewissen beruhigen – die Dreckarbeit machen schon die DKP-nahen Kader.

Ein weiteres *scheinbares* Politisierungs- und Solidarisierungselement der DKP und ihrer Freunde sind »massenhafte« Demonstrationen und Aktionen. Solche Großaktionen sollen den *Schein* erwecken, als stünden hinter den Forderungen und Aktionen der DKP große Mengen oder gar Mehrheiten »der arbeitenden Bevölkerung«. Außerdem sollen sie ein diffuses antikapitalistisches Bewußtsein wecken und stärken. Dies ist durch die Einsicht gekennzeichnet, daß »ein tiefer Gegensatz zwischen einer winzig kleinen Gruppe von Großkapitalisten auf der einen und der überwältigenden Volksmehrheit auf der anderen Seite« besteht. »Es geht darum, das Kräfteverhältnis zugunsten der Arbeiterklasse und der anderen demokratischen Kräfte zu verändern und eine Wende zu demokratischem und sozialem Fortschritt herbeizuführen.«[67] Massenaktionen sind nach Meinung der Stamokap- und DKP-Anhänger ein wichtiger Beitrag auf diesem Weg. Durch sie können die ausgebeuteten Schichten des Volkes »ihre Macht demonstrieren« und Unbeteiligte in die »Bewegung« hineinziehen. In der Realität ändern solche Großaktionen jedoch nichts. Es geht der DKP nicht darum, daß die Arbeiter oder die »Massen« besser orientiert einen praktischen Abwehrkampf gegen kapitalistische Krisenfolgen führen, also selbständiger werden. Die Massen sollen allgemeinen Forderungen der DKP akklamieren. Diese zumeist allgemein-antikapitalistischen Forderungen, wie: Preisstopp, Stärkung der Massenkaufkraft, Durchsetzung des Rechtes auf Arbeit, Ausbildungsverpflichtungen für alle Großunternehmen und Vergesellschaftung der Monopole, wie aber auch: Frieden, Abrüstung, Zusammenarbeit, antiimperialistische Solidarität und Erhöhung der Bildungsausgaben des Staates sind so allgemein, daß sie jeder öffentlich unterstützen kann, ohne *praktisch* irgendwo dafür eintreten zu müssen. Die Teilnahme an Demonstrationen oder sonstigen »Massenaktionen« wird unter diesen Bedingungen zum Praxis*ersatz*. Nirgendwo wird klar, was diese Aktivitäten an der alltäglichen Situation ändern würden, welche Folgen bei der Durchsetzung der Forderungen im Gesamtsystem eintreten und wie sich die alltäglichen Probleme dadurch wiederum verändern würden.
Eine doppelte Moral wird so gestärkt: im Alltag, im Betrieb

unterwirft man sich den Bedingungen des Systems; öffentlich und allgemein demonstriert man gegen die Folgen, ohne daß klar wird, wo man praktisch ansetzen könnte. Dabei werden zwangsläufig alle Hoffnungen der Beteiligten auf den »Staat« gelenkt. Da er aber nach Stamokap-Meinung ein »Instrument des Monopolkapitals« ist, kann auch auf diesem Wege nichts anders werden. Bleibt nur die theoretisch widersinnige vage Hoffnung (vgl. S. 167ff.) auf das antimonopolistische Bündnis. Die *eigentliche* gewerkschaftliche Aufgabe dagegen, *konkret* in der Arbeitswelt, durch betriebsnahe Bildungsarbeit, Organisationen kollektiver Gegenmacht, qualifizierte Tarifpolitik und Selbstorganisation der Beschäftigten inhumane, ausbeuterische etc. Verhältnisse zu ändern, bleibt ungelöst. Und dasselbe gilt für die politische Basisarbeit.

8. Machtgewinn durch Solidarisierungs-Mechanismen

Initiativen, Kampagnen und Massenaktionen der DKP und ihrer Freunde sind für diese im wesentlichen Strategien, um Solidarisierung zu erzeugen. Solidarisierung, Solidarität ist oder scheint auf den ersten Blick immer eine gute Sache. Es muß aber endlich illusionsfrei erkannt und auch ausgesprochen werden, daß die DKP-nahen Gruppierungen (wie auch andere sehr eingeschränkte Interessengruppen) die Idee und die Praxis der Solidarität weithin in ihrem eigenen verbandsegoistischen Sinne manipulieren und mißbrauchen. Dem dienen vor allem folgende Methoden:

- *Erstens die pseudo-linke Diffamierung des Antistalinismus, die Diffamierung jeder Kritik des Sowjetkommunismus als »Antisozialismus«:*
  Selbst viele von denen, die den DKP-gesteuerten Gruppen, Initiativen und Veranstaltungen skeptisch gegenüberstehen, halten oft mit ihrer Kritik zurück, weil sie nicht als Antikommunisten verketzert werden wollen und auf die alte rhetorische Solidarisierungsfrage Lenins hereinfallen: Wem nützt es? Hatte diese Frage in den Zeiten der russischen Revolution einen konkreten Sinn, so dient sie z. Z. regelmäßig dazu, die kritische Auseinandersetzung mit den Ländern des »realen Sozialismus« und ihren Anhängern hierzulande zu unterbinden.
- *Zweitens der Aberglaube, die DKP könne als linker Stachel im rechten Fleisch der SPD und des DGB wirken:*

Manche Gewerkschafter und Sozialdemokraten haben die Vorstellung, eine Stärkung der DKP bewirke eine Linksentwicklung in SPD und Gewerkschaften. Dies ist eine Illusion; über die sozialdemokratische Position hinausführende Inhalte und Strategien eines freiheitlichen, menschlichen Sozialismus können glaubwürdig nur in Auseinandersetzung nicht nur mit dem *kapitalistischen,* sondern auch mit dem *sowjetsozialistischen* Herrschaftssystem entwickelt werden. Dazu aber sind die DKP-nahen Kräfte wegen ihrer völligen – nicht zuletzt materiellen – Abhängigkeit von der DDR bzw. UdSSR bekanntlich nicht in der Lage. Eine Stärkung der DKP würde daher das Gegenteil des Erhofften bewirken: SPD und Gewerkschaften müßten sich noch deutlicher gegenüber dem »realen Sozialismus« abgrenzen, um nicht mit dem Stalinismus identifiziert zu werden. Und dies, obwohl, wie unten gezeigt (S. 145ff.), die DKP durchaus etliche bedenkenswerte Forderungen in ihrem Programm hat.

- *Drittens die Zerstörung sozialdemokratischer Bindungen:* Weil die Massen langfristig nur auf die DKP orientiert werden können – so die Selbsteinschätzung der DKP – müssen sie aus ihren bisherigen Loyalitäten gelöst werden, insbesondere aus ihrer Loyalität zu der in diesem Staat verantwortlichen SPD. Die Gewerkschaften sollen auf diese Weise größere »Autonomie« im beschriebenen Sinne (s. S. 147) erhalten. Kommunisten können dann zu – auf die Dauer auch anerkannten – Sachwaltern der Arbeiterinteressen werden. Ihre Position würde gestärkt. – In Wahrheit aber werden die derart »bindungslos« gewordenen – insbesondere jungen! – Gewerkschafter und Sozialdemokraten lediglich in ein politisches Abseits und in eine Grauzone der Halblegalität hineingetrieben.
- *Viertens: Ein vierter Mechanismus der Solidarisierung funktioniert über die Erzeugung von Mitleid mit angeblich oder wirklich politisch Verfolgten.* Bürokratische Berufsverbotspraxis in der BRD erwies sich für die DKP-Strategie des Einflußgewinns als ein »gefundenes Fressen«. Mit erheblichem Erfolg konnte sie, anläßlich des »Kampfes gegen die Berufsverbote« eine ihrer wichtigsten Taktiken realisieren: Solidarisierung eines breiten linken und sogar linksliberalen Spektrums mit ihren Parteigängern und Gruppierungen zu erreichen. Das Verhältnis der DKP zu den existentiell Betroffenen aus ihren eigenen Reihen ist selbst hier zynisch und objekthaft: Deren Untergang soll die Partei popularisieren. All dies darf die Gewerkschaften jedoch nicht beirren, auch

für DKP-Mitglieder als Schutzorganisation zu fungieren. Sie sind selbstverständlich verpflichtet, jedem Mitglied im Falle eines Berufsverbotes Rechtsschutz zu gewähren.

Sind DKP-Vertreter in den Gewerkschaften gefährdet, appellieren sie an die »Solidarität aller Demokraten und Sozialisten«. Sie warnen davor, sich zum Instrument der »Rechten« machen zu lassen, indem man die Präsenz der Kommunisten in den Gewerkschaften nicht verteidigt.

Umgekehrt gilt die Parole von Solidarität und Einheit nicht mehr. Andere »Linke« werden von der DKP insbesondere innerhalb der Gewerkschaften heftig bekämpft. Die DKP betrachtet sich nämlich als die einzig legitime Vertreterin des »wissenschaftlichen Sozialismus«. Folgerichtig können andere »Linke« entweder nur »Linkssektierer« oder »Rechtsopportunisten« sein. Zur Eliminierung dieser Positionen in den Gewerkschaften wird vor keinem Mittel zurückgeschreckt.

Die DKP und ihre Freunde mißbrauchen Solidaritätsgefühle für ihre eigenen Zwecke. Solidarität unter Linken ist für sie nur so lange ein Wert, wie die eigene Partei davon profitiert. Eine gemeinsame Diskussion um Aktionsziele und -forderungen, ein gemeinsames Ringen um gewerkschaftliche und politische Positionen wird nicht gewünscht. Es wäre auch peinlich, denn die »schmalspurige«, auf dem sowjetischen Auge blinde Argumentationslinie darf nicht verlassen werden: Gemeinsamer Kampf gegen Berufsverbote in der Bundesrepublik: Ja – Kampf gegen die Berufsverbote von Havemann, Biermann, Rudolf Bahro und anderen ostdeutschen und osteuropäischen Systemkritikern: Nein. Kampf dem US-Imperialismus: Ja – Kritik an den Vorherrschaftsbestrebungen der UdSSR, etwa in Afrika und Asien: Nein. Diese Liste könnte beliebig verlängert werden.

9. Zwei Beispiele: Sowjetmarxistische Einflußstrategien im Bildungssektor

Fall 1: Der gesellschaftswissenschaftliche Fachbereich der Universität Marburg

Die im Folgenden wiedergegebenen Ergebnisse einer Fallstudie stammen aus dem Jahre 1975. Gemeinsam mit anderen Kritiken jenes Marburger Fachbereichs hat sie inzwischen Ansätze einer Veränderung im Sinne eines »linken Pluralismus«

bewirkt. In einem Artikel über den DKP-hörigen Marburger Sozialistischen Hochschulbund (SHB)[68] schreibt Hans Joachim Schabedoth sogar hoffnungsvoll: »Die Mehrheitsverhältnisse in den Gremien der Universität ... haben sich durch politische Klärungsprozesse entscheidend zu Ungunsten der Verfechter sowjetmarxistischer Positionen verändert. Bei den Studentenparlamentswahlen 1978 entschied sich nicht einmal mehr ein Viertel der wählenden Studenten für die im prinzipiellen Bündnis stehenden Studentenorganisationen SHB und MSB Spartakus, die offizielle Studentenorganisation der DKP.« Daß sich im gesellschaftswissenschaftlichen Fachbereich die Machtverhältnisse bisher aber nur ansatzweise geändert haben[69], zeigen jedoch seine Feststellungen über die Besetzung der für die Studenten sehr wesentlichen studentischen Betreuerstellen (die sogenannten Tutoren): »Der mehrheitlich vom MSB Spartakus geprägte Lehr- und Studienausschuß des Fachbereiches hatte bei der Auswahl der Bewerber für *sieben* (!) öffentlich ausgeschriebene Tutorenstellen für einen Grundarbeitskreis ›Einführung in die Gesellschaftsanalyse‹ *fünf* MSB-Mitglieder ausgewählt und dem SHB einen Tutor zugestanden. Da für die siebte Stelle nur noch unorganisierte Bewerber und Mitglieder der Juso-Hochschulgruppe zur Verfügung standen, hatte man kurzerhand die vorgesehene siebte Stelle gestrichen. So waren schon im Grundarbeitskreis für Erstsemester sozialistische Positionen und Wissenschaftsansätze, die von der DKP-Doktrin abweichen, nicht mehr vertreten.« (Vgl. dazu die empirischen Befunde über die studentischen DKP-»Neigungen«: S. 268ff.!)

Mit anderen Worten: Fünf Jahre nach der »Marburg«-Analyse Vilmars[70] waren zwar nicht an der Uni Marburg, wohl aber am Fachbereich Gesellschaftswissenschaften die Machtverhältnisse noch so stark DKP-geprägt, daß die Studentenbetreuer restlos von dieser Fraktion bestimmt werden konnten. Da außerdem entscheidende, auch für die Gewerkschaften zentral wichtige ideologische Produktionen – vor allem die unten (vgl. S. 187ff.) kritisierte DKP-orientierte »Gewerkschaftsgeschichte«[71] – aus dieser »Marburger Schule« stammen, ist es gerade für Gewerkschafter wichtig, an einem Fallbeispiel aus *diesem* Bereich, und zwar am Fall eines »Kommentierten Veranstaltungsprogramms«, zu zeigen, wie sich am gesellschaftswissenschaftlichen Fachbereich dieser Universität DKP-orientierte Macht- und Lehrverhältnisse etabliert haben. Man kann nur – im Interesse der Studenten! – hoffen, daß sich die Verhältnisse weiterhin schrittweise wandeln!

Sowjetmarxistische Wissenschaftler hatten Anfang der siebziger Jahre im gesellschaftswissenschaftlichen Fachbereich der Universität Marburg ein Machtmonopol errichtet und machten – teilweise bis in die letzte Zeit hinein – rücksichtslos davon Gebrauch – auf Kosten Hunderter von Studenten, die dieser parteipolitisch festgelegten »Hochschulung« ausgeliefert sind. In harten Fakten läßt sich das z. B. anhand des »Kommentierten Veranstaltungsprogramms« (SS '74) dokumentieren:

1. Das Programm bot 58 Veranstaltungen an, von denen nur etwa ein Viertel aufgrund der bekannten Namen sowie der Kommentare und Literaturlisten eindeutig als nicht sowjetmarxistisch orientiert ausgewiesen werden kann, während die restlichen drei Viertel aufgrund der literarisch bekannten Dozenten und/oder der Kommentare und Literaturlisten entweder eindeutig oder (in 8 Fällen) mit hoher Wahrscheinlichkeit als sowjetmarxistisch ausgerichtet qualifiziert werden müssen.
2. Das »Kommentierte Veranstaltungsprogramm« liest sich – von den genannten Ausnahmen abgesehen – nicht wie das Programm eines sozial-kritisch orientierten westdeutschen Fachbereichs, sondern wie das einer DKP- oder SED-Parteihochschule[72]: Von den insgesamt 35 Literaturhinweisen für die verschiedenen Arbeitskreise des Grundstudiums (S. 1 bis 16), also *die entscheidend wichtige Einführung der Studierenden* in die sozialwissenschaftliche Arbeit, verweisen 30 auf marxistische und allein 17 auf sowjetmarxistische, aus DDR- oder DKP-Verlagen stammende Bücher. Es wurde also, da man diesen gesellschaftswissenschaftlichen Fachbereich beherrschte, gar nicht mehr auch nur der Schein erweckt, als würde man wissenschaftlich – d. h. aufgrund nicht-vorwegbestimmter Analysen und Ergebnisse! – arbeiten. Angesichts dieser fast ausschließlich (sowjet)marxistischen Grundlagen konnte noch nicht einmal ein linker Wissenschaftspluralismus entwickelt werden.
3. Noch penetranter als die Literaturlisten verbreiteten die Themenformulierungen den dogmatischen Mief der Parteihochschule. Das ergibt sich wiederum aus dem wissenschaftstheoretisch und -politisch entscheidenden Konzept des Grundstudiums. Nach einer »Einführung in die Gesellschaftsanalyse«, in der sich Gesellschaftswissenschaft schlicht in »bürgerliche« und »marxistische« aufgliedern läßt (naturgemäß zugunsten der letzteren!), und nach einigen streng ökonomistisch angelegten sozialgeschichtlichen Veranstaltungen über die Entwicklung des kapitalistischen

Eigentums, der kapitalistischen Produktionsweise und der darauf beruhenden Entstehung und Struktur der bürgerlichen Gesellschaft, kommt folgende »klassische« Darbietung der Gegenwart:

- Soziale und ökonomische Entwicklung sowie staatliche Willensbildung in der BRD (Tendenz negativ-restaurativ) demgegenüber
- Gesellschaftliches und politisches System der DDR (Tendenz: positiv-progressiv)
- Gesellschaftliches und politisches System der UdSSR – dem wiederum, schön symmetrisch, die Analyse des Weltkapitalismus gegenübergestellt wird, leninistisch versteht sich als
- Imperialismusanalyse.

Damit ganz klar war, was diese schwarzweißmalende Gegenwartskunde bezweckt, wurde Seite 11 des »Kommentierten Programms« vorbemerkt: auf der einen Seite »die Analyse des gegenwärtigen Kapitalismus, konkret: des politischen und ökonomischen Herrschaftssystems der BRD«, – auf der anderen Seite »Erarbeitung grundlegender Merkmale der sozialistischen Gesellschaft... konkretisiert an der Geschichte der DDR«. Mit anderen Worten: Während ein Grundstudium für den Bereich Soziologie/Politik normalerweise primär grundlegende Analysen des eigenen gesellschaftlichen Systems und seiner wichtigsten Teilbereiche enthalten müßte – gegebenenfalls mit Einblendungen über die entsprechenden Strukturen im Gegensystem –, wird in Marburg unser System als ein »Reich der Finsternis« dem »Reich des Lichts« (dem »Sozialistischen Lager«!) gegenübergestellt. Drei ganze Veranstaltungen über die Bundesrepublik und den Westen (= Imperialismus) – fünf Veranstaltungen über die DDR und die Sowjetunion, als die Gesellschaft der Zukunft (getreu dem DKP-Programm, vgl. S. 145). Ganz klar, da ja, wie es im »Kommentierten Programm« heißt, »Kapitalismus und Sozialismus zwei aufeinanderfolgende Stadien gesellschaftlicher Entwicklung sind...«
So sah die Grundkonzeption von Gesellschaftswissenschaften in Marburg 1974 aus. Dieser Fachbereich konnte in der Tat als »unterwandert« bezeichnet werden: umfunktioniert zu einer DKP-Parteihochschule. Bereits in einem Leserbrief vom 29. 12. 1973 wurde auf diese Zustände hingewiesen – durch die Fakten dieses »Kommentierten Veranstaltungsprogramms« wurde es eindeutig belegt. Es bestätigte sich, was bereits am

10. 1. 1974 ein Marburger Student (P.A. Noll) in der Frankfurter Rundschau schrieb:
»Unleugbarer Tatbestand ist, daß in den letzten Jahren in der Fachbereichseinheit Soziologie/Politik in Marburg nur Wissenschaftler eingestellt wurden, die politisch auf der herrschenden Linie der AStA-Koalition (Spartakus/SHB) liegen. Aufgrund dieser strengen Auswahl, und infolge der Abwanderung andersdenkender Wissenschaftler (Czempiel, Schmiederer u. a.) ist die Zahl der Anhänger anderer politischer Gruppierungen stark geschrumpft. Man benötigt nicht einmal eine Hand, um sie aufzuzählen (bei insgesamt etwa zwei Dutzend Politologen und Soziologen). Nicht einmal von einem linken Pluralismus läßt sich sprechen. Positionen, wie sie – um einige Beispiele zu nennen – die Trotzkisten oder ›Frankfurter Schule‹ oder z. B. die Verfechter des ›dritten Weges‹ oder das ›Sozialistische Büro‹ und die Gruppen um die Zeitschrift ›Probleme des Klassenkampfes‹, die Marburger ›Roten Zellen‹, die sogenannten Ultralinken usw. usw. vertreten, sind in der grauen Einöde der Marburger Soziologie/Politik durch keinen Hochschullehrer repräsentiert. Mitunter gerade noch geduldet wird der Typus des schwankenden, unsicheren, gegenüber DKP und DDR unkritischen (weil über keine Maßstäbe verfügenden) bürgerlichen Linksliberalen. Mehr Angst vor Kontroversen, weniger Pluralität gibt es wohl nicht einmal in den Hochburgen der reaktionären Politikwissenschaft in München, Heidelberg oder Freiburg. Am schlimmsten ist die Uniformität der Lehrinhalte in den Tutorien. Über 70% der Tutoren in Soz./Pol. sind Spartakus/SHB-Mitglieder. Hinzu kommen noch etwa 15% Sympathisanten.«

Fall 2: Wissen Sie, was G. O. in der Wissenschaft ist?

Eine Studentengruppe an der Hochschule für Wirtschaft und Politik (HWP), Hamburg, berichtet:

> »Das öffentliche Leben schläft allmählich ein, einige Dutzend Parteiführer von unerschöpflicher Energie und grenzenlosem Idealismus dirigieren und regieren, unter ihnen leitet in Wirklichkeit ein Dutzend hervorragender Köpfe, und eine Elite der Arbeiterschaft wird von Zeit zu Zeit zu Versammlungen aufgeboten, um den Reden der Führer Beifall zu klatschen, vorgelegten Resolutionen einstimmig zuzustimmen, im Grunde also eine Cliquenwirtschaft – eine Diktatur allerdings, aber nicht die Diktatur des Proletariats,

sondern die Diktatur einer Handvoll Politiker, d.h. Diktatur im rein bürgerlichen Sinne ...«

(Rosa Luxemburg, 1918/1919 »Zur russischen Revolution«)

Wenn man etwas zur Situation an der Hochschule für Wirtschaft und Politik aussagen will, so kommt man an dem Begriff der Gewerkschaftlichen Orientierung (in Zukunft G.O.) nicht vorbei. (Zur Erläuterung dieses Begriffs vgl. S. 128; d. Verf.)
Der Kern der G.O.-Politik ist, daß die Gewerkschaften heute die einzige Organisation sind, in denen Arbeitnehmer »massenhaft« organisiert sind und sich von ihrer Natur her verhältnismäßig aggressiv mit dem Kapital auseinandersetzen müssen. Auf diesem Hintergrund sind die Gewerkschaften für alle Gruppierungen, die Klassenkampftraditionen noch nicht völlig aufgegeben haben in der Bundesrepublik, ein attraktiver Bündnispartner. Dies auch besonders für Studentenverbände, die sich im Kampf für studentische Interessen befinden.
Eine besondere Bedeutung bekommt diese Politik für Verbände, die der Ideologie des breiten »antimonopolistischen Bündnisses«, also des Bündnisses aller derjenigen, die durch Monopolinteressen bedroht sind, wie Arbeitnehmer, Kleingewerbetreibende, Studenten usw., anhängen. Dies sind im wesentlichen Anhänger der Theorie des Stamokap (staatsmonopolistischen Kapitalismus).
Für die HWP gewinnt dieser Begriff daher noch eine besondere Bedeutung, da an ihr zum weitaus größten Teil Studenten des 2. Bildungsweges studieren, die bereits als Arbeitnehmer tätig waren und zum größten Teil Gewerkschaftsmitglieder waren oder noch sind. Für sie steht der Begriff der G.O. oft synonym für aktive Interessenvertretung.

Das G.O.-Bündnis

Wie sieht nun diese G.O.-Politik konkret an der HWP aus? An der HWP gibt es drei Gruppierungen, die sich auf G.O.-Politik berufen. Dies sind: der Marxistische Studentenbund (MSB), der Sozialistische Hochschulbund (SHB), die Jungsozialisten-Hochschulgruppe (Juso-HSG). Diese drei Verbände bilden das G.O.-Bündnis. Sie arbeiten zusammen und stimmen sich in entscheidenden Punkten verbandsintern vorher ab. Welche Folgen hat dies für die HWP? Jede politische Alternative müßte mindestens 51% der Sitze und Stimmen erhalten, um in den hochschulpolitischen Gremien mitbestimmen oder zum großen Teil überhaupt vertreten zu sein (z. B. AStA, Berufungsausschüsse usw.). So kam es, daß die Liste Demokratischer Kampf, die jeweils ca. 1/3 der studentischen Stimmen bei Studentenparlamentswahlen auf sich vereinigen konnte, resignierend aufgab. Mit der gleichen Begründung, nämlich daß MSB, SHB und Jusos zusammen immer über 50 % der Stimmen auf sich vereinigen können, trat die neu sich an der HWP konstituierte Gruppe des Sozialistischen Büros erst gar nicht zu Wahlen an.

Es gibt also keine institutionalisierte Opposition. Bei der nicht-institutionalisierten Opposition ist besonders anzumerken, daß sich in jedem neuen Semester eine oppositionelle Gruppe (Basisgruppe o. ä.) bildet, diese gibt jedoch in der Regel nach 2–3 Semestern auf. Warum, wird vielleicht aus folgendem Beispiel deutlich.

In der Ideologie der drei Verbände spielt das Monopol eine gewichtige Rolle. Nun haben »neue« Studenten, die die Situation erdrückend fanden und kein Forum sahen, in dem sie diskutieren konnten, ein Flugblatt für HWPler gemacht, in dem sie sich gegen das »Monopol« von MSB, SHB und Jusos an der HWP gewendet haben. Eigentlich ein witziger, politisch etwas naiver Protest. Nun hatte der jedoch Folgen! Die Unterzeichner dieses Flugblattes (Gewerkschafter und zum Großteil Stipendiaten) wollten in die »Gewerkschaftliche Studentengruppe« (GSG) eintreten (Satzungsgemäß ist die einzige Voraussetzung Mitgliedschaft in einer DGB-Gewerkschaft). Hier wurde jedoch auf Antrag eines MSB-Vertreters das Flugblatt dieser Kollegen auf die Tagesordnung gesetzt. Die Diskussion verlief dann so, daß man diskutierte, wer sich wie diese Leute gegen die G.O.-Verbände wendet, wendet sich damit auch gegen die Gewerkschaften. Nur dem besonnenen Eingreifen eines Vorstandsmitglieds (er verwies auf die Satzung) ist es zu verdanken, daß die Kollegen trotzdem aufgenommen wurden. Jedoch einigte man sich auf ein strenges Verurteilen eines solchen Vorgehens.

So versuchen die G.O.-Verbände, systematisch Posten und Positionen zu erobern und zu verteidigen. Besonders in der »Anfangszeit«, während neue Studenten versuchen, sich zu orientieren und versuchen, mit der neuen Situation zu leben, bekommen G.O.-Vertreter Aufgaben und Positionen zugewiesen. So gelingt es ihnen in den Anfangsphasen, wenn es den Studenten noch schwerfällt, sich zu orientieren, Positionen mit ihren Leuten zu besetzen. Positionen wie der Sitz der Gewerk-

schaftlichen Studentengruppe im Kreisjugendausschuß des DGB oder Sprecher der Stipendiaten bringen gewerkschaftliche Reputation. Hierbei (beim Besetzen der Positionen) geht es ihnen weniger darum, Möglichkeiten für Diskussionsformen oder studentische Freiräume zu schaffen, sondern allein um die Möglichkeit, Gewerkschaften und deren Umfeld für ihre politischen Ideen zu instrumentalisieren. Auch hierfür einige Beispiele. Während des studentischen »Streiks« 1978 wurde die Durchführung einer sog. »demokratischen Gegenhochschule« im Rahmen des Streiks beschlossen, jedoch beteiligten sich nur sehr wenige Studenten an den vom AStA und GSG-Vorständen beschlossenen Veranstaltungen. Obwohl die große Mehrheit der Studenten durchaus für einen Streik war, waren sie nicht bereit, weitere aufgesetzte Dinge mitzutragen. Nun war jedoch die Überlegung der Vorstände und des AStA nicht: Welche Fehler wurden gemacht? Warum nahmen so wenige Studenten teil? Wie kann man das in Zukunft besser machen? So nicht an der HWP. Man versuchte, die Stipendiaten, die ca. $^1/_7$ der Studentenschaft ausmachten, zu »aktivieren«. So mußte bei einzelnen Lehrgangsstipendiatengruppen jeder Stipendiat darüber Rechenschaft ablegen, warum er nicht diese Veranstaltungen besucht hat; einziger ernsthafter Entschuldigungsgrund war Krankheit.
Ähnliches geschieht, wenn auf Ansprache des GSG-Vorstandes wegen des schwachen Besuches die Stipendiaten schriftlich aufgefordert werden, gefälligst die GSG-Versammlungen zu besuchen. Ein weiteres Beispiel: Ein MSB-Stipendiatensprecher hat in Zusammenarbeit mit einem SHBler der IG Metall ein Tonband von einer Gewerkschaftsveranstaltung (mit Hinrich Oetjen, dem DKP-kritischen Leiter der DGB-Jugendschule Oberursel; d. Verf.) zugespielt in der Hoffnung, daß dies administrative politische Folgen haben werde. Dies ist ihnen auch gelungen. Ein weiteres Beispiel ist die Chile-Solidarität der Stipendiaten. Es ist zur Sitte der Stipendiatensprecher geworden, zu den Sitzungen der Erstsemester-Stipendiatengruppen zu gehen und Angst zu verbreiten. So wird der Beitrag von 1% des Stipendiums zur Solidarität mit Chile nicht mit ganzem Herzen gespendet. Stipendiatensprecher weisen mit einiger Regelmäßigkeit darauf hin, daß die Stipendiatensprecher nach dem 3. Semester, und falls ein Weiterstudium gewählt wird, nach Abschluß der HWP ein Gutachten erstellen müssen. Ein positives Gutachten wird von der Überweisung der Beiträge abhängig gemacht.
All dies hat natürlich Folgen. So leidet der Chile-AK, obwohl

alle Stipendiaten »Solidarität üben«, unter chronischem Personalmangel. So ist etwa nur jede 3. oder 4. Versammlung der GSG beschlußfähig. Ja, man mußte sogar die Satzung aus diesem Grund ändern. Früher war vorgesehen, daß neue Mitglieder per Beschluß in die GSG aufgenommen werden. Dies hat man abgeschafft, denn es war zu befürchten, daß bei der chronischen Nichtbeschlußfähigkeit der Gruppe keine neuen Mitglieder aufgenommen werden konnten.
Aber all dies scheint halb so schlimm. Wichtig ist, daß es eine Gruppe gibt, die das Wort Gewerkschaft in ihrem Namen trägt und unter diesem nach außen auftreten kann (z. B. Presseerklärung). Wichtig ist z. B. der Sitz im Kreisjugendausschuß. Wichtig ist, daß man, in Zusammenarbeit mit gleichgesinnten Dozenten, die Hochschuladministration, Teile der Gewerkschaften (im wesentlichen im DGB-Bereich) die Hans-Böckler-Stiftung und hochschulpolitische Gremien für ihre Politik institutionalisieren kann!

G.O.-Politik und die Studenten

In der Ideologie der Gewerkschaftlichen Orientierung hat der »Massenkampf« eine besondere Bedeutung. Deshalb ist man auch an der HWP als »Musterland« der Gewerkschaftlichen Orientierung bemüht, einen studentischen Massenkampf vorzeigen zu können. So kommt es auch regelmäßig zu »Streiks« (Vorlesungsboykotten).
Es kommt zumindest einmal im Jahr zu einem Vorlesungsboykott. Einen Grund dafür gibt es immer! Der Vorlesungsboykott dauert in der Regel 14 Tage und endet mit einem go-in zum Senator. Er ist zum reinen Ritus, zum Fetisch, geworden. Um den aktuellen Bezug und momentanen Druck und somit den Streik ad absurdum zu führen, ist es in der jüngeren Vergangenheit bereits zweimal vorgekommen, daß Datum und Länge des Streiks bereits ca. ein halbes Jahr, bevor die »demokratische Willensbildung« an der HWP eingeleitet worden ist, aus den »Roten Blättern«, Zeitschrift des MSB, zu entnehmen waren. Es gibt mittlerweile pfiffige Studenten, die danach sogar Reisen buchen.
Trotzdem hat dies einen ernsten Kern, aus zwei Gründen:

1. Die allgemeine Lage der Studenten an der Hochschule für Wirtschaft und Politik ist immer noch so schlecht, daß sie bisher noch jeden Streik mitgetragen haben. Wenn sie auch nicht mehr das aufgeblasene »Drumherum« mittragen (so litt die letzte »demokratische Gegenhochschule« schwind-

suchtartig an studentischer Nichtbeteiligung), so verhindern sie trotzdem nicht angeordnete »Kampf«-Maßnahmen.

2. Dadurch, daß der größte Teil der Studenten Gewerkschaftsmitglieder war bzw. ist, bringen sie zunächst Organisationen, die den Begriff der Gewerkschaften als Leitmotiv haben, besonderes Vertrauen entgegen. Besonders dann, wenn dies von offizieller Seite (Dozenten und Gewerkschaften) undiskutiert bleibt bzw. eher noch bestätigt wird, wie der Sitz der Gewerkschaftlichen Studentengruppe im Kreisjugendausschuß beweist. So hat auch für die G.O.-Politiker der 2. Bildungsweg bzw. die Berufserfahrung der Studenten an der HWP nur eine Bedeutung als Klassenkampferfahrung. So darf das Studium auch nur dazu dienen, die Gesellschaft zu durchschauen. Andere Motive für ein Studium werden nie ernst genommen, etwa, daß ein Kollege »nur« der Monotonie seines jetzigen Arbeitsplatzes entfliehen wollte und sich mit dem Studium interessante Arbeitsplätze erschließen wollte. Diese Motive werden diffamiert als unpolitisch u. ä. Der 2. Bildungsweg und die Berufserfahrung der Kollegen haben in dieser Politik also nur eine ideologische Funktion. Sie dienen zur besseren Ausschmückung ihrer Politik, bestimmen diese aber nicht.

Für die Studenten hat dies zur Folge, daß sie im Spannungsfeld zwischen dem Nichtanerkennen dieser Art von Politik und dem Erkennen der Notwendigkeit einer Interessenvertretung stehen. Dies hat zur Folge, daß es zwar nicht zu offenen Rebellionen kommt, jedoch zu einer Abstimmung mit den Füßen. So sinken konstant die Teilnehmerzahlen auf Veranstaltungen, so sinkt konstant die Wahlbeteiligung der Studenten z. B. bei den Wahlen zum Studentenparlament um mehrere zehn % in den letzten Jahren.

G.O.-Politik und die Dozenten

Für Dozenten müssen diese immer quirligen und mit grenzenlosem Idealismus behafteten G.O.-Aktivisten als relativ perfekte Interessenvertreter der Studenten erscheinen. Zudem ist es so, daß wenn die Studenten z. B. für den Erhalt der HWP kämpfen, sich die Interessen von Studenten, Dozenten und Administration treffen. So verstehen es die Studenten relativ geschickt, die Interessen der Hochschule mit ihren zu verknüpfen. Dies hat zur Folge, daß sie sich relativer Beliebtheit erfreuen ... Die Administration unterstützt sie: ... Sie verstehen es recht gut, sich in wichtigen Punkten (etwa Berufungspolitik) mit politisch gleichgesinnten Dozenten und wissenschaftlichen Mitarbeitern zu koordinieren. Sie haben so in dem einen oder anderen Fachbereich die Mehrheit bzw. sind sie in der Lage, Entscheidungen zu verhindern. Bedauerlich ist dabei, daß sich häufig Sozialdemokraten, z. T. sogar Bürgerschaftsabgeordnete, im Zweifelsfalle auf die Seite der Ideologen der Gewerkschaftlichen Orientierung schlagen. So war es z. B. ein sozialdemokratischer Bürgerschaftsabgeordneter, der bei der Besetzung einer Stelle im Fachbereich Recht im Hochschulrat gegen einen undogmatischen Linken und für einen eher Stamokap-orientierten Dozenten sprach und so das Nicht-zustandekommen-Können einer Entscheidung mit unterstützte ...

G.O. und die Gewerkschaften

Die Vertreter der Gewerkschaftlichen Orientierung sind durch das Erobern dieser Positionen die Repräsentanten der Studenten. Sie sind sehr schnell dabei, sich bzw. die Studenten anzubieten.., z.B. etwas zu organisieren. Davon klappt wenig. Jedoch haben sie es geschafft, bestimmte Positionen zu majorisieren..., besonders attraktive Positionen (im wesentlichen Bildungsarbeitspositionen, da sie Geld bringen). In diese Positionen ist für Nicht-Gleichgesinnte recht schwer einzudringen. Ein gutes Beispiel hierfür ist das sog. HWP-Team, das mit dem DGB-Bezirk Niedersachsen zusammenarbeitet. In ihm arbeiten jene Studenten, die vor ihrem Studium in dieser Region tätig waren und noch »andere«. Nun verstehen sie sehr gut, diese »anderen« aus ihren Reihen kommen zu lassen. Es ist für jemand, der nicht in der Gesamtheit der informellen Struktur und dem Wohlwollen des G.O.-Bündnisses steckt und nicht aus der Region kommt, recht schwer, in Hamburg als Student weiter Gewerkschaftsarbeit zu machen. Für solche Leute bleiben in der Regel nur Büroarbeiten (Beitragsquittungen kuvertieren u. ä.), z. B. bei der IG Metall, oder der Schulabgänger-Arbeitskreis, der zwar auch Bildungsarbeit ist, viel Arbeit macht, aber kein Geld ... bringt.

Nachbemerkung der Herausgeber:

Der Bericht über das Machtkartell einer DKP-nahen studentischen (von zahlreichen Dozenten gestützten) Koalition an der HWP in Hamburg und die Methoden seiner nahezu totalen Machtausübung, unter der ebenso wohlklingenden wie nichtssagenden Devise der »gewerkschaftlichen Orientierung«

spricht für sich. (Man lese dazu die empirische Studie von Scherer über die tatsächlichen DKP-»Sympathien« der Studenten in der BRD – S. 268ff!). Freilich zeigt er nur die Spitze eines Eisberges. Dankenswerterweise hat Armin N. Neliba (Verlag Das Junge Wort, Schlichterstr. 14, 6200 Wiesbaden) in der Ausgabe 205 v. 5. Juli 1980 seiner »Exklusivberichte« das ganze Ausmaß der DKP-Misere an der HWP ausführlich dokumentiert: Die heimliche Tonbandweitergabe Referat von Hinrich Oetjen (Oberursel – vgl. Kap. I, 2!) an Benz-Preiss von der IG Metall; – die stark DKP-lastige Berufsverbote-Konferenz in der HWP (wo gleichzeitig das DKP-Nachtkartell an Berufsverbotsbemühungen gegen Oetjen eifrig mitwirkt; die kläglich-verharmlosende Reaktion des HWP-Präsidenten Norbert Aust – und die noch kläglichere Reaktion von zwei Funktionären der Hans-Böckler-Stiftung, die die Stipendiaten am 13. 6. 1980 brieflich aufforderten, »die aufgetretenen Probleme *intern*« zu diskutieren, um das Ansehen der Stiftung nicht zu schädigen, und die »alle Konsequenzen« im Falle der »Fortsetzung dieses stiftungsschädigenden Verhaltens« androhen. Die Gruppe von 15–20 Stipendiaten, die uns den hier abgedruckten Bericht schickte, bekam daraufhin Angst, namentlich aufzutreten – sie lasen aus dem Stiftungs-Brief der Kollegen Lenk und Steppuhn die Drohung: Stipendienentzug. Frage: Wie lange wollen die SPD-Dozenten und DGB- bzw. HB-Stiftungsspitzen diese DKP-Einflußstrategie noch geschehen lassen, einschließlich der damit verbundenen, z. T. skandalösen Berufungsvorgänge?

Zweiter Teil:

Sowjetmarxistische Ideologien in der Bundesrepublik

»Das Dilemma unserer Zeit liegt darin, daß die Einfältigen ihrer Sache immer todsicher sind, während die Nachdenklichen immer voller Zweifel stecken.«

Bertrand Russell
(zitiert nach: Willi Eichler,
Zur Einführung in den demokratischen Sozialismus,
Bonn-Bad Godesberg 1972, S. 37.)

Übersicht

In den europäischen Ländern mit großen kommunistischen Parteien und Gewerkschaften, die inzwischen mehr oder weniger Moskau-unabhängig geworden sind, vertreten Kommunisten ihre Position meist offen und erhobenen Hauptes. Die Auseinandersetzung in der Linken wird mit offenem Visier geführt. Anders in der Bundesrepublik. Hier begegnet man in der Auseinandersetzung mit DKP-Orientierten in der Regel nicht einem klaren Bekenntnis zur sowjetkommunistischen Partei. Wenn man Linke daraufhin anspricht, daß und warum sie sich Argumentationsmustern, personalpolitischen Taktiken, Resolutionen, Strategievorschlägen oder Aktionsformen aus der DKP-Ecke anschließen, so ist die Reaktion entweder *Unkenntnis,* daß die übernommenen Argumentationsformen bzw. Taktiken überhaupt einen DKP-ideologischen oder -taktischen Hintergrund haben – oder *Verleugnung der Kenntnis* jener Zusammenhänge. Man verschanzt sich hinter der blauäugigen Versicherung, dies sei eben der eigene, »marxistische«, »kritische«, »sozialistische« Standpunkt, wenn die DKP und ihre Freunde ihn teilten – na bitte! Wobei dann meist noch hinzugefügt wird: Man wolle doch wohl hoffentlich als Linker, als Gewerkschafter nicht den bürgerlichen Antikommunismus kultivieren – schließlich sei ja wohl durchaus nicht alles falsch und schlecht, was Kommunisten sagten oder täten. ...

Angesichts solcher weitverbreiteten Reaktionen unbewußter oder verhohlener Parteigänger der Sowjetmarxisten (»Mein Name ist Hensche, ich weiß von nichts«), ist eine Auseinandersetzung nicht einfach. Um sie führen zu können, müssen wir einzelne Aussagen und Verhaltensweisen in den Gesamtzusammenhang sowjetmarxistischer Taktik und Ideologie einzuordnen verstehen und sie den Gesprächspartnern auch deutlich machen können.

In diesem Zweiten Teil geht es nun um die Ideologie. Ihre Hauptmerkmale sind

- Idealisierung der Sowjetunion und des »sozialistischen Lagers« als Vorbild und Führungsmacht der sozialistischen Weltrevolution,
- Doppelzüngigkeit hinsichtlich des Demokratieverständnisses,
- totalitärer Wahrheitsanspruch und innere Widersprüchlichkeit in der marxistischen Analyse und Strategie – und

- der ständige Versuch, nicht-sowjetkommunistisch eingestellte Linke, vor allem natürlich Sozialdemokraten, schlecht zu machen, um selbst mehr Einfluß zu gewinnen.

Das Gesamtverständnis der sowjetmarxistischen Ideologie mit diesen ihren wesentlichen Merkmalen wird in den Kapiteln V bis IX vermittelt

- durch die Erläuterung der wichtigsten, immer wiederkehrenden sowjetmarxistischen Begriffe *(»Klischees«)*,
- durch die Analyse der *DKP-Programmatik,* die in geraffter Form alle genannten Merkmale aufweist,
- durch die Analyse der *Stamokap-Theorie,* die die sowjetmarxistische Strategie der Machtübernahme in ein geschlossenes marxistisches Konzept der kapitalistischen und antikapitalistischen Entwicklung einzuordnen versucht,
- durch die Darstellung des sowjetmarxistischen *Feindbildes vom Reformismus* und insbesondere von der Sozialdemokratie (es hat entscheidende Bedeutung zur Selbstdarstellung und Selbstrechtfertigung),
- durch die Analyse einer sowjetmarxistischen *Darstellung der Geschichte der deutschen Arbeiterbewegung,* die in der systematischen Diffamierung der hundertjährigen Politik der nichtkommunistischen Linken besteht.

V. Klischees: Sowjetmarxistische Begriffe und Begriffsverwirrungen

Dies ist ein Buch für die Praxis gesellschaftlicher Bildungs- und Aufklärungsarbeit. Es ist daher sinnvoll, nicht mit vielschichtigen und oft doppelbödigen Ideologiegehalten und Geschichtsklitterungen zu beginnen, sondern zunächst, in aller Kürze, auf die gebräuchlichsten »Klischees«, die in monotonem Schulungsdeutsch immer wiederkehrenden sowjetmarxistischen Begriffe und Redewendungen aufmerksam zu machen. Diese sind nur *scheinbar* simpel: In Wahrheit nämlich ist fast jeder Begriff Baustein eines festgefügten sowjetmarxistischen Weltbildes (daher eben »Klischee«: stets wiederkehrendes Erklärungsmuster!) und auch in diesem Gesamtzusammenhang zu verstehen.
Wir verbinden daher hier notwendigerweise kurze Erläuterungen teilweise mit Hinweisen auf die folgenden ideologiekritischen Kapitel. Die Kurzerläuterungen bedienen sich übrigens auch des Mittels der Ironie: Durch provozierende Verdeutlichung soll zum Nach- und Weiterdenken angeregt werden. Wobei freilich der »Originalton Ost«, das im folgenden öfter zitierte »Kleine politische Wörterbuch«[73], uns durch die unfreiwillige Komik seiner katechismusartigen Agitprop-Sprache durchaus übertrifft.

Antifaschismus s. *Faschismus*

Antikommunismus

A. wird gleichgesetzt mit Antisowjetismus: Sammelbegriff für die Kritik der osteuropäischen bzw. DDR-Formen des »realen Sozialismus« (s. u. »Sozialismus«). Näheres vgl. S. 184ff. Nach dem »DDR-Wörterbuch« (S. 43f.) ist er ein »Wesenszug der imperialistischen Ideologie und Politik nach innen und außen, der alle ihre Formen durchdringt und ihren Inhalt, ihre Ziele bestimmt. ... Er hat ... das Ziel, den wissenschaftlichen Kommunismus in Theorie und Praxis mit allen Mitteln zu vernichten. Das bedingt eine Denk- und Verhaltensweise, die sich in Aggressivität, Feindschaft und blindem Haß gegen alles äußert, was gesellschaftlich fortschrittlich ist.«

Antimonopolistisches Bündnis; antimonopolistische Demokratie

Anderer bzw. erweiterter Ausdruck für Einheitsfront oder Volksfront: Sammlung aller »bürgerlichen« wie »linken« politischen Kräfte, die sich angeblich im Interessengegensatz zur Macht der Großindustrie einigen können. Näheres vgl. S. 164ff. Im Originalton DDR: »Das Ziel der Bündnispolitik der Arbeiterklasse und ihrer Partei besteht darin, gemeinsam mit allen Unterdrückten und Ausgebeuteten die politische Macht zu erobern, ihre Staatsmacht vom Charakter der Diktatur des Proletariats zu errichten, um in einem langen historischen Prozeß die Spaltung der Gesellschaft in Klassen zu überwinden ...« (S. 131)

Autonomie der Gewerkschaften

A. ist eine DKP-Forderung, die primär Zurückdrängung des sozialdemokratischen zugunsten des DKP-Einflusses beinhaltet. Näheres vgl. S. 147ff.

Bürgerlich

B. ist ein Wort mit zwei völlig verschiedenen Inhalten: *Positiv* wird es verwendet, wenn z. B. von den bürgerlichen Freiheiten in der Verfassung, von den Rechten des »Bürgers« – etwa auch des »Sowjetbürgers« – in der Demokratie oder im Stadtteil gesprochen wird, – als Schimpfwort dagegen wird es überall dort verwendet, wo man – auch: linke! – nichtmarxistische bzw. nicht*sowjet*marxistische Auffassungen abqualifizieren möchte. Z. B.: »Bürgerliche« kontra marxistische *Wissenschaft* (s. unten!) – bürgerliche kontra »sozialistische« *Demokratie:* »Bürgerliche Demokratie: Form der Klassenherrschaft der Bourgeoisie über die Mehrheit des Volkes. Die b. D. wird formell durch das Bestehen gewählter Einrichtungen im System der höchsten Staatsorgane (Parlamentarismus) und in der Verfassung verankerte bürgerlich-demokratische Rechte und Freiheiten der Bürger gekennzeichnet. Sie ist der sozialistischen Demokratie entgegengesetzt.« (»DDR-Wörterbuch«, S. 132) Diese unterscheidet sich allerdings gewaltig von einer auf so etwas Banalem, »Formellem« wie gewählten Staatsorganen basierenden »bürgerlichen« Demokratie. Sie ist nämlich die »politische Machtausübung der von der Arbeiterklasse und ihrer marxistisch-leninistischen Partei geführten werktätigen

Massen des Volkes, die mit der Errichtung der Diktatur des Proletariats die formale bürgerliche Demokratie überwindet...« (S. 770)

Demokratie s. unter *Bürgerlich*.
Näheres vgl. S. 156ff.

Erscheinung und Wesen

Ein Wortpaar, von dem Ideologien und insbesondere die des Sowjetmarxismus einen trickreichen Gebrauch machen: Als bloße (Oberflächen-)*Erscheinung* werden diejenigen sozialen Tatbestände heruntergespielt, die nicht ins ideologische Gesamtbild passen – als »Wesen« dasjenige hochstilisiert, was (obzwar vielleicht kaum erkennbar) als das eigentlich Wichtige an einem gesellschaftlichen Tatbestand hervorgehoben werden soll. Ein Beispiel: Die »Erscheinung« der DDR ist vielfach grau und unfrei – aber ihr »Wesen« ist es, eine sozialistische, und damit wahrhaft freie und glückliche Gesellschaft zu sein; – umgekehrt: die parlamentarische Ordnung der BRD »erscheint« zwar als Demokratie – in ihrem »Wesen« jedoch ist sie ein Herrschaftsinstrument der Monopole (s. *Bürgerlich!*).

Faschismus

F. oder faschistisch wird von Sowjetmarxisten nicht nur eine mit terroristischen Mitteln regierende Rechtsdiktatur genannt, sondern häufig alles, was aus ihrer Sicht konservativ oder ein gegen sie gerichtetes Gewaltpotential des Staates ist – »antifaschistisch« dagegen ebenso alles, was in der Einheitsfront mit der DKP und ihren Freunden (s. *antimonopolistisches Bündnis*) gegen Kräfte Front macht, die die Sowjetmarxisten für »repressiv« oder undemokratisch halten. »Da der Faschismus sich gegen die Lebensinteressen des gesamten Volkes richtet, besteht sowohl die Notwendigkeit als auch die Möglichkeit, weite Kreise der Bevölkerung für die antifaschistische Bewegung zu gewinnen und sie um die Arbeiterklasse und ihre revolutionäre Partei zu sammeln... Antifaschismus... schließt objektiv (s. *objektiv;* d. Verf.) stets den Kampf... für Frieden, Demokratie, Völkerfreundschaft und Humanität sowie für die Verteidigung der sozialistischen Staaten (!) ein.« (»DDR-Wörterbuch«, S. 35f.)

Fortschrittlich

Eine durchgängig in sehr speziellem Sinne verwendete Auszeichnung, die Sowjetmarxisten (sowjetmarxistische Ideologien) denjenigen zukommen lassen, die zwar noch nicht das ganze Lehrgebäude ihres Marxismus »geschluckt« haben, aber auf dem richtigen Wege sind. So gibt es bei Sozialdemokraten, Christen und Liberalen »fortschrittliche Positionen«, die es zu unterstützen und weiterzuentwickeln gilt, weil sie zu einer Bündnispolitik mit den Sowjetkommunisten bereit sind. Das Wort »fortschrittlich« spielt die Rolle eines Gradmessers und Erkennungszeichens: Wer »fortschrittlich« ist, der vertritt zumindest in politischen Teilfragen – etwa in der Entspannungspolitik – Positionen, die für den ideologischen und politischen Kampf der DKP brauchbar und benutzbar sind. Mit »fortschrittlichen Menschen« müssen DKP-Mitglieder deshalb die Zusammenarbeit suchen.

Gewerkschaftliche Orientierung

Sammelbegriff für die »Linie« aller Gruppierungen innerhalb und außerhalb von Universitäten, die ihre DKP-Orientierung nicht zu erkennen geben, sondern statt dessen vorgeben, für die Berufsinteressen bestimmter Gruppen (Studenten, Hochschullehrer, Schüler, Sozialarbeiter etc.), also für die *Alltagssorgen von Menschen* einzutreten. Mit dieser *scheinbar* »unpolitischen« Orientierung hofft man, breite Zustimmung zu finden und seine eigentlichen politischen Ziele nicht offenbaren zu müssen. Außerdem deklarieren sich die Gruppen mit »gewerkschaftlicher Orientierung«, besonders an den Universitäten, als Freunde und Verfechter der »Einheitsgewerkschaft«; dabei wird so getan, als gäbe es in allen politischen Fragen eine »gewerkschaftliche« Linie, die natürlich von diesen Gruppierungen definiert wird. Wer diese Gruppierungen kritisiert, wird demgemäß dann von ihnen auch als »Gewerkschaftsfeind« diffamiert. (Vgl. dazu den Bericht aus der HWP, S. 114 bis 120!)

Imperialismus

– von Lenin seinerzeit als höchstes und letztes Stadium des Kapitalismus dargestellt, gekennzeichnet durch dessen Monopolisierung, seine weltweite Expansion und Herrschaft (bevor sein endgültiger Zusammenbruch in Krisen und Revolutionen erfolgt) – ist mittlerweile ein Allerweltsname für die kapitalistischen Länder und insbesondere die kapitalistischen, »westlichen« Demokratien geworden. Da von Lenin als *Endstadium* des Kapitalismus bestimmt, bleibt der Imperialismus-Begriff bestehen, selbst dann, wenn zumindest die west*europäische* Ökonomie und Politik in der Dritten Welt inzwischen weit weniger durch eine imperialistische Beherrschung gekennzeichnet ist als etwa die Politik der Sowjetunion selbst. Originalton DDR: »Imperialismus: höchstes und letztes, besonderes historisches Stadium des Kapitalismus. Diese Besonderheit ist eine dreifache: Der Imperialismus ist: 1. monopolistischer Kapitalismus; 2. parasitärer oder faulender Kapitalismus; 3. sterbender Kapitalismus (Lenin).« (S. 346)

Leninismus

L. ist angeblich die Fortbildung, – in vieler Hinsicht jedoch die »Russifizierung« der marxistischen Lehre durch Lenin; politisch gekennzeichnet insbesondere durch die Auffassung, daß die sozialistische Revolution nicht von der Basis, durch die sich zuspitzenden kapitalistischen Krisenprozesse und die darin sich revolutionär entwickelnden proletarischen Massen herbeigeführt wird, sondern nur durch eine strafforganisierte revolutionäre Kaderpartei von »Berufsrevolutionären«, die anstelle der Massen, oder, wie es so schön heißt, »an ihrer Spitze«, die Massen führend und leitend, die Revolution bewußt herbeiführen. Im Stalinismus und Nach-Stalinismus ist der Marxismus-Leninismus insbesondere als Lehre von der historischen Führungsrolle der Sowjetunion und ihrer Parteibürokratie gegenüber allen anderen »revolutionären« Bewegungen und Parteien weiterentwickelt worden.

Marxismus (s. auch *Leninismus*)

Ein von den Sowjetmarxisten viel mißbrauchter Ausdruck. Tatsächlich nämlich interpretieren und praktizieren die DKP-orientierten Marxisten den Marxismus in allen entscheidenden politischen Fragen in der eingeengten Form des Leninismus (s. dort) bzw. als Ökonomismus in Form des »Stamokap« (vgl. S. 149ff.). Innerhalb der westdeutschen Linken jedoch bezeichnen sie sich selbst als Marxisten und als Nachfolger der »traditionalistischen«, »marxistischen« Sozialdemokratie. *D.h., sie beanspruchen für sich eine in der Linken geachtete Weltanschauungs- und Wissenschaftsposition, während sie selbst nur eine ganz bestimmte, eingeschränkte Abart davon vertreten,* den sogenannten »Marxismus-Leninismus«: die Staatsideologie des Sowjetsozialismus. Andere Richtungen des Marxismus werden als »Abweichungen« verketzert. So heißt es z. B. über den Maoismus im »DDR-Wörterbuch«: »Der M. ist eine antileninistische politische Strömung. Wesenszüge des M. sind Großmachtchauvinismus ... und Antisowjetismus ... Er ist ein ... Gemisch aus einzelnen aus dem Zusammenhang gerissenen vulgarisierten marxistisch-leninistischen Leitsätzen (!), kleinbürgerlichem Sozialismus, ... kleinbürgerlich-bäuerlichen, halb volkstümlerischen und halb abenteuerlichen Auffassungen ...« (S. 507)

Monopolkapitalismus

Vgl. den Abschnitt über die Theorie des Staatsmonopolistischen Kapitalismus, S. 149 ff. Ferner s. *Imperialismus.*

Objektiv – subjektiv

Im sowjetmarxistischen Sprachgebrauch ein Wortpaar, das hilfreich zu dem oben gekennzeichneten Wortpaar »Erscheinung – Wesen« hinzutritt: Das »objektive Wesen« ist das, was der marxistische Wissenschaftler als das eigentlich Wahre hinter den Erscheinungen erkennt – »subjektiv«, d. h. bloße unwissenschaftliche, an den Erscheinungen klebenbleibende Meinung ist das, was der noch nicht marxistisch gebildete Laie oder »bürgerliche« Wissenschaftler für die gesellschaftliche Wirklichkeit *hält.*

Realer Sozialismus s. *Sozialismus*

Rechtssozialdemokratie

R., vor allem rechtssozialdemokratische Führung – sowjetmarxistische Schimpfwörter für die reformpolitisch (nicht-revolutionär) eingestellte Mehrheit der Sozialdemokratie (ihrer Führung wie ihrer Mitgliedschaft und Wählerschaft) seit 60 Jahren. Wobei die »Massenbasis«, auf die »rechts«-sozialdemokratische Führung sich immer wieder stützen kann, nach KP-Meinung eigentlich »links« stünde, jedoch so dumm ist, daß sie sich immer wieder von den rechten »Arbeiterverrätern« in die falsche Richtung verführen läßt und diese sogar auch immer wieder – statt der KPD/DKP – wählt. Weiteres unter *Sozialdemokratismus.* Näheres S. 170 ff.

Reformismus

Marxistischer Sammelbegriff für die Politiken innerhalb der Arbeiterbewegung, die versuchen, eine soziale und schließlich sozialistische Demokratie durch Reformen *innerhalb* kapitalistischer Wirtschaftsverhältnisse und/oder durch allmähliche Reform und *Überwindung* der kapitalistischen Produktionsverhältnisse zu erreichen. Wird als unwissenschaftlich, weil unmarxistisch, abgelehnt (s. *Wissenschaft*) – es sei denn, man verbindet R., wie das DKP-Programm, mit einer sich anschließenden »revolutionären Perspektive«. Originalton DDR: »R. ist eine Erscheinungsform bürgerlicher Ideologie und Politik in der Arbeiterbewegung. Der R. vertritt die Auffassung, daß die ... Arbeiterklasse auf dem Wege über ... Reformen zum Sozialismus gelangen kann, und lehnt die proletarische Revolution, die Eroberung der politischen Macht der Arbeiterklasse und die Errichtung der Diktatur des Proletariats als einzig möglichen (!) Weg zum Aufbau des Sozialismus ab.« Näheres S. 180ff.

Revisionismus

Sammelbegriff für diejenigen sozialistischen, sozialdemokratischen Theorien, die seit Bernstein bestimmte Elemente der marxistischen Lehre für zutreffend, andere jedoch für überholt und daher den gesamten Marxismus für »revisionsbedürftig« halten; wird vom Sowjetmarxismus als kleinbürgerlich-kompromißlerische Verfälschung bzw. Leugnung der »reinen« marxistischen Lehre verketzert. – Im Lager des »realen Sozialismus« werden alle als »revisionistisch« klassifizierten Strömungen in Politik, Kultur und Wissenschaft unterdrückt und ausgeschaltet. Alle originären Marxisten Osteuropas nach 1945 wurden zu »Revisionisten«. In der DDR: Bloch, Harich, Havemann und Bahro. In Ungarn: Georg Lukacs und seine Schüler. In Polen: Kolakowski, Brus. Und schließlich waren natürlich die Denker und Politiker des Prager Frühlings von 1968 wie Goldstücker, Šik, Mlynar, Smrkovsky und Dubček »Revisionisten«.

Sozialdemokratismus

S. auch *Rechtssozialdemokratie* und *Reformismus*.
Das »DDR-Wörterbuch« beschreibt die Politik der SPD unter dem Stichwort S. wie folgt: »Sozialdemokratismus: spezifische Spielart bürgerlich imperialistischer Ideologie und Politik, die

von den rechten sozialdemokratischen Führern praktiziert wird ... Der S. ist dem Marxismus-Leninismus von Grund auf feindlich. Er zielt darauf ab, die Arbeiterklasse geistig zu entwaffnen, die Spaltung ihrer Reihen zu vertiefen und die Werktätigen in den Fesseln der bürgerlichen Ideologie zu halten. Der S. täuscht Wandlungen im Kapitalismus vor und ist zusammen mit dem ... Antikommunismus eine der Hauptwaffen der imperialistischen Reaktion beim Kampf gegen den Sozialismus.« (S. 757) Näheres vgl. S. 170ff.

Sozialismus (realer)

Nach sowjetmarxistischer Auffassung das in der DDR und Osteuropa herrschende Gesellschaftssystem. Denn »der Sozialismus wird im Ergebnis der sozialistischen Revolution und der Übergangsperiode vom Kapitalismus zum Sozialismus und Kommunismus von der Arbeiterklasse im Bündnis mit allen anderen werktätigen Klassen und Schichten unter der Führung der marxistisch-leninistischen Partei geschaffen«, wie das »DDR-Wörterbuch« (S. 761) meint, – wobei dieser Übergang angeblich mit der russischen »Oktoberrevolution begann«, »in deren weiterem Prozeß sich das sozialistische Weltsystem entwickelte. ... Das sozialistische Weltsystem, vor allem die Sowjetunion, erweist ... den Völkern, die für ihre Freiheit kämpfen, eine immer größer werdende Hilfe« auf dem Wege zu solchem Sozialismus ...

Stamokap (Staatsmonopolistischer Kapitalismus)

Vgl. die zusammenfassende Bestimmung S. 149ff und die daran anschließende kritische Darstellung.

Werktätiger

Ein kerniger Ausdruck und schwammiger Begriff für nahezu jedermann: W. ist nämlich laut »DDR-Wörterbuch« jeder »Mensch, der durch eigene Arbeit seinen Lebensunterhalt verdient, den Reichtum der Gesellschaft vergrößert und nicht auf Kosten fremder Arbeitskraft, nicht von Ausbeutung anderer lebt. Sozial kann ein W. sowohl der Arbeiterklasse, der werktätigen Bauernschaft (im Sozialismus der Klasse der Genossenschaftsbauern), der Intelligenz angehören oder kleiner Warenproduzent sein.« (S. 960)

Wesen s. *Erscheinung*

Wissenschaft

– zumindest Sozialwissenschaft! – wird von (Sowjet-)Marxisten vorab schlicht in zwei Gruppen unterteilt: »bürgerliche« und »marxistische«. Wobei selbstverständlich nur die letztere wahre, weil auf dem Marxschen Materialismus beruhende Wissenschaft ist. Daher ist insbesondere auch nur ein marxistisch begründeter Sozialismus »wahr«, weil »wissenschaftlich«. Für solchen »wissenschaftlichen Sozialismus« erheben dogmatische Marxisten demnach einen *Alleinvertretungsanspruch* – denn, wie es ausdrücklich im »DDR-Wörterbuch« heißt (S. 874), er »ist mit jeglichen revisionistischen Theorien über Pluralismus und (ergänze: alternative; d. Verf.) Sozialismusmodelle unvereinbar«. Für den »wissenschaftlichen Sozialismus« ist der Weg zum Sozialismus also eine – nur von ihm richtig erkannte! – Einbahnstraße.

Die Kenntnis dieser *Schlüsselbegriffe* aus der Sprache der sowjetmarxistischen Ideologie ist für die Auseinandersetzung mit ihr sehr wichtig:

- Sie sind Erkennungszeichen für sowjetmarxistische Argumentation auch dann, wenn diese verdeckt vorgetragen wird. Wobei nicht jeder, der diese Begriffe mit dieser Bedeutung verwendet, immer weiß, wessen Sprache er da spricht.
- Die sowjetmarxistische Ideologie ist ein geschlossenes ideologisches Gebäude, die Begriffe haben den Zweck, die Weltsicht eines jeden Anhängers verbindlich festzulegen. Es sind »heilige Worte«: eine offiziell festgelegte, dogmatische Sprache, deren Inhalte von den Ideologiebevollmächtigten der Partei so genau definiert werden wie die katholischen Dogmen durch den Heiligen Stuhl in Rom.
- Es sind Kampfbegriffe. Sie verbinden Welt*erklärung* mit Welt*bewertung* im propagandistischen Sinn. Hat man sich an solche verbindlichen sprachlichen Deutungsmuster (= Klischees) erst einmal gewöhnt, so ist es nicht mehr wichtig, politische Fakten zu erkennen, sondern nur noch, politische Position mit dem richtigen Etikett zu versehen und sich richtig dazu zu verhalten: Freundschaft oder Feindschaft. Die sowjetmarxistische Ideologie verwandelt die politischen Auseinandersetzungen in einen Schlagwortkrieg, bei dem weder die Erfahrungen des einzelnen noch Fakten zählen

(vgl. z. B. »Sozialdemokratismus«), vielmehr geht es um die Ausrichtung von Gefolgschaften und um die politische Ausschaltung von Feinden.

Diese von oben festgelegte, verordnete und in ihrer offiziellen Anwendung sich monoton wiederholende Weltdeutungs- und Kampfsprache des Sowjetmarxismus hat, wie der ungarische Soziologe Mihaly Vajta es formulierte[74], die Wirkung, »den Menschen die Sprache zu rauben«.

VI. Die politische Unwahrhaftigkeit des DKP-Programms

Es gibt zur Zeit eine nicht geringe Anzahl von Linken in diesem Land, die sich offen oder insgeheim zur DKP bekennen, da diese nach ihrer Auffassung als einzige linke Partei noch eine klare sozialistische Linie verfolgt. Offensichtlich haben diese Linken – auch und gerade als Gewerkschafter – weder das Düsseldorfer, noch das neue, taktisch geschicktere Mannheimer Programm der DKP von 1978 jemals gründlich studiert.[75] Die durchgängige politische Schizophrenie der DKP-Ideologie, nämlich einerseits für den Sozialismus – andererseits für die Sowjetunion als sozialistisches Vorbild einzutreten, einerseits für – andererseits gegen einen parlamentarisch-demokratischen Weg zum Sozialismus, bringt alle (meist durchaus gutgläubigen) DKP-Anhänger in eine Nähe zum sowjetsozialistischen Diktatursystem und in eine zwielichtige Haltung zur Demokratie, die sie und die Organisationen, in denen sie Funktionen ausüben, völlig unglaubwürdig, ja antidemokratisch erscheinen lassen. Besonders (junge) Gewerkschafter müssen erkennen, daß die – anti-eurokommunistische – DKP sie in eine verhängnisvolle politische Sackgasse treibt. Dies soll im folgenden konkret nachgewiesen werden.

1. Idealisierung des Sowjetsozialismus

Es ist das Verhängnis der westdeutschen KP, daß sie bis heute die Kraft oder den Mut für die eurokommunistische Wende ihrer Politik nicht gefunden hat. Mehr als das: daß sie die sowjethörigste KP Europas geblieben ist. Es ist dies ein Verhängnis vielleicht sogar auch für die Situation der Linken und des Sozialismus in diesem Land: denn die DKP könnte, als Moskau-unabhängige Partei, mit ihren durchaus ernstzunehmenden, über SPD-Forderungen erheblich hinausgehenden sozialistischen Programmelementen (s. u.) durchaus zu jener konsequent-sozialistischen politischen Alternative avancieren, die es in der gegenwärtigen westdeutschen politischen Kultur nicht gibt. Die gegenwärtige DKP aber kann diese Alternative, wie auch die Wahlergebnisse (außer in Parteihochschul-Orten wie Marburg!) immer neu bestätigen, nicht sein, solange sie in zynischer Nichtachtung der biographischen und politischen

Lebenserfahrungen der Menschen in Deutschland auch in ihrem Mannheimer Programm von 1978 (S. 7, 10, 84, 86, bes. 88), wie bereits in ihrem Düsseldorfer Parteiprogramm von 1971, die Sowjetunion und die von ihr abhängige Staatengruppe zum politischen Idol erhebt.

Diese Gruppe und insbesondere die Sowjetunion wurden bereits 1971 zum Vorbild einer sozialistischen Ordnung, zum »Garanten des gesellschaftlichen Fortschritts« hochstilisiert, dessen Anerkenntnis das »Kriterium jedes wirklichen Kommunisten« sei – das heißt praktisch: verbindliche Richtschnur DKP-loyaler politischer Theorie und Praxis. Zunächst wurde der osteuropäischen Staatengruppe kollektiv dieser Vorbildcharakter zugesprochen: »Die Erfolge der sozialistischen Länder ... sind Ausdruck ... der breit entfalteten sozialistischen Demokratie, der wirklichen Freiheit. Die sozialistische Staatengemeinschaft entwickelt sich so zum Vorbild einer künftigen weltweiten Gemeinschaft freier Menschen.« Zwar treten geschichtliche Schwierigkeiten beim Aufbau der sozialistischen Gesellschaft in dieser Gruppe auf, aber sie »beweist immer aufs neue, daß sie alle Voraussetzungen besitzt, um auftretende Schwierigkeiten im Interesse des Volkes und des weiteren Fortschritts zu lösen. Die Hauptkraft der sozialistischen Staatengemeinschaft, ... der wichtigste Garant ... des gesellschaftlichen Fortschritts war, ist und bleibt die Sowjetunion ... Die DKP hält es mit Ernst Thälmanns Wort, daß die positive Einstellung zur Sowjetunion das Kriterium jedes wirklichen Kommunisten ist ... Die Interessen der Arbeiterklasse erfordern die enge Verbundenheit und Solidarität mit der Sowjetunion und den anderen Ländern der sozialistischen Staatengemeinschaft« (These 17).

Im Mannheimer Programm von Oktober 1978 finden sich alle diese Loyalitätsbekundungen gegenüber der vorbildlich-sozialistischen Sowjetunion und ihrer osteuropäischen Staatengruppe wieder, weitgehend wörtlich, teilweise jedoch mit interessanten kleinen sprachlichen Veränderungen, die offenbar dem Wunsch entsprechen, die 1971 formulierte *totale* Untertänigkeit gegenüber der Sowjetunion im neuen Programmtext zu vermeiden. So ist die zitierte Ergebensheitbekundung aus dem Zentrum des Programms in einen der letzten Abschnitte gerutscht (S. 88) – die Bindung (»Verbundenheit«) an die Sowjetunion wird nicht mehr erforderlich genannt, sondern »nur« noch »im Interesse aller fortschrittlichen Kräfte« liegend. Anstelle des bedingungslosen Kotaus vor der Sowjetunion (»positive Einstellung«) als »Kriterium jedes wirklichen

Kommunisten« wird »nur« noch gefordert: »Die DKP sieht – getreu dem Vermächtnis Ernst Thälmanns – die Haltung zur Sowjetunion als entscheidenden Prüfstein für jeden Kommunisten an...«
Aber diese geringfügigen, programm-kosmetischen Operationen ändern nichts am Kern der Sache: der absolut kritiklosen Unterwerfung der DKP unter die ideologische und politische Herrschaft der KPdSU und ihrer Agentur in der DDR, der SED: »Beständig pflegt sie vor allem ihre Verbundenheit mit der Sozialistischen Einheitspartei Deutschlands...« Denn: »Unter Führung der SED gestalte(t)... das ganze Volk der DDR die entwickelte sozialistische Gesellschaft und stärkt auf deutschem Boden den realen Sozialismus« (S. 89). Dieses, das heißt, das totalitäre staatswirtschaftliche System in Osteuropa, wird von der DKP im grundlegenden ersten Teil des Mannheimer Programms, ohne jede kritische Einschränkung und Distanz, mit Sozialismus gleichgesetzt und als die positive, vorbildliche Alternative dem westlichen, kapitalistischen System gegenübergestellt: Die russische Oktoberrevolution »war ein Wendepunkt in der Geschichte der Menschheit. Sie machte den Sozialismus... zur lebendigen Wirklichkeit« (S. 9). Dieser »reale (!) Sozialismus ist die größte Errungenschaft der Arbeiterklasse« (S. 10). Und »wie in der Vergangenheit, so ist auch künftig der Vormarsch des Sozialismus... unlöslich mit dem Wirken der Sowjetunion als Wegbereiter des Fortschritts der Menschheit (!) verbunden«.[76] Auch in Westdeutschland?
Der Schaden, der durch solche, auch nicht durch den Schatten einer kritischen Analyse in Frage gestellten Idealisierung des »sozialistischen Lagers« und speziell der Sowjetunion einer Theorie und Praxis sozialistischer Politik zugefügt wird, ist immens. Infolge der maßlosen Überschätzung und Schönfärberei der »real«-sozialistischen Substanz Osteuropas büßen die DKP und ihre »Nebenorganisationen« Glaubwürdigkeit ein und verdammen sich selbst zu politischer Wirkungslosigkeit – oder aber zur Strategie des verdeckten Einfluß- bzw. Macht*gewinns* in nichtkommunistischen Organisationsformen – bis hin zur faktischen Macht*übernahme*. Beides wirkt sich gegen sozialistische Theorie und Praxis aus: Im Falle langfristig bedeutungslos bleibender Splitterpartei-Existenz verdammt es wertvolle Kräfte und Stimmen zu politischer Wirkungslosigkeit und schwächt zugleich die Kraft relevanter linker Organisationen – im Falle des »verdeckten Kampfes« wird in den unterwanderten Organisationen und Redaktionen mit dem Mittel der Tar-

nung politisch gearbeitet. Damit aber geraten Kommunisten unabwendbar in das Zwielicht von Illegalität und Verfassungsfeindlichkeit und provozieren zwangsläufig eine Politik staatlicher und organisationspolitischer Abgrenzung sowie »Aussperrung«.

Die Idolisierung des Sowjetsystems zum prinzipiellen politischen Vorbild aller »wirklichen« Kommunisten verursacht aber einen vielleicht noch verheerenderen Schaden in sozialistischer Theorie und Praxis: Die Stilisierung eines totalitären staatswirtschaftlichen Gesellschaftssystems – das noch nicht einmal als »Übergangsgesellschaft« zwischen Kapitalismus und Sozialismus bezeichnet werden kann – zum für jeden Parteigenossen verbindlichen Ideal sozialistischer Entwicklung und Politik erzeugt grundsätzliches Unvermögen, Sozialismus glaubwürdig zu definieren und den Pseudo-Sozialismus Osteuropas kritisch zu analysieren. An einem Ideal, einem parteioffiziell verbindlichen Vorbild, kann a priori nichts Wesentliches falsch, defizitär, fehlorientiert sein. Mit anderen Worten: DKP-Kommunisten und -Sympathisanten werden a priori, d. h. *vor jeder möglichen eigenen Erfahrung,* parteioffiziell festgelegt auf die Bejahung des osteuropäischen ökonomisch-politisch-ideologischen Systems und seiner Politik als eines sozialistischen. Sie werden a priori, vor jeder möglichen Erfahrung, festgelegt auf Nicht-Wahrnehmung, Ableugnung irgendwelcher strukturell falschen, klassenherrschaftlichen, ausbeuterischen, unfreiheitlichen, also: unsozialistischen Elemente in der Sowjetunion und den anderen Gesellschaften des »sozialistischen Lagers«. Es ist daher auch keine zufällige, bloß agitatorische Argumentationsform, sondern beruht auf einer erkenntnisleitenden parteiideologischen Vorentscheidung, wenn DKP-orientierte Linke ausnahmslos schwerwiegende strukturell antidemokratische und antisozialistische Herrschafts- und Wirtschaftsverhältnisse in Osteuropa als »tendenziöse Berichterstattung« oder als unwesentlich, als vorübergehende geschichtliche »Schwierigkeiten« und »Widersprüche« hinwegzuinterpretieren versuchen, die im »antiimperialistischen Kampf des Neuen gegen das Alte«[77] auftreten. DKP-Anhänger machen sich und andere blind für die antidemokratischen und antisozialistischen Elemente des Sowjetsystems.

2. Unwahrhaftigkeit des DKP-Programms gegenüber der Demokratie...

Sowjetmarxistisch orientierte Programmatik und Agitation bleiben zutiefst unglaubwürdig durch eine unauflösbare theoretisch-praktische Bewußtseinsspaltung: demokratische Haltung und Reformpolitik propagieren zu wollen auf der Basis einer antidemokratischen und antireformistischen Theorie gesellschaftlicher Transformation. Unauflösbar bleibt diese Bewußtseinsspaltung, solange sie sich im Banne einer Sowjethörigkeit und eines Marxismus bewegen, der nicht als eine (selbst kritisch zu überprüfende) analytische Methode in Anspruch genommen wird, sondern als »Weltanschauung«, als unbezweifelbare Welt- und Geschichts(ablauf)deutung: »Die Weltanschauung der Kommunisten ist der Marxismus-Leninismus«, heißt es in These 34 des Düsseldorfer DKP-Programms, und auch im neuen Mannheimer Programm (S. 84) wird dieser die »Weltanschauung der Kommunisten« genannt. Die Bewußtseinsspaltung begegnet einem auf Schritt und Tritt – insbesondere

- in der verächtlichen Abwertung der »bürgerlichen«, parlamentarischen (beziehungsweise Aufwertung der sowjetischen) Demokratie einerseits – und im Lippenbekenntnis zur Verfassung, zur »antimonopolistischen Demokratie« und zur parlamentarischen Arbeit andererseits;
- in der Abwertung von Reformpolitik, der Verketzerung der SPD und ihrer jahrzehntelangen reformpolitischen Bemühungen einerseits – und in der ausdrücklichen (natürlich durch die »revolutionäre Perspektive« legitimierten!) Aufnahme der von der Sozialdemokratie seit hundert Jahren in Angriff genommenen Reformaufgaben sowie in der Forderung der »Aktionseinheit« mit den Sozialdemokraten andererseits.

Im Rahmen dieses Buches können die genannten Dimensionen der theoretisch-praktischen Bewußtseinsspaltung: das gespaltene, daher unglaubwürdige Verhältnis zur Demokratie, zum Staat und zur Reformpolitik beziehungsweise zur SPD naturgemäß nur durch einige wenige beispielhafte Hinweise belegt werden. Für Gewerkschafter entscheidend ist dabei, daß die im folgenden nachzuweisende politische Bewußtseinsspaltung *in der Gewerkschaftsarbeit äußerst gefährliche, ja zerstörerische Folgen haben muß: Versuche zur Unterdrückung von Kritik des Sowjetsystems* (wie auf der Bundesjugendkonferenz des DGB 1977) *bringen Gewerkschaftspolitik insgesamt ins Zwielicht* –

ferner müssen die unentwegten Versuche, sozialdemokratische bzw. gewerkschaftliche Reformpolitik schlecht zu machen und zugunsten größeren DKP-Einflusses einen Keil zwischen Gewerkschaften und ihren wichtigsten politischen Bündnispartner SPD zu treiben, gewerkschaftliche Politik mit Notwendigkeit verunsichern und schwächen.

3. ... im Gegensatz zur eurokommunistischen Entwicklung

Naturgemäß mußten die Klassiker des Marxismus angesichts des Dreiklassenwahlrechts (Zensuswahl) sowie aufgrund vieler anderer der Bourgeoisie zur Verfügung stehender Instrumente totaler Niederhaltung der nichtbesitzenden Klassen zu dem Ergebnis kommen: »In Wirklichkeit aber ist der Staat nichts anderes als eine Maschine zur Unterdrückung einer Klasse durch eine andere, und zwar in der demokratischen Republik nicht minder als in der Monarchie.«[78] Gleichwohl gibt es bereits bei den Klassikern ein ambivalentes Verhältnis zur Demokratie; bereits im Kommunistischen Manifest heißt es: »Der erste Schritt ... (ist) die Erhebung des Proletariats zur herrschenden Klasse, die Erkämpfung der Demokratie«[79], und der späte Engels hat angesichts der sozialdemokratischen Wahlerfolge im Reichstag, zwölf Jahre nach dem Tod von Marx, in der Einleitung zu dessen Arbeit über »Klassenkämpfe in Frankreich« geschrieben: Die deutschen Arbeiter haben »das Wahlrecht benutzt in einer Weise, die sich ihnen tausendfach gelohnt und die den Arbeitern aller Länder als Vorbild gedient hat. Sie haben das Wahlrecht ... verwandelt aus einem Mittel der Prellerei, was es bisher war, in ein Werkzeug der Befreiung ... Mit dieser erfolgreichen Benutzung des allgemeinen Stimmrechts war aber eine ganz neue Kampfweise des Proletariats in Wirksamkeit getreten. ... Und so geschah es, daß Bourgeoisie und Regierung dahin kamen, sich weit mehr zu fürchten vor der gesetzlichen als vor der ungesetzlichen Aktion der Arbeiterpartei, vor den Erfolgen der Wahl als vor denen der Rebellion.«[80] Lenin wiederum hatte, besonders aufgrund seiner russischen Erfahrungen, nichts als Hohn für die Hoffnung übrig, die deutsche Sozialdemokraten in die parlamentarischen Fortschritte setzten, und tat daher die bürgerliche Verfassung und Demokratie als bloße Verschleierung von Klassenherrschaft ab: »Man nehme die Grundgesetze der modernen Staaten, man nehme die Methoden, mit denen sie regiert werden, man nehme

die Versammlungs- und Pressefreiheit, die ›Gleichheit der Bürger vor dem Gesetz‹ – und man wird auf Schritt und Tritt die ... Heuchelei der bürgerlichen Demokratie erblicken.«[81] Für ihn war die parlamentarische Demokratie nichts als eine »Demokratie für die Reichen«.
Die großen westeuropäischen kommunistischen Parteien haben daraus ihre Konsequenzen gezogen. Denn sie befanden sich in nicht geringer Verlegenheit angesichts der leninistischen Verachtung der parlamentarischen Demokratie, da sie einerseits die Demokratie marxistisch-leninistisch nur als ein Herrschaftsinstrument der ökonomisch herrschenden Klasse interpretieren konnten, andererseits aber sich aufgrund ihrer praktisch-politischen Volksfront- oder Koalitionskonzeption dem Parlamentarismus und der loyalen Mitarbeit unter parlamentarischen Regeln verpflichten müssen. Daher hat die französische KP vor einigen Jahren die einen parlamentarisch-demokratischen Machtwechsel ausschließende marxistische Zentralformel für den sozialistischen Machtwechsel: »Diktatur des Proletariats« ausdrücklich verworfen. Die spanische KP hat den die Einparteidiktatur rechtfertigenden *Leninismus insgesamt* als ideologische Grundlage verworfen. Und die italienische KP hat sich 1979 in einem neuen Grundsatzprogramm ausdrücklich zum ideologischen Pluralismus bekannt, nachdem sie – Mitverfasserin der italienischen Verfassung – sich schon lange ausdrücklich auf die »freiheitlich-demokratischen Grundsätze« der parlamentarischen Demokratie (Mehrheitsprinzip, Mehrparteienprinzip, Gewaltenteilung, Geltung der Menschen- und Bürgerrechte, Abwählbarkeit der Regierung, etc.) festgelegt hatte.[82]
In dem ganzen, unendlich wortreichen, sich oft wiederholenden DKP-Programm von 1978 ist von diesen Prinzipien ebensowenig etwas zu lesen wie in ihren »Düsseldorfer Thesen« von 1971. Die DKP-Programme – wie übrigens die Verlautbarungen *aller* extremen Linken – reklamieren stets lauthals die »Verteidigung und Erweiterung demokratischer Rechte« (S. 51 ff.), wenn sie sich *selbst* durch die »streitbare Demokratie« in ihrem Wirken eingeschränkt fühlen – doch fast nie findet man bei denselben Linken das Bekenntnis zur Respektierung der parlamentarisch-demokratischen *Grund*ordnung, die allein doch den Bestand der *einzelnen* Grundrechte garantiert; im Gegenteil, diese Grundordnung wird als »bürgerliche Demokratie«, das heißt »eine Form der politischen Herrschaft des Kapitals« (S. 61) verächtlich abgetan!
So findet sich auch immer wieder in der westdeutschen anti-

reformistischen und insbesondere in der sowjetmarxistisch orientierten Theorieproduktion die Verächtlichmachung der parlamentarischen Demokratie – durchgängig, obwohl in sich widersprüchlich, vor allem in der Stamokap-Theorie (vgl. S. 149ff.). Besonders kraß kommt dieser Antiparlamentarismus zum Beispiel in einem Aufsatz von zwei Wortführern der im gesellschaftswissenschaftlichen Fachbereich der Marburger Universität maßgeblichen sowjetmarxistischen Gruppe, Frank Deppe und Georg Fülberth zum Ausdruck: Die Einsichten des späten Engels sowie die Tatsache, daß das allgemeine Wahlrecht jahrzehntelang Kampfziel der internationalen Arbeiterbewegung war, werden von den Autoren unterschlagen beziehungsweise mit dem Hinweis überdeckt, daß das Eindringen der Arbeiterparteien in den »bürgerlichen Parlamentarismus« nichts als Oligarchisierung der Arbeiterparteien, Massenentfremdung und Manipulation produziert hätte[83], um nach 1945 vollends zum Legitimationsschleier von kapitalistischer Interessenpolitik zu verkommen: »Der moderne Parlamentarismus schützt die Macht der Herrschenden dadurch, daß er sie zugleich verschleiert und ihre ständige Akklamation besorgt. In den Wahlen geht immer wieder die ›Staatsgewalt vom Volke aus‹, um bei den Oligarchien zu verbleiben: indem die Wähler scheinbare Entscheidungen treffen, bleiben die eigentlichen Machtträger unsichtbar.«[84]

Der DKP gelingt es nicht, angesichts der antidemokratischen und speziell antiparlamentarischen Äußerungen in ihrem Programm sowie angesichts des durchgängigen Antiparlamentarismus ihrer (theoretisch-klassischen wie aktuellen) Wortführer, gleichwohl das Bekenntnis zu den Grundsätzen der Verfassung, zur parlamentarischen Arbeit und zur sozialistischen »Umgestaltung« auf der Basis der im Grundrecht verkündeten demokratischen Prinzipien und Rechte glaubwürdig zu machen. Dabei möchte sie mit einem Teil ihres gespaltenen Bewußtseins gewiß den Weg der kommunistischen Parteien Westeuropas nachvollziehen. Doch ist sie von diesem Weg noch weit entfernt.

Zweifellos nicht nur, nicht einmal primär wegen Lenin und wegen ihrer »Marburger Schule«, sondern vor allem wegen ihrer noch totalen Sowjethörigkeit, die ihrerseits die Fast-Null-Existenz der DKP im parlamentarischen Bereich zur Folge hat. Die DKP ist immer noch für 99% aller (West-)Deutschen, als was sie Kurt Schumacher bereits 1945 diagnostizierte: »Die Partei einer fremden Macht« – und daher nicht wählbar.

Die DKP aber macht aus der Not eine Tugend und rückt die parlamentarische Demokratie ins Zwielicht. Ihr programmatisches Bewußtsein bleibt gespalten: *Einerseits* strebt sie nach »Erringung parlamentarischer Positionen« (S. 35), hofft sie sogar auf eine »antimonopolistische Demokratie«, die einen evolutionären »Übergang zur sozialistischen Umgestaltung« (S. 68) ermöglicht: »Unter einer antimonopolistischen Demokratie versteht die DKP eine Periode grundlegender Umgestaltung, in der die Arbeiterklasse und die anderen demokratischen Kräfte über so viel politische Kraft und parlamentarischen Einfluß verfügen, daß sie eine ihre gemeinsamen Interessen vertretende Koalitionsregierung bilden können.«[85] *Andererseits* aber wird der parlamentarischen Demokratie jede Offenheit in Richtung auf sozialistische Transformation abgesprochen und dekretiert: »Jede bürgerliche Demokratie ... beruht auf der ökonomischen Macht der Kapitalistenklasse. Sie ist in jedem Fall (!) eine Form der politischen Herrschaft des Kapitals, der Herrschaft einer kleinen Minderheit über die Mehrheit. Und selbst die beschränkten Rechte und Freiheiten sind im Kapitalismus stets bedroht. Erst der Sozialismus gibt mit der politischen Macht der Arbeitenden und dem gesellschaftlichen Eigentum an allen wichtigen Produktionsmitteln den demokratischen Rechten und Freiheiten ... eine reale Grundlage« (S. 61).

Die Bewußtseinsspaltung ist offenkundig – denn eines geht nur: Entweder hält man linke Koalitionen und damit auch antikapitalistische Systemveränderung im parlamentarischen System für möglich, die durch »fortschrittliche Gesetzgebung« (S. 67), »demokratische Wirtschaftsplanung« (S. 67) etc. den Übergang zum Sozialismus gestatten – oder man verketzert die parlamentarische Demokratie als Herrschaftsform des Kapitals und vertraut stattdessen auf irgendeine – im DKP-Programm in einem vielsagenden Dunkel bleibende – »Erringung der politischen Macht durch die Arbeiterklasse« (S. 59) plus Sozialisierung der wichtigen Produktionsmittel (S. 59, 61), wonach *erst dann* – »in einer sozialistischen Bundesrepublik« (S. 64) – auch der Parlamentarismus ernst zu nehmen ist. Während nämlich das DKP-Programm für das existierende parlamentarische System kein Wort des Respektes findet, gilt nach der Machtergreifung der »Arbeiterklasse« (was immer das realpolitisch sein mag): »In einer sozialistischen (!) Bundesrepublik werden die gewählten Volksvertretungen die höchsten staatlichen Machtorgane sein« (S. 64). Das kann man logisch nur so deuten: *Erst* – durch außerparlamentarischen Kampf – Machtergreifung und Sozialisierung durch die Arbeiterklasse – *dann* sozialistisch-parlamentarische Demokratie. Da aber »die« Sozialisierung nicht durch »die« Arbeiterklasse außerparlamentarisch realisiert und praktiziert werden kann, gerinnt deren Begriff zu dem einer revolutionären Kaderpartei, die im Namen der Arbeiterklasse diese Machtergreifung und Sozialisierung organisiert, der dann eine »wahre« »sozialistische« Demokratie folgen kann. Im selben Zusammenhang (S. 63) bekennt sich die DKP zwar zu den »demokratischen Traditionen und Errungenschaften«, erwähnt dabei »die Mitbestimmungs- und Kontrollrechte der Arbeiter«, »das System der kommunalen Selbstverwaltung und die bundesstaatliche Struktur« – nicht aber die grundlegende parlamentarisch-demokratische Verfassungsordnung mit ihren elementaren Bürger- und Menschenrechten.

Fazit: Das alte wie das neue DKP-Programm bleibt unglaubwürdig, bewußtseinsgespalten, weil es im selben Text die parlamentarische Demokratie als Herrschaftsinstrument des Kapitals definiert, an anderer Stelle aber als *nicht* kapitalistisch festgelegt, vielmehr als mögliches Transformationsinstrument mit Hilfe linker Koalitionen bestimmt.

4. Für Demokratisierung – nur nicht in Osteuropa

Dabei kann man der DKP voll zustimmen, wenn sie in ihren Programmen die Idee einer basisdemokratischen Weiterentwicklung, Verlebendigung und Fundamentierung der parlamentarischen Demokratie entwickelt – ein Gedanke, der allerdings origineller und glaubwürdiger (weil von einer unzweideutigen und realen parlamentarischen Basis aus, nämlich der SPD!) von den Jungsozialisten ausgearbeitet worden ist und von ihnen fast abgeschrieben sein könnte: »Das entscheidende Element des Kampfes der DKP für mehr Demokratie ist das Eintreten für Mitbestimmung und demokratische Kontrolle in allen gesellschaftlichen Bereichen. Hier ergeben sich für die arbeitenden Menschen reale Ansatzpunkte, um unmittelbaren Einfluß auf die politische und wirtschaftliche Entwicklung der Bundesrepublik zu gewinnen. Hier können günstige Voraussetzungen für eine umfassende Demokratisierung geschaffen werden« (S. 53 f.). Dabei mißt »die DKP ... dem außerparlamentarischen Kampf, insbesondere den betrieblichen und gewerkschaftlichen Aktionen der Arbeiterklasse sowie der

Schüler und Studenten und den demokratischen Bürgerinitiativen entscheidende Bedeutung zu« (S. 35).

Man kann die Aufnahme dieser zentralen reformistischen Strategie[86] in die DKP-Programme nur begrüßen – allerdings mit einem sehr gravierenden kritischen Zusatz: Die DKP wird, wenn sie je glaubwürdig werden will, *den in ihrem Programm jetzt unaufgelösten Widerspruch aufzulösen haben, der zwischen diesen Bekenntnissen zu einer Demokratisierung aller gesellschaftlichen Bereiche, zum politischen Streikrecht, zu einer optimalen Beteiligung des Volkes im parlamentarischen und außerparlamentarischen Entscheidungsprozeß einerseits – und der Idolisierung der Sowjetunion und der anderen staatswirtschaftlichen Systeme Osteuropas andererseits besteht.* Man kann nicht auf der einen Seite die grundlegende Umgestaltung der Gesellschaft »auf der Basis der demokratischen Prinzipien und Rechte des Grundgesetzes« (S. 67), die Demokratisierung »in allen gesellschaftlichen Bereichen« (S. 53), die umfassende Mitbestimmung der Arbeiter und Angestellten fordern – und andererseits die jede basisdemokratische Regung brutal unterdrükkenden Systeme des »realen Sozialismus« zum Vorbild der gesellschaftlichen Entwicklung und des Sozialismus erheben. Im »realen Sozialismus« sind die meisten entscheidenden Grundrechte und Grundprinzipien der Demokratie, zu denen das DKP-Programm sich bekennt, nicht realisiert, und die propagierte Fundamentaldemokratisierung: die Mitbestimmung der Betroffenen in allen gesellschaftlichen Lebensbereichen wird als Syndikalismus, Anarchismus, jugoslawischer Irrweg etc. verpönt. Basisdemokratie oder Sowjetsystem – eins geht nur. Die DKP bekennt sich zu beiden – das geht nicht.

5. Widersprüchliche Aussagen zur Reformpolitik, zur SPD und zu den Gewerkschaften

Es ist in den Darlegungen des gespaltenen Verhältnisses der sowjetmarxistischen Theorie und Praxis zur parlamentarischen Demokratie bereits mehrfach die theoretische wie praktische Bewußtseinsspaltung deutlich geworden, die das Verhältnis der Sowjetkommunisten zur reformsozialistischen Politik und ihren Organisationen kennzeichnet: Verketzerung der »reformistischen Illusionen« der Sozialdemokraten einerseits – und eifrige Befürwortung der wichtigsten der seit Jahrzehnten von eben diesen Sozialdemokraten aufgestellten und teilweise

praktisch-politisch verwirklichten Reformziele andererseits: Mitbestimmung (S. 44 f., These 11 des Düsseldorfer Programms), soziales Mietrecht (S. 39, bzw. These 12), Ausbau des Sozialversicherungsrechts (S. 40, These 13), Demokratisierung aller gesellschaftlichen Bereiche (S. 53 ff., These 14), demokratische Bildungsreform (S. 47 ff., These 15), gesamteuropäische Entspannungspolitik (S. 54 ff., These 16) – wobei diese und eine Reihe bedeutsamer, weitergehender Reformziele der DKP als nicht-illusionär qualifiziert werden, weil sie in einem »revolutionären Prozeß« (These 9) integriert gesehen werden. Das heißt: Weil die Kommunisten in ihrer Theorie die »Verbindung von Reform und revolutionärer Umwälzung« aufrechterhalten, fühlen sie sich über die »Reformisten« erhaben.
Genau dieses gegen die Sozialdemokratie ausgespielte, zwar hohle, aber lautstarke revolutionäre Pathos, das immer neue Bekenntnis zu einer sozialistischen Strategie, »die auf der revolutionären Überwindung der kapitalistischen Macht- und Besitzverhältnisse aufbaut« (S. 65), und der Führungsanspruch der »revolutionären Partei« (S. 65) DKP widerlegen alle Lippenbekenntnisse zum reformpolitischen, verfassungsgemäßen, parlamentarisch-demokratischen Weg, der andernorts unverbindlich immerhin für »möglich« (S. 66) gehalten wird.
Vollends unglaubwürdig aber wird das politische Konzept der DKP, wenn sie *einerseits*, für das immerhin für »möglich« gehaltene »antimonopolistische Bündnis«, »dem gemeinsamen Handeln von Kommunisten und Sozialdemokraten entscheidende Bedeutung« beimißt (S. 73) – *andererseits* aber diese selbe Sozialdemokratie verteufelt, da sie sich im Banne der »Politik und Ideologie der rechtssozialdemokratischen Führer« befindet, »die das kapitalistische System verteidigen, die Interessen des arbeitenden Volkes denen des Großkapitals unterordnen« (S. 73).
Die wissenschaftliche Unhaltbarkeit dieser uralten Verschwörertheorie, wonach – spätestens seit 1914! – eine Handvoll Arbeiterverräter in den Spitzen von Partei und Gewerkschaften die linke »Basis« vom wahren Weg weggeführt hat, braucht hier nicht nochmals dargelegt zu werden.[87] (Alle Wahlen – gerade auch an der »Parteibasis«! – zeigen, daß die Masse der Sozialdemokraten keineswegs weiter links steht als ihre »Führer« – und Meinungsumfragen bestätigen dies.) *Hochbrisant aber für jeden Gewerkschafter und alle Gewerkschaften wird dieses Hirngespinst von der »verführten« Sozialdemokratie, weil genau die Gewerkschaftsarbeit als der Ort ausersehen ist, wo es*

gilt, die braven Sozialdemokraten von ihren Verführern zu befreien – um sie in die Arme der wahren Führer: der »revolutionären« DKP zu führen. Dieser »Führerwechsel« vollzieht sich in drei Schritten:

1. Sich anschmeißen: »Aktionseinheit«;
2. Gewerkschaften von der SPD abspalten (»parteipolitische Unabhängigkeit«);
3. im DGB Macht gewinnen.

1. Schritt: »Der beste Weg für die Entwicklung der Aktionseinheit ist das Zusammenwirken von Kommunisten und Sozialdemokraten am Arbeitsplatz, im Betrieb und in den Gewerkschaften ... In der praktischen Arbeit ... nimmt die Übereinstimmung in Grundfragen des Klassenkampfes zu« (S. 74).

2. Schritt: Da nun aber die DKP die starken Bindungen vieler Gewerkschafter an die Sozialdemokratie kennt, kann sie nicht einfach die Parole aufstellen: Geht weg von der SPD und kommt zu uns. Vielmehr wählt sie einen Umweg. Sie mißbraucht, einmal in den Gewerkschaften »präsent«, das gewerkschaftliche Autonomieprinzip zu einer Strategie der Ablösung der Gewerkschaften von der SPD: »Die DKP ... achtet ... strikt die parteipolitische Unabhängigkeit der Gewerkschaften und wendet sich gegen die Verletzung dieses Prinzips durch christdemokratische und rechtssozialdemokratische Politiker« (S. 75).[88]

3. Schritt: Nachdem die DKP mit der Autonomie-Parole viele Gewerkschafter erst einmal von dem verhängnisvollen SPD-Einfluß freigemacht hat, empfiehlt sie selbst sich nunmehr, anstelle der SPD, als der wahre Führer der »Arbeiterklasse«: »Das Erstarken der DKP ... und ihre immer festere Verwurzelung in der Arbeiterklasse ist eine Grundvoraussetzung für die Veränderung des politischen Kräfteverhältnisses zugunsten des arbeitenden Volkes. Die Entwicklung der DKP zu einer Massenpartei ist unerläßlich ...« (S. 83).

Dabei haben sich kommunistische Gewerkschafter laut Programm keineswegs an alle Gewerkschaftsbeschlüsse zu halten, sondern lediglich »für die Verwirklichung der den Interessen der Arbeiterklasse dienenden (!) Gewerkschaftsbeschlüsse zu kämpfen«, und im übrigen prosowjetische Agitation zu betreiben – was in der verklausulierten Programmsprache so lautet: »Sie setzen sich dafür ein, ... daß dem Antikommunismus in den Gewerkschaften kein Raum gegeben wird« (S. 75).

Wir wissen inzwischen, daß dieses ideologische und taktisch-gewerkschaftspolitische Konzept keineswegs so phantastisch ist, wie es auf den ersten Blick vielen erscheinen mag. Wir

wissen, daß teilweise in der Bildungs- und Jugendarbeit der Gewerkschaften, wo eigene reformpolitische, perspektivenreiche Konzepte und engagierte Arbeit gefehlt haben, das Vakuum durch kommunistische Ideologien und Funktionäre ausgefüllt worden ist, und daß DKP-nahe Funktionäre in einigen lokalen Gewerkschaftsorganisationen, wo kleine aktive Minderheiten in der Lage sind, die Delegiertenversammlungen und Wahlen zu dominieren, nicht mehr zu übersehende Erfolge hatten. Absolutes Wohlverhalten sehr vieler DKP-orientierter Gewerkschaftsfunktionäre und Bereitschaft zu unermüdlicher Organisations- und Gremienarbeit an der Basis haben vielerorts der allzu harmlosen Meinung Vorschub geleistet, solche kommunistische Mitarbeit sei praktisch nützlich und ideologisch leicht zu verkraften.
Das letztere ist ein großer und möglicherweise folgenschwerer Irrtum. Selbstverständlich ist die aktive, praktische Mitarbeit jedes Gewerkschafters – egal welche politische Position er im übrigen vertritt – willkommen. Im Falle der DKP-Mitglieder und -Sympathisanten ist diese Mitarbeit aber nur unter der Bedingung zu verkraften, daß innerhalb der Gewerkschaften weitaus klarer und offensiver als bisher die anhand des DKP-Parteiprogramms dargelegte Ideologie und Taktik dieser Partei diskutiert und kritisiert wird. Unabsehbarer Schaden für die Gewerkschaftsbewegung in der Bundesrepublik nämlich entstünde, *wenn Gewerkschaften, im Banne eines faulen Friedens, Ideologien duldeten, die dem antisozialistischen, totalitären Herrschaftssystem Osteuropas eine demokratische oder gar sozialistische Legitimität zubilligen,* – und eine Taktik, die im Banne einer heuchlerisch mißbrauchten Autonomie-Parole die in einem Jahrhundert gewachsene reformpolitische, parlamentarische und – in einem mehr als parteipolitischen Sinn! – demokratisch-sozialistische Orientierung zerstört. Gelänge es der DKP-Politik des Machtgewinns in den Gewerkschaften, auch nur beachtliche Minderheiten in diesem Sinne zu desorientieren, so würden Gewerkschaften in einer verhängnisvollen Weise an Ansehen, Mitgliedstärke und realpolitischem Einfluß verlieren. Aus diesem Grunde gilt es, bei aller Wertschätzung der gewerkschaftlichen Aktivität DKP-orientierter Mitglieder, sich mit großer Entschiedenheit gegen die Parteipolitik zu wehren, die sie in die Gewerkschaftsarbeit mit einbringen, weil diese mit den Grundsätzen des deutschen Gewerkschaftsbundes unvereinbar ist.

VII. Die Stamokap-Lehre: theoretisch widersprüchlich, praktisch irreleitend

Die Theorie des »staatsmonopolistischen Kapitalismus«, wie sie in mehreren umfangreichen sowie zahllosen kürzeren Veröffentlichungen zusammengefaßt ist,[89] ist nicht nur offizielle ökonomische Analyse gegenwärtiger westlicher Gesellschaften, sondern auch Staatstheorie und politische Strategie der kommunistischen Parteien. Die Entwicklung einer neuen Theorie war für diese seit Ende der 50er Jahre offensichtlich notwendig geworden, um das nicht erwartete Überleben des Kapitalismus zu erklären und erfolglos gebliebene revolutionäre Strategien abzulösen.

Die damit gegebene große praktisch-politische Bedeutung der Theorie hat sich noch dadurch erhöht, daß sie seit Beginn der 70er Jahre eine gewisse Anhängerschaft innerhalb der Jungsozialisten und der Gewerkschaftsjugend gefunden hat. Man kann hier geradezu von einem »Theorie-Import«[90] sprechen, vermittelt über DKP-nahe universitäre Gruppen wie MSB Spartakus und SHB sowie die SDAJ, erklärbar aus Bedürfnissen nach einem »wissenschaftlichen« und zugleich handlungsanleitenden gesellschaftlichen Weltbild. Bevor auf die politische Problematik der »Stamokap«-Theorie näher eingegangen wird, seien zunächst ihre Grundzüge vorgestellt.

1. Die zentralen Thesen der Stamokap-Theorie

Die Theorie sieht Wandlungen des Kapitalismus vom ursprünglichen »Konkurrenzkapitalismus« über ein »monopolistisches« Stadium hin zur Phase des »staatsmonopolistischen Kapitalismus«; dieser habe sich nach dem Ersten Weltkrieg zunehmend deutlicher herausgebildet. Als seine Merkmale gelten:

1. Eine dominierende Rolle der großen Konzerne (»Monopole«) im wirtschaftlichen Prozeß: Trotz weiter bestehender Konkurrenz sei »das Monopol zum bestimmenden Element der kapitalistischen Produktionsverhältnisse geworden«[91]. Man verweist hier auf die Konzentrationsbewegung, auf die multinationalen Konzerne und die Abhängigkeit kleiner Zulieferer- bzw. Abnehmerbetriebe von diesen. Die auch außerhalb der marxistischen Diskussionen gesehenen Er-

scheinungen der marktbeherrschenden Großunternehmen, der Vermachtung ökonomischer Beziehungen, der Verflechtung mit den Banken (besonders in der Bundesrepublik Deutschland) u. a. m. sind hier vielfach nur umformuliert und besonders betont.

2. Eine umfassende ökonomische Rolle des Staates: Der Staat ist, wie beispielsweise die SED-offizielle Stamokap-Darstellung formuliert, »zu einem immanenten Faktor des Reproduktionsprozesses und damit zu einer im unmittelbaren Sinne ökonomischen Potenz geworden«. Statt noch von staatlicher Intervention in einen grundsätzlich gesonderten Bereich der Wirtschaft zu sprechen, betrachtet man den Staat nun als »organisches Element der ökonomischen Prozesse« selbst[92]. Die Theorie sucht damit zahlreiche Erscheinungen zu erfassen: so die staatliche Regulierung wirtschaftlicher Prozesse (Globalsteuerung) und gezielter Strukturpolitik; die gestiegene Bedeutung staatlicher Unternehmen und öffentlicher Infrastruktur; unmittelbare und mittelbare Subventionierungen, insbesondere von Investitionen: staatliche Einkommens- und Verteilungspolitik; die Rolle des Staates als Käufer, besonders von Rüstungsgütern.

3. Eine »Vereinigung der Macht der Monopole mit der Macht des Staates«, die der »Verbreitung und Vertiefung des kapitalistischen Ausbeutungsprozesses« diene[93]. In dieser Sicht übt also der Staat seine umfassende wirtschaftliche Rolle nicht im Interesse der Gesellschaft, sondern stets in dem der Monopole aus: Personelle Verflechtungen und grundsätzliche Interessenübereinstimmung gelten als Ursachen dieser gemeinsamen Handlungsorientierung von Staat und Monopolen. Tatsächliche Zugeständnisse an andere Interessen hingegen würden nur notgedrungen gemacht, soweit dies zur Erhaltung der kapitalistischen Ordnung notwendig erscheint. Dies steht freilich in Widerspruch zu anderen Aussagen, wonach der Staat in einem »Spannungsfeld von widersprüchlichen Interessen« agiert: »Die Politik eines hochentwickelten kapitalistischen Staates ist also Ausdruck zahlreicher sich widerstrebender Kräfte und folglich *nicht einseitig determiniert, sondern ... abhängig von den jeweiligen politischen Machtkonstellationen.*«[94] Innerhalb deren hat auch die Linke durch ein »antimonopolistisches Bündnis« eine Chance, die Staatsmacht »umzuorientieren«. Die jungsozialistischen Verfechter der Stamokap-Theorie folgen nicht nur den beiden erstgenannten Thesen, sondern bezeichnen ebenfalls den Staat der Bundesrepublik als »Instru-

ment der Monopolbourgeoisie« und behaupten eine zumindest seit Mitte der 60er Jahre bestehende »*weitgehende* Verflechtung der ökonomischen Macht der Monopole mit der im *wesentlichen* von ihnen bestimmten Macht der Staatsorgane«[95]. Einschränkungen mit Hilfe der hier (nicht bei den Autoren selbst) herausgehobenen Adjektive verweisen auf die eben hervorgehobene innere Widersprüchlichkeit im Stamokap-Staatsbegriff.

4. Die Stamokap-Theorie behauptet schließlich einen »Antagonismus zwischen Monopolbourgeoisie und Volk«, welcher den heute ausschlaggebenden gesellschaftlichen Gegensatz bezeichne.[96] Von dieser These leitet sich dann die antimonopolistische Strategie eines stufenweisen Übergangs zum »Sozialismus« ab: Unter Führung der Arbeiterklasse und der kommunistischen Partei (bei Jungsozialisten: der konsequent sozialistischen Partei*en*) müsse ein breites Bündnis aller antimonopolistischen Kräfte zunächst die »antimonopolistische Demokratie« erkämpfen, innerhalb deren die Macht der Monopole gebrochen, eine »Umorientierung« der staatlichen Politik erreicht, jedoch nicht bereits die kapitalistische Ordnung als solche verschwunden sei; erst später könne dem »der Sozialismus« (bzw. die »sozialistische Demokratie«) selbst folgen.[97] Ergebnis der Analyse ist eine politische Strategie, die im ersten Schritt die Arbeiterklasse und Mittelschichten wie vor allem Bauern bis hin zur »nichtmonopolistischen Bourgeoisie« (jungsozialistische Stamokap-Vertreter ziehen den Kreis der Bündnispartner etwas enger) gegen die Monopole sammeln will und den Griff nach der politischen Macht ermöglichen soll.

Soweit die Kernpunkte der Theorie. Die beiden erstgenannten Thesen enthalten Halbwahrheiten; ob dabei der Trapezakt gelingt, zugleich wissenschaftlich-empirischen Ansprüchen zu genügen und die weitere Geltung marxistischer ökonomischer »Gesetze« nachzuweisen, ist allerdings zu bezweifeln.[98] Die hauptsächliche politische Brisanz aber enthalten die beiden letztgenannten Punkte. Auf sie muß man sich konzentrieren, weil sie die politische Strategie der Stamokap-Lehre enthalten.

2. Der Staat – Herrschaftsinstrument der Monopole oder demokratisch gestaltbar?

Gerade die von der Stamokap-Theorie betonte Rolle des Staates im ökonomischen Prozeß (Steuerungsmaßnahmen, öffentlicher Wirtschaftssektor und Infrastrukturbereich, staatliche Umverteilung u. a.) könnte als politische Chance eines gemischten, nicht mehr nur kapitalistisch geprägten Gesellschaftssystems verstanden werden – liegt es doch nahe, von einem demokratisch zunehmend geprägten Staat nicht primär profit- sondern zunehmend wählerorientiertes Verhalten zu erwarten. Wenn die Stamokap-Theorie im Gegenteil hier eine Zuspitzung kapitalistischer Ausbeutung, Widersprüche und Konflikte erblickt, so infolge ihrer widersprüchlichen Einschätzung des Staates, bei der dessen sozusagen vulgärmarxistische Deutung immer wieder durchschlägt: allein als Stabilisator der Monopole zu wirken, mit der doppelten Aufgabe, sowohl die Profite zu steigern, als auch die kapitalistische Ordnung insgesamt zu erhalten.[99] Ausdehnung staatlicher Funktionen bedeutet in ihrer Sicht also eine Stärkung der kapitalistischen Züge der Gesellschaft und nicht das Gegenteil.

Die These vom monopolorientierten Staat wird auf zwei Wegen zu begründen versucht. Zunächst ist da der Hinweis auf personelle Verflechtungen zwischen Staat und Großwirtschaft sowie auf den bestimmenden lobbyistischen Einfluß der Monopole. Die scheinbar harten Fakten jedoch, Fälle wie Mommsen, Stoltenberg und Leussink in der Bundesrepublik[100], belegen die Verflechtungsthese nicht; herausgefischte Beispiele können nur illustrieren. Woran es der Stamokap-Theorie mangelt, sind systematische Untersuchungen über Ausmaß und Gewicht solcher Verflechtungen. Tatsächlich deuten empirische Untersuchungen für die Bundesrepublik im Gegenteil darauf hin, daß Verflechtungen zwischen politischen und wirtschaftlichen Führungsgruppen die Ausnahme und nicht die Regel darstellen.[101]

Auch die Hinweise auf lobbyistische Einflußmethoden und -möglichkeiten, vor allem des Bundesverbandes der Deutschen Industrie[102], können jedenfalls nicht verabsolutiert werden, denn sie werden nicht in Vergleich mit denen anderer Interessengruppen gesetzt und keiner Erfolgskontrolle unterworfen; ohne weiteres lassen sich staatliche Entscheidungen aufzählen, welche gegen den Widerstand von BDI und anderen Unternehmensverbänden gefällt wurden. Dies besagt sicherlich nicht, Unternehmensverbände seien nicht sehr einflußreich, wohl aber, daß ihr *stets ausschlaggebender* Einfluß nicht belegt ist.

Der zweite Weg, über den man die These vom Staat der Monopole zu begründen sucht, besteht im Hinweis auf zahlreiche Fälle, bei welchen staatliches Handeln zugunsten der Monopole ausgeschlagen sei. Genannt werden u. a. Investitionshilfen, Förderung von Forschungs- und Entwicklungsarbeiten, Exportförderung, Strukturpolitik, Steuerpolitik, öffentliche Infrastruktureinrichtungen, ja selbst öffentliche Unternehmen, denen eine Hilfestellung zur Stabilisierung privater Monopolprofite zugeschrieben wird. Abgesehen von Unstimmigkeiten im einzelnen erheben sich gegen diese Sicht jedoch drei Einwände allgemeiner Art:

- Die Stamokap-Theorie arbeitet mit dem *Trick einer nur teilweise beleuchteten Bühne.* Sie richtet ihr Scheinwerferlicht nur auf bestimmte Handlungsfelder des Staates, blendet andere – wie Wohnungsbau, Bildungs-, Sozial- und Gesundheitswesen – hingegen weitgehend aus, obwohl auch deren Kenntnis für eine Beurteilung des Staates wichtig sein müßte. Im Fall der Steuervergünstigungen und Subventionen richtet die Stamokap-Theorie den Blick auf die, welche Großunternehmen zugute kommen, und läßt dabei fast übersehen, wieviel an derartiger Unterstützung kleineren »nicht-monopolistischen« Betrieben, nicht zuletzt der – in Stamokap-Augen benachteiligten – Landwirtschaft und breiten Schichten der Bevölkerung zukommt. So bewegten sich nach dem 6. Subventionsbericht der Bundesregierung Finanzhilfen und Steuervergünstigungen für die gewerbliche Wirtschaft (mittlere und kleinere Betriebe eingeschlossen) während der Jahre 1975–78 in einer Größenordnung von 9,4 bis 10,6 Mrd. DM jährlich, für die Landwirtschaft (trotz deren sehr viel kleinerem Anteil an Sozialprodukt und Beschäftigten) zwischen 4,3 und 4,8 Mrd., während zur Wohnungs- und Sparförderung 13 bis 17 Mrd. DM jährlich ausgegeben wurden.[103]
- Die Stamokap-Theorie legt die Annahme zugrunde, daß stets das, was den »Monopolen« nütze, damit notwendigerweise den abhängig Beschäftigten schade. Wie selbstverständlich werden ständig »gesellschaftliche Interessen« und »Verwertungsbedingungen des Kapitals« einander scharf gegenübergestellt, wird behauptet, der Staat arbeite »nicht im Interesse der Gesellschaft, sondern im Interesse des Profits und der Macht der Monopole. Darin liegt der Kern der Sache.«[104] Nicht in den Blick kommen auf diese Weise

auch vorhandene Übereinstimmungen. Bei der Betrachtung all jener staatlichen Maßnahmen bleibt nämlich die Frage ausgeklammert, wieweit an ihnen nicht auch abhängig Beschäftigte – z. B. durch Arbeitsplatzbeschaffung! – mit interessiert sein könnten. Besteht doch die strategische Stellung von Kapitaleigentümern gerade darin, daß ihre Gewinninteressen häufig kaum getroffen werden können, ohne zugleich allgemeine gesellschaftliche Interessen mit zu treffen. Außer acht bleiben insbesondere solche Interessen von Kapital und Arbeit, wie sie z. B. bei sektoralen und regionalen Strukturproblemen, bei branchenspezifischen Preissteigerungen und Subventionen zu beobachten sind. Es reicht beispielsweise nicht hin, bei der Lösung der Krise des Ruhrkohlenbergbaus Ende der 60er Jahre nur staatliche Systemsicherung am Werke zu sehen, ohne Interessen der Bergleute, repräsentiert durch die IG Bergbau, an öffentlichen Übernahmen von Verlusten (in dieser oder jener Form) auch nur zu erwähnen.[105]

- Die Theorie wird mit sich widersprechenden Beispielen nur fertig, indem sie sich grundsätzlich gegen nicht mit dem Konzept zu vereinbarende empirische Erfahrungen abschottet. Angesichts der Tatsache, daß der Staat in bestimmten Fällen auch gegen den erklärten Willen der Großkonzerne und des BDI entscheidet, etwa im Falle Mitbestimmung (so ungenügend diese aus gewerkschaftlicher Sicht auch sein mag), Lohnfortzahlung, DM-Aufwertungen von 1961 und 1969, daß er zahlreiche sozialpolitische und andere Maßnahme zugunsten der abhängig Beschäftigten ergreift, hat die Stamokap-Theorie nur die Erklärung zur Hand: Dies geschehe nur unter Druck von Arbeiterklasse und Systemkonkurrenz, um der Erhaltung der kapitalistischen Ordnung willen: »Reformen, Zugeständnisse usw.« werden als bloße Herrschaftstechnik betrachtet, als »Korrelat zur Methode der Gewalt«.[106] Wenn auch die Feststellung zutrifft, daß zur Durchsetzung sozialer Gesetze politischer Druck erforderlich ist, der von den Gewerkschaften auch ausgeübt wird, so wird doch bei dieser Interpretation die Behauptung vom monopolorientierten Staat inhaltsleer. Denn: Wenn alles, was der Staat tut, »im objektiven Interesse der Monopolkapitalisten«[107] geschieht und seinem »Wesen« entspricht, hingegen alles, was er im Interesse der abhängig Beschäftigten tut, nur auf äußeren Druck zurückzuführen ist, so läßt sich diese These auch umkehren. Auf der Grundlage der gleichen Fakten nämlich ließe sich auch umgekehrt behaupten, der

Staat sei eigentlich ein Instrument der abhängig Beschäftigten und folge diesem »Wesenszug«, soweit ihn nicht der Druck des Monopolkapitals zu Zugeständnissen diesem gegenüber zwinge. Was bleibt, ist somit eine beliebig umkehrbare Leerformel, die These vom »Monopol-Staat« ist damit nicht nachweisbar.

Diese Auslegungsmethode leistet jedoch noch mehr: Was immer die Arbeiterbewegung an Reformen erreicht, an Erfolgen in der Vergangenheit erzielt hat (von denen das DGB-Grundsatzprogramm spricht) – diese können als im letztendlichen Interesse der Monopole erfolgend uminterpretiert und damit abqualifiziert werden.[108] Eine dementsprechende Abwertung von Reformen findet sich bei Stamokap-Vertretern unabhängig von ihrer Parteizugehörigkeit:

- Sie sprechen verächtlich von dem bloß »vermeintlichen Mitbestimmungsgesetz«;
- in ihren Augen dienen pauschal die Bildungsreformen dazu, »Verwertungsbedingungen für das Monopolkapital zu sichern«;
- nach ihrer Auffassung dient die Qualifikation von Arbeitskräften mit Hilfe des Arbeitsförderungsgesetzes einfach der »Unterstützung der Monopolprofite«.[109]

Gleichzeitig versuchen Stamokap-Texte jedoch, in unaufhebbarem Widerspruch zu diesem Feindbild des »Staates« als eines reinen Herrschaftsinstruments der Monopole, den Staat als demokratisch umfunktionierbar erscheinen zu lassen, da ja das »antimonopolistische Bündnis« von DKP mit SPD und DGB als realistische Strategie unterstellt wird (vgl. oben die Analyse des DKP-Programms, Abs. 5), derart, daß diese Organisationen in und mit dem Staat schließlich den großen sozialistischen Siegeszug realisieren: nicht nur »Mitbestimmung, Sozialisierung der Schlüsselindustrien und demokratische Planung« erreichen, sondern auf dieser Grundlage »den Kampf für die vollständige Beherrschung aller ökonomischen, sozialen und politischen Entscheidungen durch die große Mehrheit der arbeitenden Bevölkerung und ihrer Organisationen« aufnehmen, d. h. »den Übergang zum Sozialismus« einleiten.[110]

Vergeblich wird versucht, diesen Widerspruch aufzulösen. Der Kritik, der Staat werde von dieser Stamokap-Ideologie »zum bloßen Instrument der Monopole versimpelt« (J. Strasser), wird entgegengehalten: »Obwohl der Staat stets (!) Instrument der herrschenden Klasse ist – d. h., heute bei uns der Monopolbourgeoisie – vermag diese ihn aber aufgrund der ökonomischen und gesellschaftlichen Widersprüche niemals beliebig für sich einzusetzen.« Vielmehr ergebe sich durch den »Widerstand der Arbeiterklasse«, durch innerkapitalistische Interessengegensätze, schließlich durch die weltweite Systemauseinandersetzung ein »Spannungsfeld von widersprüchlichen Interessen« und folglich keine absolut einseitige Interessendeterminierung.[111] Die Zitierungen scheinen tatsächlich eine differenzierte, dialektische Staatsauffassung wiederzugeben – eben die eines Spannungsfeldes gesellschaftlicher Kräfte, eines offenen, daher politisch veränderbaren Systems. Allein, die einleitende Formulierung »Obwohl der Staat stets Instrument der herrschenden Klasse ist«, schlägt, als dogmatische Vorentscheidung, alle folgenden Einsichten mit Blindheit und Ohnmacht: Der Staat kann nicht zugleich Instrument einer Klasse und Spannungsfeld verschiedener Klassen und Kräfte sein, das ist sach- und begriffslogisch unmöglich. Und dieser Widerspruch verurteilt mit logischer Notwendigkeit alle Bekenntnisse der Sowjetmarxisten zur schrittweisen Gesellschaftstransformation und Sozialisierung, zu einer »beispiellosen Entfaltung der Demokratie« infolge einer Mobilisierung der Arbeiterklasse etc.[112] im Rahmen sozialdemokratischer und gewerkschaftlicher Politik zum Wunschdenken, das im Gegensatz zur eigenen Theorie steht: Die immer neu beschworene mechanische Funktion des Staates als »Herrschaftsinstrument«, »Staat der herrschenden Klasse«, »Maschine der Unterdrückung« läßt jede von den Sowjetmarxisten empfohlene parlamentarische wie auch außerparlamentarische Reformstrategie mit Hilfe zunehmend systemkritischer Bildungsprozesse, Parteien, Gewerkschaften als theoretisch naiv und politisch unglaubwürdig erscheinen.

3. Bürgerliche oder sozialistische Demokratie – eine richtige Alternative?

Das oben in der DKP-Programmanalyse schon aufgedeckte schizophrene Verhältnis nicht nur zum Staat, sondern auch zur Demokratie, findet sich in der Stamokap-Lehre wieder: Man will diese Grundinstitutionen der Reform gleichzeitig verteufeln und – besetzen. So erscheinen der Stamokap-Theorie sämtliche derzeit im Bundestag vertretenen politischen Parteien als monopolorientiert. Nicht zuletzt gilt dies von der SPD, die im Godesberger Programm »die Positionen des staatsmonopolistischen Kapitalismus auch programmatisch fixiert«

habe und deren Reformpolitik das Ziel verfolge, die Macht der Monopole zu stabilisieren.[113]
Die Irrealität des Feindbildes von der SPD, das der Sowjetmarxismus entwirft, wird im nächsten Kapitel noch genauer dargestellt. Hier geht es nur darum, daß die Stamokap-Theorie nicht bestimmte Parteien, sondern mit dem »Staat« auch *das ganze Parteiensystem* (außer der DKP, versteht sich!) als monopolorientiert bezeichnet. Was in einer Demokratie selbstverständlich sein müßte, nämlich zwischen zeitweiliger Politik und Programmatik bestimmter Parteien sowie dem Regierungshandeln im demokratischen Staat zu unterscheiden, wird hier in eins gesetzt.
Dem entspricht die für die Theorie charakteristische ständige Verwendung der Begriffe »Staat« und »staatsmonopolistisches System«. Diese pauschal-abstrakten Symbole verdecken allzu leicht, daß nicht der »Staat«, sondern Personen, Parteien, Gruppen und Organe handeln; suggestiv wird der Vorstellung Vorschub geleistet, den Staat als einen Block zu verstehen und damit seine demokratisch-parlamentarisch veränderbare Struktur zu leugnen.[114] Auf der so angelegten schiefen Ebene der Begriffe gerät dann fast notwendigerweise mit dem Staat auch die bestehende Demokratie auf die Anklagebank der Theorie. Sie wird als bloß »bürgerliche Demokratie« abgewertet, welche zudem einem zunehmenden Abbau unterliege.[115]
Andererseits aber bekennt man sich zur Demokratie – und das DKP-Programm[116] sogar zum Grundgesetz. Gemeint aber ist eine Pseudo-Demokratie, in der Stamokap-Sprachregelung: sozialistische Demokratie. Um den Sinn der dahinterstehenden Zielsetzung zu erfassen, ist es zunächst notwendig, einen kurzen Blick auf das marxistisch-leninistische Demokratieverständnis zu werfen. Demokratie wird darin im Sinne des Kommunistischen Manifests als »die Erhebung des Proletariats zur herrschenden Klasse« verstanden.[117] Zu beachten ist dabei, daß der Begriff allein auf den Klasseninhalt abstellt und daher – wie bereits Lenin deutlich gemacht hat – diktatorische Herrschaftsformen mit Demokratie in diesem Sinne durchaus vereinbar sind[118], wenn sie nur von Vertretern des »Proletariats« ausgeübt werden. Daraus leitet sich auch der Alleinvertretungsanspruch kommunistischer Parteien ab, für die Arbeiterklasse und alle Werktätigen zu handeln, mit der Folge, daß Demokratie mit der Herrschaft der kommunistischen Partei gleichgesetzt werden kann. Zur Selbstrechtfertigung betont man, daß es »keine Demokratie an sich gibt«, und unterscheidet zwischen »bürgerlicher Demokratie« als »einer Demokra-

tie für Ausbeuter, einer den Interessen des Volkes fremden Demokratie«[119] einerseits und »sozialistischer Demokratie« andererseits: »Die sozialistische Demokratie ist keine maß- und ziellose Demokratie, sondern eine Demokratie, die von der Partei und vom Staat im Interesse der weiteren Entwicklung des Sozialismus und des Aufbaus des Kommunismus geleitet wird.«[120]

Die Frage stellt sich: Wieweit teilen Vertreter der Stamokap-Theorie *außerhalb* der DKP diese Vorstellungen? Nach dem führenden Papier dieser Herkunft ist die erstrebte »sozialistische Demokratie« durch »das gesellschaftliche Eigentum an den Produktionsmitteln und die Ausübung der Staatsmacht durch die arbeitende Bevölkerung und ihre Organisationen« gekennzeichnet.[121] Die Brisanz dieser Definition mag nicht jedem Anhänger »sozialistischer Demokratie« bewußt sein, wird jedoch sichtbar angesichts naheliegender Fragen:
- Warum wird nicht einfach eine sozialistische Mehrheitsregierung gefordert, die z. B. Sozialisierungen durchführt, sondern eine andere Demokratie?
- Hat in der »sozialistischen Demokratie« die Bevölkerungsmehrheit die Möglichkeit, über die Frage des Eigentums an Produktionsmitteln zu entscheiden?
- Wie entscheidet die »arbeitende Bevölkerung«, welches »ihre Organisationen« sind?

Daß zwei Elemente der Definition – das gesellschaftliche Eigentum an den Produktionsmitteln und die politische Herrschaft der Arbeiterklasse[122] – mit den gängigen marxistisch-leninistischen Positionen identisch sind, ist bereits deutlich geworden. Der Hauptunterschied liegt da, wo in marxistisch-leninistischen Formulierungen stets der »politischen Herrschaft der Arbeiterklasse« hinzugefügt wird: »und ihrer marxistisch-leninistischen Partei.«[123] Bei der Stamokap-Fraktion der Jusos heißt es statt dessen: »und ihrer Organisationen.«[124] So weist Detlev Albers darauf hin, in der Frage des »Vorbildcharakters der DDR« und in der Frage, »ob es die marxistische Partei der Arbeiterklasse gibt, unter deren Führung die Klassenkämpfe stehen müssen«[125], gebe es Unterschiede zwischen Juso-Linker und DKP. Statt eines Alleinvertretungsanspruchs (»die« führende Partei) scheint also zumindest im Bereich der Klassenorganisationen ein Pluralismus akzeptiert zu werden. Von daher fordern Albers und Neumann in ihrem schon erwähnten programmatischen Gliederungsentwurf die »Sicherung des Pluralismus politischer Parteien«.[126] Dies hängt mit

dem Parteiverständnis und der strategischen Orientierung zusammen: Wenn diese »Juso-Linke« sich deutlich auf die SPD hin orientiert, kann sie schlecht gleichzeitig für die führende Rolle der marxistisch-leninistischen DKP plädieren, was bei deren immer wieder in Wahlen demonstrierter zumindest quantitativer Bedeutungslosigkeit auch reichlich absurd wäre.
So kann Neumann das Konzept einer »Trennung zwischen ›Avantgarde‹ (›politischer Vorhut‹) und ›Massen‹« zurückweisen und formulieren: »Wer in der DKP die Partei der Arbeiterklasse sieht, hat organisatorische Konsequenzen zu ziehen.«[127]
Nebenbei: Einige Ex-Jusos haben die organisatorischen Konsequenzen gezogen und sind zur DKP übergetreten (1973 in Frankfurt und Essen, 1977 in München); einzelne publizieren jetzt fleißig im Verlag »Marxistische Blätter«.
Die inhaltlichen Vorstellungen *dieser* Juso-Linken für die Ausgestaltung einer künftigen »sozialistischen Demokratie« sind am komprimiertesten in dem »Freudenberg-Papier« einer Arbeitsgruppe aus SHB-Angehörigen und Mitgliedern der Juso-Hochschulgruppen enthalten. Als wichtigste Elemente werden hier genannt:

»– allgemeine, freie, gleiche und geheime Wahlen
– Möglichkeit (!) des Mehrparteiensystems
– Gewährleistung des Minderheitenschutzes im Rahmen (!) sozialistischer Legalität
– Unabhängigkeit der Gewerkschaften von der politischen Führung, Gewährleistung des Streikrechts der Arbeiterklasse
– Freiheit der Massenmedien
– Unabhängigkeit der Rechtsprechung von der Regierung.«[128]

Dies klingt fast wie die Elemente der freiheitlichen-demokratischen Grundordnung in der Definition des Bundesverfassungsgerichts. Problematisch und bezeichnend ist jedoch, daß von der bloßen »Möglichkeit« des Mehrparteiensystems die Rede ist und daß der Minderheitenschutz unter den Vorbehalt einer nicht näher definierten »sozialistischen Legalität« gestellt wird. Daraus könnte gefolgert werden, daß ein Bekenntnis zur dann gültigen Auffassung von Sozialismus konstitutiv sei für die Gewährung von Freiheitsrechten und daß nichtsozialistische Parteien in der sozialistischen Demokratie keinen Platz mehr hätten. Diese Folgerung erscheint sogar zwingend, wenn man sich vergegenwärtigt, daß die sozialistische Demokratie als eine objektiv höhere Stufe der historischen Entwicklung verstanden wird.

Hinzu kommt, daß der Ausschließlichkeitsanspruch des »wissenschaftlichen Sozialismus« notwendig mit den genannten Elementen der freien Wahl, der Gewerkschaftsautonomie, des Streikrechts, der Freiheit der Medien und der unabhängigen Rechtsprechung in Widerspruch gerät. Denn diese Elemente sind es, in denen die Verschiedenheit der gesellschaftlichen Interessen und Auffassungen in Gestalt eines bewußten politischen und geistigen Pluralismus Ausdruck findet. Was geschieht, wenn aus den gewährten Freiheitsrechten Bestrebungen und Resultate erwachsen, die mit den herrschenden sozialistischen Anschauungen unvereinbar sind? Wird der Konflikt zugunsten der frei artikulierten Interessen und Auffassungen gelöst (was »Revisionismus« wäre), oder werden umgekehrt die Freiheitsrechte zugunsten der herrschenden marxistischen Ideologie beschränkt oder eliminiert?

Die Haltung der Stamokap-Jusos zur Sozialdemokratie läßt sich als taktisch/strategisch, nicht aber als inhaltlich und grundwertbezogen beschreiben. Zwar heißt es im Freudenberger Papier, man orientiere sich aus »grundsätzlichen« Erwägungen auf die SPD[129]. Zur Begründung wird jedoch angeführt, die Partei habe eine marxistische Tradition, sei in der Arbeiterschaft verankert und nicht zwangsläufig und unaufhebbar reformistisch:

»Eine grundlegende Veränderung der SPD erscheint vielmehr möglich als Folge einer Verschärfung der krisenhaften Tendenzen des Kapitalismus, einer Intensivierung der Klassenauseinandersetzungen und der Entwicklung des Klassenbewußtseins der Arbeiterklasse.«[130]

Man orientiert sich also an der SPD, weil sich die Arbeiterschaft an ihr orientiert, und weil man hofft, in einer großen Krise werde neues Klassenbewußtsein entstehen und die Partei auf »konsequent-sozialistischen Kurs« zwingen. Dies ist das Streben nach einer ganz anderen Partei, verbunden mit der Spekulation auf die große Krise. Auf diese Spekulation ist die Stamokap-Fraktion der Jusos angewiesen, denn sie will das System nicht durch demokratische Reformen verändern und eine krisenhafte Zuspitzung im Interesse der Menschen vermeiden, sondern erwartet eine fundamentale Systemüberwindung eben als Folge eines ökonomischen Zusammenbruchs. »Zugleich wird deutlich, daß die sozialistische Demokratie nicht durch eine Summe von Teilreformen innerhalb des kapitalistischen Systems gebildet wird, sondern einen grundlegenden Bruch mit diesem darstellt, eine qualitativ neue und höhere Form der Gesellschaft.«[131]

Alles in allem ist das Demokratieverständnis, das die Stamokap-Theorie durchzieht, mit dem einer offenen parlamentarischen Demokratie in dem Sinne, daß in ihr

- das politische System gesellschaftlich mächtigen Interessen entgegenwirken könnte und
- auch Grundentscheidungen über das gesellschaftliche System zur politischen Entscheidung stehen,

schwerlich vereinbar. Nicht nur die Existenz einer derartigen Demokratie wird geleugnet (die These vom monopolorientierten Staat dient hier als Begründung), sondern darüber hinaus scheint auch die Möglichkeit einer offenen pluralistischen Demokratie ausgeschlossen und diese nicht erstrebenswert.[132]

Im Rahmen dieser grundsätzlichen Zielvorgabe schließt dies Partizipationsräume mit offenen Entscheidungsprozessen sicherlich nicht aus. Manche für sich genommen begrüßenswerte Forderung nach Demokratisierung gesellschaftlicher Teilbereiche, wie sie teilweise in Stamokap-Publikationen erhoben wird, ist vor diesem Hintergrund einzuordnen; manche auch scheint lediglich der Schaffung günstigerer Kampfbedingungen für die schließliche Auseinandersetzung mit dem »staatsmonopolistischen System« zu dienen.[133]

4. Die neue Klassenfront: »Volk« kontra »Konzernherren«?

Zu betrachten bleibt die Klassenanalyse der Stamokap-Theorie als einer weiteren Grundlage ihres Strategiekonzepts. Sie unterscheidet für die Bundesrepublik etwa 20,8 Mill. Angehörige der »Arbeiterklasse« (fast alle abhängig Beschäftigten), 4,4 Mill. Angehörige der Mittelschichten (Selbständige, freie Berufe, Mithelfende) und 600000 der »Bourgeoisie« (Unternehmer, Manager, bürgerliche Schicht der Angestellten und Beamten u. a.), unter diesen wiederum weniger als 6000 Angehörige der »staatsmonopolistischen Oligarchie«. Bei dieser Gesellschaftsanalyse bestehen zwischen verschiedenen Stamokap-Versionen im einzelnen jedoch Unterschiede.[134]

Gemeinsam sind Gesellschaftsanalysen des Stamokap-Lagers drei politisch folgenreiche Charakteristika: ein zweiteiliges Gesellschaftsbild, ein »objektiver« Ansatz und eine Einbeziehung von Machtkategorien in die Analyse. Zunächst zur Zwei-Klassen-Teilung: Während nach Marx die entscheidende gesellschaftliche Konfliktlinie zwischen Bourgeoisie und Arbeiterklasse verlief, fällt auf, daß die Stamokap-Studien nicht allein

diesen Gegensatz, sondern auch und mehr noch einen »Antagonismus zwischen Monopolbourgeoisie und Volk« sehen. Diese – angesichts der starken Herausstellung der »Monopole« – kaum noch überraschende Scheidelinie beruht auf der fragwürdigen These, auch die nichtmonopolistische Bourgeoisie unterläge der Ausbeutung durch die Monopole.[135]
Zum zweiten bilden die Stamokap-Analysen Klassen und Schichten nach Positionen im Arbeitsprozeß. So unbestreitbar derartige Abgrenzungen nach der Stellung im Erwerbsleben vorgenommen werden können – die Frage ist dabei stets, ob sich auch in Bewußtsein und Handeln der Menschen die behaupteten Scheidelinien jeweils durchsetzen. Im gegebenen Falle spitzt sich dies auf die Frage zu, ob und wie der angeblich entscheidende Gegensatz zwischen »Monopolbourgeoisie« und antimonopolistischen Interessen vorherrschend wird. Trotz aller teilweise beachtlichen Differenzierung drohen derartige Analysen daher im Glasperlenspiel äußerer, »objektiver« Zuordnungen zu verbleiben, ohne durch Einbeziehung des subjektiven (Bewußtseins-)Faktors bestätigt zu werden. Dieses Problen wird zwar von Vertretern der Stamokap-Theorie gesehen, doch nicht in Angriff genommen.[136] Ihre Klassenanalyse muß daher als begriffliche Konstruktion, als unbewiesene Annahme gelten, welche politischem Handeln zugrunde gelegt werden soll. Es handelt sich jedoch nicht um eine durch Verhalten im Arbeitsbereich, Wahlverhalten und Ergebnisse der Meinungsforschung bestätigte Analyse.
Ein gegenüber der Marxschen Klassentheorie auffallender Grundzug der Stamokap-Analyse ist schließlich, daß sie ihre Einteilungsmaßstäbe nicht allein aus der Stellung im Produktionsprozeß und der Art des Einkommens bezieht: Die beachtliche ausdifferenzierte Studie des Instituts für Marxistische Studien und Forschungen untergliedert systematisch die verschiedenen Schichten des Bürgertums in jeweils drei Teilgruppen: Eigentümerkapitalisten, Manager und entsprechende Gruppen im »Staatsapparat« mit dem bemerkenswerten Ergebnis, daß 4000 Angehörige des Staatsapparats zur »Groß- und Monopolbourgeoisie«, weitere 30 000 zur »mittleren Bourgeoisie« gerechnet werden, während die Eigentümerkapitalisten nur 4% der Groß- und Monopolbourgeoisie und wenig mehr als 10% der mittleren Bourgeoisie ausmachen sollen. Ähnlich die Zusammensetzung der obersten Schicht der staatsmonopolistischen Gesellschaft, der »staatsmonopolistischen Oligarchie«: Zu ihr zählen nicht nur »Beherrscher der großen Industrie- und Handelskonzerne«, »Bankherren«, sondern

auch »die Beherrscher der monopolisierten Massenmedien«, »einige entscheidende Vertreter politischer Macht« und »wichtige Vertreter der Führungsschicht des politischen Herrschaftssystems (Staatsapparat, Bundeswehrgeneralität, Parteien)«.[137] Unverkennbar legt diese Gesellschaftsgliederung zusätzlich zur Position im ökonomischen Prozeß als weiteres Kriterium das der Entscheidungsgewalt zugrunde, gleichgültig worauf diese beruht. Zumindest für den als bourgeois erklärten Teil der Gesellschaft nähert sich diese Gliederung damit elitetheoretischen Betrachtungsweisen bzw. der Theorie von Herrschaftsklassen. Folgerichtig durchziehen nicht-ökonomische Begriffe wie Oligarchie, Herrschaftssystem, Macht, Machtkern usw. die Analyse. Angesichts der umfassenden ökonomischen Funktionen des politischen Systems erscheint dies durchaus auch naheliegend; ferner wird dadurch gesellschaftliche, *nicht* auf Eigentum gegründete Macht ins Gesichtsfeld gerückt. Daß damit der Rahmen der marxistischen Klassentheorie de facto gesprengt wird, bleibt natürlich unausgesprochen.

Die auf solche relativ undogmatische Weise erreichte Realitätsannäherung bleibt jedoch begrenzt. Denn die Stamokap-Theorie folgt der These C. Wright Mills' von der *einen* Macht-Elite, eben der »staatsmonopolistischen Oligarchie«, und nicht zufällig auf Mills beruft sich daher ein sowjetischer Autor wie Semjenow bei der Definition der herrschenden Klassen der Gegenwart.[138] Diese These aber ist für die Bundesrepublik nicht überzeugend, besteht doch im Gegenteil zumindest nach den bisher vorliegenden Untersuchungen gerade zwischen politischen, wirtschaftlichen und militärischen Führungsgruppen ein bemerkenswerter gesellschaftlicher Abstand, der sich in fehlenden Gemeinsamkeiten der Herkunft, des Bildungsweges und des gesellschaftlichen Verkehrs zeigt.[139] Im Zeitraum, der seit diesen Untersuchungen verstrichen ist, dürften sich die Unterschiede infolge sozialdemokratischer Regierungsbeteiligung und zunehmender Professionalisierung der Politik eher verstärkt als gemindert haben. Zudem sind angesichts der unterschiedlichen Interessenlagen keine gemeinsamen Handlungsziele bei den hier interessierenden Fragen ableitbar: Weshalb eigentlich sollte ein Ministerialrat, ein höherer Offizier oder ein führender Politiker an der Steigerung von Monopolprofiten oder auch der Erhaltung des »Monopolkapitalismus« so brennend interessiert sein? Die Stamokap-Theorie bleibt den Nachweis für die These von der *einen geschlossenen und gleichgerichteten Führungsgruppe* schuldig; ihre »staatsmonopolistische Oligarchie« scheint eher ein Phantom.

5. Die antimonopolistische Strategie – demokratischer Weg zum Sozialismus?

Aufgrund der Erkenntnis der »objektiven« Situation beansprucht die Stamokap-Theorie zu wissen, was not tut und den Arbeitnehmern guttut. Das Anwachsen der abhängig Beschäftigten, die ökonomischen Funktionen des Staates sowie aktuelle Krisen aller Art gelten als Beweis der »historischen Überreife« des Sozialismus und eines »objektiven Interesses« der Arbeitnehmer an ihm.[140] Daß ihr Bewußtsein dem nicht entspricht, wird aus ökonomischen Zugeständnissen des arglistigen Staates und der »systematischen Verbreitung eines falschen Bewußtseins« erklärt.[141] Doch wie damit fertig werden? Auf das Nächstliegende, eine intensive Aufklärung, baut man nicht – verständlicherweise, da bisher nirgendwo ein Sozialismus à la Stamokap bei freien Wahlen eine Mehrheit gewonnen oder in Aussicht hat. Zum Ziele soll vielmehr eine ausgeklügelte Strategie führen, die »antimonopolistische Strategie«, hinter der das stille Eingeständnis steht, keine Mehrheit für seine eigentlichen Ziele gewinnen zu können.
Die propagierte Strategie ist durch zwei Elemente gekennzeichnet:

- Einen stufenweisen Übergang zum »Sozialismus« bzw. zur »sozialistischen Demokratie«;
- ein breites antimonopolistisches Bündnis zumindest in der ersten Phase des Übergangs zum Sozialismus.

Indem man zunächst die Konfliktlinie Volk-Monopole und eine nicht sozialistische, sondern bloß antimonopolistische Zielsetzung herausstellt, soll ein Bündnis mit breiten Schichten der Bourgeoisie sowie nichtmarxistischen politischen Gruppen möglich werden. Erst der zweite Schritt erfolgt dann unter der Parole der sozialistischen Demokratie bzw. des Sozialismus, wobei die zweite behauptete gesellschaftliche Bruchlinie, die zwischen Proletariat und Bourgeoisie, nun handlungsbestimmend wird.[142]
Im einzelnen erweist sich bei der Strategie des großen Bündnisses zunächst dessen soziale Spannweite als Problem: Die Suche nach Bündnispartnern führt hier über Bauern und Handwerker bis zu kleineren und mittleren Unternehmern.[143] Selbst wenn es realistischerweise vielfach mehr um eine Neutralisierung dieser Schichten gehen mag, wird hier eine Zurückhaltung bei sozialen, nicht zuletzt gewerkschaftlichen Forderungen notwendig – und dieses gerade angesichts der in diesem Bereich eher ungünstigeren Lage der Arbeitnehmer. Auch heißt es die politische

Naivität selbständiger Mittelschichten zu überschätzen, wenn Sowjetmarxisten glauben, sie in ein Bündnis integrieren zu können, das auf einen Sozialismus à la Sowjetunion hinzielt, in dessen Geschichtsbild für sie kein Platz ist: »Der staatsmonopolistische Kapitalismus kann nur durch die Vereinigung aller antimonopolistischen Klassen und Schichten überwunden werden. Dieser Zusammenschluß erfolgt nicht nur gegen den gemeinsamen Feind, sondern auch für eine gemeinsame Zukunft dieser Klassen und Schichten.«[144] Dieses Konzept ist widersprüchlich: Die Entwicklung des Kapitalismus zum staatsmonopolistischen Kapitalismus wird einerseits als eine gesetzmäßige (!) Entwicklung betrachtet. In der antimonopolistischen Demokratie wird jedoch den kleinen und mittleren Kapitalisten in Aussicht gestellt, es sei in bestimmten Bereichen ein Zurück zum Kapitalismus der freien Konkurrenz möglich, d. h. zu einem historisch überholten Stadium in der Entwicklung des Kapitalismus. Es wäre hier korrekt und zutreffend, gar nicht erst außerhalb des menschlichen Gestaltungswillen liegende ökonomische Gesetzlichkeiten *vorauszusetzen,* wenn im gleichen Argumentationsgang auch ein *Durchbrechen* dieser Gesetzlichkeiten für möglich gehalten wird. Schwerwiegender als dieser Widerspruch ist jedoch der Irrtum, ein bedeutender Anteil kleinerer und mittlerer Unternehmer und der mit ihnen verbundenen Nutznießer könne davon überzeugt werden, daß ausgerechnet die Überführung der Monopole in die Hand der Arbeiterklasse (bzw. ihrer Stellvertreter in Gestalt der kommunistischen Partei) ihre eigene ökonomische Existenz auf einem Niveau sichern hilft, das nicht auch schon von den Konzernen und »ihrem Staat« garantiert werden könnte.

Die politischen Grenzen des antimonopolistischen Bündnisses werden mit dem Begriff »Zusammenschluß aller demokratischen Kräfte« umrissen, was sich auch beim Stamokap-Flügel der Jungsozialisten als Bündnis mit »allen demokratischen Kräften« gegen die CDU/CSU widerspiegelt[145]; letztere wird indirekt als nichtdemokratisch und damit potentiell vogelfrei erklärt. Gewerkschaften und SPD sind in komplexer Weise betroffen:

- Sie, die positiv in die Bündnisstrategie eingebaut werden sollen, gelten als gespalten, nicht genügend klassenbewußt. In der SPD wirken, abgesehen von der angeblich monopolorientierten Führung, zwei »Klassenlinien«, welche die »Umwandlung der SPD in eine mehrheitlich konsequent sozialistische Partei« im Sinne der Stamokap-Theorie zu einer schwierigen, aber nicht unmöglich erscheinenden Aufgabe werden lassen.[146] Bei den Gewerkschaften »behindern die in ihren Reihen, vor allem aber bei den einflußreichen Führungskräften des DGB tief verwurzelten bürgerlichen Staats- und Demokratieauffassungen die Einbeziehung der Gewerkschaften in die Front derjenigen gesellschaftlichen Kräfte, die für die Einschränkung der Monopolmacht kämpfen, außerordentlich«.[147]

- Die angestrebte politische Aktionseinheit mit der DKP und ihren Nebenorganisationen stößt auf die gleichen Schwierigkeiten, wird jedoch dort, wo Anhänger der Stamokap-Theorie Einfluß haben (vor allem in Universitäten und im Jugendbereich), immer wieder versucht, teilweise praktiziert und – insbesondere jungen – Gewerkschaftern als wünschenswertes Bündnisziel angepriesen. Gezielte Verwirrung stiftet dabei die Gleichsetzung von Zusammenarbeit im Rahmen der Einheitsgewerkschaft, von *Nebeneinandersitzen* in Betriebsräten oder Studentenparlamenten mit frei geschlossenen *Bündnissen* mit kommunistischen Organisationen.

Es muß an dieser Stelle mit *Nachdruck auf die Gefahr hingewiesen werden, daß DKP-nahe Kräfte den Gewerkschaften mit der Einheitsfront-Parole erfolgreich Solidarisierungsgefühle mobilisieren.* So berichtet Jutta Roitsch (Frankfurter Rundschau v. 6. 10. 1979) von einer gewerkschaftlichen Diskussionsveranstaltung, auf der Frank Deppe, führender Repräsentant der »Marburger Schule« ausführt: »Wenn wir aus der Geschichte lernen wollten, dann sei es das: Es gehe nicht, wenn KPD, SPD und Gewerkschaften getrennt marschierten. Die angereiste Schar seiner Anhänger klatschte begeistert Beifall.« Daß es sich hier in der Tat um eine pseudolinke Gefühlsduselei und nicht um ein realistisches und rational begründbares Politikkonzept handelt, zeigt jede nüchterne Analyse des ideellen wie realen »Potentials«, das die DKP – im Gegensatz zu den eurokommunistischen Parteien – in ein solches Bündniskonzept in der BRD einbringen könnte.
Gleichzeitig sollen die Gewerkschaften zugunsten eines solchen illusionären Bündnisses in eine totale Konfrontation zum »Staat« manövriert werden. Da in der Sicht der Stamokap-Theorie Staat und Monopole eine Einheit bilden, verweist sie die Gewerkschaften »objektiv in eine konträre Stellung zum imperialistischen Staat« und bekämpft gewerkschaftliche Kooperationen mit ihm (wie z. B. die Konzertierte Aktion) prinzipiell.[148]
Trotz ihres stufenweisen Vorgehens ist die antimonopolistische

Strategie nicht mit gesellschaftsverändernder oder systemüberwindender »Reformpolitik« gleichzusetzen. Die Anhänger der Stamokap-Theorie halten eine Veränderung der Gesellschaft vielmehr nicht durch Reformen, sondern nur durch »einen grundlegenden Bruch« für möglich und wenden sich gegen alle, auch linke »Reformisten«; Reformen, sofern nicht ohnehin systemstabilisierend eingestuft, wird kaum eigenständiger Wert zugemessen, sondern sollen »Voraussetzungen für die Revolution erzeugen« oder – in anderer Sprechweise – die Bedingungen für den großen Bruch verbessern.[149] In diesen Zusammenhang gehört auch, daß man sich auch außerparlamentarische Kampfformen, auf kommunistischer Seite unter ausdrücklicher Einbeziehung der Gewaltanwendung, vorbehält.[150]
Alles in allem: Die antimonopolistische Strategie ermöglicht mit ihrem Stufenkonzept die Ausschaltung jeweils als konservativ erklärter Gruppen, so daß am Schluß des Übergangsprozesses sich eine Minderheit durchgesetzt haben kann; zu Recht gilt das vom frühen Marx vertretene Konzept der »permanenten Revolution« als Strategie der Minderheitsrevolution.[151] Im Unterschied zu ihren Bündnispartnern besitzt dabei allein die kommunistische Partei die Fähigkeit, mit langfristiger Kaderpolitik nach innen und dem Anspruch nach außen, Anwalt der Massen zu sein, ihre Partner zu überspielen.[152] Schließlich rechtfertigt die Lehre von der marxistischen Kenntnis der »objektiven« Arbeiterinteressen notfalls das Übergehen von Mehrheitsmeinungen. Bezeichnenderweise wird denn auch der Übergang der osteuropäischen Länder zum realen Sozialismus von der kommunistischen Seite als erfolgreich angewandte Strategie dieser Art dargestellt.

6. Ohne eurokommunistische Wendung keine Bündnisfähigkeit der Kommunisten

So bewegen sich sowjetmarxistische Veränderungsstrategien wie die der Stamokap-Theorie im Gefängnis ihrer Sowjetbindung, die mehr als alles andere ihre Bündnisvorstellungen ad absurdum führt.
Große kommunistische Parteien dagegen haben sich gerade durch ihre – mehr oder minder weitgehende – Lockerung der UdSSR-Bindung Bündnischancen eröffnet.
In Italien streben die Kommunisten den »Historischen Kompromiß« mit den Christdemokraten an. Schon seit langem sind

die italienischen Christdemokraten im Parlament auf regierungsstützende Absprachen mit den Kommunisten angewiesen. Die Abkehr der KPI von dem Hegemonieanspruch der UdSSR und ihre deutlichen ideologischen Autonomietendenzen haben die italienischen Kommunisten zu möglichen Bündnispartnern gemacht.
Auch in Frankreich hatten die Kommunisten sich wenigstens teilweise von der sowjetischen Vormundschaft befreit. Die Sozialisten konnten daher 1972 zusammen mit den Kommunisten ein gemeinsames Regierungsprogramm mit antikapitalistischer Stoßrichtung entwickeln. Allerdings hat in Frankreich die KP inzwischen wieder bewiesen, daß ihr der eigene Führungsanspruch wichtiger ist als effektive Reformschritte. Denn im Volksfrontbündnis ist die Sozialistische Partei zur stärksten Oppositionspartei angewachsen, während es der Kommunistischen Partei immer weniger gelang, sich zu profilieren. Daraufhin verursachten die Kommunisten das Auseinanderbrechen der Linksunion, und das mit großen Erwartungen geschmiedete Linksbündnis muß heute – insbesondere nach der Zustimmung Marchais' zum sowjetischen Einmarsch in Afghanistan! – als aufgelöst betrachtet werden.
Den westdeutschen Kommunisten aber verhilft die »antimonopolistische« Strategie trotz Reformpropaganda zu keinem Bündniskonzept; nicht nur, weil sie politisch zu unbedeutend sind, sondern vor allem, weil sie von der Vormundschaft des sowjetischen Diktatursystems sich nicht befreit haben.

7. Fazit

Nun stellt sich freilich für Stamokap-Anhänger, die sich subjektiv nicht als DKP-Anhänger verstehen, die Frage: Kann man der Stamokap-Theorie anhängen, ohne sich politisch in Richtung »realer Sozialismus« festzulegen? Dies ist für Teile der Theorie zu bejahen. Beispielsweise führen die beiden zuerst referierten Kernthesen der Theorie, verbunden mit einer positiven Bewertung der Rolle des demokratischen Staates, zu Rudolf Hilferdings Theorie des organisierten Kapitalismus und zur Wirtschaftsdemokratie-Konzeption.[153] Die – wenn auch in sich widersprüchliche – These vom monopolorientierten Staat hingegen, wie auch zahlreiche andere strategische Elemente, führen logisch – ohne daß dies jedem Anhänger der Theorie bewußt sein müßte – zu einer »sozialistischen Demokratie« mit

»objektiv« vorgegebenem Ziel. In dieser könnten – zumindest bei zentralen Fragen – nicht die Menschen in freier Auseinandersetzung über selbst erkannte Interessen entscheiden. Ein Marsch in diese Richtung widerspräche dem traditionellen Selbstverständnis der Sozialdemokraten und Gewerkschaften der Bundesrepublik, die als unabhängige und auf den Willen ihrer Mitglieder ausgerichtete Verbände »in der Demokratie ihre eigene Lebensgrundlage sehen« (DGB-Grundsatzprogramm) – und zwar in der offenen Demokratie des Grundgesetzes.
Einer Indienstnahme der Gewerkschaften durch Stamokap-Theoretiker steht darüber hinaus die Bejahung der Reformpolitik durch die Gewerkschaften entgegen: Sie gehen, wie DGB-Grundsatzprogramm und tagtägliche Praxis zeigen, davon aus, *daß schrittweiser (durchaus nicht stets kampflos erreichbarer) Wandel bereits zu sehr beachtlichen Verbesserungen für die Arbeitnehmer geführt hat und künftig führen kann.* Dies setzt nicht voraus, die rechtsstaatliche Demokratie als von selbst arbeitnehmerorientiert, sondern nur als offen und beeinflußbar zu verstehen. Reformerische Haltung bedeutet auch nicht notwendigerweise eine geringe Reichweite der Ziele, können doch zahlreiche Einzelschritte auch ohne den großen »Bruch« zu tiefgreifenden gesellschaftlichen Veränderungen führen. Eines sollte nämlich nicht übersehen werden: Radikale Gesellschaftsveränderung anzustreben (einschließlich der Sozialisierung der marktbeherrschenden »Monopole«!), macht nicht die vorherige Übernahme der Stamokap-Theorie erforderlich und ist nicht deren Monopol.

VIII. Das sowjetmarxistische Feindbild von der Sozialdemokratie

In den bisherigen Analysen sowjetmarxistischer Ideologien – im DKP-Parteiprogramm und in der Stamokap-Theorie – ist schon mehrfach kurz vom Verhältnis zur Sozialdemokratie die Rede gewesen. Hier sollen die Hauptargumente des sowjetmarxistischen »Anti-Sozialdemokratismus« noch einmal ausführlicher zur Sprache gebracht und kritisiert werden. Aus einem einfachen Grund: Nicht die reaktionären, die konservativen Kräfte, nicht die Vertreter des Kapitals, nicht CSU/CDU oder FDP erscheinen primär als Gegner der Sowjetmarxisten, sondern die reformpolitischen und reformsozialistischen Kräfte in unserer Gesellschaft, allen voran die SPD und die Sozialdemokraten in den Gewerkschaften. Sie sind die prinzipiellen Gegner der Sowjetmarxisten seit den 20er Jahren, weil sie die – wesentlich erfolgreicheren! – Konkurrenten sind im Wettbewerb um das politische und gewerkschaftliche Mandat der abhängig arbeitenden Menschen. Schon Lenin, in seiner oft unbeherrschten, zynischen und pöbelhaften Sprache, spuckte am hemmungslosesten Gift und Galle gegen die Sozialdemokraten, die ihm nach 1918 nicht auf dem revolutionären Gewaltweg folgten.

1. Feindbildproduktion, seit sechs Jahrzehnten...

Dieter Schneider hat 1979 im »ötv-magazin« ein Buch Peter Lübbes (»Kommunismus und Sozialdemokratie«) vorgestellt, in dem dargelegt wird, wie nahezu unverändert seit 1917 – von Lenin bis Honecker – die sowjetkommunistische Feinbildproduktion gegen alle Reformsozialisten betrieben wurde. Hier Schneiders Resümee der Lübbeschen Untersuchung:[154]
»Wladimir Iljitsch Lenin hat als erster die zaristische Tradition fortgeführt, politische Gegner mit gemeinen Verbrechern gleichzusetzen. Sozialdemokraten sind für den Schöpfer der Sowjetunion ›Sozialverräter‹, ›Kettenhunde des Imperialismus‹, ›Halunken‹, ›Lakaien der bürgerlichen Moral‹. Von Grigori S. Sinowjew, dem Mann an der Spitze des Exekutivkomitees der 1919 gegründeten Kommunistischen Internationale (Komintern), wissen wir, daß er Robert Dißmann einen ›Zuhälter‹ genannt hat. Die deutschen Kommunisten, immer bemüht,

ihre Einbläser aus Moskau noch zu übertreffen, machten daraus einen ›rechten Louis‹. Die rüden Töne im Jargon der Gosse galten einem der couragiertesten, aufrichtigsten und bedeutendsten deutschen Gewerkschaftsführer: dem Vorsitzenden des Deutschen Metallarbeiter-Verbandes (DMV) von 1919 bis 1926. Mutig wie nur wenige hatte der linke Sozialdemokrat während des Ersten Weltkrieges gegen die Politik der SPD und der Gewerkschaften opponiert ... Die Kommunisten beschimpften Dißmann, seit er sich entschieden gegen sie abgrenzte.
Außerordentlich heftige Haßausbrüche galten Karl Kautsky, dem führenden marxistischen Theoretiker der II. Internationale. Eben noch – nächst Karl Marx und Friedrich Engels – auch unter russischen Sozialisten eine der verehrtesten Autoritäten, mußte er erfahren, was es heißt, an Lenin und den Bolschewiki Kritik zu üben ... Dafür wird er – ohne Beweise – ›ein Musterbeispiel unerhörter Charakterlosigkeit, jämmerlicher Schwankungen und Verrätereien seit August 1914‹ genannt.
Karl Kautskys Kritik am Sowjetsystem, die an Niveau und Treffsicherheit die seiner Zeitgenossen weit übertraf, war besonders unangenehm. Man lese nur seine beiden – 1918 und 1919 erschienenen – Schriften ›Die Diktatur des Proletariats‹ und ›Terrorismus und Kommunismus – Ein Beitrag zur Naturgeschichte der Revolution‹. Der große Lenin höchstselbst mußte sich hinsetzen und eine Entgegnung verfassen.
Wo die Bolschewiki herrschten, wurde es lebensgefährlich, Sozialdemokrat zu sein. Es gelte, so 1919 die Komintern, ›allen Werktätigen die Augen über das Judaswerk der Sozialchauvinisten zu öffnen und diese gegenrevolutionäre Partei mit bewaffneter Hand unschädlich zu machen‹. 1920 erklärt Sinowjew: ›Mögen die opportunistischen Elemente uns in der ganzen Welt bekämpfen, mögen die großen und kleinen Dißmänner aller Länder uns noch so wütend anheulen – sie müssen vernichtet werden.‹ Was das bedeutet, erfahren als erste die russischen Menschewiki (sprich Sozialdemokraten). Die Angehörigen der zweitstärksten russischen sozialistischen Partei ... werden von der Tscheka massenweise liquidiert. Lenin gibt sich gar keine Mühe zu vertuschen, was hier geschieht: ›Wer den Menschewismus öffentlich manifestiert, den müssen unsere Revolutionsgerichte erschießen lassen ...‹
Die Leninschen Vorstellungen von einer zentralistischen Kaderpartei sollen – koste es, was es wolle – auf alle nationalen Parteien übertragen werden. Als sich Repräsentanten der USPD dagegen wehren, die russische Form der Herrschaft zum Grundgesetz für das internationale Proletariat zu erheben,

besteht die ›Widerlegung‹ darin, daß Sinowjew die Einwände als ›Plattheiten‹, ›Dummheiten‹, ›gegenrevolutionäres Zeug‹, ›gegenrevolutionären Dreck‹ abtut. Alles stamme aus der Küche Karl Kautskys. Moskau verlangt, daß die USPD, die über eine Aufnahme in die Komintern verhandelt, sich total unterwirft. Luise Zietz entgegnet: ›Wenn man schon einmal diese harten Bedingungen [...] geschluckt hat, dann ist es nur logisch und konsequent, wenn wir auch den Terror schlucken, und zwar nicht nur den Terror gegen die Bourgeoisie, sondern auch den Terror gegen unsere eigenen Genossen.‹
Für Sinowjew steht schon 1924 fest: Die Faschisten sind die rechte, die Sozialdemokraten die linke Hand der Bourgeoisie...
Mit einer gewissen Konsequenz folgt die unrühmliche Sozialfaschismus-Kampagne, die sich gleichermaßen gegen SPD und Gewerkschaften richtet. Der Hauptstoß aber gilt dem ›sogenannten linken Flügel der Sozialdemokratie‹. Ihn gilt es ›vernichtend zu schlagen‹, weil er den ›Prozeß der Abkehr der Arbeitermassen von der Sozialdemokratie‹ hemme. Flugs werden 1930 alle ›Linken‹ zu ›Helfershelfern des Faschismus‹ befördert.
Die Haßgesänge der KPD-Propagandisten gegen die Sozialdemokraten unterscheiden sich kaum von denen Adolf Hitlers und seiner Gefolgschaft. Bissig formuliert Max Westphal, Berichterstatter des SPD-Vorstandes auf dem Parteitag in Leipzig 1931, daß man angesichts der ›Dreckschleuderleistungen‹ der kommunistischen Presse ›wohl berechtigt zu der Auffassung ist, daß im Kampf gegen die Sozialdemokratie der Völkische Beobachter [das Zentralorgan der NSDAP] und Die Rote Fahne [das Zentralorgan der KPD] eine gemeinsame Redaktion haben‹.
... Obwohl die NSDAP sich lawinenartig ausbreitet, rügt der KPD-Vorsitzende ›Stimmungen, die vor den nationalsozialistischen Bäumen den sozialdemokratischen Wald nicht sehen wollen‹. Erst 1936, im Kerker, erkennt Thälmann, daß er ein Beispiel dafür geliefert hat, ›wie es nicht gemacht werden darf‹.
Die gespaltene Arbeiterschaft sah sich in den Jahren der ersten Republik in einen mörderischen Bruderkampf verwickelt. Aus den Folgen sollten Lehren gezogen werden. Doch wer genau hinsieht und hinhört, stellt fest, daß diejenigen, die sich nach 1945 auf Thälmann berufen, nichts gelernt haben. Anscheinend liebgewordene Schimpfwörter bleiben, der Kampf gegen den ›Sozialdemokratismus‹, den schon Lenin geführt hat, wird fortgesetzt.

Wie einst während der Zeit der Sozialfaschismus-Kampagne verkündet Wilhelm Pieck 1949: ›In Deutschland sind die rechten sozialdemokratischen Führer die eifrigsten und skrupellosesten Kriegshetzer.‹ Er vergleicht Kurt Schumacher, Carlo Schmid und Ernst Reuter mit Adolf Hitler, Joseph Goebbels und Robert Ley. Otto Grotewohl sieht die ›sozialdemokratischen Lakaien das gleiche Banner‹ schwenken, ›unter dem Hitler das deutsche Volk durch ein Meer von Blut führte‹.« Soweit Dieter Schneiders Zusammenfassung von 60 Jahren kommunistischem Antisozialdemokratismus.

2. ... statt harter, aber sachlicher Diskussion der Gegensätze

Natürlich gilt auch umgekehrt: Sozialdemokraten, demokratische Sozialisten sind prinzipielle Gegner der Kommunisten, vor allem der sowjetisch orientierten Kommunisten. Schwerpunkte der gegensätzlichen Sozialismusvorstellungen sind – stark vereinfacht[155]:

Demokratische Sozialisten	*Sowjetkommunisten*
– begreifen *Sozialismus* als *ständige Aufgabe* unabschließbarer *Gesellschaftsreform;*	– begreifen *Sozialismus* als grundlegend hergestellt durch *Sozialisierung der Produktionsmittel* in einem *revolutionären Akt;*
– orientieren sich an *Grundwerten,* über deren politische Umsetzung immer neu *Übereinstimmung* (»Konsens«) erzielt werden muß;	– orientieren sich an *marxistisch-leninistischer Kenntnis* des Geschichtsablaufs;
– begreifen die *Verfassung* der *parlamentarischen Demokratie* als unabdingbare politische Norm;	– begreifen »Parlamentarismus« als *»bürgerliche Demokratie«,* daher *nicht* als unabdingbare politische Norm;
– lehnen daher die *Sowjetunion* als *Sozialismusmodell* ab.	– akzeptieren dagegen die *Sowjetunion* als Vormacht und *Vorbild des Sozialismus.*

In welcher Weise sich diese Gegensätzlichkeit gerade in der Gewerkschaftsarbeit konkretisiert, hat im Sommer 1979 der damalige Bundesvorsitzende der Jungsozialisten, Gerhard Schröder, in drei Punkten zusammengefaßt – und zwar in Auseinandersetzung mit dem IG Druck-Vorstandsmitglied Detlef Hensche, der bekanntlich keine Unterschiede in kommunistischer und sozialdemokratischer Gewerkschaftsarbeit erkennen zu können vorgibt:

»Einmal abgesehen von der Frage, ob es Übereinstimmung zwischen Sozialdemokraten und anderen im gewerkschaftlichen Tageskampf gibt: Detlef Hensche unterläßt es in seinem Beitrag, sich zu den nicht vorhandenen Gemeinsamkeiten in der Perspektive zu äußern. Hier gibt es eindeutig mehr prinzipielle Unterschiede als Gemeinsamkeiten mit der DKP:

1. Kein Sozialdemokrat kann den nicht aufgegebenen Monopolanspruch der DKP akzeptieren, *die* Partei der Arbeiterklasse zu sein.

Wer den Pluralismus innerhalb der Arbeiterbewegung nicht akzeptiert, handelt auch dann gegen die Einheit der Arbeiterbewegung, wenn das in Tagesforderungen nicht zum Ausdruck kommt.

2. Kein Sozialdemokrat kann die These akzeptieren, die Herbert Mies und Willi Gerns in ihrem Buch ›Weg und Ziel der DKP‹ zur Gewerkschaftsarbeit formuliert haben. Dort heißt es:

›Denn die Arbeiter und Angestellten sind als Bürger des sozialistischen Staates selbst Besitzer aller wichtigen Produktionsmittel. Streiken müßten sie gegen sich selbst. Die durch Streiks entstehenden Produktionsausfälle gingen für die weitere Entwicklung der sozialistischen Produktion, für die direkte oder indirekte Verbesserung des Lebensstandards des arbeitenden Volkes verloren. Sie würden sich selbst Schaden zufügen.‹

Sozialdemokraten haben im Gegensatz dazu dafür einzutreten, daß das unbeschränkte Koalitionsrecht, dessen wichtigster Teil das Streikrecht ist, auch und gerade im Sozialismus gilt.

3. Die Gewerkschaften sind Garanten der politischen Demokratie. Ihr Ziel ist es, erkämpfte Freiheitsrechte dadurch auszubauen, daß sie sozialen Boden erhalten. Für Sozialdemokraten gilt auch in ihrer Gewerkschaftsarbeit, daß Sozialismus und Demokratie untrennbar sind.

Wer bereit ist, in irgendeiner Phase der gesellschaftlichen Entwicklung die politischen Rechte der Massen einzuschränken, und sei es auch um eines noch so wichtigen Zieles willen,

handelt gegen diesen Grundsatz. Auch in dieser Frage unterscheiden sich Sozialdemokraten und Kommunisten.
Es liegt nicht im Interesse der Einheitsgewerkschaft, vorhandene Unterschiede zu verwischen. Den Vorwurf der Fraktionsarbeit verdienen nicht jene, die offen auf Unterschiede hinweisen, sondern diejenigen, die Unterschiede verkleistern wollen ... Daß eine solche Diskussion auch immer den Charakter hat, sich von einer als falsch empfundenen Auffassung abzugrenzen, ist unvermeidbar, ja notwendig. Die Abgrenzung darf nur nicht dazu führen, dem jeweils anderen seinen Respekt und sein Bemühen, die Interessen der Arbeitnehmer zu vertreten, abzusprechen. Das aber ist das Problem der DKP, nicht das Problem von Sozialdemokraten.
Für Sozialdemokraten ist ein Mitglied der DKP ein Mensch, der irrt, während es umgekehrt Äußerungen gibt, die fatal an die Verratsthesen alter Zeiten erinnern.
Den Kampf um Klarheit der Einheit wegen zu führen, lautet die Devise sozialdemokratischer Gewerkschaftsarbeit.«[156]
In der Tat beschränken sich Sowjetmarxisten nicht darauf, diese und andere Gegensätze rational und durch Argumente darzustellen sowie eventuelle Annäherungs-, Kompromiß- und Bündnispunkte herauszuarbeiten, sondern sie behaupten ihre eigene Position als die allein (»objektiv«) wahre und wissenschaftliche, während die der Sozialdemokraten, der demokratischen Sozialisten in Partei und Gewerkschaften als »Abfall« von der richtigen (marxistisch-leninistisch-stalinistischen) Lehre oder gar als Verrat des Sozialismus diffamiert wird. Es sei denn, die Position ließe sich von den Sowjetmarxisten als »links«- oder »marxistisch«-sozialdemokratisch einstufen und in die (Bündnis-)Nähe zur DKP bringen, – also auf den richtigen Weg!
Da in der hier darzustellenden ideologischen Auseinandersetzung gerade Reformsozialisten im Bildungswesen, in Gewerkschaften und in der SPD immer wieder mit dem diffamierenden, ja zum Teil haßerfüllten sowjetmarxistischen Zerrbild des »Sozialdemokratismus« konfrontiert werden, müssen dessen Hauptlinien beleuchtet und kritisiert werden:

- Die Allmacht der »rechten« SPD-Führung
- Sozialdemokratische Reformpolitik: Stabilisierung des großen Kapitals
- Der sozialdemokratische »Antikommunismus«

3. Allmacht der »rechten« SPD-Führung?

DKP und DKP-orientierte Linke in Gewerkschaften und SPD stehen angesichts der Sozialdemokratie vor dem unlösbaren Dilemma, sie einerseits als reformistischen Irrweg verdammen, andererseits ihre große Anhängerschaft erklären und möglichst große Teile von ihr sogar als Bundesgenossen gewinnen zu müssen. Diesem Dilemma versucht die sowjetmarxistische Ideologie zu entkommen, indem sie die Legende von den »guten« (linken) und den »bösen« (rechten) Sozialdemokraten an die Stelle der Wirklichkeit setzt; dabei sind die »Rechten« wenige, aber die Führenden, denen – völlig unmarxistisch![158] – eine geradezu dämonische Allmacht zugeschrieben wird, mit ihrem Reformismus die »guten« linken Massen vom revolutionären Weg abzubringen.
Die mangelnde DKP-Bündnisbereitschaft der Sozialdemokraten, vor allem aber die besseren Mitgliederzahlen, die die nichtkommunistischen Gewerkschaften in den meisten Ländern Westeuropas aufzuweisen haben, sowie die besseren Wahlergebnisse, die sozialdemokratische und sozialistische Parteien im Vergleich zu den orthodox-kommunistischen erzielen, bereiten den marxistisch-leninistischen Parteiideologen offensichtlich großes Kopfzerbrechen. Ausgehend von der Überzeugung, daß die »Arbeiterklasse« an sich revolutionär ist und also dem »bürgerlichen Reformismus« eigentlich überhaupt nicht zuneigen dürfte, werden kurzerhand die »rechten« SPD- und Gewerkschaftsführungen erfunden, die »Klassenverrat« begehen und das Proletariat mit ihren »Verführungstheorien« verwirren. Pauschal stellen etwa die DDR-Autoren Kalex und Klug fest, all die schönen Worte der SPD-Führung von »demokratischem Sozialismus«, »Freiheit, Gerechtigkeit und Solidarität« erwiesen sich als pure Heuchelei, als Phrase, berechnet auf die Irreführung des gesamten werktätigen Volkes.[159]
Dieser behauptete Gegensatz zwischen Basis und Führung wird nicht zuletzt bei der Forderung nach einer Aktionseinheit der DKP mit allen übrigen »Demokraten und Antimonopolisten« benötigt. Denn da – angeblich – die »Integration der sozialdemokratischen Führer in das imperialistische Machtsystem zu einem entscheidenden Existenzfaktor für den Imperialismus« geworden ist[160], müßte ja die Sozialdemokratie eigentlich als Verräter an den Interessen der Arbeiterklasse ein gefährlicher Klassenfeind sein, mit dem man keine gemeinsame Politik machen kann. Andererseits ist die SPD aber auch wieder

»infolge ihrer Mitgliederstärke und durch ihren Wählereinfluß ein beachtlicher Faktor im politischen Leben der BRD«.[161] Eine Volksfront hätte also ohne Mitwirkung der Sozialdemokratie gegenwärtig keine Chance.
Die Sowjetmarxisten lösen dieses Dilemma, indem die »Sozialdemokratische Partei in eine ›rechte Führung‹, die ›antisoziale und unternehmerfreundliche Politik‹ betreibt, und in ›oppositionelle Mitgliedermassen‹ aufgespalten wird. (Man fragt sich bei diesem Manöver allerdings, wer dann ständig die ›rechte Führung‹ wählt.) Durch diesen verbalen Trick können die Kommunisten die Sozialdemokratie nach wie vor für ihre Volksfront-Strategie umwerben, ohne sich der Gefahr auszusetzen, der Zusammenarbeit mit dem Klassenfeind bezichtigt zu werden.«[162]
Offiziell klingt dies so: »In allen sozialdemokratischen und sozialistischen Parteien stehen sich zwei entgegengesetzte Klassenlinien gegenüber und wirken aufeinander ein: die bürgerliche einerseits und die kleinbürgerlich-reformistisch verzerrte proletarische andererseits.«[163] Die erste »Klassenkraft« bilden die Politiker und Ideologen, die sich dem staatsmonopolistischen Kapitalismus verschrieben haben und in seinem Interesse wirken. Aber es gibt auch »Hunderttausende von Arbeitern und anderen Werktätigen, die gegen den Monopolkapitalismus sind, aber den Weg des Kampfes nicht richtig erkennen, nicht zuletzt deshalb, weil sie von den rechtssozialdemokratischen Führern dieser Parteien durch Verteidigung des staatsmonopolistischen Kapitalismus und Angriffe auf den verwirklichten Sozialismus in die Irre geleitet werden«.[164] So habe es bereits nach dem Ersten Weltkrieg in der Sozialdemokratie immer wieder Auseinandersetzungen zwischen den prokapitalistischen Ideologen und den spontan entstehenden antikapitalistischen Stimmungen und Bestrebungen in der Arbeiterklasse gegeben. Und auch heute gilt: »Bei aller Inkonsequenz sind antikapitalistische und antimonopolistische Forderungen (in der SPD; d. Verf.) ... von wesentlicher Bedeutung für die Entfaltung des demokratischen, antimonopolistischen Kampfes, der in Ländern wie der BRD heute auf der Tagesordnung steht.«[165]
Diese Einschätzung der Sozialdemokratie mit der Zweiteilung in eine rechte, bürgerliche und eine kleinbürgerlich-reformistisch verzerrte proletarische – bzw. in eine »integrationistische« und »reformistisch-sozialistische«[166] – Strömung, wird durch andere sowjetmarxistische Autoren noch modifiziert: Sie stellen darüber hinaus die Entwicklung »marxistischer Positionen« in einem »dritten Flügel« der SPD fest.[167]

Der zur DKP übergewechselte ehemalige »Kopf« der Frankfurter Stamokap-Fraktion der Jusos, Rainer Eckert, beläßt es zwar zunächst bei zwei sich gegenüberstehenden Klassenlinien in der SPD und den Gewerkschaften, unterteilt dann aber die »rückschrittliche« Klassenlinie noch einmal in eine »rechte« (Schmidt, Brandt, Wehner, Leber etc.) und eine »linke« Variante der »Rechtssozialdemokratie« (Vetter, Strasser, von Oertzen, Voigt etc.). Die »fortschrittliche« Klassenlinie besteht für Eckert aus Teilen der Jungsozialisten und der Gewerkschaftsjugend (den Anhängern der Stamokap-Theorie), dem »Sozialistischen Hochschulbund« (SHB) und den konsequenten (marxistischen) »Linkssozialdemokraten«.[168]
Dieses Schema von »rechtssozialdemokratischer Führung« und »linker Basis« ist schlicht die Unwahrheit, aber eine mit »Tradition«: eben eine Legende. *Denn genau jener un-, ja antirevolutionäre, nur reformpolitisch orientierte Geist ist weithin durchaus der Geist der sozialdemokratischen Massen-»Basis« selbst* – aus den ständig verbesserten »materiellen Verhältnissen« *gerade marxistisch* gut erklärbar – keineswegs das Produkt einer »korrumpierten« Führung. (Vgl. dazu auch Helga Grebing, S. 193ff.) Allerdings erhebt sich auch diese Führung – entgegen den hochidealistischen Erwartungen vieler Marxisten – nicht himmelhoch über diesen reformistischen Geist der Massen, aus denen sie in immerhin demokratischeren (Aus-)Wahlprozessen hervorgegangen ist als je irgendeine sowjetkommunistische Führungselite.
Die kommunistische Wunschvorstellung, man müsse nur die sozialdemokratischen »Massen« von ihren kapitaldienerischen Führungen emanzipieren, ist also eine idealistische Illusion, nicht vereinbar mit einer empirischen, gar marxistischen Gesellschaftsanalyse. In der Tat unterliegen die Sowjetmarxisten, diese kompromißlosen Kämpfer für das marxistisch-revolutionäre Licht und gegen die bürgerlich-reformistische Finsternis, in ihrer Ideologie einem gewaltigen »historischen Irrtum«: den heroisch-idealistischen Vorstellungen von einer »revolutionären Gesinnung der Massen«, von einer Arbeiterklasse, die gleichsam von Natur aus revolutionär und klassenkämpferisch ist. Für diese Idealvorstellung gibt es in der Sozialgeschichte der Arbeiterbewegung keinerlei Belege. Auch eine dem sozialdemokratischen Reformismus sehr kritisch gegenüberstehende Marxistin wie Ursula Schmiederer beurteilt solche Idealvorstellungen auf der Basis sozialgeschichtlicher Literatur überzeugend als Legendenbildung.[169]
Das ehemalige Mitglied der Kommunistischen Partei Öster-

reichs, Ernst Fischer, hält den von einem revolutionären Prozeß der Machtübernahme durch die Arbeiterklasse »träumenden« Sowjetmarxisten ebenfalls entgegen, daß die »Massen der Lohnempfänger« im heutigen Kapitalismus nicht »a priori« revolutionär sein können. Es wäre »simpler Selbstbetrug, in das Proletariat die ständige Bereitschaft zur Revolution hineinzudichten und das Fehlen dieser Bereitschaft nur der Wirkung reformistischer Propaganda, kleinbürgerlicher Ideologie zuzuschreiben«. Auch seien die Arbeiter keine »Idioten«, die auf jede revolutionäre Propaganda hereinfielen. Sie täten weiterhin gut daran, das Streben nach Reformen der »revolutionären Umwälzung um jeden Preis« vorzuziehen. Ohne deutliche Distanzierung von solchen Doktrinen werde den Arbeiterbewegungen in den modernen Industriegesellschaften Europas »Blei in die Sohlen gegossen«.[170]

Nun wird mancher Leser dieser Kritik aber einwenden: Ist nicht gleichwohl an der Rede von den »rechten« und »linken« Sozialdemokraten etwas Wahres dran? Ganz zweifellos – nur stellt sich die Bestimmung, Größenordnung und Konfliktlinie der beiden Flügel in der Realität vollkommen anders dar, als im sowjetmarxistischen Wunschdenken: In den Gewerkschaften wie in der sozialdemokratischen Wähler- und Mitgliedschaft – einschließlich der Führungsgruppen – finden sich neben- und *gelegentlich* im Konflikt miteinander:

- eine »rechte« Mehrheit von 60–70%, deren Zielbewußtsein über Reformen im bestehenden – keineswegs nur ökonomischen – Sozialsystem nicht hinausgeht und die »Sozialismus« nur noch vage als »soziale Demokratie« anstrebt;
- eine beachtliche »Mitte-Links-Minderheit«[171] von 30 bis 40%, deren Zielbewußtsein wesentliche Strukturreformen in vielen gesellschaftlichen Teilbereichen umfaßt und die sich mit der Idee eines »Demokratischen Sozialismus« identifiziert; und innerhalb dieser Minderheit
- eine kleine radikaldemokratische und/oder marxistische Minderheit von Intellektuellen (etwa 5–10%; Mehrheit nur in Jugendverbänden), die unter dem Zielbegriff des demokratischen Sozialismus eine Politik umfassenden Herrschaftsabbaus und der optimalen Selbstverwaltung bzw. Sozialisierung versteht.[172]

Ganz im Gegensatz zum sowjetmarxistischen Wunsch- und Zerrbild der Sozialdemokratie und der Gewerkschaften könnte man also in der Bundesrepublik viel eher von einem weithin *konfliktlosen* »rechten« Basis- und Führungsblock sprechen, dem eine mehr oder weniger große »linke« Minderheit gegen-

übersteht und *deren radikal-linke/marxistische Randgruppe keinen proletarischen, sondern einen intellektuell-elitären Charakter hat.*
Selbstverständlich können sich die Bewußtseins- und damit Mehrheitsstrukturen gegenüber dem hier (sehr grob) skizzierten Verhältnis verändern – und sie haben sich, in Westdeutschland wie in Westeuropa, verändert. Ganz gewiß aber geschieht dies, wenn man für einen »Linkstrend« eintritt, nicht, wie die Sowjetmarxisten in einer Art »Proletkult« meinen, durch »Befreiung« des naturlinken »Proletariats« aus dem Einfluß seiner rechten Führungen, sondern allein durch *allgemeine* Zunahme des sozialkritischen Bewußtseins »oben« wie »unten« – auch, aber nicht nur unter dem Druck sozialer und ökonomischer Krisen.

4. Sozialdemokratische Reformpolitik: Stabilisierung des großen Kapitals?

So falsch: personalisierend, nach leninistischem Denken auf »Führungskader« fixiert das sowjetmarxistische Feindbild von Basis und Führung der SPD wie des DGB ist, so falsch ist auch das Feindbild von ihrem gesellschaftspolitischen Konzept: Reformpolitik als Weg zum Sozialismus.
Theorie und Politik der Reform verkommen in der sowjetmarxistischen Polemik gegen die Sozialdemokratie zum Schimpfwort: Reformismus. Zwar versuchen Harrer und Fülberth in ihrem großen Pamphlet über die SPD, das der Luchterhand-Verlag sich nicht scheute, als Beitrag zur Geschichte der Arbeiterbewegung herauszugeben[173], mehrere Formen von Reformismus zu unterscheiden[174] und den »linken« Sozialdemokraten ein »reformsozialistisches«, nicht ganz und gar korrumpiertes Reformkonzept zuzuerkennen (das freilich, weil nicht sein kann, was nicht sein darf, ohnmächtig bleibt).[175] Aber ansonsten fungiert der »rechtssozialdemokratische«, d. h. der nach kommunistischer Auffassung allein maßgebliche »Reformismus«-Begriff als der negative »Oberbegriff«, aus dem die Beurteilung der Sozialdemokratie abgeleitet wird.
Der sozialdemokratische und gewerkschaftliche »Reformismus« wird definiert als eine Hauptrichtung gegenwärtiger bürgerlicher Ideologie und Politik, die »eine innere Wandlung des Kapitalismus in Richtung auf eine nicht mehr in Klassen und antagonistische Klassengegensätze gespaltene Gesellschaft be-

hauptet«. Sein soziales Ziel ist die Stabilisierung der Monopolherrschaft auf dem Weg von Reformen und Teilzugeständnissen. »Als eine Variante des bürgerlichen Reformismus tritt der Sozialreformismus rechtssozialdemokratischer Prägung in Erscheinung, der sich besonders in den Grundfragen mit dem Reformismus (!) der Monopole trifft.«[176]
Damit erweist sich der »Sozialdemokratismus« als Verfechter bürgerlicher Interessen in der Arbeiterklasse. Diese Anpassung der Interessen des Proletariats an die bürgerliche Ideologie und Politik wird als »Opportunismus« bezeichnet. »Der sozialdemokratische Opportunismus ist eine Spielart dieses rechten Opportunismus, der auch – entsprechend seinem wesentlichen Inhalt – Sozialreformismus genannt wird.«[177]
Sozialdemokraten verteidigen also den Kapitalismus; sie spielten in der praktischen Politik bisher immer die »Rolle des Arztes am Krankenbett des Kapitalismus. Ihr Verrat an den Interessen der Arbeiterklasse trug entscheidend zu deren Niederlage in der Novemberrevolution bei. Indem sie die Aktionseinheit der deutschen Arbeiterklasse im Kampf gegen Imperialismus und Krieg verhinderten, leisteten sie der Machtergreifung durch den Hitlerfaschismus Vorschub.«[178]
Ganz in diesem Sinne formuliert auch die DKP in These 40 ihres Programms von 1971: die sozialreformistische Ideologie sei auf die geistige »Entwaffnung der Arbeiterklasse, auf die Spaltung ihrer Reihen, auf die Auslieferung an die Interessen des Großkapitals« gerichtet. »Der sogenannte demokratische Sozialismus ist nicht etwa eine Variante der sozialistischen Ideologie (!) oder ein anderes Modell des Sozialismus, er steht auch nicht zwischen Kapitalismus und Sozialismus, sondern ist vielmehr Bestandteil imperialistischer Ideologie und Politik.« Nur wenig abgeschwächt findet sich derselbe Gedankengang im neuen Programm von 1978[179] (vgl. S. 146ff.).
Kalex und Klug definieren den Kerngehalt der sozialdemokratischen Ideologie durch »die Leugnung des wissenschaftlichen Sozialismus, der Notwendigkeit und Gesetzmäßigkeit des revolutionären Übergangs vom Kapitalismus zum Sozialismus und der welthistorischen Rolle der Arbeiterklasse, die grundsätzliche Bejahung der kapitalistischen Ordnung. Wer sich aber zu dieser Ordnung bekennt, wendet sich gegen den historischen Fortschritt auch auf moralischem Gebiet. Denn die Macht der Monopole schließt die Vorherrschaft der imperialistischen Wolfsmoral notwendigerweise ein«.[180]
Und die Thesen des ZK der KPdSU zum 100. Geburtstag Lenins stellen dazu fest: »Der wichtigste Gehilfe der Bourgeoi-

sie bei der Beeinflussung des Proletariats ist, wie schon zu Lebzeiten Lenins, die rechte Sozialdemokratie ... Ihre Politik hilft objektiv den Monopolen und dem kapitalistischen Staat, die revolutionären Aktionen des Proletariats zu unterdrücken. Sie hemmt seinen Kampf für den Sozialismus, unterstützt die Außenpolitik des Imperialismus und verfolgt einen antikommunistischen Kurs.«[181]

Die Widerlegung dieser ebenso pauschalen wie unbegründeten Diffamierungen des Reformsozialismus bedarf, im Rahmen dieses Überblicks, keiner detaillierten Argumentationen: Jeder Leser wird ihre Unhaltbarkeit von sich aus feststellen, wenn er sich nur allein die folgenden Fragen beantwortet, die sich angesichts der antireformistischen Unterstellungen ergeben:

- Welche Glaubwürdigkeit kann die Diffamierung des Reformsozialismus als »bürgerliche«, prokapitalistische und imperialistische Ideologie beanspruchen, wenn bürgerliche Parteien und alle Organisationen des Kapitals eben diese sozialdemokratische Theorie und Praxis nicht nur in ihrer (verbal-)marxistischen Phase, sondern ebenso in ihrer »reformistischen«, »Godesberger« Gestalt aufs entschiedenste bekämpfen? Betrachten die gesellschaftlichen, und insbesondere die wirtschaftlichen Machteliten die gewerkschaftliche und sozialdemokratische Politik schrittweiser Reformen, schrittweise zunehmender Macht- und Eigentumskontrollen vielleicht doch nicht als »Stabilisierung des Monopolkapitalismus«, sondern als eine Politik des »schleichenden Sozialismus«, die langfristig weitaus gefährlicher ist als verbalradikale Revolutionskonzepte?
- Welche Glaubwürdigkeit kann die Diffamierung der gewerkschaftlichen und sozialdemokratischen Reformprogrammatik und -politik als »gegen die Interessen der Arbeiterklasse gerichtet« beanspruchen, wenn man die Bilanz einer 30- oder auch 60jährigen Reformpolitik in Westeuropa und einer 30- oder 60jährigen revolutionären Politik in Osteuropa zieht? Wenn man vergleicht, welche Verbesserung der materiellen Lage, der Lebensqualität und der politischen Freiheitsrechte für die abhängig arbeitenden Menschen in Ost- und Westeuropa, Ost- und Westdeutschland durch demokratische Reformpolitik und freie Gewerkschaften hier – diktatorische Revolutionspolitik und Staatsgewerkschaften dort erreicht worden sind?
- Welche Glaubwürdigkeit kann die Diffamierung des sozialdemokratischen Reformismus als Steigbügelhalter des Hitlerfaschismus beanspruchen, wenn jeder Geschichtskundige

weiß (vgl. auch S. 58ff.), daß die kommunistische Spalterpolitik in der politischen und gewerkschaftlichen Arbeiterbewegung seit 1920 und insbesondere aufgrund der Bekämpfung der Sozialdemokratie als »Sozialfaschisten« vor 1933 entscheidend zur Schwächung der Linken im antifaschistischen Kampf beigetragen hat?

- Welche Glaubwürdigkeit schließlich kann die unentwegte Verächtlichmachung des sozialdemokratischen Reformismus beanspruchen, wenn die DKP und ihre Freunde gleichzeitig nicht müde werden, das Bündnis von Reformisten und Kommunisten zur Verteidigung der durch eben diesen nichtswürdigen Reformismus erkämpften Errungenschaften gegen das Monopolkapital zu fordern? (Vgl. dazu die historischen Wurzeln und Parallelen in Kap. II, bes. S. 54, 58 und 61)

Genau in diesem unaufhebbaren Widerspruch nämlich endet die sowjetmarxistische Reformismuskritik. Exemplarisch für dieses Unglaubwürdigwerden ist die sowjetmarxistisch orientierte Untersuchung von Kurt Schacht über die sozialdemokratische Reformpolitik[182]; diese wird ähnlich, wie in den obigen Zitaten bereits vorgeführt, zunächst schlechtgemacht. Da Schacht aber immerhin einige positive Ergebnisse gelten lassen muß, nimmt er zu der geschickten, aber mit den politischen Tatsachen in keiner Weise übereinstimmenden Deutung Zuflucht, diese seien auf den Druck marxistisch-leninistisch orientierter Kräfte zurückzuführen.[183] Und schließlich kommt er, gegen Ende seiner Ausführungen, zu folgendem interessanten Ergebnis: Sozialdemokraten und Kommunisten sollten gemeinsam die »Angriffe des Großkapitals auf errungene Rechte der Werktätigen« abwehren.[184]

Da greift doch also das Großkapital tatsächlich die durch systemstabilisierende Reformen erreichten Rechte der arbeitenden Menschen an! Hat Kurt Schacht oder das Großkapital seine marxistisch-leninistische Lektion »Zur Kritik der bürgerlichen Ideologie« nicht gelernt? Dort heißt es: »Das soziale Ziel des bürgerlichen Reformismus ist die Stabilisierung der Monopolherrschaft auf dem Weg von Reformen und Teilzugeständnissen.«[185] Wollen die Großkapitalisten nun etwa eigenhändig den ihre Existenz sichernden und ihre Macht gewährleistenden Reformmechanismus außer Kraft setzen? Oder sollten Reformen doch nicht die geeigneten Mittel sein, die Monopolherrschaft zu stabilisieren?

Offenbar stimmt etwas nicht mit der Reformismus-Definition der Sowjetmarxisten. Denn diese dem Kapital keineswegs »in den Kram passenden« Reformen und »Rechte der Werktätigen« gehen in der Bundesrepublik doch wohl auf die realen »reformpolitischen« Leistungen der nichtkommunistischen hundertjährigen Arbeiterbewegung zurück, und keineswegs auf das »Wirken« der KPD/DKP, deren größte Leistung doch eher in der Beschimpfung von Sozialdemokraten und Gewerkschaftern als reformistische »Illusionisten« bestand und besteht.

Die Feststellung, daß das Großkapital die errungenen Rechte der arbeitenden Menschen angreift und sie rückgängig zu machen trachtet, dient im sowjetmarxistischen Denken allerdings leider nicht dazu, Verfälschung von Tatsachen zu korrigieren, sondern – die vorausgegangenen Verfälschungen und Diffamierungen vergessend – die Notwendigkeit eines »antimonopolistischen Bündnisses« von DGB-DKP-SPD zu begründen. Aber, von der niemals akzeptablen Sowjetunion-Bindung der DKPisten einmal abgesehen: Wer zugleich den »sozialdemokratischen Reformismus« als »nackten Verrat« am Sozialismus denunziert, wer den »guten« marxistischen Sozialisten die »bösen« reformistischen Sozialdemokraten entgegensetzt, der macht von vornherein die beharrlich geforderte Zusammenarbeit von Sozialdemokraten und Kommunisten auf absehbare Zeit unmöglich.

5. Der sozialdemokratische »Antikommunismus«

Bereits bei der sowjetmarxistischen Aburteilung der reformsozialistischen Position wurde als einer der Straftatbestände das schillernde Faktum »antikommunistisch« genannt. Schillernd, da man in Wahrheit mit dem Ausdruck »Antikommunismus« gar nicht *ein* Faktum, *einen* klar definierbaren Tatbestand bezeichnen kann, sondern zumindest zwei vollkommen verschiedene:

- Einmal ein konservativ-bürgerliches Schreckbild der Sowjetunion, Osteuropas oder auch anderer kommunistischer Staaten, das sämtliche positiven Elemente in den dortigen sozialen und ökonomischen Neuordnungsversuchen unterschlägt, statt dessen die neuen Strukturen von vornherein als »kollektivistisch« und daher negativ abqualifiziert (ihre Fehlentwicklungen tendenziös aufbauscht), weil es die hier herrschenden Ordnungen, Eigentums- und Machtverhältnisse von vornherein als einzig sinnvolle verteidigen will;
- zum anderen eine demokratisch-sozialistische Kritik an

jenen kommunistischen Staaten, die deren Errungenschaften am *sozialistischen* Anspruch einer »Gesellschaft der Gleichen und Freien« mißt und daher bei allen kollektivierenden und sozialisierenden Maßnahmen in Frage stellt, inwieweit dabei die Freiheit der bislang Abhängigen (z. B. durch Selbstverwaltung) vergrößert oder nur eine alte durch eine neue Herrschaftsklasse ersetzt worden ist.

Der demokratische Sozialismus beinhaltet in diesem zweiten Sinne in der Tat auch einen Antikommunismus (i. S. von Anti-Leninismus und Anti-Stalinismus), weil er durch die bolschewistisch-zentralistische Partei(eliten)diktatur, die Abschaffung der demokratischen Freiheitsrechte und Grundordnungen sowie durch den Terror (Geheimpolizei, Arbeitslager etc.) fundamentale Freiheitsforderungen des Sozialismus mißachtet findet.[186]

Die sowjetmarxistische Diffamierung der Sozialdemokratie wirft die demokratisch-sozialistische Kommunismus-Kritik absichtsvoll mit dem bürgerlichen Antikommunismus in einen Topf. Jeder Versuch, die Systeme der »sozialistischen Gemeinschaft« kritisch zu analysieren, gilt den Sowjetmarxisten als grundloser antisowjetischer, und damit antikommunistischer Angriff auf die »Errungenschaften der Arbeiterklasse«. Die DKP – wie alle sowjetkommunistischen Parteien – erhebt, wie oben gezeigt, die Sowjetunion zum prinzipiellen politischen Vorbild aller »wirklichen« Kommunisten: »Die Hauptkraft der sozialistischen Staatengemeinschaft, ... der wichtigste Garant des Friedens, der Sicherheit und des gesellschaftlichen Fortschritts war, ist und bleibt die Sowjetunion ...«[187] »Antikommunismus« ist für sie folgerichtig konzentrierter Ausdruck imperialistischer Ideologie.[188].

Gerade junge Linke neigen heute nicht selten dazu, die sozialdemokratische Kritik der DDR im besonderen sowie des Sowjetsystems im allgemeinen für übertrieben zu halten – vor allem, wenn sie ihrerseits, abgestoßen vom »bürgerlichen« Antikommunismus, das schönfärberische DDR-Bild zu übernehmen geneigt sind, wie es etwa die »Marburger Schule« in ihrem »Systemvergleich BRD-DDR«[189] permanent produziert.

Vor allem aber fehlen den meisten Jüngeren auch die existentiellen Erfahrungen. In der Geschichte der Reformsozialisten bleiben aber ihre Erfahrungen mit »herrschenden« Kommunisten unauslöschlich: vor allem die politischen Verfolgungen von Sozialdemokraten durch die SED in den Jahren 1946 bis 1956. Der Kampf Walter Ulbrichts gegen die Überreste des

»Sozialdemokratismus« in der SED, die »Ausmerzung« unbotmäßiger Sozialdemokraten, zog nicht nur Ausschluß aus der Einheitspartei und gesellschaftliche Ächtung nach sich, es wurden nach Angaben Frickes auch mehr als 5000 als »Spione, Terroristen, Saboteure, Hetzer, Konzernbüttel und Schumacher-Agenten« beschimpfte Sozialdemokraten verhaftet. Über 400 von ihnen seien in Zuchthäusern der SBZ/DDR und in sowjetischen Zwangsarbeitslagern umgekommen. »Das Unrecht, das Sozialdemokraten dabei erlitten, nur weil sie Sozialdemokraten waren und bleiben wollten, ist zu groß«, meint Fricke, »als daß es heute (gerade heute!) wortlos dem Vergessen überlassen bleiben kann.«[190]

IX. Sowjetmarxistische Gewerkschaftsgeschichte – oder wie man sich selbst rechtfertigt durch Diffamierung anderer

Bereits im ersten Kapitel haben wir dargestellt, daß die Unterwanderungsstrategien der DKP-Freunde im Gewerkschaftsbereich nicht zuletzt an der von den »Marburgern« verfaßten Gewerkschaftsgeschichte[191] offenkundig geworden sind. Es handelt sich um ein immerhin fast 500 Seiten dickes, vom DKP-nahen Pahl-Rugenstein-Verlag gezielt preisgünstig herausgebrachtes Buch, das durch Referenten und Jugendfunktionäre, die seiner Tendenz nahestehen, in Gewerkschaften und DGB-Jugendbildungskreisen verbreitet worden ist (und das übrigens um ein Haar in dem »Bücherpaket« der IG Metall Aufnahme gefunden hätte!).

Es kann nicht die Aufgabe unserer Arbeit sein, die Geschichte der deutschen Gewerkschaften in irgendeiner »Kurzfassung« zu präsentieren und dem die verfälschenden Darstellungen der »Marburger Schule« gegenüberzustellen. Daß es neben beachtlichen – von den »Marburgern« geflissentlich unterschlagenen – Leistungen in der überwiegend reformsozialistisch orientierten Geschichte der deutschen Gewerkschaftsbewegung auch Fehlleistungen, Versagen, Scheitern gab: Schon vor und in dem Ersten Weltkrieg, 1918, nach dem Kapp-Putsch und insbesondere in den Jahren vor der Machtübernahme Hitlers – aber auch nach dem Zweiten Weltkrieg im Kampf um die Mitbestimmung –, all dies ist mittlerweile allgemein bekannt. Es ist auch in sachlichen Darstellungen, wie etwa Helga Grebings »Geschichte der deutschen Arbeiterbewegung«[192] in einer vorbildlich zusammenfassenden Weise dargestellt worden. Daß die kommunistische Partei- und insbesondere Gewerkschaftspolitik an den Niederlagen der deutschen Arbeiterbewegung maßgeblichen Anteil hatte, haben wir im zweiten Kapitel dargestellt. Im folgenden kann es daher nur darum gehen, gegenüber einem mit wissenschaftlichem Anspruch auftretenden Buch wie der »Geschichte der deutschen Gewerkschaftsbewegung« von Deppe, Fülberth und Genossen, die Kritiker zu Wort kommen zu lassen, die die zahllosen Fälschungen in diesem Buch aufgedeckt haben. Alle diese Geschichtsklitterungen haben den einen Sinn, durch permanente Diffamierung des reformpolitischen, reformsozialistischen Weges der deutschen Gewerkschaften die eigene, ewig erfolglos gebliebene kommunistische Position als die allein richtige zu

rechtfertigen. Weit entfernt also von dem überschwenglichen Lobspruch Wolfgang Abendroths (laut Verlagsprospekt), daß dieses Buch »eine große sozialwissenschaftliche und pädagogische Leistung ... eines der wichtigsten Bücher der Geschichte der Arbeiterbewegung«, sei, ist das Buch ein großangelegter Versuch, durch völlig einseitige Darstellung einer über hundertjährigen Gewerkschaftsgeschichte die sowjetmarxistische Theorie und Praxis schön, die reformsozialistische dagegen schwarz zu färben.
Wobei freilich die Frage an den DGB und seine Gewerkschaften bleibt, was sie unternommen haben – vor allem aber: was sie zu unternehmen gedenken, um anstelle einer solchen parteikommunistischen Geschichtsdarstellung für die gewerkschaftliche Bildungsarbeit eine fundierte, allgemeinverständlich geschriebene Gewerkschaftsgeschichte entstehen zu lassen, die von vulgärmarxistischer Propaganda ebensoweit entfernt sein müßte wie von DGB-»Hofgeschichtsschreibung«. Im folgenden konzentrieren wir uns auf eine Zusammenfassung der nach unserer Auffassung wichtigsten kritischen Befunde, wie sie von Gerhard Beier, Helga Grebing, Peter von Oertzen und Manfred Scharrer[193] erarbeitet worden sind.

1. Gewerkschaftsgeschichte: Desinteresse der Historiker – unerledigte Gewerkschaftsaufgabe

In dem soeben zitierten Aufsatz von Gerhard Beier wird zunächst auf die höchst unbefriedigende Situation in der Gewerkschafts-Geschichtsschreibung eingegangen. Weder die historische Wissenschaft noch die Gewerkschaften und ihre Institute haben sich in der Vergangenheit, insbesondere auch nach 1945, hinreichend intensiv mit der Entwicklung, den Erfolgen, Fehlleistungen und Katastrophen der deutschen Arbeiterbewegung, und insbesondere der Gewerkschaftsbewegung, befaßt. »Erst unter dem Vorsitz Heinz Oskar Vetters ist es seit 1974 zu einem von Jahr zu Jahr intensiver werdenden historischen Dialog zwischen Gewerkschaften und Geschichtswissenschaftlern gekommen. Am Anfang stand die Erarbeitung der Böckler-Festschrift durch Gerhard A. Ritter, Klaus Tenfelde, Hans-Josef Steinberg, Henryk Skrzypczak, Gerald D. Feldman, Hans Mommsen, Lutz Niethammer u. a., wobei Absolventen der Universität Bochum eine wichtige Mittlerrolle zukam.«[194]
Und Beier verweist darauf, daß der DGB-Vorsitzende das

Verhältnis von Geschichte und Gewerkschaften kurze Zeit später vor Historikern wie folgt charakterisiert hat: »Es liegt mir fern, hier eine Defizitliste aufzumachen oder versäumte wissenschaftliche Forschung und Darstellung einzuklagen. Aber ich würde es sehr begrüßen, wenn sich die Geschichtswissenschaft noch stärker als bisher den Gewerkschaften zuwenden würde. Dabei kommt es mir nicht ... auf ein ›verbindliches Geschichtsbild‹ an. Es mag eine schöne Vorstellung für alle diejenigen sein, denen Geschichte nur zur Indoktrination oder Legitimation taugt. Wir aber wollen ... lernen: aus Fehlern, Fehleinschätzungen, falschen Entscheidungen ebenso wie aus Siegen und Erfolgen; aber auch aus unterschiedlichen Ergebnissen verschiedener Forschungsansätze.«[195]
Die Gewerkschaften selbst haben inzwischen einen beachtenswerten Beitrag zur Förderung der Gewerkschaftsgeschichte geleistet, indem sie – gewiß nicht zuletzt unter dem Eindruck der skandalösen »Marburger« Gewerkschaftsgeschichte – den 30. Jahrestag der Gründung des DGB zu einem DGB-Geschichtskongreß nutzten, der den programmatischen Titel trug: »Aus der Geschichte lernen – die Zukunft gestalten.«[196] Gerhard Beier erinnert jedoch gleichzeitig daran, daß der Bundesvorstand des DGB bereits Mitte der 50er Jahre eine Kommission eingesetzt hatte, die den Auftrag erhielt, das historische Vakuum aufzufüllen: »Das Ergebnis liegt seit 1959 in vier hektographierten Bänden vor. Es trägt den Vermerk: ›Für jeden Abdruck gesperrt.‹ Die Gründe lassen sich nur mutmaßlich nennen: Sie liegen wohl bei den Schwierigkeiten einer Darstellung des Übergangs zur Einheitsgewerkschaft, die den Bedürfnissen aller im DGB organisierten Richtungen gerecht wird.«[197]
In der DDR dagegen erarbeitete man nach dem Krieg eine achtbändige Geschichte der deutschen Arbeiterbewegung.[198] »Obwohl dieses Geschichtswerk in der DDR heute nicht mehr voll anerkannt wird, ist es doch als Standardwerk des vorherrschenden, stalinistisch geprägten Geschichtsbildes im sogenannten ›real existierenden Sozialismus‹ zu werten. Der DKP-Historiographie, ihren Marburger Freunden und den entsprechenden Verlagen dient diese ›GdA‹ offenbar noch immer als Richtschnur für ihre diversen historischen Publikationen ...[199] Erkennbar war dabei immer wieder die politische Absicht, auf dem Umweg über die Geschichte den abgerissenen Kontakt mit den westdeutschen Gewerkschaften wieder anzuknüpfen und dergestalt Einfluß auf den DGB zu gewinnen. Diese Bemühungen dauern seit 1963 an und zeigen seit Mitte der siebziger

Jahre sichtbare Erfolge. Dabei scheint die Initiative von Ostberlin und Bernau auf die Zentren der DKP-Arbeit in Westdeutschland übergegangen zu sein, ohne daß von einer unabhängigen Entwicklung gesprochen werden kann.«[200]

2. Sowjetmarxisten »füllen eine Lücke«

»Das größte publizistische Defizit klafft gegenwärtig im Bereich einer kurzgefaßten und gleichwohl kritisch-wissenschaftlichen Gesamtgeschichte der deutschen Gewerkschaften als Unterlage für das sozialwissenschaftliche Studium, den sozialkundlichen Unterricht und die gewerkschaftliche Bildungsarbeit. Diese Lücke wurde von der Marburger Gruppe um Frank Deppe und Georg Fülberth (DKP) und mit der Geschichte der deutschen Gewerkschaftsbewegung aus dem Pahl-Rugenstein-Verlag scheinbar geschickt geschlossen. Jedenfalls spricht der Erfolg der ersten und zweiten Auflage dafür. Hilfreich bei der Durchsetzung dieses Buches als Standardlektüre für gewerkschaftliche Bildungsarbeit waren Referententeams und befreundete Gruppen, die für Sammelbestellungen sorgten.
Das Werk macht auf den ersten Blick gar keinen schlechten Eindruck. Die zurückhaltende Diktion, zahlreiche Fußnoten und ein Literaturverzeichnis erwecken den Anschein einer zuverlässigen wissenschaftlichen Arbeit. Laut Vorwort handelt es sich um ›Geschichte *für* die Arbeiterbewegung in der BRD‹ ... Wer nicht weiß, wo die Autoren politisch stehen, wird nicht gleich merken, daß es sich um Parteilichkeit im Sinne der Deutschen Kommunistischen Partei handelt, die damit gemeint ist. Die Machart des Buches zielt auf den prinzipiell gutwilligen Leser, der bereit ist, sich durch wissenschaftliche Autoritäten in die Lehren der Gewerkschaftsgeschichte einweihen zu lassen.«[201]
Peter von Oertzen hat treffend die leitenden Interessen der DKP bei der Darstellung der Geschichte der Arbeiterbewegung definiert:

»– Sie will als eine glaubwürdige Vertreterin einer demokratischen, fortschrittlichen Politik erscheinen, die auf friedlichem, parlamentarischem Wege zum Sozialismus führt.
– Sie will die einzige Erbin aller demokratischen, friedliebenden, antiimperialistischen, sozialistischen und

marxistischen Traditionen der deutschen Geschichte und der deutschen Arbeiterbewegung sein.
– Sie will wirken als eine konsequente Verteidigerin der Sowjetunion gegen jeden Angriff und jede Kritik, d. h. als eine entschiedene Gegnerin jedes ›Antikommunismus‹.«[202]

Demzufolge müßte eine DKP-nahe Geschichte der Gewerkschafts- bzw. Arbeiterbewegung folgende Merkmale aufweisen:

»– Sie muß versuchen, eine geschlossene, ungebrochene Tradition marxistischer, sozialistischer Politik zu behaupten, die von der deutschen Sozialdemokratie unter Bebel bruchlos über Karl Liebknecht und Rosa Luxemburg, die KPD unter Thälmann, zum antifaschistischen Widerstand gegen das Naziregime, zur KPD und SED nach 1945 und schließlich zur DKP führt.
– Demgegenüber muß die Geschichte des Revisionismus und des Reformismus der SPD und der freien Gewerkschaften bis zum DGB heute als eine Geschichte des Verleugnens sozialistischer Grundsätze und des permanenten politischen Versagens dargestellt werden.
– . . .
– Wo die KPD in Wirklichkeit schwach und einflußlos war, muß ihre Bedeutung in der geschichtlichen Darstellung übertrieben werden.
– Die schweren Fehler, Irrtümer und politischen Richtungsänderungen der KPD müssen verschwiegen oder verharmlost werden, insbesondere der krasse Widerspruch der zum Teil abenteuerlichen, auf jeden Fall konsequent antidemokratischen und antiparlamentarischen Politik der KPD 1919 bis 1933 zur heutigen DKP-Politik muß vertuscht werden.
– . . .
– Um den Ruf der heute in den Gewerkschaften tätigen Kommunisten als vorbildliche, loyale und organisationstreue Gewerkschaftler historisch abzusichern, muß die zuzeiten gewerkschaftsfeindliche Haltung der KPD beschönigt und müssen Konflikte mit den Kommunisten im DGB nach 1945 verharmlost werden.
– Um dem sogenannten ›Antikommunismus‹, d. h. jedem Zweifel und jeder Kritik an der Sowjetunion entgegenzuwirken, müssen die direkten Einwirkungen der sowjetischen Politik und der Politik der internationalen

kommunistischen Bewegung auf die deutsche Arbeiterbewegung verschwiegen oder geleugnet werden.«[202]

In der Detailkritik lassen sich tatsächlich alle diese Merkmale in der »Marburger« Geschichte auffinden.

Gerhard Beier hat zunächst dieses Geschichtsbuch nicht nur in einzelnen seiner inhaltlichen Aussagen, sondern auch quantitativ auf den Charakter seiner Quellen, Grundlagen und seiner Bewertungen hin überprüft. Er hat dabei einwandfrei festgestellt, daß in einer völlig einseitigen Art überwiegend sowjetmarxistische historische Untersuchungen herangezogen werden – und das gleiche Bild ergibt sich bei den Bewertungen: »Wer sich freilich die Mühe gibt, jene Stellen anzustreichen, an denen sozialdemokratische oder kommunistische Gewerkschaftspolitik bewertet wird, dem bietet sich folgendes Bild: Auf 26 Seiten werden Sozialdemokraten negativ bewertet, auf 3 Seiten kommt es zu negativen Urteilen über Kommunisten. Dagegen finden Kommunisten auf 20 Seiten eine positive Kritik, während sozialdemokratische, christliche oder liberale (Hirsch-Dunckersche) Gewerkschafter so gut wie nirgends gut davonkommen oder gänzlich übergangen werden, wo ihre Leistungen zu würdigen wären. Vollends eindeutig ist die negative Bewertung jeglichen Antikommunismus. Gegen ihn wird auf 35 Seiten zu Felde gezogen. Eine Untersuchung der Fußnoten und des Literaturverzeichnisses bestätigt diese eindeutige Tendenz. Ohne sich offen als Vertreter einer kommunistischen Gewerkschaftspolitik zu bekennen, streiten die Autoren vehement gegen jeglichen Antikommunismus«,[203] *– es zeigt sich jedoch, daß damit nichts anderes als eine Werbung für eine prosowjetkommunistische Haltung gemeint ist.*

3. Was die »Marburger« nicht sehen wollen: Die Sozialgeschichte revidierte das marxistische Geschichtsbild

Das Buch ist in drei Zeitabschnitte unterteilt: 1848 bis 1914; 1914 bis 1945; 1945 bis zur Gegenwart.

Die Göttinger Historikerin Helga Grebing, die zweifellos die schwerstwiegende inhaltliche Kritik dieser sowjetmarxistischen Gewerkschaftsgeschichte formuliert hat, beurteilt den ersten Abschnitt wie folgt: »Die insgesamt vier Beiträge zu diesem Zeitraum bestehen in weiten Teilen aus einer unkritischen Kompilation bekannter Standardwerke der DDR-Historiogra-

phie; ergänzt durch ältere und neuere Darstellungen zu bestimmten Ereignissen oder Zusammenhängen wie sie sowohl von der DDR-Historiographie, wie von der Forschung in der Bundesrepublik vorgelegt wurden. An sich ist gegen dieses Verfahren dann nichts einzuwenden, wenn die umfassende Kritik an den Verfahren und den Ergebnissen von Kuczynski, der in jedem Beitrag der ›Geschichte‹ als Basisinformation benutzt wird, berücksichtigt oder widerlegt worden wäre..., wie auch die bekannte Kritik an den anderen erwähnten DDR-Publikationen. Dies ist jedoch nicht der Fall. Überdies beruft man sich völlig ungewichtet auf perspektivisch entgegengesetzte Literaturpositionen aus der Bundesrepublik und aus der DDR... Dadurch entsteht für den Leser *eine Art Scheinobjektivität, denn überprüft man diese Berufungen auf die Forschung in der Bundesrepublik, so stellt man fest, daß sie in der Regel nur in bezug auf Fakten, nicht auf Interpretationen benutzt wird.* Insbesondere der Beitrag von Georg Fülberth über die Anfänge der Gewerkschaftsbewegung zeichnet sich überdies negativ durch die unzulängliche Zurkenntnisnahme des Forschungsstandes sowohl in der DDR wie in der Bundesrepublik aus...«[204] Helga Grebing liefert für diese Feststellung in ihrem Aufsatz detaillierte Belege.
Vor allem aber hat sie sich die Mühe gemacht, das (in der DDR-Literatur monoton reproduzierte) antireformistische Geschichtsbild, das von den Marburger Sowjetmarxisten kritiklos kolportiert wird, anhand ihrer »Gewerkschaftsgeschichte« einmal prinzipiell, mit einer Fülle sozialgeschichtlicher Belege oder Literaturhinweise in Frage zu stellen. Dieses idealistische, personalisierende Geschichtsbild im Gewande des Marxismus: Einige vom Marxismus abgewichene Arbeiterführer korrumpieren die (an sich revolutionären) Massen – haben wir oben (vgl. S. 177ff.) schon kritisiert. Genau diese im Kern unmarxistische Vorstellung entdeckt Helga Grebing bei den Verfassern der »Gewerkschaftsgeschichte« wieder; sie verweist darauf, daß entscheidende sozialgeschichtliche Veränderungen von den »Marburgern« unterschlagen werden, z. B. die Lohnsteigerungen, die schrittweisen sozialen Verbesserungen, die zunehmenden Tariferfolge *ohne* Streik, – nicht zuletzt aber auch das keineswegs einheitliche »proletarische« Selbstbewußtsein der Arbeiterschaft als »Arbeiterklasse«. *Nicht böse Revisionisten also, sondern die sozialgeschichtliche Realität selbst hat die marxistischen Annahmen über den – angeblich immer krisenhafter, revolutionärer sich entwickelnden – kapitalistischen Entwicklungsprozeß revidiert*[205] – und damit auch die marxisti-

schen Vorstellungen von Gewerkschaftspolitik: »Die Realität war eben anders, als sie es nach den von Marx und Engels in den 50er Jahren gebildeten theoretischen Auffassungen über die Funktion der Gewerkschaften im Klassenkampf hätte sein dürfen. War deshalb die Realität etwa nicht Realität oder fehlte vielleicht nicht eher der Theorie ... die Kraft, Realität zu erklären?«[206]
Da aber die marxistische »Theorie keinen Widerspruch erfahren darf, sie ist nun einmal richtig, muß es an der Praxis gelegen haben, bzw. an denen, die diese so falsch ausübten. Auf dieser Ebene liegen in der Tat die Erklärungsmuster, die die Autoren der ›Geschichte‹ in Übereinstimmung mit der DDR-Forschung anbieten, die aber längst unbrauchbar geworden sind«.[207]
Und das Ergebnis ist dann eben jene oben (vgl. S. 178) bereits aufgewiesene personalistisch-idealistische statt einer realistischen oder gar materialistischen Geschichtsauffassung: »Führer« machen (mit ihren falschen, revisionistischen Ideen) Geschichte! Oder, wie Helga Grebing zusammenfassend feststellt: Der gewerkschaftliche Reformismus hatte im Kaiserreich eine breite soziale, »materielle« Basis. Solche Befunde aber »passen nicht in das Interpretationsmuster der Autoren: Die revolutionären Massen und Potentiale sind vom Revisionismus manipulativ ideologisch korrumpiert und von den revisionistischen Arbeiterführern verraten und ihrer Wirkungsmöglichkeiten beraubt worden. Und dies ist nun wirklich der Höhepunkt einer idealistisch auf den Kopf gestellten materialistisch sein sollenden Geschichtsauffassung: Ein Überbauphänomen, der Revisionismus, als ein handelndes Subjekt und Männer in der Funktion einer Avantgarde ... machen Geschichte!«[208]
Der Berliner Historiker Manfred Scharrer, eher dem »Sozialistischen Büro« nahestehend und insofern gewiß kein Verteidiger einer »sozialdemokratischen Geschichtsauffassung«, kommt in seiner Kritik der »Marburger Gewerkschaftsgeschichte« (vgl. Anm. 193) zu den gleichen Einschätzungen wie die linke Sozialdemokratin Helga Grebing: Die logische Unsinnigkeit und historische Unhaltbarkeit der sowjetmarxistischen Geschichtsdarstellung, in der einige durch den Revisionismus korrumpierte Führer die Massen unentwegt in die falsche Richtung führen, wird von Scharrer schwerpunktartig nachgewiesen: anhand der Erörterung des 4. 8. 1914, anhand des »Neutralitätskurses« der Gewerkschaften vor 1914 sowie anhand der von den Marburgern fälschend schöngefärbten Rolle des Spartakus-Bundes während der Streiks gegen Kriegsende.

4. Systematische Diffamierung der Sozialdemokraten

Mit den genannten exemplarischen Beispielen sowjetmarxistischer Geschichtsfälschung sind wir bereits im zweiten Teil des Buches (1914 bis 1945). Gerhard Beier charakterisiert diesen Teil wie folgt: »Hier ist das Bestreben der Autoren deutlich darauf gerichtet, das dreifache Versagen der ›revisionistischen‹ Gewerkschaftsführung herauszustellen, und zwar sowohl bei Ausbruch des Ersten Weltkrieges als auch in der Revolution von 1918, gegenüber der Machtergreifung des Nationalsozialismus und im folgenden Widerstand gegen die faschistische Diktatur. Demgegenüber wird die Rolle der Kommunistischen Partei vom Spartakusbund über die Revolutionäre Gewerkschaftsopposition (RGO) bis zur Volksfrontpolitik immer wieder besonders liebevoll behandelt, gewürdigt wo irgend möglich und beschönigt – wo nicht alles verschwiegen werden kann, was an gewerkschaftsfeindlichen Aktivitäten aus dem kommunistischen Lager kam. (Vgl. dazu Kap. II über die kommunistische Gewerkschaftspolitik! D. Verf.) Diese parteiliche Darstellung gipfelt in der diskreditierenden Behandlung von Gewerkschaftsführern wie Carl Legien und Wilhelm Leuschner auf der einen Seite und der Rechtfertigung des BVG-Streiks (S. 207, Anm. 234) und des Hitler-Stalin-Paktes (S. 250, Anm. 168) auf der anderen. Geschickt nutzen die Autoren den unbezweifelbaren Heroismus einzelner kommunistischer Widerstandsgruppen, um Sympathien auf ihre Seite zu bringen. Daß diesem Widerstand einzelner Kommunisten(gruppen) die fatale Moskauer Selbsterhaltungspolitik gegenüberzustellen ist, die zum Hitler-Stalin-Pakt geführt hat, wird nicht thematisiert. Wer das ohne gründliche Vorkenntnisse gelesen hat, der wird zu dem Schluß verleitet: Im Gegensatz zu den Sozis haben die Kommunisten fast immer recht gehabt. Sie machten die richtigere Politik und verfügten über die besseren Leute.«[209]

Auch bei der Behandlung dieser Epoche taucht also wieder das idealistisch-personalistische Weltbild der Sowjetmarxisten auf: Die reformistischen, sozialdemokratischen Gewerkschaftsführer haben sowohl bei Beginn wie nach dem Ende des Ersten Weltkriegs die Massen verraten. Nicht nur Helga Grebing, sondern auch Manfred Scharrer hat in seiner Kritik der »Marburger« Gewerkschaftsgeschichte diese Legendenbildung kritisiert. Angesichts der (keineswegs nur in Deutschland) breiten Begeisterung der Massen für den Krieg konstatiert Scharrer: »Die Führung hat deshalb keineswegs die Massen verraten, sondern befand sich mit der überwältigenden Mehrheit der

Mitglieder in Übereinstimmung, als sie die Parole ausgab: ›Wir lassen in der Stunde der Gefahr das Vaterland nicht im Stich.‹«[210] (Eine ganz andere Frage ist es, ob man eine ethische Verantwortung politischer Führung postulieren kann oder gar muß, auch entgegen solchen flutartigen emotionalen – und oft katastrophalen – Massenstimmungen bestimmte politische Ideal- und Zielvorstellungen zu vertreten; *nur muß ganz klar sein, daß man mit einer solchen Fragestellung und einem solchen Postulat ganz entschieden den Boden einer marxistischen Gesellschaftstheorie verläßt, die bekanntlich alles von den Auswirkungen des »materiellen«, sozio-ökonomischen Prozesses erwartet!*)
Scharrer zeigt zunächst, daß es bei *keiner* der sozialistischen Parteien Europas in der 2. Internationale 1914 eine eindeutige Antikriegspolitik gegeben hat, daß vielmehr alle, mit der Argumentation oder Ausrede, es handele sich um einen Verteidigungskrieg, die jeweilige nationale Militärpolitik mitgetragen haben. Und er fragt dann sehr zu Recht, wieso die nach Auffassung der Sowjetmarxisten durch den Revisionismus »korrumpierten« Führer der Sozialdemokratie 1914 auf die Linie der Kriegspolitik hätten einschwenken können, wenn tatsächlich, wie immer wieder unterstellt werde, große Teile der »Massen« auf Antikriegskurs gewesen wären:
»Das ging nicht ganz ohne Massenunterstützung. Die Verfasser der ›Geschichte‹ weisen deshalb darauf hin, daß der Sieg des Revisionismus nicht nur das Werk einer finsteren Verschwörung war – wie es noch Lenin angenommen hatte –, sondern *daß eine Mehrheit der organisierten Arbeiter ebenfalls revisionistisch eingestellt war und deshalb die Politik der Führer ›duldete‹*. Dieser Teil der Arbeiter konnte also schon nicht verraten werden. Es bleibt die große Frage nach dem angeblich ›kampfbereiten‹ Teil, der noch eine Woche vor Kriegsausbruch seine Kampfbereitschaft demonstrierte. Gegen alle Legenden steht mittlerweile fest, daß die gleichen Massen, die am 25. Juli gegen den Krieg demonstrierten, Tage später vom chauvinistischen Taumel mitgerissen wurden. Dieses Umkippen der sozialdemokratischen Massenstimmung innerhalb weniger Tage hätte eine Geschichte, aus der für heute gelernt werden kann, als zentrales Problem benennen müssen.«[211]
In der Tat: Wer sich die Geschichte nicht so einfach macht, zur Verherrlichung der eigenen (in den deutschen Gewerkschaften nie zum Zuge gekommenen) Position die Haltung des politischen Gegners zu verteufeln, der sieht sich, auch wenn er die Mitverantwortung der sozialdemokratischen Führung für »1914« keineswegs wegzuschieben gedenkt, vor wesentlich

kompliziertere Probleme der Dialektik von Massen- und Führungsverhalten gestellt, als es all diese vulgärmarxistischen Deutungsversuche wahrhaben wollen.
Ergänzend sei hier noch darauf verwiesen, wie Scharrer die nahezu komischen Versuche der Marburger Geschichtsideologen aufdeckt, den (zu Unrecht zur Wiege der späteren KPD stilisierten) Spartakus-Bund als »Führer« der Streikbewegung der revolutionären Obleute am Ende des Ersten Weltkrieges hochzustilisieren: Es zeigt sich – sogar aus den Angaben der Marburger Verfasser selbst – »daß die Streikenden gerade nicht den Forderungen der Spartakusgruppe folgten und Spartakus mit dem Streik recht wenig zu tun hatte.
Aus der detaillierten Darstellung des führenden Mitglieds der revolutionären Obleute, Richard Müller, geht glaubhaft hervor, daß die Obleute den Streik abbrachen, weil eine Weiterführung die Auseinandersetzung mit Polizei und Militär bedeutet hätte. Dies war nun gerade die spezielle Forderung von Spartakus, die in der ›Geschichte‹ vornehm verschwiegen wird. Dieser Forderung folgte tatsächlich niemand. Die streikenden Arbeiter und ihre Organisationen waren noch nicht bereit, eine solche Auseinandersetzung zu führen. Der Streik war trotzdem ein enormer Erfolg, in dem Sinne, daß er die Stärke der Bewegung, die Fähigkeit zur einheitlichen Aktion zeigte.
Am Beispiel des Massenstreiks wird exemplarisch sichtbar, mit welcher Methode die Verfasser Geschichte fälschen und welche Mühe es kostet, diese Mischung aus Dichtung und Wahrheit, die die gesamte Darstellung auszeichnet, zu entwirren.«[212]
Helga Grebing zeigt in ihrer Kritik, daß die »Marburger« Argumentation mit der Monotonie einer tibetanischen Gebetsmühle dieselben idealistischen Beschuldigungen gegen die »rechten« Führer der Sozialdemokratie und der Gewerkschaften erhebt. Für diesen wie auch für die anderen Teile des Buches stellt sie fest: »Da die Auswahl der Bezugsliteratur nicht begründet wird und auch keine Auseinandersetzung mit kontroversen Literaturpositionen (von einigen Ausnahmen abgesehen) erfolgt, sieht man sich gezwungen festzustellen, daß das Angebot der historischen Forschung zumindest für den Zeitraum bis 1933 weitgehend unbeachtet geblieben ist.«[213]
Angesichts des Versuchs der Sowjetmarxisten, beispielsweise die Rätebewegung nach 1918 revolutionär hochzustilisieren, verweist Grebing auf Unterschlagungen der historischen Wahrheit, die einer groben Geschichtsverfälschung gleichkommen: »Kein Wort findet sich über die Ergebnisse des Reichsrätekon-

gresses Mitte Dezember 1918 in Berlin, auf dem u.a. den Wahlen zur Nationalversammlung zugestimmt ... wurde«[214] – also dem parlamentarisch-reformistischen Weg anstelle des revolutionär-außerparlamentarischen!

Auf eine andere Geschichtsverfälschung weist Grebing hin bei der sowjetmarxistischen »Interpretation« der Rolle der Gewerkschaften beim Kapp-Putsch: »Auch hier haben die Gewerkschaften angeblich Machtpositionen aufgegeben, die sie indessen gar nicht hatten, haben konnten, weil (was nicht gesagt wird) die USPD und Teile der KPD zur Unterstützung einer geplanten Arbeiterregierung unter gewerkschaftlicher Führung nicht bereit waren; überhaupt nicht erwähnt wird das Verhalten der KPD bei Beginn des Kapp-Putsches. Da war die Zentrale überzeugt, ›daß die Arbeiterschaft keinen Finger für die demokratische Republik rühren werde‹, man freute sich über den Sturz von Ebert und Noske.«[215]

Es kann nicht Aufgabe dieser Zusammenfassung der Kritik der sowjetmarxistischen »Gewerkschaftsgeschichte« sein, alle einzelnen Verfälschungen nochmals zu referieren. Verwiesen sei zu diesem Teil des Buches, der sich mit der Zeit bis 1945 beschäftigt, lediglich noch auf die vollkommen verfälschende Darstellung der Gründe für das Scheitern der Gewerkschaftsbewegung angesichts des Faschismus: »Wieder und wieder wird der Antikommunismus der Gewerkschaftsführer als eine der Ursachen für das Nichtzustandekommen einer antifaschistischen Offensive der Arbeiterbewegung angeprangert; vergeblich sucht man nach einer fundamentalen Auseinandersetzung mit der Politik der KPD im Zusammenhang mit der Sozialfaschismus-›Theorie‹, nach der der Hauptfeind nicht die NSDAP war, sondern die sozialdemokratischen Sozialfaschisten und ihre linken Filialen.«[216] Mit Recht verweist Helga Grebing auf das völlige Fehlen einer kritischen Auseinandersetzung mit der verhängnisvollen KPD-Politik (vgl. S. 54), die entscheidend zur Uneinigkeit der gewerkschaftlichen und politischen Linken und damit zum Sieg des Faschismus beitrug.

Im dritten Teil (die Entwicklung seit 1945) versuchen die Autoren, »die Entwicklung in der sowjetischen Besatzungszone als vorbildlich hinzustellen, die Probleme der Entwicklung in Westdeutschland in schwarzen Farben zu malen und das in der marxistischen Ideologie vorprogrammierte ›Scheitern‹ sozialdemokratischer Reformpolitik zu behaupten. Die übertriebene Bewertung von wirtschaftlichen Krisenerscheinungen im Westen bei gleichzeitiger Ausblendung ökonomischer und politischer Dauerkrisen im ›realen Sozialismus‹ dient als wichtigstes Mittel zum Zweck. Wer sich im Westen verunsichert sieht, wer von Zukunftsängsten geplagt wird, der soll sich dem anderen Lager zuwenden. Dieser letzte gegenwartsnahe Teil der ›Geschichte‹ zielt auf eine ›Wende‹ im gewerkschaftlichen Selbstverständnis«.[217]

5. Das Endziel der »Geschichte«: Zerstörung der sozialdemokratischen Bindungen

Wiederum läßt sich bei Helga Grebing[218] im einzelnen nachverfolgen, durch welche Einseitigkeit und verfälschende Faktenauswahl wie auch -interpretation die »Wende« im gewerkschaftlichen Verhalten, die die Sowjetmarxisten mit ihrer »Geschichte« ideologisch herbeizuführen versuchen, als notwendig und möglich hinmanipuliert wird: Wie immer wieder – ohne jeden fundierten Beleg – Klassenkampfsituationen als gegeben angenommen werden, um dann ebenso leichtfertig und absichtsvoll das angepaßte, »integrationistische« Verhalten der maßgeblichen Sozialdemokraten und Gewerkschaftsführer für die Verhinderung eben dieser Klassenkämpfe verantwortlich zu machen; wie die sozialdemokratische und sozial-liberale Reformpolitik so gar nichts gebracht haben und daher eben eine grundsätzliche Wende der Gewerkschaftspolitik endlich herbeigeführt werden muß. Mit Recht verweist Grebing darauf, daß die Autoren dieser »Gewerkschaftsgeschichte« am Ende bei ihrem permanenten Versuch, die Gewerkschaften zu einer neuen, zur DKP hinführenden, radikaleren Gewerkschaftspolitik zu bewegen, völlig unmarxistisch die Frage offen lassen, mit welcher Massenbasis eine solche Wende hergestellt werden soll: »Wie sollen die Gewerkschaften ihre Aufgabe lösen: darüber wird bemerkenswert wenig gesagt. Man braucht angeblich nicht neue Theorien und Strategien. Aber ohne eine Analyse der Kräfteverhältnisse, ohne die genaueste Auslotung der Möglichkeiten für Handeln, ohne die Bestimmung der allgemeinen Ziele und gleichzeitig der konkreten Schritte wird man womöglich nur Minderheiten von Arbeitern in einen diffusen Radikalismus hineintreiben, der die Gewerkschaften in ihrer Handlungsfähigkeit behindert, ganz abgesehen von der indirekten Hilfeleistung für den Gegner. Eine kämpferische und autonome Gewerkschaftspolitik muß wohl etwas anders aussehen (und präziser in einen Bedingungsrahmen gestellt werden) als der hausbackene Katalog am Schluß der ›Geschichte‹. Da reichen Überlegungen innerhalb der Gewerkschaften inzwischen um vieles weiter.«[219]

Im Grunde ist es der sowjetmarxistischen Autorengruppe vollkommen gleichgültig, ob und wie die von ihnen abstrakt angebotene Alternative realisierbar ist. Entscheidend ist für sie nur das eine: Die Gewerkschaften – *zumindest die nicht geringe Zahl der von ihnen in der Jugendbildungsarbeit erreichbaren Kollegen!* – sollen ideologisch und politisch von der Sozialdemokratie und ihrem angeblich gescheiterten Reformismus weggezogen und zur DKP hin orientiert werden. Bewerkstelligt wird dies mit dem hier in die Debatte gebrachten Grundbegriff der gewerkschaftlichen Autonomie.

»Durch Betonung der Autonomie, die – wo sie ernst genommen wird – sehr wohl im Widerspruch zur sowjetmarxistischen Gewerkschaftstheorie steht, wird der Versuch gemacht, die Gewerkschaften aus ihrer historisch gewachsenen Nähe zum freiheitlichen Sozialismus zu lösen und in eine neue Bindung an die vorgeblich einzige Partei für die Arbeiterklasse (die DKP) zu manövrieren (S. 403, Anm. 244). Das alles geschieht unauffällig und teilweise verschlüsselt, wirkt suggestiv, bleibt aber für den kritischen Analytiker eindeutig feststellbar.

Der verwendete Autonomie-Begriff, der scheinbar einen ideologischen Wandel andeutet, wird so eingesetzt, daß er keine Entscheidungsfreiheit im Sinne des Aktions- und des Grundsatzprogrammes der Gewerkschaften bedeutet, daß er auch keine Optionen für sozial-liberale, freiheitlich- oder christlich-sozialistische Politik zuläßt.«[220]

Bereits in der Analyse des DKP-Programms (vgl. S. 147f.) haben wir gezeigt, daß die neue, völlig im Gegensatz zur leninistischen Gewerkschaftstheorie stehende (vgl. Anm. 88!) Betonung der gewerkschaftlichen Autonomie im Rahmen kommunistischer Gewerkschaftsarbeit nur eine weitere Variante in dem traditionellen Bestreben darstellt, die Führung der Gewerkschaften zu übernehmen.

Nur am Rande kann hier abschließend noch darauf hingewiesen werden, daß die Marburger Autoren, obwohl sie beanspruchen, eine Geschichte der *deutschen* Gewerkschaftsbewegung zu schreiben, auf jede kritische Auseinandersetzung mit den politischen und gewerkschaftlichen Entwicklungen in der DDR verzichten. Gerhard Beier stellt dazu fest:

»Wie abhängig Deppes Interpretation der Geschichte tatsächlich ist, zeigt sich immer dort, wo regimekritische Volksbewegungen im Einflußbereich der Sowjetunion zu beobachten waren. Was am 17. Juni 1953 in der DDR passierte, wird von Deppe nicht berührt, auch nicht die gewerkschaftliche Komponente des Volksaufstandes. Er meint lediglich: ›Die Arbeitslosenreserve wurde in dieser Zeit immer wieder durch Flüchtlingsströme aus der DDR aufgefüllt und wirkte somit als ein zusätzliches Wachstumspotential...‹ (S. 349). Auch die Berliner Mauer erhält in seiner Darstellung allein arbeitsmarkttechnische Funktion. Nach Deppe hatte der Bau der ›Berliner Mauer‹ im August 1961 die Verfügbarkeit des westdeutschen Kapitals über einen Teil des hochqualifizierten Arbeitskräftepotentials der DDR abrupt unterbrochen (S. 375). Das ist Zynismus gegenüber den Betroffenen... Das soziale Grundrecht des Arbeiters auf Freizügigkeit und das nationale Grundrecht des Volkes auf Selbstbestimmung in Einheit wird hier negiert.«[221]

6. Die DKP als der wahre Führer

Die politische Tendenz des ganzen Buches, die insbesondere im Schlußkapitel über aktuelle Probleme der Gewerkschaftsbewegung deutlich wird, ist nach unserer Auffassung von Gerhard Beier so präzise herausgearbeitet worden, daß wir seine Ausführungen (S. 30 ff. seines Aufsatzes) im folgenden, *ohne einzelne Zitierungen,* gekürzt übernehmen[222]:

»Die politische Botschaft der Marburger Autorengruppe findet sich im letzten Abschnitt versteckt. Dort orakeln die Verfasser über einen ›historischen Wendepunkt‹, an dem der DGB dreißig Jahre nach seiner Gründung stehen soll. Das Krisenkarussell wird beschworen. Der DGB soll den ›schweren‹ Weg der ›autonomen Widerstandsorganisation‹ einschlagen (S. 467).

In den Schlußsätzen werden programmatische Gemeinsamkeiten von DKP und DGB suggeriert, die in Wirklichkeit nicht gegeben sind. Als Mittel der Suggestion dient den Verfassern u. a. das Recht auf Arbeit. Es findet sich im Grundsatzprogramm des DGB, in der Wahlwerbung der DKP und in den Maiparolen der Gewerkschaften seit 1976. Die notwendige Differenzierung wird nicht vorgenommen. *Recht auf Arbeit im Sinne des DGB-Grundsatzprogramms meint etwas ganz anderes als im Zusammenhang einer leninistischen Programmatik.* Dort heißt es: ›Wer nicht arbeitet, soll auch nicht essen!‹ Im Rahmen der Sowjetverfassung bedeutet Recht auf Arbeit auch Arbeitszwang bis hin zur Zwangsarbeit – ähnlich wie im Nationalsozia-

lismus. Hingegen ist das Recht auf Arbeit im Sinne gewerkschaftlicher und verfassungsgeschichtlicher Traditionen des Westens als soziale Ausgestaltung der Würde des arbeitenden Menschen zu verstehen. Es bedeutet freie Wahl des Arbeitsplatzes und des Berufes, es steht im Zusammenhang mit dem Recht auf Leben ohne Not und Furcht, ja mit dem Recht auf Freizeit und ›Faulheit‹.[223] Es zielt auf Selbstverwirklichung im Schaffensprozeß, in einer freien, lebensgeschichtlichen Entwicklung, gekoppelt mit dem Recht auf Bildung. Das Recht auf Arbeit, das der DGB in seinem Grundsatzprogramm fordert, ist etwas grundsätzlich anderes als was die Wahlplakate der DKP proklamieren und die Staaten ihrer Neigung, des sogenannten ›real existierenden Sozialismus‹ praktizieren.
Die aktuelle Schlußpointe muß der Leser dreifach studieren, um herauszufinden, worauf die Autoren eigentlich hinauswollen: Dort heißt es im Anschluß an die Forderung nach ›Recht auf Arbeit‹ scheinbar unverfänglich: ›Dabei kann diese wachsende politische Bedeutung der gewerkschaftlichen Interessenvertretung langfristig nur dann zur Geltung kommen, wenn in den Institutionen der *politischen* Willensbildung und Entscheidung der Einfluß politischer Kräfte gewährleistet ist, die *konsequent die Interessen der lohnabhängigen Mehrheit der Bevölkerung vertreten.*‹ (S. 469) Im Klartext des Mannheimer Parteiprogramms der DKP lautet die entsprechende Passage: ›Die Arbeiterklasse verfügt über viele Organisationen. Sie erstreben Teilziele, nehmen sich spezieller Belange von Teilen der Arbeiterklasse an. *Die DKP hingegen vertritt die Gesamtinteressen der Arbeiterklasse.* Sie organisiert den Klassenkampf auf ökonomischem, politischem und ideologischem Gebiet... Die DKP ist durch keine andere Organisation (!) der Arbeiterklasse zu ersetzen.‹[224]
Nur wenige Leser werden das DKP-Programm so genau kennen, daß sie die Zusammenhänge bemerken. Wer in seiner Arglosigkeit zunächst meint, die Autoren aus Marburg könnten auch einen Appell zur Unterstützung der Sozialdemokratie oder einer anderen freiheitlich sozialistischen Partei oder auch des Arbeitnehmerflügels der CDU gemeint haben, der studiere nochmals die Seiten 403 bis 405, insbesondere die Fußnote 244. Dort besteht *nur noch die DKP* als eine Partei, ›die sich – wie die kommunistischen Parteien anderer Länder – als Arbeiter- und Klassenpartei definiert‹. Wer den hessischen Landtagswahlkampf Ende 1978 genau verfolgt hat, fand diesen Monopolanspruch der DKP auch in ihrer Wahlwerbung dokumentiert.[225]

Programmkommission, Geschichtsschreibung und Wahlkampfwerbung der DKP und ihrer Kader arbeiten offensichtlich Hand in Hand. Die Übereinstimmungen gehen bis in die Wortwahl hinein. So heißt es in der ›Geschichte‹ unter ›*Bilanz und Ausblick*‹ wörtlich: ›Knapp drei Jahrzehnte nach der Gründung des DGB befindet sich die gesellschaftliche und politisch-ideologische Entwicklung der Bundesrepublik an einem historischen Wendepunkt.‹ (S. 466) Die entsprechenden Passagen im Protokoll des Mannheimer Parteitags der DKP lauten: ›In unserem Parteiprogramm bezeichnen wir die Herbeiführung einer Wende zu demokratischem und sozialem Fortschritt in der Bundesrepublik als vorrangige politische Aufgabenstellung ... Diese Zielsetzung entspricht zugleich den Schlußfolgerungen, die wir aus der nunmehr fast dreißigjährigen Geschichte der Bundesrepublik Deutschland ziehen.‹[226] Weiter unten heißt es: ›Im Kampf um eine Wende zu demokratischem und sozialem Fortschritt wie in ihrer weitergehenden Zielsetzung baut die DKP auf die Kraft des arbeitenden Volkes. Sie geht auch hier von den Erfahrungen des Klassenkampfes aus.‹[227] Und schließlich: ›Die Entwicklung der DKP zu einer Massenpartei ist unerläßlich für die Herbeiführung einer Wende zu demokratischem und sozialem Fortschritt, für die Erkämpfung einer antimonopolistischen Demokratie, für die Durchsetzung der sozialistischen Gesellschaftsordnung in der Bundesrepublik.‹[228]

Was im Schlußteil der Gewerkschaftsgeschichte *als historischer Wendepunkt markiert wird, erweist sich als beabsichtigte Umfunktionierung der Geschichte der deutschen Arbeiterbewegung*. Hier wird Geschichte nicht nur in einem bestimmten Parteiinteresse umgeschrieben, sondern auch bewußt verfälscht.[229] Hier dient die scheinbar wissenschaftlich fundierte und dem Anschein nach ›objektive‹ Geschichtsschreibung der schleichenden Indoktrination im Sinne einer politischen Partei, die den Gewerkschaften ihren Führungsanspruch aufdrängen möchte,[230] ohne dazu durch Zustimmung der Mitglieder oder breitere Resonanz in den Arbeitermassen legitimiert zu sein...

Objektiv handelt es sich um Ideologie im schlechtesten Sinne, um eine intellektuell maskierte und proletarisch verkleidete Fehleinschätzung der Lage der Arbeiterschaft, um eine entsprechende Fehldeutung der wirklichen Geschichte der Arbeiterbewegung und um eine politische Fehlorientierung im Übergang zu den achtziger Jahren. Wer darauf hereinfällt, den lenken die Verfasser in eine Sackgasse, den führen sie zurück in die verzweifelte Lage bei Zerstörung der Weimarer Republik, als die RGO ihren größten Einfluß, die KPD ihren stärksten Massenanhang und die Arbeiterschaft ihre traurigsten Aussichten hatte...

Zwar verurteilt das Marburger Autorenkollektiv den Mißerfolg der RGO-Politik, aber es scheint die Anfänge zu billigen, über die es heißt: ›Das Hauptanliegen der Opposition bestand darin, die Betriebsbelegschaften in den Tarifauseinandersetzungen zu aktivieren, um Druck auf die Schlichtungsverhandlungen im Sinne der ursprünglichen betrieblichen Forderungen auszuüben. Durch diese Taktik sollten die Verbandsleitungen zu einem entschlossenen Auftreten veranlaßt werden. Gleichzeitig erwartete man von einer Aktivierung der Arbeiter eine Stärkung des Bewußtseins und des gewerkschaftlichen Organisationsgrades... Dabei wurde das Ziel verfolgt, die wirtschaftsfriedliche Grundorientierung des ADGB zu ändern.‹ (S. 192)

Diese Darstellung enthält eine Fälschung und einen Widerspruch: Zum einen war der ADGB niemals eine ›wirtschaftsfriedliche‹ Organisation. Als solche wurden vielmehr die von den Unternehmern abhängigen, sogenannten ›gelben‹ Werkvereine bezeichnet, gegen die christliche, liberale und sozialistische Gewerkschaften gemeinsam angegangen sind. In diesem Zusammenwirken liegt einer der Ursprünge der modernen Einheitsgewerkschaft.[231] Wer den ADGB als ›wirtschaftsfriedliche‹ Organisation bezeichnet, der fälscht Geschichte. Freilich dient diese Fälschung der Rechtfertigung..., daß... die RGO unter der Tarnung satzungsmäßigen Vorgehens den wirtschaftspolitischen Kurs des ADGB sabotierte und eine revolutionäre ›Wende‹ anstrebte...

Über den heutigen Einfluß der DKP im DGB heißt es beschwichtigend: ›Schließlich kommt der Bruch in der gesellschaftspolitischen Entwicklung der Bundesrepublik nach 1966 auch in der Neubildung einer kommunistischen Partei (DKP, 1968) zum Ausdruck, die zwar noch keinen Masseneinfluß entfaltet, deren politisch-ideologische Arbeit jedoch – vor allem über die kommunistischen Arbeiter, Vertrauensleute und Betriebsräte – auf die Entwicklung der Gewerkschaften und des Bewußtseins von Teilen der Lohnabhängigen einwirkt.‹ (S. 418f). Eine Kritik an Taktik, Strategie und Programm der DKP wird nicht geübt. Das Ziel, die ›wirtschaftsfriedliche‹ Grundorientierung des DGB zu ändern, ist evident, wenn man Deppes Aussagen über Lohnpolitik und Mitbestimmung als ›Klassenkampf‹ betrachtet. Der Übergang zu einer offenen

RGO-Politik scheint lediglich eine Frage der Zeit zu sein, getreu der Leninschen Empfehlung, die politische Macht nicht erobern zu wollen, bevor der ›Kampf nicht eine gewisse Stufe erreicht hat‹.[232] Hier werden RGO-Positionen latent wiederhergestellt.[233]

Das Werk dient also nicht der autonomen gewerkschaftlichen Bewußtseinsbildung, sondern dem Transport sowjetmarxistischer Interpretationsmuster und Handlungsanweisungen in die Schulungsarbeit der Gewerkschaften. Das alles findet sich weit verstreut und immer wieder verklausuliert angedeutet, bestätigt sich aber in der kritischen Analyse durch quantifizierende, vergleichende und interpretierende Methoden ...

Auf der wissenschaftlichen Ebene wurde das Geschichtswerk durch Henryk Skrzypczak mit einem einzigen Absatz erledigt: ›Obwohl die manipulativen Auswüchse, die dem historischen Schrifttum der Stalin-Zeit ihren entwertenden Stempel aufgeprägt haben, längst der Vergangenheit angehören, lassen sich die Ergebnisse der leninistischen Geschichtswissenschaft von einer objektivitätsorientierten Forschung nur sehr partiell rezipieren. Selbst in ihren herausragenden Leistungen nämlich kann diese Historiographie sich nicht aus den Fesseln des Prinzips einer Parteilichkeit lösen, die fast zwangsläufig zur selektiven Verengung des Wahrnehmungsfeldes führt und die Forschung andererseits zu wissenschaftlich drapierter Absicherung politisch vorgegebener Bewertungen nötigt. Wo das Prinzip der Parteilichkeit sich unter Ausnahmebedingungen mit einer größeren Flexibilität der Darstellung verbindet, wie in dem jüngst von Frank Deppe, Georg Fülberth und Jürgen Harrer herausgegebenen voluminösen Sammelband ›Geschichte der deutschen Gewerkschaftsbewegung‹, werden die grundsätzlichen Schwächen der leninistischen Historiographie zwar suggestivkräftig verdeckt, doch in keiner Weise behoben.‹[234] Aber mit dieser zutreffenden Kritik war das politische Problem der Gewerkschaftsgeschichte nicht vom Tisch ...

Als Werk eines einsamen Einzelgängers wäre der vorliegende Band vermutlich kaum beachtet und rasch vergessen worden. Aber es handelt sich um ein Autorenkollektiv, dessen Arbeit in den Rahmen einer politischen Strategie eingebettet erscheint. Die Deutsche Kommunistische Partei, die Arbeitsgemeinschaft für gewerkschaftliche Fragen (AgF) und das Institut für marxistische Studien und Forschungen (IMSF) arbeiten offensichtlich Hand in Hand. Wo Lehrpläne gewerkschaftlicher Bildungsarbeit erweitert werden, rückt Gewerkschaftsgeschichte langsam vor. Dagegen ist zunächst gar nichts einzuwenden.

Aber gleichzeitig wird dafür gesorgt, daß Lehraufträge an Dozenten gehen, die der Linie des Anti-Antikommunismus folgen. Schließlich gelangt die Marburger Gewerkschaftsgeschichte auf einem dritten Wege in die Bücherpakete der Gewerkschaften und damit in die Unterlagen für jene Kurse, die von entsprechenden Dozenten in zunehmender Zahl durchgeführt werden. Damit schließen sich drei taktische Schritte zu einem strategischen Einbruch in die Bewußtseinsbildung des gewerkschaftlichen Nachwuchses. Schließlich bekommen die bildungswilligen jungen Leute das DKP-Programm in die Hände, zu dem es heißt: ›– richtige Schlußfolgerungen aus der Geschichte, sicherer Kompaß für die Zukunft‹.[235] Die Synchronisation von DKP-Strategie und gewerkschaftlicher Tagesarbeit ist dann nur noch eine Frage der Zeit: der in die Zukunft hinein programmierten Geschichte.
Eine historisch hochgerüstete, arbeitsteilig organisierte und disziplinierte Truppe trifft hier auf ein nahezu unvorbereitetes Arbeiterbewußtsein. Die historisch bedingte Geschichtslosigkeit der deutschen Arbeiterschaft steht dem Angriff fast wehrlos gegenüber. Hier hat Geschichtswissenschaft sich nicht, wie Heinz Oskar Vetter 1977 forderte, in den Dienst einer sozialen Sache gestellt. Hier versuchen vielmehr politische Kader, auf dem Umweg über die Universität eine soziale Bewegung für ihre fremdbestimmten Zwecke einzuspannen.

Dritter Teil:

Schlußfolgerungen für die Bildungs- und Organisationsarbeit

Biedermann: Sie versprechen es mir aber: Sie sind aber wirklich kein Brandstifter?
Schmitz muß lachen
...

Chor: Blinder als blind ist der Ängstliche,
Zitternd vor Hoffnung, es sei nicht das Böse,
Freundlich empfängt er's.
Wehrlos, ach, müde der Angst,
Hoffend das beste . . .
Bis es zu spät ist.

Max Frisch
(Biedermann und die Brandstifter)

Wir wehren uns dagegen, wenn durch eine Bündnis-Kaderpolitik in den Gewerkschaften Positionen hoffähig gemacht werden sollen, die die Zusammensetzung unserer Mitgliedschaft in keiner Weise repräsentieren und bei einer offenen Auseinandersetzung auch keine Chance hätten, mehrheitsfähig zu werden.

Heinz Oskar Vetter
(Referat im IG Metall-Bildungszentrum Sprockhövel, vgl. S. 227)

Übersicht

In Max Frischs Stück »Biedermann und die Brandstifter« wird ein Bürger gezeigt, der – aus einer Mischung von Feigheit, Bequemlichkeit und Gutgläubigkeit – ein paar Brandstifter in sein Haus einläßt, ihnen darin immer mehr Handlungsfreiheit überläßt (im Wahn, sie damit zufrieden und »ordentlich« erhalten zu können), bis es zu spät ist: Sein Haus wird angezündet.
Unsere Analysen haben gezeigt: Es gibt tatsächlich in unserer Gesellschaft nicht nur rechtsextreme, sondern auch kommunistische Ideologen und Funktionäre, denen an der Erhaltung unseres »Hauses« einer sozial- und rechtsstaatlichen Demokratie wenig liegt – in ihrem Wahnbild von Gesellschaft erscheint das äußerst kostbare, wesentlich von der Arbeiterbewegung miterkämpfte Gut freier, allgemeiner Wahlen, Mehrheitsherrschaft und Sozialreform als »politische Herrschaftsform des Kapitals« – die totalitäre Einparteiherrschaft sowjetischen Musters dagegen als wahre, »sozialistische Demokratie«. Und es gibt naive liberale und sozialdemokratische Biedermänner in unserer Gesellschaft, in Kultusverwaltungen, Gewerkschaften, Jugend- und Studentengruppen, »linken« Fachhochschul-Fachbereichen, Verlagen und »Initiativen«, die aus Bequemlichkeit, Toleranz, aus einem verschwommenen Solidaritätsgefühl gegenüber allem, was sich »links« gibt, jene Personen und Gruppen akzeptieren und integrieren, ohne sich offen mit ihnen auseinanderzusetzen.
Diese Auseinandersetzung aber muß geführt werden – andernfalls führen die hier beschriebenen Taktiken schleichender Machtergreifung in *qualitativ* wichtigen Teilbereichen der linken (Hochschul-)Bildungs- und Jugendarbeit zu einem »Umkippen« dieser Bereiche ins Antidemokratische einer nur auf *eine* – sowjetmarxistische – Ideologie festgelegten Kaderpolitik, wie sie sich u. a. in der Marburger Sozialwissenschaft oder auf jener denkwürdigen DGB-Bundesjugendkonferenz 1977 bereits erschreckend offenbart hat. Dabei werden nicht nur diese Bereiche total unglaubwürdig, sondern die in ihnen arbeitenden jungen Gewerkschafter, Jusos und Studenten werden auf dieser »Linie« ins Getto der »Verfassungsfeinde« transportiert. Statt zu aktivem radikaldemokratischen, gesellschaftsverändernden Handeln befähigt zu werden, geraten sie in die hier immer wieder aufgezeigte ideologische und politische Schizophrenie orthodox-marxistischer »Berufsrevolutionäre im War-

testand«. In der politischen Praxis der Bundesrepublik auf das »links« allein Reale angewiesen: das Engagement im Reformprozeß der kleinen Schritte, sehen sie eben dies Allein-Reale gewerkschaftlichen und sozialistischen Fortschritts aber ständig von DKP- und Stamokap-Ideologien diffamiert und gering geachtet als »systemimmanent«, wenn nicht gar als »rechtssozialdemokratisch-systemintegrativ«. Man redet ihnen ein, daß durch Reformen nichts »Wesentliches« (vgl. S. 145ff.) verändert werden kann, bestenfalls sind sie »Vorstufe« zu der irgendwann doch einmal marxgemäß eintretenden, alles wendenden Revolution (wie immer vage und vieldeutig diese im übrigen vorgestellt werden mag: als kurzer Übergang, als Epoche, friedlich-demokratisch oder gewaltsam-diktatorisch).
Die Auseinandersetzung ist also erforderlich, nicht nur, weil die Ideologie und Taktik der Sowjetmarxisten alle von ihnen betroffenen Organisationen und Gruppen aufs tiefste diskreditieren und außerdem jede unabhängige linke Theorie und Praxis zu ersticken suchen, sondern weil diese Taktik und Ideologie Tausende von Menschen – gerade von jungen Kollegen und Genossen – politisch fehlorientieren und daher handlungsunfähig machen. Diese Auseinandersetzung muß daher

- ideologiekritisch im weitesten Sinne als zentrale Aufgabe politischer Wissenschaft und Bildung,
- in der Bildungs- und Organisationsarbeit der Parteien, insbesondere der SPD,
- gewerkschaftspolitisch – als gewerkschaftliche Positionsbestimmung – besonders in der Jugendarbeit

geführt werden.
In diesem Buch konnten nur *Grundlagen* für eine solche notwendige, mehrdimensionale Auseinandersetzung gelegt werden – und an dieser Stelle können daher auch nur einige Hinweise und Hauptaufgaben formuliert werden, die auf Schwerpunkte dieser ideologiekritischen und politischen Kontroverse hinweisen und u. E. sinnvolle, ja notwendige Positionsbestimmungen, Kritik der aufgezeigten Unterwanderungstaktiken und praktische Schlußfolgerungen zur Diskussion stellen. Dies alles kann nicht mehr sein als eine Herausforderung und ein Angebot an alle Betroffenen, an der »Basis« wie in den »Spitzenfunktionen«, mit größerer Energie, Offenheit und Entschiedenheit die Auseinandersetzung zu führen. Die eigentliche Gefahr nämlich droht unserer Demokratie und unseren demokratischen Organisationen nicht von ihren – *zahlenmäßig* bedeutungslosen! – Gegnern zur Rechten und zur Linken. Sie droht von der gedankenlosen, konfliktscheuen

Biedermannsgesinnung und -haltung der Demokraten selbst, die das zerstörerische Wirken der rechten und linken Antidemokraten und Antireformisten *allein dadurch ermöglichen, daß sie sich selbst weder geistig noch politisch ausreichend engagieren.* Die Rechnung, die »Brandstiftern«, welcher Couleur auch immer, auf völlig »demokratischem« Wege völlig undemokratische Machtanteile verschafft, ist schrecklich einfach: Ein Gewerkschafts-Ortsverein, ein Fachbereich, Jugendverband etc. mag 2000 Mitglieder haben – wenn von ihnen nur 5–10% aktiv sind, und wenn von diesen 100 bis 200 Aktiven, die bei Bildungs- und Mitgliederversammlungen, bei Demonstrationen und politischen Aktionen anwesend sind, die sich zu Delegierten und in Gremien wählen lassen, nur 60–120 (meist kaum identifizierbare, sich nicht zum Sowjetmarxismus offen bekennende) DKP-Freunde sind, *so bestimmen diese 3% (!) eben die »Linie« des Verbandes, und 97% Andersdenkende lassen es gleichwohl als bequeme, inaktive Biedermänner geschehen.*

X. Schlußfolgerungen für die Politische Bildung

Ohne Zweifel ist der Sowjetmarxismus zunächst ganz allgemein ein Problem politikwissenschaftlicher und speziell innersozialistischer theoretischer Kritik, die in die politische Bildungs- und Organisationsarbeit eingehen muß. An dieser Stelle genügt es, in Thesenform: als *Schwerpunkt-Aufgabenstellung für die ideologiekritische Aufklärung in der gewerkschaftlichen und politischen Bildungsarbeit* – noch einmal die Unhaltbarkeit der sowjetmarxistischen Theoreme zu resümieren, wie sie in den Analysen des DKP-Programms, der Stamokap-Theorie sowie der sowjetmarxistischen Darstellung der reformsozialistischen politischen und gewerkschaftlichen Arbeiterbewegung herausgearbeitet wurde:

a) *Sowjetmarxismus ist antidemokratisch.* DKP-nahe Ideologie und Praxis ist durchgängig geprägt durch ein zutiefst unglaubwürdiges, weil nur taktisches Verhältnis zur Demokratie. Sowohl im DKP-Programm, wie in den Stamokap-Lehren, wie auch im praktischen organisationspolitischen Verhalten zeigt sich,

- daß man zwar die »Verteidigung der demokratischen Grundrechte« unentwegt beschwört und für sich selbst reklamiert, die verfassungsmäßige Gesamtordnung der parlamentarischen Demokratie jedoch gleichzeitig als »bürgerliche Demokratie«, d. h. als »Herrschaftsform des Kapitals« abqualifiziert;
- daß man der Demokratie als verfassungsgemäßer, rechtsstaatlich geregelter Mehrheitsherrschaft das »Ideal« einer »sozialistischen Demokratie« gegenüberstellt, die durch die »Herrschaft der Arbeiterklasse« und ihrer (kommunistischen) Partei gekennzeichnet ist; d. h. an die Stelle der Mehrheit des Volkes tritt die Herrschaft einer Klasse bzw. ihrer parteipolitischen »Avantgarde«;
- daß man die Sowjetunion, ungeachtet ihrer absolut antidemokratischen Herrschaftsstruktur, geprägt durch die Machtelite einer Staatspartei, zum absoluten Leitbild eines sozialistischen Staatswesens erhebt und damit alle Bekenntnisse zur Demokratie Lügen straft;
- daß man in der Praxis der Organisationsarbeit rigoros leninistische Kadertaktiken verfolgt und der eigenen Position (unter 1% der Wählerstimmen, vielleicht 3–5% im linken

Spektrum!) ohne Rücksicht auf die entgegengesetzte politische Position der großen Mehrheit durch Eroberung von Gremiensitzen mit allen Mitteln zur beherrschenden Macht zu verhelfen versucht.

Sozialistische Theorie, Politische Wissenschaft und Bildungsarbeit haben die Aufgabe, die in diesem Buch mehrfach (vgl. S. 139ff., 156ff., 173ff.) dargestellte, in diesem Resümee zusammengefaßte Widersprüchlichkeit der sowjetmarxistischen Demokratietheorie und -praxis gründlich zu analysieren und – vor allem in der gewerkschaftlichen und sozialistischen Bildungsarbeit – zum Bewußtsein zu bringen: Ständig von Demokratie redend, sich auf Demokratie berufend, hängen Sowjetkommunisten gleichwohl antidemokratischen politischen Grundsätzen, Strukturen und Praktiken an. Sie sind damit nicht allein; es gab und gibt überall rechte und linke Verächter der Demokratie mit und ohne demokratische(n) Lippenbekenntnisse(n). Um so unzweideutiger muß gewerkschaftliche und demokratisch-sozialistische Theorie wie Bildungsarbeit die *Verfassungsordnung der parlamentarischen Demokratie:* die Prinzipien der Mehrheitsherrschaft durch freie Wahlen, die Garantie der Menschen- und Bürgerrechte sowie des Minderheitenschutzes, der Gewaltenteilung, des Mehrparteiensystems, der Rechtsstaatlichkeit als unabdingbare Grundlage jeder Gesellschaftsreform und Gewerkschaftspolitik bewußt machen (vgl. dazu unten S. 225ff.).

b) *Sowjetmarxismus ist Leninismus, daher wesentlich abweichend vom Marxismus.* Allen Behauptungen der »Marburger Schule«, der DKP und der ihnen nahestehenden Gruppierungen, eine marxistische Theorie und Praxis des Sozialismus zu verwirklichen, ist aufs entschiedenste zu widersprechen. Der Sowjetmarxismus enthält zwar marxistische Theorieelemente und redet unentwegt in marxistischen Wendungen, in entscheidenden Aussagen aber steht er in unaufhebbarem Widerspruch zur Lehre von Marx, – vor allem

- in der Entmündigung der Arbeiterschaft als politischer Akteur und der leninistischen Übertragung der politischen Macht an eine zentralistische, elitäre und totalitäre Partei- und Staatsbürokratie;
- in der Aufgabe der marxistischen »dichotomischen« Klassen(kampf)konzeption (Proletariat kontra Bourgeoisie) zugunsten der »Stamokap«-Konzeption eines »Volks«-Bündnisses quer durch alle Klassen, einschließlich der »nichtmonopolistischen« Kapitalbesitzer, gegen die »Konzern-

herren« und ihre manageriellen wie staatlichen Sachwalter;

- in der »Erklärung« der nichtrevolutionären, reformpolitischen Entwicklung der westdeutschen Arbeiterbewegung aus ideellen statt materiellen Faktoren: nämlich aus dem »Verrat« von »rechtssozialdemokratischen« Führern (Männer machen Geschichte!) und deren falschen, reformistischen Ideen statt aus den veränderten sozio-ökonomischen Bedingungen und den damit auch veränderten Lebens- und Handlungsbedingungen der nicht besitzenden Massen;
- in der Aufgabe der »Klassenlosen Gesellschaft« und der freien Selbstverwaltung der Produzenten als sozialistische Zielvorstellungen und deren Ersetzung durch das totalitärzentralistische Herrschafts- und Ideologiesystem der UdSSR als Leitbild jedes Kommunisten.

Politische Bildung, und vor allem die sozialistische und gewerkschaftliche, müssen diese nicht- und antimarxistischen Wesenszüge des Sowjetmarxismus, die in diesem Buch (vgl. S. 129f., 161ff., 192ff.) dargestellt und in diesem Resümee zusammengefaßt wurden, im einzelnen analysieren und zum Bewußtsein bringen. Es muß endlich klar werden: *Die DKP und ihre Freunde betreiben mit der für viele aktive Linke durchaus noch maßgeblichen marxistischen Theorie des Sozialismus einen Etikettenschwindel: Sie treten auf als die allein noch ungebrochenen, »getreuen« Wahrer des »revolutionären« marxistischen Erbes, obwohl sie – wie gezeigt – die marxistische Lehre in entscheidenden ihrer analytischen und freiheitlich-emanzipativen Gehalte zugunsten einer leninistischen Sowjetideologie verfälscht und verleugnet haben.* Nur indem kritische Theorie und Bildungsarbeit die Vertreter der Stamokap-Lehre und anderer DKP-(naher)Positionen des sozialistischen Heiligenscheins entkleiden, als seien sie die einzigen Sachwalter der »wahren« marxistischen Theorie und Praxis des Sozialismus in der Bundesrepublik, wird die Diskussion mit ihnen real und nüchtern: Den Sowjetmarxismus zu bekämpfen heißt keineswegs, den Marxismus zu bekämpfen!

c) *Sowjetmarxismus verewigt marxistische Irrtümer:* Während im DKP-Programm, in den Stamokap-Schriften wie auch in der DKP-nahen Geschichtsschreibung *einerseits* marxistische Theoreme und Zielvorstellungen verfälscht werden (s. o.), wird *andererseits* gerade an solchen (vulgär)marxistischen bzw. leninistischen Vorstellungen wie an unbezweifelbaren Glaubenssätzen festgehalten, die in der sozialwissenschaftlichen Forschung und insbesondere in der unabhängigen marxistischen Theorie längst als zweifelhaft oder irrig bzw. überholt gelten, deren monotone Wiederholung in der sowjetmarxistischen Ideologie aber jede zeitgerechte Kapitalismus-Analyse und sozialistische (Reform-)Strategie blockiert; besonders verhängnisvoll wirkt

- das Festhalten an einem wissenschaftlich naiven und intoleranten Begriff von allein richtiger, gültiger Erkenntnis der Welt durch die »marxistisch-leninistische Weltanschauung«, die die »objektive Realität« richtig »widerspiegelt« (dieser Theoriebegriff führt notwendigerweise zu wissenschaftlicher Sterilität und zu Unterdrückungsmaßnahmen gegenüber Andersdenkenden);
- das Festhalten an einem – angeblich vom Marxismus erkannten – *»naturnotwendigen« Ablauf* der Geschichte, der durch unvermeidliche kapitalistische Krisen hindurch zur revolutionären Umwälzung und zur »Diktatur des Proletariats«, – damit aber ebenso notwendig zum Sieg des Sozialismus führt (dieser Geschichtsglaube macht zwangsläufig unfähig, die tatsächliche – zum Teil völlig anders verlaufene – Geschichte der kapitalistischen Industriegesellschaften »wahr«zunehmen und dementsprechend veränderte – »revidierte»! – politische Strategien der Arbeiterbewegung zu entwickeln);
- das Festhalten an einem ökonomistischen Gesellschafts- und damit Politikverständnis, dem unser gesellschaftliches System als Marionettentheater erscheint, in dem alle und alles an den Fäden des allmächtigen Spielers »Monopolkapital« hängt, das vom willigen Diener »Staat« unterstützt, »die Puppen tanzen läßt«. (Dieses Systemverständnis dequalifiziert und lähmt notwendigerweise jedes politische wie gewerkschaftliche Handeln als »vor-revolutionär«, als »systemimmanent« im Rahmen »bürgerlicher Demokratie« und fixiert das sozialistische Denken auf die Sozialisierung des großen Kapitals als die allein entscheidende revolutionäre Wende und Bedingung des Sozialismus. Diese Abwertung aller anderen, für die Entwicklung einer klassenlosen Gesellschaft nicht weniger wesentlichen Veränderungsstrategien [z. B. im Bildungssektor, im Parlamentarismus, in der Arbeitsorganisation, in der Familie, in der Qualität des kommunalen und Organisationslebens, in der staatlichen Verwaltung etc.] als bloß »bürgerliche« Reformen, denen die Phase der »eigentlichen«, revolutionären sozialistischen

Umwälzung erst noch folgen muß, führt nicht nur zu einer vollständig unberechtigten Abwertung des Selbst- und Zielbewußtseins aller Reformkräfte in einer demokratischen Gesellschaft mit kapitalistischen Produktionsverhältnissen – solche Abwertung macht auch die Bekenntnisse der Sowjetmarxisten zu einer »antimonopolistischen Bündnispolitik« widersinnig, da nach ihrem eigenen Begriff von parlamentarischer Demokratie als politischer Herrschaftsform des Kapitals diese von ihnen angestrebten Bündnisse und Koalitionen zu systemverändernder, sozialistischer Politik grundsätzlich nicht fähig sein können.)

Sozialistische Theorie, Politische Wissenschaft und Bildung – insbesondere innerhalb der westdeutschen Linken – haben genau diese Widersprüche, dieses unglaubwürdige Verhältnis zur Demokratie und diese politisch lähmenden Wirkungen zum Bewußtsein zu bringen, die der dogmatische Marxismus in der Form der DKP-nahen Ideologien in den schwierigen Prozeß einer linken Selbstverständigung hierzulande einbringt.

Mangelnde Voraussetzungen in der politischen Bildung; das Angebot der »Hochschulinitiative Demokratischer Sozialismus«

Die hiermit ausgesprochenen Herausforderungen an die linke Theorie- und Bildungsarbeit provozieren natürlich zugleich die Frage, wo die personellen Kräfte und die theoretischen Vorleistungen zu finden sind, mit deren Hilfe die notwendige Auseinandersetzung geführt werden kann; angesichts weithin mangelnder Ansätze in unserer (linken) Politischen Wissenschaft und Bildung zu solcher kritischen Analyse der sowjetmarxistischen Ideologien, eine ebenso heikle wie brisante Frage.

Beantworten kann sie nur jede Gewerkschaft, jeder Jugendverband, jeder Fachbereich, – jede für politische Bildungsarbeit verantwortliche Instanz für sich selbst, d. h. durch die Anstrengungen (*vorbildlich etwa im ötv-magazin* aufgrund seines verantwortlichen Redakteurs Dieter Schneider!), die ja durchaus vorhandenen ideologie- und organisationskritischen Arbeiten aufzunehmen, weiterzuführen und in Bildungsarbeit umzusetzen. Immerhin verdient an dieser Stelle eine wissenschaftliche Initiative erwähnt zu werden, deren »Studientexte« und personelle Potentiale von allen Betroffenen, Verantwortlichen und auch Interessierten genutzt werden können: die *»Hochschulinitiative Demokratischer Sozialismus«* (HDS). Dieser Theorie-Arbeitskreis, dem über 300 Wissenschaftler, Pädagogen und Publizisten angehören, ist 1975 mit dem bereits in der Einleitung (S. 13) zitierten Ziel gegründet worden, für die Politische Wissenschaft und Bildung reformsozialistische Grundlagen zu erarbeiten, die sich nicht im sozialliberalen Pragmatismus erschöpfen, vor allem aber eine Alternative darstellen zu jenem praxisfernen dogmatischen Marxismus, wie er in der akademischen Linken bei uns in den letzten zehn Jahren Mode geworden ist und insbesondere im Sowjetmarxismus zu einem katechismusartigen Schulungs- und Herrschaftsinstrument wurde. Die Arbeit der Hochschulinitiative hat ihren Niederschlag in allgemeinverständlich geschriebenen »Studientexten« gefunden[236], die in entscheidenden Fragen

- der Überwindung des sozialistischen Dogmatismus durch einen pluralistischen Theoriebegriff,
- eines demokratischen Sozialismusbegriffs und eines sozialistischen Demokratieverständnisses,
- der Reform als Prinzip gewerkschaftlicher und sozialistischer Politik,
- einer realistischen (dem DGB-Programm entsprechenden wirtschaftsdemokratischen) Konzeption schrittweiser Überwindung des Kapitalismus (an Stelle der revolutionären Illusionen des dogmatischen Marxismus) und insbesondere der wirksamen gewerkschaftlichen Vollbeschäftigungspolitik,
- des Eurosozialismus und -kommunismus in Westeuropa,

gemeinsam mit dem hier Vorgelegten wesentliche Grundlagen bieten, um den Sowjetmarxismus durch sachliche Kritik und positive Alternativen zu widerlegen. Eine Reihe anerkannter, kompetenter Sozialwissenschaftler der »Hochschulinitiative Demokratischer Sozialismus«, die teilweise schon seit langem in der gewerkschaftlichen und politischen Bildungsarbeit gearbeitet haben, steht darüber hinaus auch für personelle Mitarbeit zur Verfügung.[237] Unnötig zu sagen, daß die HDS als Kooperations- und Koordinationsmöglichkeit insbesondere an den Hochschulen eine wesentliche Hilfe sein kann, da gerade dort nicht nur der *rechte* Antireformismus eine Alternative erfordert in Gestalt einer rationalen, reformpolitisch, nicht verbalrevolutionär argumentierenden Theorieposition, sondern auch der – verdeckt, aber höchst kadermäßig und wirksam um Machtgewinn kämpfende – Sowjetmarxismus, dem häufig kaum innersozialistische Kritik begegnet, da er sich blauäugig als schlicht »marxistisch« und »konsequent links« präsentiert.

Fällig: Ein Beitrag des Sozialistischen Büros (SB)

Darüber hinaus werden viele in den Gewerkschaften und in der politischen Bildungsarbeit nach dem Beitrag des Sozialistischen

Büros fragen in dieser überfälligen Auseinandersetzung mit den antidemokratischen, pseudo-marxistischen bzw. dogmatisch-marxistischen Ideologien der Sowjetkommunisten in der Bundesrepublik. Immerhin hat das Sozialistische Büro sich in den vergangenen Jahren *sein Prestige nicht zuletzt durch die Unbeirrbarkeit erworben, mit der es dem osteuropäischen »realen Sozialismus« die sozialistische Qualität verweigerte;* maßgebliche Vertreter des SB beteiligten sich an einer langandauernden Diskussion über den eigentümlichen, weder kapitalistischen noch sozialistischen Charakter der sowjetkommunistischen Gesellschaft.[238]
Es gibt allerdings gerade in der aktuellen Auseinandersetzung auch konformistische Tendenzen im SB, nach dem Motto: Antireformisten aller Fraktionen vereinigt Euch! So wirkten u. a. Versuche Elmar Altvaters, in Diskussionen mit Manfred Wilke und Fritz Vilmar die Notwendigkeit und Berechtigung von deren Sowjetmarxismus-Kritik – und insbesondere der Kritik der »Marburger« Gewerkschaftsgeschichte – in Frage zu stellen, cigentümlich links-konformistisch. In der Tat gibt es ja hinsichtlich bestimmter marxistischer Deutungsmuster der Gewerkschafts- und der SPD-Parteigeschichte, der angeblichen Kapitalabhängigkeit aller Politik und der Unaufgebbarkeit der Idee der Revolution (sowie hinsichtlich des daraus sich ergebenden Antireformismus und Antisozialdemokratismus!), einige nicht unerhebliche ideologische Gemeinsamkeiten zwischen dem Marxismus des SB und dem der DKP-Freunde. Um so mehr darf die Linke in der Bundesrepublik gespannt sein, ob sich das SB, im Banne einer teilweise fast schon religiösen Verteufelung sozialliberaler und reformsozialistischer Politik und Theorie seitens einiger seiner führenden Theorieproduzenten, dazu hinreißen läßt, zu der hier und heute wichtigsten innersozialistischen Auseinandersetzung zu schweigen – oder ob es einen öffentlich wirksamen und hilfreichen eigenen (nicht zuletzt gewerkschaftspolitischen) Beitrag leistet zur Unterscheidung eines freiheitlichen Marxismus von einem Sowjetmarxismus, der sich zum Diener sowjetischer Selbstrechtfertigung als eines sozialistischen Systems und seines ideologisch-politischen Herrschaftsanspruchs herabwürdigt. Auch die systematischen Versuche von DKP-nahen Gruppen und Personen, andere Linke in Universität und Gewerkschaft auszugrenzen, um Berufsverbot sich nur bei *eigener* Betroffenheit zu kümmern etc., stellen ein Verhalten dar, das das SB nicht nur am Rande betrifft.

XI. Politische Schlußfolgerungen; die SPD und ihre »Stamokap«-Genossen

Die soeben nochmals in drei Schwerpunkten zusammengefaßte ideologiekritische Auseinandersetzung kann in der politischen Kultur der Bundesrepublik, insbesondere in ihren linken Organisationen, in SPD und DGB, nicht ohne Folgen bleiben. Es sei aber in aller Deutlichkeit hier *noch einmal* festgestellt, daß diese Folgen in der Verhinderung des »verdeckten« Machtgewinns, in der Identifikation und unerbittlichen *sachlichen* Kritik DKP-naher Personen, Gruppen, Medien, Initiativen, Komitees etc. bestehen müssen, nicht dagegen in Berufsverboten, Ausschlüssen etc. – *solange eine Person oder Gruppe nicht durch konkrete politische Aktionen eindeutig und (schieds)gerichtsnotorisch gegen die Verfassung bzw. gegen Verbandssatzungen verstößt.* Die *strukturell* antidemokratische, damit verfassungswidrige Haltung, die dem Sowjetmarxismus zur Last gelegt werden muß, ist in offener und öffentlicher Kritik, in der politischen Informations- und Bildungsarbeit der Parteien und Verbände ins allgemeine Bewußtsein zu bringen, nicht aber administrativ zu bekämpfen – solange sie sich nicht *ausdrücklich* gegen die Verfassungsordnung der parlamentarischen Demokratie bzw. die Satzungen der politischen Verbände richtet.

Die wichtigste Folge ist selbstverständlich, daß eben diese Auseinandersetzung mit aller Entschiedenheit in der SPD (vor allem bei den Jusos) und im DGB zum Bildungsschwerpunkt gemacht wird.

Daraus ergibt sich dann aber zumindest in der SPD eine schwerwiegende organisationspolitische Folge: *Für die zahlreichen,* vor allem jungen und akademischen *Mitglieder der SPD, die* nicht nur einige analytische Elemente der Stamokap-Theorie, sondern auch *die sowjetmarxistische »antimonopolistische« Bündniskonzeption übernehmen, Arm in Arm mit der DKP, und politische Aktionen oder Koalitionen mit DKP bzw. DKP-Tarnorganisationen machen, muß schlicht gelten: daß dies mit der SPD-Mitgliedschaft unvereinbar ist.* Wobei es nur in schwerwiegenden Fällen der Mitläuferschaft angebracht sein mag, diese Unvereinbarkeit durch formelle Parteisanktionen zu »ahnden« – wichtiger ist, diese Unvereinbarkeit als schwer parteischädigendes Verhalten offen und öffentlich zu artikulieren.

Mitgliedern der Sozialdemokratischen Partei sind dabei – als

demokratischen Sozialisten – einige spezielle geschichtliche und politische Fakten ins Gedächtnis zu bringen:
Kurt Schumacher bezeichnete die KPD nach 1945 als russische Partei. Er sah sie nicht als eigenständige Partei neben der deutschen Sozialdemokratie. Die Wähler haben diese seine Einschätzung in einem Umfang bestätigt, die nicht auf »Antikommunismus« reduzierbar ist. So verdummt, wie gerade auch Sowjetmarxisten den Wähler gern darstellen (vgl. S. 102ff.!), ist er nicht. Übrigens wurde diese UdSSR-abhängige Selbsteinschätzung von der KPD bzw. DKP auch immer geteilt: Prüfstein für einen guten Kommunisten ist, wie schon oben aus dem DKP-Programm zitiert, sein Treueverhältnis zur Sowjetunion. Und DKP-Chef Herbert Mies formulierte sogar: Wie stark wir in der Bundesrepublik aus eigener Kraft sind, ist unwichtig, solange wir zum sozialistischen Lager im Weltmaßstab gehören. Die DKP ist keine originäre bundesdeutsche Partei. Kurt Schumachers Urteil, die KPD sei nicht in erster Linie den Interessen der deutschen Arbeiterklasse verbunden, sondern in erster Linie denen der sowjetischen Außenpolitik, gilt auch für die politische Nachfolgeorganisation der KPD, die DKP.
Dieser aus der Politik von DKP und SEW mannigfaltig belegbare Sachverhalt sollte auch innerhalb der linken in der Bundesrepublik jedermann vor Augen geführt haben, daß Solidarität mit der DKP/SEW politische Selbstaufgabe ist. Denn Solidarität ist für die DKP kein Verhalten auf Gegenseitigkeit, sondern nur das Ausnutzen von »nützlichen Idioten«. Dieser Sachverhalt muß so hart formuliert werden, weil angesichts des rechten Antikommunismus und der Verbotsmentalität von weiten Teilen der bundesrepublikanischen Medien und Verwaltungen diese Linke zur Solidarität mit der DKP neigt, in jedem Fall aber sich scheut, in dieser Auseinandersetzung Flagge zu zeigen und offensiv zu werden. Dies gilt sowohl für Jusos wie für die undogmatische Linke neben der SPD, die es meist nicht gewagt hat, dagegen zu protestieren, wenn die DKP/SEW mit als Bündnispolitik getarnter Infiltration Gewerkschaftssektionen oder Vereinigungen der Linken, Komitees unterwanderte, die Führung an sich riß und die undogmatische Linke hinauswarf – wenn sie Publikationsorgane der unabhängigen Linken (wie »Argument«, »Sozialistische Politik«, »Stimme der Gemeinde«, »Konkret«) übernahm oder wenn sie im universitären Bereich gegen andere Linke offen Berufsverbote forderte oder sogar de facto in Berufungskommissionen exekutierte.
Die politische Schlußfolgerung der Nicht-Kooperation ergibt

sich aber insbesondere für Jungsozialisten innerhalb der Hochschulen. In Form des Stamokap-Flügels bei den Jungsozialisten und im sozialwissenschaftlichen Hochschulbereich etablierte die DKP eine Unterwanderungsfraktion, die ganz systematisch reformsozialistische Programmatik und Politik zu zerstören versuchte. Dies geschah auf zwei Wegen: Reformsozialistische Programmatik wurde systematisch an den Maßstäben der sowjetmarxistischen Lehre gemessen und verteufelt (wobei man zugleich in der praktischen Politik nichts weiter tat, als die reformsozialistischen Juso-Konzeptionen abzuschreiben und verbal vorzutragen). Zweitens wurde von keiner Fraktion Politik so total auf Personalpolitik und Posteneroberung reduziert wie von den Vertretern einer angeblich theoriegeleiteten wissenschaftlichen sozialistischen Politik. Es wurde und wird eine eiskalte Cliquenpolitik betrieben. Damit zerstören sie gleichzeitig die Glaubwürdigkeit linker Politik gerade im Jugendbereich.
Es wäre ein großer Schritt nach vorn, wenn die Jungsozialisten – zumindest aber ihr reformsozialistischer Flügel – die grundlegenden Gegensätze zwischen Demokratischem Sozialismus und Sowjetmarxismus einmal in einem verbindlichen Positionspapier für alle Mitglieder herausarbeiteten; daß dies klar und deutlich auch zusammengefaßt formulierbar ist, zeigt unser Tableau S. 173!

Überfällig: Neues Engagement von SPD und DGB im Bildungssektor

Freilich werden diese kritischen Hinweise und Schlußfolgerungen wenig weiterhelfen, wenn nicht gleichzeitig die Reformkräfte in unserer Gesellschaft sich endlich entschließen, in einer weitaus intensiveren, gleichzeitig aber nicht einengenden, unbürokratischen Weise die reformsozialistischen Kräfte in der politischen Jugendarbeit – vor allem natürlich an den Hochschulen – zu unterstützen. Hier gelten weithin noch immer die konkreten Vorschläge, die schon vor Jahren, angesichts der »DKP-Parteihochschule Marburg«, insbesondere der SPD gemacht wurden[239]:
»Dieser ... später leicht in konservative Anpassungsideologie umschlagende ... Antisozialdemokratismus innerhalb der heutigen Studentenschaft, die morgen in dieser Gesellschaft meinungs- und entscheidungsbildende Positionen einnehmen wird, muß von der SPD endlich als die überaus ernste Herausforderung erkannt werden, die sie in der Tat darstellt. *Auf diese*

Herausforderung aber kann die Partei nicht, wie bisher, defensiv, durch ›Abgrenzungen‹ gegenüber SHB- und Jusogruppen reagieren – damit wird sie nur immer unglaubwürdiger: eine repressive politische Gouvernante. *Nur offensiv, auf zwei Ebenen, kann dem grassierenden akademischen (alten wie neuen) Antireformismus begegnet werden.*
Erstens: Durch eine mit erheblichen Mitteln in Gang zu setzende Offensive reformsozialistischer Theorie,
– die den ersatzreligiösen Charakter, die zahllosen antireformistischen Geschichtsfälschungen, revolutionären Illusionen und sozioökonomischen Fehldiagnosen der marxistischen Orthodoxie ausführlich darstellt und vor allem
– die theoretische Basis, die geschichtlichen Erfolge und die aktuell-politische Programmatik eines reformsozialistischen gesellschaftlichen Transformationsprozesses als einzig realistische Grundlage sozialistischer Politik in Europa präzisiert.
Eine entscheidende Aufgabe der zu organisierenden studenten- und hochschulpolitischen Reaktivierung demokratisch-sozialistischer Theoriebildung wäre, durch Buchhandlungen, Bücherstände, großzügig ausgestattete Seminare eine wirksame Konkurrenz zu der derzeit an allen Hochschulen vorherrschenden orthodox-marxistischen klassischen wie auch Broschüren- und Katechismusliteratur zu etablieren. Hier überlassen die reformsozialistischen Kräfte – auch die Gewerkschaften mit ihren verlegerischen und publikatorischen Leistungen! – das Feld fast vollkommen dem Weltanschauungs-Marxismus aller Schattierungen.«
Wenn diese Zustandsbeschreibung heute nicht mehr in vollem Maße zutrifft, so ist dies nicht zuletzt der »Hochschulinitiative Demokratischer Sozialismus« zu verdanken, deren inzwischen beachtliche Reihe von »Studientexten« (vgl. Anm. 236) und deren Seminare immerhin auch die Unterstützung der hier angesprochenen großen reformlinken Organisationen gefunden haben. Aber die HDS erfüllt noch keineswegs die genannten Forderungen – vor allem nicht die zweite Gruppe: »Alle Versuche, eine theoretische reformsozialistische Alternative zur Geltung zu bringen, müssen aber scheitern ohne organisatorische Basis an den Hochschulen ... Die SPD sollte aus ihren negativen Erfahrungen mit SDS und SHB lernen, daß es nicht sinnvoll sein kann, einen parteiabhängigen sozialdemokratischen Studentenbund zu reorganisieren. Eine unabhängig-linke Studenten- und Hochschullehrer-Organisation muß das Recht – ja sogar die Pflicht – haben, die aktuelle sozialdemokratische Politik, auf dem Boden grundsätzlicher Gemeinsam-

keit im Sinne verfassungsmäßiger Reformstrategie, zu kritisieren, ebenso wie SPD oder Gewerkschaften die Möglichkeit haben müssen, von bestimmten Theorieelementen, Resolutionen oder Aktionen einer solchen Studenten- und Hochschulorganisation sich zu distanzieren.

Bei dem als Alternative zu den sowjetmarxistischen, maoistischen oder anarchistischen kommunistischen Gruppen zu organisierenden Unabhängigen Linken Block kommt es darauf an, die vorhandenen, auf Jusos, Gewerkschaftsgruppen, Jungdemokraten und kritische Studentengemeinden gestützten Ansätze so auszubauen und zu unterstützen, daß sie zu einer tragfähigen, breiten Konsens findenden hochschulpolitischen Union der Koalition der Reform-Linken werden können.

Entscheidend für den reformsozialistischen Kern einer solchen Organisation wäre die Erarbeitung eines allgemein-politischen Minimalkonsenses, ein konsequent reformpolitisches Konzept jenseits bloß marginaler Reförmchen wie auch revolutionärer Illusionen und Symbolakte...

Es ist klar, daß eine solche Reorganisation der auf Emanzipation und Selbstbestimmung gerichteten studentischen und Wissenschaftlerbewegung nicht geleistet werden kann, *wenn die unabhängigen rational-linken Kräfte im Hochschulbereich nicht eine wesentlich stärkere Unterstützung erfahren durch die entsprechenden politischen Großorganisationen...«*

Heute haben wir im Gegensatz zu diesem Konzept nicht selten Koalitionen von Juso-Hochschulgruppen mit DKP-nahen Studentengruppen, da die Jusos aus taktischen oder Stamokap-theoretischen Gründen glauben, auf diese Art eine akzeptable linke Mehrheitsbildung realisieren zu können.

XII. Gewerkschaftliche Schlußfolgerungen

Die Gewerkschaften sind, wie gezeigt, in hervorragendem Maße zum Aktionsfeld sowjetmarxistischer Einflußstrategien geworden. Wenn eine Mehrheit gewerkschaftlicher Jugendfunktionäre auf einer DGB-Bundesjugendkonferenz 1977 einen Solidaritätsantrag für Rudolf Bahro ablehnte, so wird man Oskar Negt und seinen Kollegen (ganz gewiß keinen »Antikommunisten«!) recht geben müssen, wenn sie den Schluß ziehen: »Das Schicksal dieses Antrages (zeigte), daß die Mehrheit der Jugendfunktionäre das Verhalten der DDR-Behörden gegenüber Bahro keineswegs mißbilligte, es vielmehr im Hinblick auf die generelle Gutheißung des Systems des ›realen Sozialismus‹ wo nicht billigte, so doch in Kauf nahm. Eine derart klare Befürwortung des ›realen Sozialismus‹ – auch wo ihm Grundgarantien von Meinungsfreiheit und politischer Demokratie zum Opfer fielen – hat es in der Geschichte der westdeutschen Gewerkschaftsjugend als quasi offizielle Gewerkschaftsposition noch nie gegeben.«[240] Und nicht weniger alarmierend war der von der SDAJ inszenierte Eklat beim Antikriegstag 1979, als der Vorsitzende des DGB von einem »beachtlichen Teil der dort versammelten 16000 oder 17000 Jugendlichen« niedergeschrien wurde, als er auf den Hitler-Stalin-Pakt zu sprechen kam.[241]
Beide Ereignisse (von den weniger spektakulären Zeichen des DKP-Machtgewinns ganz zu schweigen) sind bislang nicht wirklich aufgearbeitet und ausdiskutiert worden. Es sind in einigen Gewerkschaftsbereichen zweifellos Defizite an offener Auseinandersetzung mit der Sowjetideologie, an unmißverständlicher Kritik sowjetkommunistischer Unterwanderungstaktik offenbar geworden, die durch die peinlichen Beschwichtigungs- und Ablenkungsversuche bestimmter Gremien und einiger Vorstandsmitglieder (vor allem von Benz und Preiss in der IG Metall, D. Hensche in der IG Druck) nur noch deutlicher wurden: Anstelle der DKP wurden deren Kritiker angeklagt![242]
Auch in den Gewerkschaften ist also ein breiter Bewußtseinsbildungsprozeß über Taktik und Ideologie der Sowjetkommunisten das Wichtigste. Dabei muß vorab das Alibi zerstört werden, das »der gute kommunistische Betriebsrat« oder Vertrauensmann für die angebliche Unantastbarkeit der DKP und ihr nahestehender Gruppierungen abgibt. Denn – halten wir an unserer Erkenntnis fest, daß die sowjetkommunistischen Gruppen und ihre Freunde in der Bundesrepublik keine nationale,

keine »Arbeiter«-Politik vertreten, sondern primär die Politik der Sowjetunion, so spielen in diesem Zusammenhang dann die uns allen bekannten und von uns allen geschätzten kommunistischen Arbeiter und Betriebsräte eine ablenkende Rolle, da sie sich häufig uneigennützig für Kollegen einsetzen. Daß dies aus DKP-Sicht nur im Parteiinteresse geschieht, haben wir einleitend (vgl. S. 10) bereits aus kommunistischer Originalquelle nachgewiesen. Wir haben das Schicksal des kommunistischen Gewerkschafters Karl Ludwig (vgl. S. 68ff.) dokumentiert, der genau in dem Moment aus der Partei geworfen wurde, als er die Loyalität zu seinen Arbeitskollegen und zu seiner Gewerkschaftsarbeit über die Loyalität zur Parteilinie stellte. Hier brach ein Widerspruch offen auf, der meistens verdeckt bleibt: daß Kollegen für eine Parteilinie eingesetzt werden, *die soziale Konflikte in der Bundesrepublik nur instrumentalisieren will zu Nutz und Frommen der sowjetischen Einflußpolitik;* subjektiv unzweifelhaft integre und ehrliche Mitglieder werden so selbst zu ferngelenkten Instrumenten, während sie doch glauben, daß ihre Partei die »Arbeiterklasse« letztlich in eine Gesellschaft der Freien und Gleichen führen wird.
Was hier an Aufklärungsarbeit – gerade auch für Kollegen – vor allem in der gewerkschaftlichen Medien- und Bildungsarbeit zu leisten ist, ist oben (vgl. S. 212ff.) im allgemeinen bereits umrissen worden. Jedoch ergibt sich für gewerkschaftliche Organisationsarbeit *darüber hinaus doch wohl die Notwendigkeit einer prinzipiellen und offiziellen Positionsbestimmung.*

Notwendig: Offizielle Klärung des Verhältnisses des Deutschen Gewerkschaftsbundes zur DKP und ihren Freunden

Vieles spricht dafür, daß die Gewerkschaften, um klare Verhältnisse schaffen zu können, völlig unmißverständliche Grundsätze und Leitlinien entwickeln müssen, die verbindlich das Verhältnis der DGB-Gewerkschaften und ihrer Mitglieder zur Ideologie und Strategie der DKP und ihrer Freunde klären. Im DGB-Grundsatzprogramm (zitiert nach der Neufassung von 1979) sind Prinzipien formuliert worden, die in diesem Sinne die Gegensätzlichkeit der gewerkschaftlichen Position zu der der Sowjetmarxisten klar zum Ausdruck bringen. Aus diesen Prinzipien lassen sich unmittelbar die grundlegenden Unvereinbarkeiten mit der sowjetmarxistischen Ideologie ableiten:[241a]
1. *Das Bekenntnis zur parlamentarischen Demokratie* ist im Grundsatzprogramm des DGB eindeutig verankert: »Die Gewerkschaften bekennen sich zur parlamentarischen Demokra-

tie und zum Parteiensystem. Sie setzen sich gegen alle totalitären und reaktionären Bestrebungen mit Entschiedenheit zur Wehr und bekämpfen alle Versuche, die im Grundgesetz verankerten Grundrechte einzuschränken.«

Daraus ergibt sich die Unvereinbarkeit mit DKP-ideologischen und -strategischen Positionen: Denn die DKP und ihre Freunde sind weder bereit, sich eindeutig zur parlamentarischen Demokratie zu bekennen, noch, alle totalitären Bestrebungen mit Entschiedenheit zu bekämpfen. Vielmehr betrachten sie, wie wir ausführlich nachgewiesen haben (vgl. S. 139ff., 156ff., 212f.), die parlamentarische Demokratie als für sie letzten Endes nicht verbindlich. Außerdem sind die Sowjetkommunisten ausdrücklich nicht bereit, auch links-totalitären Bestrebungen mit Entschiedenheit entgegenzutreten – ganz im Gegenteil sehen sie in einem einwandfrei totalitären System, nämlich dem der Sowjetunion und ihrer Verbündeten (einschließlich der DDR) das absolute Vorbild einer demokratischen und sozialistischen Gesellschaft (vgl. die »Lernziele« der »Marburger Schule« von Deppe, Fülberth, Harrer etc.: S. 112).

2. Zur Achtung der Grund- und Menschenrechte, die in den Staaten des »realen Sozialismus« erwiesenermaßen nur eine sehr eingeschränkte Gültigkeit besitzen, sagt das Grundsatzprogramm des DGB: »Das Grundgesetz der Bundesrepublik Deutschland hat mit seinen Grundrechten, mit der Verpflichtung aller staatlichen Gewalt, die Würde des Menschen zu achten und zu schützen, mit dem Gebot von Demokratie und Sozialstaatlichkeit die Grundlage und den Rahmen für eine freiheitliche, soziale und demokratische Gesellschaftsordnung gegeben.«

3. Die Absage an gewerkschaftsfremde und -feindliche Ideologien wird im Grundsatzprogramm des DGB wie folgt zum Ausdruck gebracht: »Die Einheitsgewerkschaft hat die historischen Traditionen, politischen Richtungen und geistigen Ströme der Arbeiterbewegung, vor allem der freiheitlich-sozialistischen und der christlich-sozialen Richtungen, in eine gemeinsame Organisation zusammengeführt ... Weltanschauliche und politische Ideologien, die die Gewerkschaften für ihre Zwecke mißbrauchen wollen, sind mit dem Gedanken der Einheitsgewerkschaft unvereinbar.«

Auf den ersten Blick mag es befremden, daß die kommunistische Gewerkschaftsrichtung nicht als eine der in der Einheitsgewerkschaft integrierten Gewerkschaftstraditionen genannt wird. Doch waltet hier kein »rechts-sozialdemokratischer« Antikommunismus, wie Stamokap-»Linke« gern schlußfolgern.

Mit Recht vielmehr hat das gewerkschaftliche Grundsatzprogramm durch diese Erklärung die kommunistische Gewerkschaftsbewegung, die – unabhängig von der guten gewerkschaftlichen Arbeit vieler einzelner Kommunisten – in der Weimarer Zeit wie in der Gegenwart primär gewerkschaftsspalterische Tendenzen verfolgt hat (vgl. S. 55ff., 198ff.), nicht in ihre historische Tradition aufgenommen. Tatsächlich nämlich ist die parteikommunistische Gewerkschaftspolitik, wie wir gezeigt haben, niemals in erster Linie Gewerkschaftsarbeit, sondern kommunistische Parteiarbeit in den Gewerkschaften, und ihre politischen Ideologien bieten nicht nur keinerlei Handlungsanweisungen für gewerkschaftliche Aktivität, sondern sind dazu angetan, Gewerkschaftsarbeit als »Reformismus« abzuqualifizieren oder an die parteikommunistische Leine zu legen. Tradition und Ideologie des Sowjetkommunismus sind daher vom DGB-Grundsatzprogramm zu Recht als mit dem Gedanken der Einheitsgewerkschaft unvereinbar gekennzeichnet worden, da sie »die Gewerkschaften für ihre Zwecke mißbrauchen wollen«.
Mit Recht auch hat daher der Vorsitzende des DGB, Heinz Oskar Vetter, am 18. 10. 1979 vor den Referenten und Seminarteilnehmern in dem IG Metall-Bildungszentrum Sprockhövel gegen diese Art gewerkschaftsfremder und gewerkschaftsfeindlicher Einflußstrategie Stellung genommen: »Politische ... Diskussion in ... (den) Gewerkschaften ... bedeutet auch – ich sage das im Hinblick auf jüngste Auseinandersetzungen nicht nur in der Gewerkschaftsjugend –, daß alle Versuche abgewehrt werden müssen, in die Willensbildung der Gewerkschaften politische Konzepte hineinzutragen und durchsetzen zu wollen, die nicht von dem Willen der Mitglieder ausgehen, sondern in Parteien – welche auch immer – vorformuliert werden. *Wir bestreiten keinem Mitglied das Recht, sich zu einer Partei zu bekennen – und sei es die DKP. Wir wehren uns aber dagegen, wenn durch eine Bündnis- und Kaderpolitik in den Gewerkschaften Positionen hoffähig gemacht werden sollen, die die Zusammensetzung unserer Mitgliedschaft in keiner Weise repräsentieren und bei einer offenen Auseinandersetzung auch keine Chance hätten, mehrheitsfähig zu werden.*«[243]
Diese Gegenwehr allerdings wird sich in Zukunft wesentlich konkreter und offensiver zeigen müssen, wenn sie noch rechtzeitig Wirkung haben soll. Was hindert den DGB-Vorsitzenden eigentlich daran, in einem gewerkschaftspolitischen Grundsatzreferat eine ganz klare Abgrenzung der DGB-Position zu der der DKP und ihrer Freunde – etwa aufgrund der hier

zitierten Programmaussagen – zu formulieren, also offensiv zu werden, statt sich von SDAJ-Anhängern auspfeifen zu lassen (vgl. Anm. 241!)? Was hindert die Gewerkschaften, eine solche Abgrenzung in ihren Satzungen zu verankern? Und was hindert eigentlich den DGB und seinen Bund-Verlag, der sowjetmarxistischen Gewerkschaftsgeschichte endlich mit Hilfe kompetenter Historiker (wie Beier, Grebing, Mommsen, Scharrer) eine wahrheitsgetreue Darstellung gegenüberzustellen?

Freiheitliche Grundsätze der gewerkschaftlichen Jugendbildungsarbeit

Über die Erfordernisse einer offensiven Auseinandersetzung mit den sowjetmarxistischen Ideologien und Strategien gerade in der offensichtlich (vgl. S. 25ff., 88ff.) besonders betroffenen gewerkschaftlichen Jugendarbeit muß an dieser Stelle wohl kaum noch eigens gesprochen werden.
Noch wichtiger für die Zukunft dieser Jugend(bildungs)arbeit ist allerdings, etwas Positives dem kommunistischen Schein-Engagement entgegenzusetzen. Der stellvertretende Vorsitzende der IG Chemie, Hermann Rappe, hat die Richtung in seinem oben zitierten Referat (vgl. S. 43) angegeben:
»Wir verwenden in unserer Jugendbildungsarbeit keine Bildungskonzeptionen, die von einem starren dogmatischen Bildungsverständnis ausgehen. Konzeptionen für Jugendbildungsarbeit, in denen Sätze vorkommen wie ›Der Teilnehmer soll erkennen oder dadurch soll den Teilnehmern verdeutlicht werden‹, machen meiner Auffassung nach ein Verständnis deutlich, das ich vereinfacht ausgedrückt für ein Überstülpen von Inhalten halte und das kein Beitrag zur emanzipatorischen Bildungsarbeit ist. *Die Ideologie vom ›richtigen‹ und ›falschen‹ Bewußtsein als Ausgangspunkt für gewerkschaftliche Bildungsarbeit hat prinzipiell etwas Diskriminierendes an sich.* Eine solche Ideologie läßt einen wichtigen Faktor außer Acht, der gerade in der Arbeiterbewegung eine nicht zu unterschätzende Bedeutung hat, das menschliche Bedürfnis nach Solidarität, nach Gemeinsamkeit in gegenseitiger Achtung. Ich meine, der Mensch darf weder zu einem Objekt der technisch-industriellen Produktion noch zu einem der Informations- und Bildungseinrichtungen unserer Gesellschaft herabgewürdigt werden. Aus diesem Grunde müssen wir die Meinungen und die vielfältigen Bewußtseinsformen gerade Jugendlicher ernst nehmen und in unserer Jugendbildungsarbeit zum Gegenstand des Bil-

dungsprozesses machen. In einem demokratischen und sozialen Rechtsstaat beziehen auch die Gewerkschaften ihre Rechtfertigung aus dem Zweck, die Selbstverwirklichung des einzelnen zu ermöglichen.«

Auch andere Gewerkschaften haben – schon seit Jahren – Grundsätze einer erstens undogmatischen, zweitens nicht-autoritären (d.h. nicht nach Leitfäden »schulenden«), drittens an betrieblichen *und* außerbetrieblichen Lebenserfahrungen der Jugendlichen anknüpfenden Bildungsarbeit entwickelt. So heißt es u.a. in den »Grundsätzen der Jugendbildungsarbeit« der IG Bergbau und Energie[244]:

»Oberstes Lernziel unserer gewerkschaftlichen Jugendbildungsarbeit ist die Befähigung zur gemeinsamen Interessenvertretung.« Dieses Lernziel aber darf nicht in schulungsmäßig festgelegten »Lernschritten« erarbeitet werden, die ein Lehrer (oder ein Lehrteam) aufgrund von »Leitfäden« vorprogrammiert vermittelt: »Die ›Arbeitsanleitungen und Materialien für die gewerkschaftliche Jugendbildungsarbeit‹ dürfen nicht zu Rezeptbüchern herabgewürdigt werden. Sie dienen als Hintergrundmaterial und Richtschnur zur Erarbeitung der Lehrgangsplanung.«

Vielmehr gilt primär der – nicht zuletzt in der DGB-Jugendschule Oberursel entwickelte – »Erfahrungsansatz«[245], ohne wiederum auch diesen zum Dogma zu erheben: »Unsere Jugendbildungsarbeit muß an den sozialen Erfahrungen der jungen abhängig Beschäftigten in deren Lebens- und Arbeitsbedingungen anknüpfen ... Da neben der didaktischen Theorie des sogenannten Erfahrungsansatzes weitere Modelle in der Diskussion gewerkschaftlicher Bildungsarbeit benutzt und zum Teil gegensätzlich diskutiert werden, empfiehlt es sich, die weiteren Konzeptionen des ›problem- oder interessenorientierten Ansatzes‹ im Einzelfall auf ihre beste Erfolgsaussicht hin zu untersuchen. Einem vermeintlich ideologisch gerechtfertigten – zum Teil auch modisch bedingten – Methodendogmatismus wird entschieden widersprochen, da Didaktik und Methodik zwar nicht wertfrei sind, aber, wie die wissenschaftliche Diskussion zeigt, keinem der beschriebenen Ansätze ein Alleinvertretungsanspruch auf pädagogisch sinnvollen Erfolg bescheinigt werden kann.« In jedem Falle aber gilt: »Eine der Befreiung der Arbeitnehmer dienende Zielsetzung verlangt eine der Befreiung dienende Methodik und Didaktik.« Daher kann es gerade in der Jugendbildungsarbeit der Gewerkschaften keine enge, ökonomistische Beschränkung[246] auf das Thema der betrieblichen Interessengegensätze zwischen »Kapital«

und »Arbeit« geben: »Auch ›Freizeit‹ ist Teil der Arbeits- und Lebensbedingungen der abhängig Beschäftigten. Deshalb muß eines der Ziele in ... Einführungslehrgängen die Erkenntnis sein, daß die äußerlich losgelösten Bereiche wie Freizeit und Arbeitswelt sich gegenseitig bedingen.«

Von wesentlicher Bedeutung ist also, jugendgemäße Bildungsarbeit, nicht aber Schulung zu betreiben. Bildung kann nicht in zentralgeplanten Stufenbildungsplänen vermittelt werden – so sehr die Bereitstellung von Arbeitshilfen und -materialien in einem offen zu gestaltenden Bildungsprozeß als Selbsterfahrungsprozeß hilfreich sein kann. (Einer der größten Fehler der »Stufenbildungspläne« der 70er Jahre war es, viel zu unvermittelt und doktrinär »Kapitalismuskritik« anzubieten und die klugen, von der IG Chemie-Jugendabteilung Mitte der 60er Jahre entwickelten Ansätze als zu »allgemein«, zu »betriebsfern« zu verwerfen, die von Methoden der gesellschaftlichen Selbsterfahrung in Arbeitsgruppen ausgingen.)[247]

Noch bedeutsamer aber ist eine Veränderung der gewerkschaftlichen (organisationsoffiziellen) Haltung zur Jugendarbeit insgesamt. Hier ist auch von kritischen Funktionären in letzter Zeit das wichtigste Stichwort genannt worden: *Den Jugendgruppen mehr Freiraum gewähren!* Manfred Wilke hat die Aufgabenstellung aufgrund seiner Erfahrungen wie folgt zusammenzufassen versucht:

»Die Gewerkschaften haben ihrer Jugend innerorganisatorisch nie den Freiraum zum ›Spinnen‹, zum sich Ausprobieren und zur Suche nach dem ›Neuen‹ gelassen. Schulungsleitfäden für die Funktionärsschulung, engmaschige, satzungsmäßig fixierte Kontrolle über die Jugend und damit die Auslieferung der Jugendarbeit an die Einsicht und Gutwilligkeit von zuständigen hauptamtlichen Funktionären, sind das innerorganisatorische Grundproblem gewerkschaftlicher Jugendpolitik.

Soll eine Aktivierung gewerkschaftlicher Jugendarbeit gelingen, so wären, als Erfahrung aus der Lehrlingsbewegung, folgende Grundsätze zu beachten:

- Die Hilfe für den einzelnen geschieht kollektiv, und die Hilfe für ihn hat zur Bedingung, *daß er anderen hilft.* Dieses wichtigste Handlungsgesetz gewerkschaftlicher Politik wurde fast spielerisch eingeübt.
- Gewerkschaftspolitik verändert und gestaltet die unmittelbaren Arbeits- und Lebensbedingungen der abhängig Beschäftigten ›hier und heute‹. *Berufsbildung* ist das grundlegendste soziale Interesse für die arbeitende Jugend, und hierum kümmerten sich die Jugendlichen damals, sie forder-

ten und praktizierten den gewerkschaftlichen Mitbestimmungsanspruch über die Berufsbildung dort, wo sie durchgeführt wird, in Schule und Betrieb.

- Was die Gewerkschaftsjugend braucht, ist ein garantierter innerverbandlicher Spielraum in der praktischen Tagesarbeit, den die Jugend eigenverantwortlich nutzen kann. Diese Grundsatzentscheidung für eine aktive gewerkschaftliche Jugendpolitik würde sicher hier und da die innerverbandlichen Konflikte mit Betriebsräten und einzelnen Funktionären vermehren. Dies muß in Kauf genommen werden, ebenso wie gelegentliches Übers-Ziel-Hinausschießen von Jugendgruppen bei gesellschaftspolitischen Forderungen.«

Anmerkungen

1 Vgl. dazu die Kritik von Gerhard Schröder (*ötv-magazin,* 8/1979, S. 6 ff.) und Dieter Schneider (*ötv-magazin,* 10/1979, S. 11 ff.) an Hensches Position.

2 Gerhard Beier, Helga Grebing und Manfred Scharrer schrieben ausführliche Kritiken zu Frank Deppe, Georg Fülberth, Jürgen Harrer u. a., *Geschichte der deutschen Gewerkschaftsbewegung,* Köln 1977, deren wichtigste Aussagen wir im IX. Kapitel zusammengefaßt haben.

3 Veröffentlicht in der *Frankfurter Rundschau* vom 5. 5. und 7. 5. 1979. Verfasser sind: Lothar Kamp, Hinrich Oetjen, Heidi Piedel, Peter Syga, Nikolaus Simon (alle hauptamtliche Mitarbeiter im Haus der Gewerkschaftsjugend Oberursel).

4 Horst-Udo Niedendorff, »Die Gewerkschaftsarbeit der Deutschen Kommunistischen Partei«, in: *Gewerkschaftsreport,* 6/1978, S. 18.

5 *Welt der Arbeit* vom 14. 2. 1978.

6 Vgl. Jutta Roitsch, »Nach der Presseschelte unfreundliche Worte über Karl Schwab«, in: *Frankfurter Rundschau* vom 23. 5. 1978.

7 Vgl. Rohmaterialien zur DGB-Diskussion, in: IG Metall (Hrsg.), *F. J. Strauß und die Einheitsgewerkschaft – Spalte und herrsche,* Frankfurt o. J. (1979), S. 31.

8 Emil-Peter Müller, »Zur Gewerkschaftsarbeit der Sozialistischen Deutschen Arbeiterjugend«, in: *Gewerkschaftsreport,* 4/1978, S. 11.

9 Die Politik der Abgrenzungsbeschlüsse gegen Kommunisten, dies sei bereits an dieser Stelle angemerkt, war eine der wesentlichsten Voraussetzungen für die Erfolge der Unterwanderungspolitik der DKP in Gewerkschaften und Hochschulen. Diese Abgrenzungsrichtlinien richteten sich ja in der Hauptsache gegen *Jugendliche.* Mit ihnen wurde nicht argumentiert, ihnen wurde verboten. Eine solche Politik der Abgrenzung von oben hat notwendigerweise zweierlei zur Folge:

1. Sie produziert auf der Ebene persönlicher Betroffenheit Solidarität mit den Opfern solcher Abgrenzungspolitik, so daß dann auch offene Auseinandersetzungen und Kritik gegenüber DKP-Mitgliedern und deren Bündnispartnern sofort mit dem Hinweis abgeblockt wird, ob man etwa Berufsverbote für diese Kollegen provozieren wolle. Auch unserem Buch ist eine solche Diffamierung sicher.
2. Sie führt zur ideologisch-politischen Verwischung von Positionen, da Betroffene dazu übergehen, im Interesse ihrer Arbeitsplatzsicherung eindeutig belegte Begriffe umzudefinieren; so wird z. B. aus einer »parteilichen Sozialwissenschaft« eine »arbeitnehmerorientierte Wissenschaft«, aus Kommunisten werden »progressive Demokraten«, aus Stalinismuskritik wird »Antikommunismus« etc.

10 Vgl. Georg Benz, Hans Preiss, »Vom Stolz über das Abfangen antiautoritärer Tendenzen I«, in: *Frankfurter Rundschau* vom 12. 1. 1980 (Dokumentation).

11 »Zur Strategie der DKP und der SDAJ im gewerkschaftlichen Jugendbereich – Ein Beitrag zur Diskussion gewerkschaftlicher Jugendarbeit nach der 10. DGB-Bundesjugendkonferenz«, *unveröffentlichtes Manuskript,* S. 5.

12 Ebenda.

13 Ebenda.

14 Ebenda, S. 4.

15 Ebenda, S. 6.

16 Dieter Schneider, »Aber die Sache bitte nicht vernebeln«, in: *ötv-magazin,* 10/1979, S. 11.

17 Vgl. Manfred Scharrer, »Über Geschichtsfälschung«, in: *Langer Marsch,* 38/1978, S. 10ff.

18 *Brief* von Frank Deppe an den Vorstand des DGB, die Vorstände der Gewerkschaften im DGB und an die Gewerkschaftspresse vom 25. 10. 1978, abgedruckt in: *Langer Marsch,* 40/41/1978, S. 21.

19 Theo Pirker, »Keine Akademie der Sozialwissenschaften«, in: *Langer Marsch,* 39/1978, S. 10ff.

20 Der geplante Band bei Rowohlt-aktuell sollte von Manfred Scharrer herausgegeben werden und den Titel *Gewerkschaftsgeschichte kontrovers* erhalten. Er erscheint jetzt – leider gekürzt – bei Olle und Wolter.

21 Vgl. Fritz Vilmar, »Gesamteuropäische Koexistenz und innersozialistische Kritik«, in: Rudi Dutschke, Manfred Wilke (Hrsg.), *Die Sowjetunion, Solschenizyn und die westliche Linke,* Reinbek 1975, S. 29–64, hier S. 55–64.

22 Vgl. Wolfgang Abendroth, »Dissidentenprozesse in den sozialistischen Staaten, Protestpropaganda der ›westlichen‹ Staaten und westdeutsche Linke«, in: *Argument* 111, S. 716–718.

23 Vgl. *Frankfurter Rundschau* vom 3. 4. 1979.

24 Zitiert nach *Langer Marsch,* 43/1979, S. 19.

25 *Unveröffentlichter Brief* des Dekans des Fachbereichs Gesellschaftswissenschaften der Philipps-Universität Marburg, Prof. Dr. Dieter Boris, an die Mitglieder des Bundesvorstands des DGB, die Mitglieder der Hauptvorstände der Mitgliedergewerkschaften des DGB, die Mitglieder der Vorstände der Landesbezirke des DGB, die leitenden Redakteure der gewerkschaftlichen Presse, an Herrn Prof. Dr. Peter von Oertzen und an Herrn Prof. Dr. Wolfgang Abendroth vom 19. 4. 1979.

26 *Unveröffentlichtes Manuskript* vom 23. 5. 1979.

27 Vgl. den Brief vom 28. 5. 1979, abgedruckt in: *Langer Marsch,* 44/1979, S. 18ff.

28 Bereits in dem oben (Anm. 21) zitierten Aufsatz von Vilmar heißt es: »Eine ebenso tragische wie mitverantwortliche Rolle beim ›Umkippen‹ des gesellschaftswissenschaftlichen Fachbereichs in Marburg zu einer Domäne des Sowjetmarxismus hat der

späte Wolfgang Abendroth gespielt. Er, dem alle linken Studenten der 50er und 60er Jahre so viel an konkreter marxistischer Analyse verdanken, der, selbst aus der DDR geflohen, einst ein unerbittlicher Kritiker des Sowjetmarxismus war, ist angesichts zunehmenden spartakistischen Einflusses in seinem Fachbereich, angesichts vieler Enttäuschungen mit sozialdemokratischer (Hochschul-)Politik und infolge einer vollkommen naiven Volksfrontkonzeption zu einem kritiklosen Befürworter der DKP-(Hochschul-)Politik geworden, der demgemäß DKP-marxistisch Orientierten in Marburg Tür und Tor geöffnet hat; er hat sich dies in einem Gespräch mir gegenüber sogar als besonderen Erfolg zugerechnet. Es konnte daher nicht wundernehmen, daß er auf meine Kritik der Marburger Verhältnisse, die allerdings auch zentral eine Kritik seiner späten Hochschulpolitik war, mit fast hysterischen Beschimpfungen ... reagierte und in einer nachgerade peinlichen, devoten Selbstkritik gegenüber seinen Gesinnungsgenossen sich dafür entschuldigte, daß er je mit mir zusammengearbeitet habe ... Der von mir wegen seines sozialkritischen Lebenswerks nach wie vor hochgeschätzte Abendroth ist für mich ein erschreckendes Beispiel dafür, wie man an unseren Hochschulen nicht nur – weit überwiegend – unter einen rechten, sondern auch unter einen linken Konformitätsdruck geraten kann.« Vgl. Fritz Vilmar, »Gesamteuropäische Koexistenz«, a. a. O., S. 307 (Fußnote 18).

29 *Brief* Peter von Oertzens vom 14. 6. 1979 an Fritsche, abgedruckt in: *Langer Marsch,* 44/1979, S. 18 ff.

30 Dieter Gaarz, »DKP-orientierte Gewerkschaftspolitik«, in: *Gewerkschaftliche Umschau,* 3/1979, S. 19.

31 Gerhard Schröder im *ötv-magazin,* 8/1979, S. 6 ff.

32 Dieter Schneider im *ötv-magazin,* 10/1979, S. 11 ff.

33 Vgl. »Thesen zur Diskussion um kommunistische Aktivitäten in den DGB-Gewerkschaften«, *unveröffentlichtes Manuskript;* in Auszügen veröffentlicht in der *Frankfurter Allgemeinen Zeitung* vom 7. 12. 1979 und in der *Tageszeitung* vom 7. 12. 1979.

34 Georg Benz, Hans Preiss, »Vom Stolz ...«, a. a. O. (Anm.10)

35 Ebenda.

36 *Unveröffentlichter Brief* des Jugendausschusses der IG Metall vom 10. 10. 1979.

37 Hasso Düvel, »Bemerkungen zu unserer gewerkschaftlichen Jugendarbeit und der Auseinandersetzung in der DGB-Jugendarbeit«, *unveröffentlichtes Manuskript* vom 5. 11. 1979.

38 Ebenda.

39 Detlef Hensche, »Die Legende von der ›kommunistischen Unterwanderung‹ «, in: *Gewerkschaftliche Monatshefte,* 4/1977, S. 479.

40 »Positionsbestimmung der geschäftsführenden Vorstandsmitglieder zur gegenwärtigen Diskussion über die Jugendarbeit und die Jugendbildungsarbeit im DGB«, *unveröffentlichtes Manuskript* vom 3. 12. 1979.

41 *Frankfurter Rundschau* vom 23. 2. 1980.

41a Vgl. die genaue Dokumentation dieses wahrhaft skandalösen Falles in Nr. 26. v. 15. August 1980 der JW-Exclusiv-Berichte (Verlag Das Junge Wort, Schlichterstr. 14, 6200 Wiesbaden, hgg. v. A.H. Neliba). Daß ein – bekanntermaßen besonders erfolgreicher! – Funktionär von seinem Vorstand gefeuert wird (unter völlig fadenscheinigen Vorwänden), nur weil er eine harte Anti-DKP-Vorlage in seinem Bezirk nicht verhindert hat, ist offensichtlich ein so alarmierender Vorgang, daß der DGB-Vorsitzende höchstpersönlich am 23. Juli die Angelegenheit mit einer 5seitigen Dokumentation der Hintergründe allen Mitgliedern des DGB-Bundesvorstandes vortrug als ein »öffentliches Politikum«, »das nicht nur die Gewerkschaft HBV, sondern auch den DGB und seine übrigen Gewerkschaften berührt und beschwert«. Die Gewerkschaft HBV verlor übrigens inzwischen zu $^{4}/_{5}$ einen Rechtsstreit mit dem ZDF und muß sich bis auf weiteres die Behauptung gefallen lassen, kommunistenfreundliche Elemente seien in ihr auf dem Vormarsch!
Bei dieser Gelegenheit sei ausdrücklich darauf verwiesen, daß der o.g. Informationsdienst Amin Nelibas nicht nur allgemein jugendpolitisch, sondern speziell über DKP-Einflußstrategien hervorragend informative Dokumentationen herausbringt.

42 Belege und Einzelheiten befinden sich in: Ossip K. Flechtheim, *Die KPD in der Weimarer Republik,* Frankfurt[2] 1976;
vgl. zur Geschichte des Kommunismus ferner: Hermann Weber, *Demokratischer Kommunismus? Zur Theorie, Geschichte und Politik der kommunistischen Bewegung,* Hannover 1969.

43 Paul Fröhlich in: *Jahrbuch für Wirtschaft, Politik und Arbeiterbewegung,* Hamburg 1925/26, S. 737.

44 Ernst Thälmann in: *Bericht über die Verhandlungen des 12. Parteitages der KPD,* Berlin 1929, S. 83, 96, 418 und Paul Merker, ebenda, S. 430.

45 Vgl. zum folgenden die Belege in: Flechtheim, *Die KPD,* a. a. O., S. 272.

46 Hermann Weber, »Kommunisten und Gewerkschaften in Deutschland – zu einigen historischen Aspekten kommunistischer Gewerkschaftspolitik«, in: *Gewerkschaftliche Monatshefte,* 8/1979, S. 516 f.

47 »Resolution der Brüsseler Parteikonferenz der KPD«, abgedruckt in: Hermann Weber (Hrsg.), *Der deutsche Kommunismus, Dokumente 1915–1945,* Köln[3] 1973, S. 377.

48 *Die gegenwärtige Lage und die Aufgaben der KPD, Entschließung des Parteitages,* o. O. u. o. J. [1951], S. 19. Im Band *Dokumente der Kommunistischen Partei Deutschlands 1945–1956,* Berlin (Ost) 1965, fehlt der entscheidende Teil der These 37 (S. 270), ohne daß dies kenntlich gemacht wäre; das gleiche gilt für Passagen über Stalin usw.

49 *Protokoll des Hamburger Parteitages der Kommunistischen Partei Deutschlands* vom 28. bis 30. 12. 1954, o. O. u. o. J., S. 38.

50 Die im folgenden mitgeteilten Fakten beruhen auf persönlichen Informationen, die Karl Ludwig Manfred Wilke gab.
51 Vgl. Anm. 50.
52 Mit freundlicher Genehmigung des Verfassers und der Redaktion der Zeitschrift *Kritik* übernommen.
53 Herbert Mies, »Gedanken zum 10. Jahrestag der Gründung der DKP«, in: Max Schäfer (Hrsg.), *Die DKP*, Frankfurt 1978, S. 18f.
54 Vgl. Anm.23.
55 Gedächtnisprotokoll der Aktivberatung des Kreises Bochum/Witten der DKP vom 9. 2. 1978, aus: *Rauswürfe zum Programmentwurf. Materialien zu Austritten und Ausschlüssen aus der Bochumer DKP*. Eigendruck im Selbstverlag, verantwortlich: M. Zimmermann, Hustadt, Ring 39, 4630 Bochum 1.
56 Da es hier um Feststellungen, nicht aber um Personalisierung von Sachverhalten geht, verzichten wir hier auf personelle Details – im Gegensatz zu den Fällen, wo es um die Verantwortung führender Funktionäre aus der Vorstandsetage geht.
57 Vgl. dazu auch Gerd Walter, *Theoretischer Anspruch und politische Praxis der DKP. Eine Analyse am Beispiel der Betriebsarbeit*, Meisenheim am Glan 1973. Es handelt sich dabei um eine politologische Diplomarbeit vom Frühjahr 1972. Zahlreiche Daten sind deshalb von der Entwicklung überholt.
58 Der folgende Erfahrungsbericht von Manfred Wilke beruht u. a. auf dessen aktiver Beteiligung am Aufbau des Hamburger »Jour fixe« der jungen Gewerkschafter seit 1970.
59 Der Verschleiß an jugendlichem »Menschenmaterial« war für die SDAJ hoch. Allerdings waren diejenigen, die die Linie hielten, von Argumenten nicht mehr zu beeindrucken. Für sie zählte nur noch: Wer muß eingebunden und wer muß ausgeschaltet werden? Auf diese Weise wurde auch das Bündnis mit den »fortschrittlichen« Jungsozialisten geschmiedet. Materiell abgesichert wurde diese Strategie dann durch die vielen neuen Posten, die im gewerkschaftlichen Jugendbildungsbereich geschaffen wurden. Hier wurden dann auch persönliche Perspektiven entwickelt und angeboten. Gewerkschaftliche Jugendpolitik wurde so zur innerverbandlichen Personalpolitik. Allerdings waren die SDAJ und die Stamokap-Jusos die einzigen politischen Jugendverbände, deren Mitglieder sich kontinuierlich um die Gewerkschaftsjugendarbeit kümmerten und ihre Mitglieder bewußt motivierten, so viel Gremien wie nur irgend möglich zu erobern und, soweit sie Studenten waren, sich als Teamer für die Jugendbildungsarbeit zur Verfügung zu stellen. Dieser Fraktion zuzurechnende Wissenschaftler sorgten dann dafür, daß die Studenten sich in ihren wissenschaftlichen Qualifikationsarbeiten systematisch gewerkschaftspolitischen, -theoretischen und -geschichtlichen Fragestellungen zuwandten. DKP- oder DKP-nahe Verlage stellten dann abschließend Veröffentlichungsmöglichkeiten zur Verfügung.

60 Diese Aussage Wilkes ist allerdings zu relativieren, wie aus folgenden Angaben von Hermann Rappe, stellvertretender Vorsitzender der IG Chemie, hervorgeht: »Nach dem Euch vorliegenden Geschäftsbericht ist die Zahl der organisierten jugendlichen Mitglieder unter 25 Jahren von 85 128 im Jahre 1975 auf 95 658 im Jahre 1979 angestiegen. Damit konnte in einem Zeitraum von vier Jahren die Zahl der organisierten Jugendlichen um über 10 000, was einer Steigerung von 12,3% der Mitgliederzahlen entspricht, verbessert werden. Gleichzeitig wurde mit dem neuen Mitgliederstand ein Höchstmaß jugendlicher Mitglieder in der Geschichte der IG Chemie-Papier-Keramik erreicht.«
Zitiert nach Hermann Rappe, stellvertretender Vorsitzender der IG Chemie-Papier-Keramik, *Eröffnungsansprache* anläßlich der *11. Bundes-Jugendkonferenz* in Augsburg, *unveröffentlichtes Manuskript* vom 22. 2. 1980, S. 6.

61 Wolfgang Krüger, »Sie wollen immer nur das eine: Macht!« in: *Rote Fahne* (Wochenzeitung der KPD) vom 12. 7. 1979. Der leicht gekürzte Abdruck erfolgt mit freundlicher Genehmigung von Wolfgang Krüger.
Es sei hinzugefügt, daß Fritz Vilmar als Mitarbeiter der Zeitschrift des Verbandes der Kriegsdienstverweigerer, *Zivil,* schon vor Jahren genau dieselbe DKP-orientierte »Pressepolitik« miterlebt hat: Artikel erschienen nicht, DKP-Kritisches wurde herausgestrichen etc.

62 Lothar Schüssler, »Frage bleibt: wem nützt es?«, in: *Unsere Zeit* (UZ) vom 11. 9. 1978.

63 Vgl. dazu die regelmäßig erscheinenden, sehr ausführlichen »Berufsverbote-Dokumentationen« in der *Tat* und der *Sozialistischen Korrespondenz* (SK).

64 Erinnert sei in diesem Zusammenhang an den Fall des ehemaligen Juso-Bundesvorsitzenden Klaus-Uwe Benneter, der u. E. allzu »blauäugig« dieser Art von »Tarnungspolitik« gegenübertrat. Benneter hatte die Funktion eines »Feigenblattes« zu erfüllen in einem Komitee, das sich im übrigen den Anschein von Überparteilichkeit gibt und in dem sich die DKP und ihre Nebenorganisationen unidentifiziert halten wollen.

65 Hans Magnus Enzensberger, »Baukasten zu einer Theorie der Medien«, in: *Kursbuch,* 20. März 1970, S. 160.

66 Kommunisten sprechen gern von »Aktionsbündnissen« und »Aktionsgemeinschaften« von Sozialisten und »fortschrittlichen« Demokraten. In Berlin (West) ist dies sogar in den Namen der wichtigsten DKP-(bzw SEW-)orientierten Hochschulgruppe eingegangen: sie nennt sich »Aktionsgemeinschaft von Demokraten und Sozialisten (ADS)«.

67 Zitiert nach dem DKP-Programm, a. a. O. Näheres Kap. VII, bes. S. 164ff.

68 Hans-Joachim Schabedoth, »Sozialistischer Hochschulbund im Abseits. Der unaufhaltsame Abstieg am Beispiel des Marburger SHB«, in: *Arbeitshefte. Beiträge zur Arbeit der Juso-Hochschulgruppen,* Nr. 12, April 1978.

69 Z.B. durch Berufung von Prof. H. Elsenhans und M. Greven, die, nicht zuletzt aus marxistischer Sicht, Gegenpositionen zum Sowjetmarxismus beziehen sowie durch eine stärkere Formierung der nicht-sowjetmarxistisch orientierten Minderheit unter den Dozenten. Näheres darüber ist zu erfahren durch die »Hochschulinitiative Demokratischer Sozialismus«, Regionalgruppe Marburg, z. Hdn. Prof. Dr. K. T. Schuon, Heinrich-Heine-Str. 20b, 3550 Marburg.

70 Vgl. Fritz Vilmar, »Gesamteuropäische Koexistenz...«, a. a. O. (Anm. 21)

71 Aber auch sehr vieles, was aus dem Pahl-Rugenstein-Verlag und dem Verlag für Marxismusstudien kommt, wird in die gewerkschaftliche Bildungsarbeit eingeschleust.

72 Nach der ersten Veröffentlichung dieser Analyse wurden die Kommentierten Veranstaltungsprogramme wesentlich vorsichtiger in ihren Angaben.

73 Vgl. *Kleines politisches Wörterbuch,* Berlin (DDR) 1973 (im folgenden abgekürzt zitiert: »DDR-Wörterbuch«).

74 Vgl. Mihaly Vajta, »Ungarn: Alternative ›Kadarismus‹?«, in: Jiři Pelikán, Manfred Wilke (Hrsg.), *Opposition ohne Hoffnung? Jahrbuch zu Osteuropa 2,* Reinbek 1979, S. 158ff.

75 Vgl. Parteivorstand der DKP (Hrsg.), *Programm der Deutschen Kommunistischen Partei,* Düsseldorf 1978; im folgenden mit Seitenangaben zitiert.
Vgl. Deutsche Kommunistische Partei – Parteivorstand (Hrsg.), *DKP kontra Großkapital. Für Frieden, demokratischen Fortschritt und Sozialismus. Thesen des Düsseldorfer Parteitages der Deutschen Kommunistischen Partei,* o. O., o. J. (1971); im folgenden nach den Thesen zitiert.

76 Für den Vorsitzenden der SEW (Sozialistische Einheitspartei Westberlin), Schmitt, ist der unzerstörbare Bruderbund mit der KPdSU, der SED sowie allen anderen Abteilungen der internationalen kommunistischen und Arbeiterbewegung das Unterpfand für einen erfolgreichen Kampf seiner Partei. »Genauso, wie eine Frau nicht nur ein wenig schwanger sein kann«, meint Schmitt, »genauso wenig kann ein Kommunist sich nur bedingt zum (real existierenden, d. Verf.) Sozialismus bekennen.« Zitiert nach *Tagesspiegel* vom 19. 3. 1980.

77 So auch im ersten (Düsseldorfer) DKP-Programm, These 17, während das neue Programm die Existenz irgendwelcher Defizite im Sowjetsystem schlichtweg verschweigt.

78 Friedrich Engels, »Einleitung zu: Karl Marx, Bürgerkrieg in Frankreich«, in: Marx/Engels, *Ausgewählte Schriften in 2 Bänden,* Bd. 1, Berlin (DDR) 1951, S. 457.

79 Karl Marx, Friedrich Engels, »Manifest der Kommunistischen Partei«, in: *Ausgewählte Schriften,* a. a. O., Bd. 1., S. 42.

80 Friedr. Engels, »Einleitung zu: Karl Marx, Die Klassenkämpfe in Frankreich 1848–1850«, in: *Ausgewählte Schriften,* a. a. O., S. 114f.

81 Wladimir Iljitsch Lenin, »Die proletarische Revolution und der

Renegat Kautsky«, in: ders., *Ausgewählte Werke in 2 Bänden,* Bd. 2, S. 425, 424.

82 Vgl. dazu PCI (Hrsg.), *La politica e l'organizonze dei comunisti Italiani,* Rom 1979; sowie Heinz Timmermann (Hrsg.), *Eurokommunismus,* Frankfurt (Fischer Tb. Bd. 2004) 1978, besonders S. 65–153.

83 Vgl. Frank Deppe, Georg Fülberth, »Das Parlament. Herrschaftsinstrument oder Kontrollinstanz«, in: U. Greiwe (Hrsg.), *Herausforderung an die Zukunft,* München 1970, S. 109 ff.

84 Ebenda, S. 117 ff.

85 Damit geht das Mannheimer Programm einen Schritt über das Düsseldorfer hinaus. In der entscheidenden These 9 dieses »alten« Programms wird zwar die »antimonopolistische Demokratie«, »die Erkämpfung einer von der Arbeiterklasse geführten und gemeinsam mit allen antimonopolistischen Kräften getragenen Staatsmacht« »auf der Basis der im Grundgesetz verkündeten demokratischen Prinzipien und Rechte«, als ein Entwicklungsstadium und ein »Bestandteil des Kampfes um den Sozialismus«, als »Weg zum Sozialismus . . . ohne Bürgerkrieg« programmatisch herausgestellt. Aber es wird im ganzen Düsseldorfer Programm nicht ausgesprochen, daß dieses klassisch-evolutionäre Konzept (das allerdings in These 9 zu einem »einheitlichen revolutionären Prozeß des Übergangs vom Kapitalismus zum Sozialismus« marxistisch umfrisiert wird!) die Erreichung von parlamentarischen Erfolgen und die Herstellung von linken Koalitionen als ein wesentliches politisches Strukturelement enthalten muß. Der höchst schillernde, in sich widersprüchliche Begriff der »antimonopolistischen Demokratie« als einer revolutionären Durchgangsphase schon vor (!) Errichtung des Sozialismus (S. 38) ist bereits 1973 in der sowjetmarxistischen Arbeit von Jürgen Bodelle, *Die antimonopolistische Demokratie,* Berlin (West) 1973, enthüllt worden.

86 Im Düsseldorfer Programm ist sie in These 14 weitgehend gleichlautend formuliert. Vgl. zur reformsozialistischen Substanz dieser Strategie Fritz Vilmars umfangreiche Arbeit über *Strategien der Demokratisierung,* 2 Bde., Darmstadt, Neuwied 1973. Dort ist dieser strategische Grundgedanke einer Verlebendigung und realdemokratischen Ausgestaltung des Parlamentarismus durch eine »multifrontale Strategie der Demokratisierung aller gesellschaftlichen Subsysteme« in aller Breite dargestellt.

87 Vgl. dazu die sehr aufschlußreiche wissenschaftliche Diskussion mit DKP-nahen Wissenschaftlern in: *Gewerkschaftliche Monatshefte,* 4/1979, Gerhard Beier, »Fälschung« oder »Denunziation«, S. 245 ff.

88 Dies ist blanke Demagogie. Lenin behauptete bereits 1902 in seiner Schrift »Was tun?«, daß die Arbeiter von sich aus nur ein »gewerkschaftliches« Bewußtsein entwickeln könnten – eine der Hauptaufgaben der (damals) sozialdemokratischen Partei sei es, die »beschränkte« Bewußtseinsform der Arbeiterklasse zu überwinden. Seit dieser Zeit gehört das Prinzip der politischen und

ideologischen Führung der Gewerkschaften durch die Partei zu den zentralen Dogmen des Leninismus und ist in allen Staaten des »realen Sozialismus« auch politische Praxis. Eines der am meisten verurteilten »Verbrechen« des Prager Frühlings 1968 war die Wiederherstellung der Autonomie der tschechoslowakischen Gewerkschaftsbewegung.

89 Vgl. insbesondere: Institut für Gesellschaftswissenschaften beim ZK der SED (Hrsg.), *Der Imperialismus der BRD,* Frankfurt [2] 1972 (zitiert im folgenden: »Imperialismus BRD«).
Vgl. dasselbe (Hrsg.), *Imperialismus heute,* Berlin (DDR) 1965; Paul Boccara u. a., *Der staatsmonopolistische Kapitalismus,* Frankfurt 1973; L. Wygodski, *Der gegenwärtige Kapitalismus,* Köln 1972.

90 Vgl. Horst Heimann, *Theoriediskussion in der SPD,* Frankfurt, Köln 1975, S. 224 ff.

91 So die Formulierung bei Robert Katzenstein, »Zur Monopolproblematik«, in: *Sozialistische Politik,* Mai 1974, S. 93 ff., hier S. 100. Ganz entsprechend das führende einschlägige jungsozialistische Papier: »Hamburger Strategiepapier der Jungsozialisten von 1971«, in: Freimut Duve (Hrsg.), *Der Thesenstreit um »Stamokap«,* Reinbek 1973, S. 48 ff., hier S. 63. (Im folgenden zitiert: »Hamburger Strategiepapier.«)

92 *Imperialismus BRD,* a. a. O., S. 95 f.

93 Ebenda, S. 100.

94 *Hamburger Strategiepapier,* a. a. O., S. 52 f. (Hervorhebung von uns, d. Verf.)

95 Jungsozialisten/Bezirk Ostwestfalen-Lippe, *Herforder Thesen,* Berlin (West) 1978, S. 9, 18. (Im folgenden zitiert als: »Herforder Thesen.«)

96 *Imperialismus BRD,* a. a. O., S. 344 ff., ähnlich: *Hamburger Strategiepapier,* a. a. O., S. 56.

97 *Imperialismus BRD,* a. a. O., S. 544 ff.

98 Vgl. hierzu Wolfgang Rudzio, »Zwischen marxistischer Politökonomie und Erfahrung. Zur Kritik der Theorie des staatsmonopolistischen Kapitalismus«, in: Michael Hereth (Hrsg.), *Grundprobleme der Politischen Ökonomie,* München 1977, S. 112 ff.

99 *Imperialismus BRD,* a. a. O., S. 100, 179, 239; Paul Boccara u. a., *Der staatsmonopolistische Kapitalismus,* a. a. O., S. 69.

100 *Imperialismus BRD,* a. a. O., S. 27, 153, 239.

101 Wolfgang Zapf, *Wandlungen der deutschen Elite,* München 1966; Ralf Dahrendorf, *Gesellschaft und Demokratie in Deutschland,* München 1971, S. 233 ff.

102 *Imperialismus BRD,* a. a. O., S. 194; Josef Schleifstein, »Zur Theorie des staatsmonopolistischen Kapitalismus«, in: ders. u. a., *Beiträge zur »Stamokap«-Debatte,* Köln 1973, S. 5 ff., hier S. 14; Walter Simon, »Personelle, institutionelle und sachliche Aspekte der Verflechtung von Unternehmerverbänden und Staat«, in: *Blätter für deutsche und internationale Politik,* 2/1975, S. 138 ff.

103 *Imperialismus BRD,* a. a. O., S. 384; *Hamburger Strategiepapier,*

a. a. O., S. 62 f.; Deutscher Bundestag, Drucksache 8/1195, S. 16 ff.

104 Z. B. *Imperialismus BRD,* a. a. O., S. 217; Josef Schleifstein, *Zur Theorie ...,* a. a. O., S. 13; Paul Boccara u. a., *Der staatsmonopolistische Kapitalismus,* a. a. O., S. 526.

105 Vgl. *Hamburger Strategiepapier,* a. a. O., S. 62.

106 *Imperialismus BRD,* a. a. O., S. 207, 77.

107 Lothar Kramm, *Stamokap – eine kritische Abgrenzung,* Bonn 1974, S. 30.

108 Hierauf weist auch hin: Hans Kremendahl, »Ansätze einer sozialistischen Staatstheorie«, in: ders., Thomas Meyer (Hrsg.), *Sozialismus und Staat,* Bd. 2, Kronberg 1974, S. 263 ff., hier S. 264.

109 *Herforder Thesen,* a. a. O., S. 7; *Hamburger Strategiepapier,* a. a. O., S. 62.

110 Ebenda, S. 71.

111 Detlev Albers, Kurt Neumann, Kurt Wand, »Anmerkung zu Theorie und Praxis des Juso-Bundesvorstandes«, in: Freimut Duve, *Der Thesenstreit,* a. a. O., S. 129 ff., hier S. 141.

112 *Hamburger Strategiepapier,* a. a. O., S. 71.

113 *Imperialismus BRD,* a. a. O., S. 85, 619; nur wenig gedämpfter hier die Stamokap-Gruppierung bei den Jungsozialisten: Sie bescheinigt der SPD-Politik, zumindest »zwangsläufig« und »objektiv« die Herrschaft der Monopole zu stabiliseren, um ihre eigene Aufgabe dahingehend zu umreißen, die SPD »wieder auf die Interessen der Arbeiter und Angestellten zu orientieren«, *Hamburger Strategiepapier,* a. a. O., S. 75 ff.

114 Zu Recht ist darauf hingewiesen worden, daß hier Elemente eines Staatsbegriffs des 19. Jahrhunderts mitgeschleppt werden, der auf den obrigkeitlichen Staat zugeschnitten ist; Lothar Kramm, *Stamokap,* a. a. O., S. 40 ff.

115 *Imperialismus BRD,* a. a. O., S. 228, 239, 563; Paul Boccara u. a., *Der staatsmonopolistische Kapitalismus,* a. a. O., S. 579.

116 Vgl. dazu auch die Analyse des DKP-Demokratieverständnisses, im vorangehenden Kapitel.

117 Vgl. Marx/Engels, *Werke* (MEW), Bd. 4, S. 481.

118 W. I. Lenin, »Die nächsten Aufgaben der Sowjetmacht«, in: H. Kremendahl, T. Meyer (Hrsg.), *Sozialismus,* a. a. O., Bd. 1, S. 186.

119 Leonid Breschnew, »Rechenschaftsbericht des ZK der KPdSU«, Auszüge in: Sonderdruck der *Sozialistischen Briefe, XXIV. Parteitag der KPdSU,* März/April 1971, S. 3 ff., hier S. 39 f.

120 *Grundlagen des Marxismus-Leninismus,* Berlin (DDR), zitiert nach Wolfgang Leonhard, *Sowjetideologie heute II. Die politischen Lehren,* Frankfurt 1962, S. 211.

121 *Hamburger Strategiepapier,* a. a. O., S. 71.

122 Ebenda.

123 Etwa Stichwort »sozialistische Demokratie«, in: *Wörterbuch zum sozialistischen Staat,* Berlin (DDR) 1974, S. 287.

124 *Hamburger Strategiepapier,* a. a. O., S. 71.

125 Detlev Albers, »Vorbemerkung zum Hamburger Strategiepapier«, in: Freimut Duve, *Der Thesenstreit*, a. a. O., S. 46.
126 Detlev Albers, Kurt Neumann (Hrsg.), *Für ein sozialistisches Langzeitprogramm*, Hamburg 1974, S. 47.
127 Kurt Neumann, »Streiten ja – aber über Perspektiven«, in: *Vorwärts*, Nr. 35 vom 1. 9. 1977, S. 11.
128 *Freudenberger Papier* (1975), *unveröffentlichtes Manuskript*, S. 3, Abschnitt 5.
129 Ebenda, S. 2.
130 Ebenda.
131 *Hamburger Strategiepapier*, a. a. O., S. 71.
132 Hans Koschnik u. a., *Zur Klärung des Verhältnisses zwischen Sozialdemokratie und Stamokap-Richtung*, Bonn o. J., S. 9.
133 Vgl. etwa *Hamburger Strategiepapier*, a. a. O., S. 67 ff.
134 *Imperialismus BRD*, a. a. O., S. 337; *Hamburger Strategiepapier*, a. a. O., S. 54 ff.
135 *Imperialismus BRD*, a.a.O., S. 334 ff.; ähnlich, aber zurückhaltender formuliert im *Hamburger Strategiepapier*, a.a.O., S. 54 ff.
136 Paul Boccara u. a., *Der staatsmonopolistische Kapitalismus*, a. a. O., S. 161; vgl. Autorenkollektiv des IMSF, *Klassen- und Sozialstruktur der BRD 1950–1970*, Bd. II, Frankfurt 1974, S. 378.
137 Ebenda, S. 373 ff.; *Imperialismus BRD*, a. a. O., S. 177 f.
138 W.S. Semjenow, *Kapitalismus und Klassen*, Köln 1973, S. 335.
139 Wie Anm. 101.
140 *Imperialismus BRD*, a. a. O., S. 544 ff.; *Herforder Thesen*, a. a. O., S. 20.
141 *Imperialismus BRD*, a. a. O., S. 542.
142 Ebenda, S. 544 ff. und insbesondere 628 ff. Ohne gleich herausgearbeitete Stufen hier *Hamburger Strategiepapier*, a. a. O., S. 65 ff.
143 *Herforder Thesen*, a. a. O., S. 31.
144 *Imperialismus BRD*, a. a. O., S. 605.
145 Ebenda, S. 688, 567; *Hamburger Strategiepapier*, a. a. O., S. 75.
146 *Imperialismus BRD*, a. a. O., S. 591; *Herforder Thesen*, a. a. O., S. 52; *Hamburger Strategiepapier*, a. a. O., S. 71, 77 – weiteres vgl. Kapitel VIII!
147 *Imperialismus BRD*, a. a. O., S. 597; *Herforder Thesen*, a. a. O., S. 38; *Hamburger Strategiepapier*, a. a. O., S. 72.
148 *Imperialismus BRD*, a. a. O., S. 596; *Hamburger Strategiepapier*, a. a. O., S. 72 f.
149 Ebenda, S. 71, 73; *Herforder Thesen*, a. a. O., S. 7, 46, 48; *Imperialismus BRD*, a. a. O., S. 618.
150 Ebenda, S. 624, 630.
151 Vgl. Marx/Engels, *Werke* (MEW), Bd. 7, S. 244 ff.; Stanley Moore, *Zur These politischer Taktik des Marxismus*, Frankfurt 1969.
152 Hierauf weist hin: Johano Strasser, »Zur Theorie und Praxis der ›Stamokap‹-Gruppe bei den Jungsozialisten«, in: *Jungsozialisten Informationsdienst*, 1, 1973, S. I ff., hier S. III.

153 Fritz Naphtali, *Wirtschaftsdemokratie. Ihr Wesen, Weg und Ziel,* Berlin 1929; mehrere Neuauflagen in der Europäischen Verlagsanstalt (EVA), Frankfurt; aktuell: Fritz Vilmar, Karl-Otto Sattler, *Wirtschaftsdemokratie und Humanisierung der Arbeit. Systematische Integration der Konzepte,* Köln, Frankfurt 1978.

154 *ötv-magazin,* 8/1979; vgl. hierzu Peter Lübbe, Kommunismus und Sozialdemokratie. Eine Streitschrift, Berlin (West), Bonn 1978, besonders S. 252–279, auf denen der Autor äußerst kenntnisreich – er studierte in Rostock und Berlin (DDR), war Lektor in Rostock und bis 1973 Bürger der DDR – den gegenwärtigen Kampf des Sowjetmarxismus gegen Sozialdemokratie und Gewerkschaften analysiert.

155 Eine in zehn Gegensatzpaaren ausdifferenzierte Gegenüberstellung findet sich bei Ulrich Lohmar, »Sozialdemokratie oder Kommunismus?«, in: *Aus Politik und Zeitgeschichte. Beilage zur Wochenzeitung »Das Parlament«,* B 8/73, vom 24. 2. 1973, S. 3 ff. Die wesentlichen Einschätzungen Lohmars stimmen der Sache nach mit der hier präsentierten Tafel überein. Vgl. zum Gegensatz von demokratischem Sozialismus und Sowjetmarxismus auch Hermann Weber, »Sozialdemokraten und Kommunisten. Die Haltung der Sozialdemokraten«, in: *Deutschland Archiv,* 7/1973, S. 706–712.

156 *ötv-magazin,* 8/1979; vgl. dazu ergänzend die Dokumentation in der *Frankfurter Rundschau* vom 22. 10. 1979: »Schon einmal dienten Feindbilder dazu, Verfolgungen einzuleiten. Ein Notenwechsel zwischen führenden Funktionären der IG Druck und der ÖTV über Kommunisten und Gewerkschaften«, in der ein Aufsatz Hensches über »das Gespenst der kommunistischen Machtübernahme in den Gewerkschaften«, die – hier zitierte – Erwiderung Schröders (»Unterschiede nicht verwischen«), eine Antwort Hensches auf Schröders Artikel sowie ein Kommentar »zur Sache« von Dieter Schneider zu Hensches Ausführungen abgedruckt sind.

157 Allerdings scheint, wie Hermann Weber feststellt, die Beurteilung der Sozialdemokratie durch die Sowjetmarxisten mittlerweile realistischere Züge angenommen zu haben. So wurde in zwei 1974 in der DDR nachgedruckten Analysen sowjetischer Wissenschaftler (G. Sogomonjan, »Die Sozialdemokratie in der BRD: Politik und Ideologie«, in: *Neues Deutschland* vom 9. 4. 1974 und W. G. Wassin, »Die gegenwärtige Sozialdemokratie«, in: *Einheit,* Berlin (DDR) 4/1974, S. 474 ff.) die alte Schablone mit dem Reizwort »Sozialdemokratismus« durch differenziertere Untersuchungen der SPD und ihrer Politik, durch neue und realistische Betrachtungen – im wesentlichen auf dem Gebiet der Außenpolitik – ersetzt: Speziell die Einschätzung der »Friedenspolitik« Willy Brandts als »schleichende Konterrevolution«, die den Imperialismus »attraktiver« zu machen beabsichtige, wurde durch eine Anerkennung des Anteils der Sozialdemokraten an den »positiven Veränderungen« in Europa ersetzt. Es wurde »also endlich registriert und zugege-

ben, daß die Politik der SPD vorrangig auf die Friedenssicherung gerichtet ist«. Darüber hinaus werde die SPD auch nicht mehr als politische Kraft definiert, die im »Klassenkampf« auf der Seite der »Geldsäcke« stehe, sondern als »reformistische Arbeiterpartei«, »die ›in ihrer Politik bestimmte Interessen der Arbeiterklasse‹ zum Ausdruck bringe und durch ›Reformen‹ Forderungen der Arbeiter verwirkliche«. Hermann Weber, »Realistischere Einschätzung der SPD durch kommunistische Ideologen«, in: *Die neue Gesellschaft,* 9/1974, S. 774–776, hier S. 774 f.

158 Im Gegensatz zur idealistischen oder personalistischen Weltanschauung, wonach der Geist oder die »Persönlichkeit« weniger die Geschichte lenkt, lehrt die materialistische Weltanschauung, daß die objektiven materiellen, speziell ökonomischen Lebensbedingungen Denken und Handeln der Menschen lenken.

159 Günter Kalex, Harry Klug, »Das ›strategische Zielbündel‹ des Herrn Lohmar«, in: *Aus Politik und Zeitgeschichte. Beilage zur Wochenzeitung »Das Parlament«,* B 8/73, vom 24. 2. 1973, S. 21 bis 31, hier S. 30.
Vgl. dazu auch: *Ideologie des Sozialdemokratismus in der Gegenwart,* Frankfurt 1972, S. 227–253.

160 *Imperialismus BRD,* a. a. O., S. 589.

161 Ebenda, S. 588.

162 Lothar Kramm, *Stamokap,* a. a. O., S. 35.

163 Institut für Gesellschaftswissenschaften beim ZK der SED (Hrsg.), *»Demokratischer Sozialismus« – Schein und Wirklichkeit,* Frankfurt 1975, S. 7.

164 Ebenda, S. 15.

165 Ebenda, S. 35 f.; vgl. dazu auch *Ideologie des Sozialdemokratismus,* a. a. O., S. 450–464.
Die ausführlichste Widerlegung der gängigen »linken« Verratsthesen gegenüber der sozialdemokratischen Politik nach dem Ersten Weltkrieg hat vor kurzem Susanne Miller, *Die Bürde der Macht. Die deutsche Sozialdemokratie 1918–1920,* Düsseldorf 1978, in einer äußerst sorgfältigen Untersuchung vorgelegt – eine Untersuchung, die sich ebensoweit entfernt hält von jeder Art »Hofgeschichtsschreibung« wie die sowjetmarxistische Historiographie von einem Bemühen zur Objektivität.

166 Erika König, *Vom Revisionismus zum »Demokratischen Sozialismus«,* Berlin (West) 1964;
Ideologie des Sozialdemokratismus, a. a. O.;
Wladimir Granow u. a., *Die gegenwärtige Sozialdemokratie,* Köln 1973;
Jürgen Harrer, »Zur Typologie und Definition sozialdemokratischer Politik«, in: *Blätter für deutsche und internationale Politik,* Heft 6/1974, S. 569 ff.

167 Heinz-Gerd Hofschen, Erich Ott, Hans Karl Rupp, *SPD im Widerspruch. Zur Entwicklung und Perspektive der Sozialdemokratie im System der BRD,* Köln 1975;

Jutta von Freyberg u. a., *Geschichte der deutschen Sozialdemokratie 1863–1975,* Köln 1975.

168 Rainer Eckert, *Das ist »demokratischer Sozialismus«. Eine Antwort auf Johano Strassers Frage: »Was ist demokratischer Sozialismus?«,* Frankfurt 1975, S. 8 ff.

169 Ursula Schmiederer, »Der Reformismus – Realität und Ideologie. Über einige Aspekte der schwierigen Daseinsweise der Arbeiterklasse im Kapitalismus und mit sich selbst«, in: *Jahrbuch 6. Grenzen gewerkschaftlicher Politik – Arbeiterbewegung. Theorie und Geschichte,* Frankfurt 1979, S. 11–23, vgl. S. 11 f.
Schmiederer stimmt in dieser Analyse durchaus überein mit der eines linken Sozialdemokraten wie Vilmar, vgl. Fritz Vilmar, »Gesamteuropäische Koexistenz«, a. a. O., S. 52.

170 Ernst Fischer, *Die Revolution ist anders,* Reinbek 1971, S. 30 f.
Horst Heimann sieht in dem »revolutionären Wunschdenken« wie Fischer einen die Arbeiterbewegung hemmenden, weil irreleitenden Luxus dogmatisch-linker Intellektueller. Er schreibt die Faszination, die die proletarische Revolution auf Intellektuelle ausübt – insbesondere auch auf die sowjetmarxistischer Provenienz –, nicht nur ihrem abstrakt-theoretischen Denken, sondern auch ihrer privilegierten materiellen Situation zu. »Sie können sehr wohl noch einige Jahrhunderte auf Reformen verzichten und auf das bessere Jenseits nach der Revolution warten, weil sie nicht wie die Arbeiter auf Reformen angewiesen sind, um ihre wirkliche und diesseitige Existenz schon für die jeweils lebende Generation etwas erträglicher und weniger entbehrungsreich zu gestalten, weil sie ohne alle Reformen schon immer viel mehr Erleichterungen und Vorteile genossen haben, als sich die Arbeiter bisher mühsam erkämpfen konnten.« Der Begriff der Revolution sei also nicht an »materiell-praktischen« Bedürfnissen orientiert, sondern an den komplizierten und anspruchsvollen »geistig-seelischen Sehnsüchten« bürgerlicher Intellektueller. Vgl. dazu Horst Heimann, »Die Bedeutung der Strategie systemüberwindender Reformen und Langzeitprogramm für die sozialistische Theorie und Praxis«, in: Rudolf Scharping, Friedhelm Wollner (Hrsg.), *Demokratischer Sozialismus und Langzeitprogramm. Diskussionsbeiträge zum Orientierungsrahmen '85 der SPD,* Reinbek 1973, S. 12–32, vgl. S. 23.
Vgl. darüber hinaus zur Problematik von Reform und Revolution: *Ideologie des Sozialdemokratismus,* a. a. O., S. 255–279.

171 Auf dem Berliner SPD-Parteitag 1979 erreichte diese Mitte-Links-Minderheit z. B. 42% mit ihrem Votum gegen weiteren Ausbau der Atomkraftwerk-Kapazität.

172 Selbst ein der DKP sehr nahestehender ehemaliger Stamokap-Juso, Christoph Butterwegge, erkennt die Unsinnigkeit der sowjetmarxistischen und die Richtigkeit der hier skizzierten Rechts-Links-Struktur in der SPD: »Für das Gegeneinander von SPD und DKP werden ›Politik und Ideologie der rechtssozialdemokratischen Führer‹ verantwortlich gemacht, was die Vermutung nahelegt, nach Ausschaltung der Parteispitze stünde Initiativen der

›linken Basis‹ zum gemeinsamen Vorgehen mit ihren kommunistischen Klassengenossen nichts mehr im Wege. *Der Klassenantagonismus teilt die SPD jedoch nicht horizontal in ›linke Basis‹ und ›rechte Führung‹, sondern vertikal...«;* Christoph Butterwegge zum Programmentwurf der DKP in: *Sozialistische Korrespondenz* (SK), 17/1978, S. 17.

173 Georg Fülberth, Jürgen Harrer, *Die deutsche Sozialdemokratie 1890–1933,* Darmstadt, Neuwied 1974, vgl. auch Anm. 166.

174 Vgl. ebenda, S. 9 ff.

175 Vgl. ebenda, S. 14 ff.

176 Karl-Heinz Röder, *Die Formel von der »sozialen Demokratie«. Staat und Demokratie in der Ideologie des Sozialreformismus,* Berlin (DDR) 1975, S. 20; vgl. auch *Ideologie des Sozialdemokratismus,* a. a. O., S. 187–210.

177 Institut für Gesellschaftswissenschaften beim ZK der SED (Hrsg.), *»Demokratischer Sozialismus«,* a. a. O., S. 13; vgl. Hermann Weber, *Realistischere Einschätzung der SPD,* a. a. O., S. 774; vgl. auch Wolfgang Leonhard, *Sowjetideologie,* a. a. O., S. 29.

178 Arno Winkler, »Wie der Sozialdemokrat Ulrich Lohmar den objektiven Verlauf der Geschichte aufhalten will«, in: *Aus Politik und Zeitgeschichte. Beilage zur Wochenzeitung »Das Parlament«,* B 8/73, S. 11–20, hier S. 12.
Dieselbe Einschätzung teilen auch die ehemaligen Jungsozialisten Rainer Eckert, Axel Seiderer, *Sozialdemokratie und Jungsozialisten. Politik, Programm und Gesellschaftstheorie – eine marxistische Kritik,* Frankfurt 1974, S. 99–112.
Zum selben Ergebnis kommen auch einige »marxistische« Sozialdemokraten: »Man kann die Geschichte der sozialdemokratischen Partei seit 1914 als Partei der Bewahrung bürgerlicher Ideologien in der Arbeiterklasse bezeichnen.« Vgl. dazu Hans Jochen Brauns u. a., *SPD in der Krise. Die deutsche Sozialdemokratie seit 1945,* Frankfurt 1976 (Fischer Taschenbuch, Bd. 6518), S. 312.

179 Vgl. These 40 des Düsseldorfer DKP-Programms von 1971 sowie S. 73 f. des Mannheimer Programms von 1978. Charakteristisch und bezeichnend für ihren Verzicht auf den Wahrheitsanspruch ist im Sowjetmarxismus der unterschiedslose Gebrauch des Ideologie-Begriffes für alle Konzepte, gleichgültig ob sie für richtig oder falsch gehalten werden.

180 G. Kalex, H. Klug, *Zielbündel,* a. a. O., S. 23.

181 Zitiert nach *Ideologie des Sozialdemokratismus,* a. a. O., S. 469.

182 Kurt Schacht, *Bilanz sozialdemokratischer Reformpolitik,* Frankfurt 1976, vgl. besonders Kapitel III: Inhalt und Funktion sozialdemokratischer Reformpolitik, S. 65–95.

183 Vgl. ebenda, S. 80, 92.

184 Ebenda, S. 92.

185 K.-H. Röder, *Die Formel...,* a. a. O., S. 20.

186 Im 1951er Grundsatzprogramm der »Sozialistischen Internatio-

nale« findet sich dieser »Antikommunismus«, d. h. die Stalinismuskritik des demokratischen Sozialismus klassisch ausformuliert. Richtig ist allerdings, daß in der sozialdemokratischen Alltagspublizistik die prinzipielle Verschiedenheit der sozialistischen von der bürgerlichen Kommunismuskritik nicht immer deutlich gemacht worden ist. Das Grundsatzprogramm ist abgedruckt in: Dieter Dowe, Kurt Klotzbach (Hrsg.), *Programmatische Dokumente der deutschen Sozialdemokratie,* Berlin (West), Bonn-Bad Godesberg 1973, S. 286–295.

187 These 17 des Düsseldorfer DKP-Programms von 1971.

188 These 38 des Düsseldorfer DKP-Programms von 1971; vgl. dazu *Ideologie des Sozialdemokratismus,* a. a. O., S. 351–382; vgl. auch folgende kurze Auswahl aus den nahezu unüberschaubaren DDR-Publikationen zur sog. »antikommunistischen Aktivität rechtssozialdemokratischer Führer der westdeutschen Arbeiterklasse«, zitiert nach Peter Lübbe, *Kommunismus und Sozialdemokratie,* a. a. O., S. 252–279:
- *Verbrechen ohne Chance. Gegen die Ideologie des Antikommunismus,* Berlin (DDR) 1967.
- Werner Pfaff, Günter Kalex, »Antikommunismus – Wesenszug des Sozialdemokratismus«, in: *Einheit,* Berlin (DDR), 4/1971, S. 466–478.
- Arno Winkler, »Richard Löwenthal. Ein Wortführer des militanten Antikommunismus im sozialdemokratischen Gewand«, in: *Staat und Recht,* Berlin (DDR), 5/1971, S. 787–806.
- Klaus Franke, »Antikommunismus als Wolf im Schafspelz«, in: *Junge Welt,* Berlin (DDR), 22. 6. 1973, S. 5.
- *Der gegenwärtige Antikommunismus – Politik und Ideologie,* Berlin (DDR) 1974.

189 Heinz Jung u. a., *BRD-DDR. Vergleich der Gesellschaftssysteme,* Köln 1971.

190 Karl Wilhelm Fricke, »Sozialdemokraten und Kommunisten. ›Unbewältigte Vergangenheit‹ «, in: *Deutschland Archiv,* 9/1973, S. 911–915.

191 Deppe, Fülberth, Harrer (Hrsg.), *Geschichte,* a. a. O.

192 Helga Grebing, *Geschichte der deutschen Arbeiterbewegung,* München 1970.

193 Helga Grebing, »Eine große sozialwissenschaftliche und pädagogische Leistung?« Bemerkungen zu dem Buch von Deppe, Fülberth, Harrer (Hg.): Geschichte der deutschen Gewerkschaftsbewegung«, in: *Gewerkschaftliche Monatshefte,* 4/1979, S. 202–225.
Gerhard Beier, »Die Wiederentdeckung der Gewerkschaftsgeschichte. Ein aktueller Streit und seine historischen Hintergründe«, in: *Aus Politik und Zeitgeschichte. Beilage zur Wochenzeitung »Das Parlament«,* B 41/79, vom 13. 10. 1979, S. 19–36;
Peter v. Oertzen, »Thesen«, in: *Frankfurter Rundschau* vom 11. 4. 1979;
Manfred Scharrer, »Zur ›Geschichte der deutschen Gewerkschaftsbewegung‹ «, in: *Neue Gesellschaft,* 10/79, S. 854–859.

194 G. Beier, »Die Wiederentdeckung«, a. a. O., S. 19; Beier verweist hier auf das Buch: Heinz Oskar Vetter (Hrsg.), *Vom Sozialistengesetz zur Mitbestimmung. Zum 100. Geburtstag von Hans Böckler,* Köln 1975.

195 Zitiert nach G. Beier, »Die Wiederentdeckung«, a. a. O., S. 20.

196 Ergebnisse des Gewerkschaftskongresses werden demnächst im Bund-Verlag veröffentlicht.

197 G. Beier, »Die Wiederentdeckung«, a. a. O., S. 24 f.

198 Institut für Marxismus-Leninismus beim ZK der SED (Hrsg.), *Geschichte der deutschen Arbeiterbewegung,* 8 Bde., Berlin (DDR) 1966; und
Grundriß der Geschichte der deutschen Arbeiterbewegung, Berlin (DDR) 1963.

199 Eine Überprüfung der Fußnoten macht die Zusammenhänge rasch deutlich. Übereinstimmungen gehen bis in Wortwahl und Diktion. Zur Kritik am »Grundriß« siehe: Hermann Weber, *Ulbricht fälscht Geschichte. Ein Kommentar zum »Grundriß der Geschichte der deutschen Arbeiterbewegung«,* Köln 1964. Eine weitere Auseinandersetzung findet sich im *Jahrbuch für die Geschichte Mittel- und Ostdeutschlands,* Bd. 13, Berlin (West) 1964.

200 G. Beier, »Die Wiederentdeckung«, a. a. O., S. 25 f.

201 Ebenda, S. 26.

202 Peter von Oertzen in der *Frankfurter Rundschau* vom 11. 4. 1979.

203 G. Beier, »Die Wiederentdeckung«, a. a. O., S. 26.

204 H. Grebing, »Eine große sozialwissenschaftliche Leistung?«, a. a. O., S. 206 (Hervorhebung von uns; d. Verf.).

205 Ebenda, S. 207–212.

206 Ebenda, S. 209.

207 Ebenda.

208 Ebenda, S. 212.

209 G. Beier, »Die Wiederentdeckung«, a. a. O., S. 27.

210 M. Scharrer, »Zur ›Geschichte‹ . . .«, a. a. O., S. 855.

211 Ebenda, S. 855 f. (Hervorhebung von uns; d. Verf.).

212 Ebenda, S. 858.

213 H. Grebing, »Eine große sozialwissenschaftliche Leistung?«, a. a. O., S. 213.

214 Ebenda, S. 213 f.

215 Ebenda, S. 214; als Beleg verweist Grebing auf Freya Eisner, *Das Verhältnis der KPD zu den Gewerkschaften in der Weimarer Republik,* Köln, Frankfurt 1977.

216 H. Grebing, »Eine große sozialwissenschaftliche Leistung?«, a. a. O., S. 215.

217 G. Beier, »Die Wiederentdeckung«, a. a. O., S. 27.

218 H. Grebing, »Eine große sozialwissenschaftliche Leistung?«, a. a. O., S. 218–227.

219 Ebenda, S. 227.

220 G. Beier, »Die Wiederentdeckung«, a. a. O., S. 27 f.

221 Ebenda, S. 29.

222 Die Beierschen Fußnoten werden, in unserer Numerierung, übernommen (Hervorhebung einiger Sätze durch uns; d. Verf.).

223 Eine vielgelesene Schrift der alten Arbeiterbewegung stammte von Paul Lafargue, dem Schwiegersohn Karl Marx'; Paul Lafargue, *Das Recht auf Faulheit,* Frankfurt 1966.

224 *Protokoll des Mannheimer Parteitages der Deutschen Kommunistischen Partei,* 20.–22. Oktober 1978, S. 267 f.

225 Der Führungsanspruch der leninistischen Partei erscheint in den Verhandlungen des Mannheimer Parteitages immer wieder schamhaft versteckt, wenn es beispielsweise heißt: »Die DKP sucht die Mehrheit des Volkes, insbesondere der Arbeiterklasse, zu gewinnen. Die Arbeiterklasse kann ihre führende Rolle bei der Überwindung der Monopolmacht, bei der Errichtung und Gestaltung des Sozialismus um so wirkungsvoller wahrnehmen, je mehr es der revolutionären Partei gelingt, entscheidenden politischen Einfluß auszuüben.« (S. 253).

226 Ebenda, S. 27 f.

227 Ebenda, S. 223.

228 Ebenda, S. 267.

229 Lenin meinte, ein Kommunist müsse »zu allen möglichen Kniffen, Listen, illegalen Methoden, zur Verschweigung, Verheimlichung der Wahrheit bereit sein, um nur in die Gewerkschaften hineinzukommen, in ihnen zu bleiben und in ihnen um jeden Preis kommunistische Arbeit zu leisten«. W. I. Lenin, »Der ›linke Radikalismus‹, die Kinderkrankheit im Kommunismus«, in: *Ausgewählte Werke,* Bd. 2, Moskau 1947, S. 701.

230 Zwar heißt es im Mannheimer Programm: »Die DKP erhebt in Bündnissen keinen Führungsanspruch« (*Protokoll,* S. 266), doch wird damit zugleich der Führungsanspruch außerhalb von Bündnissen festgeschrieben.

231 Im Artikel 3 des Abkommens vom 15. 11. 1918 heißt es eindeutig: »Die Arbeitgeber und Arbeitgeberverbände werden die *Werkvereine* (die sogenannten wirtschaftsfriedlichen Vereine) fortab vollkommen sich selbst überlassen und sie weder mittelbar noch unmittelbar unterstützen.« Damit war eine der wichtigsten organisatorischen Forderungen im Kampf gegen die »Gelben« von den Gewerkschaften durchgesetzt worden.

232 Lenin, »Der ›linke Radikalismus‹...«, a. a. O., S. 698.

233 Diese Latenz äußert sich beispielsweise, wenn Deppe in einem Streitgespräch meint, »unter der Voraussetzung des Bestehens von Richtungsgewerkschaften sei er natürlich dafür, daß die jeweils radikalere Bestrebung möglichst stark werde«. *»Fälschung« oder »Denunziation«?* Das Streitgespräch zwischen Wolfgang Abendroth, Frank Deppe, Theo Pirker und Manfred Scharrer am 30. 1. 1979 in der Akademie der Arbeit, Bericht in: *Gewerkschaftliche Monatshefte,* 4/1979, S. 245–250, hier S. 247.

234 Henryk Skrzypczak, »Gewerkschaftsbewegung in Deutschland. Ein Bericht zu ihrer Historiographie«, in: *Internationale Wissen-*

schaftliche Korrespondenz (IWK), 4/1978, S. 455–473, hier S. 469.

235 *Protokoll des Mannheimer Parteitages,* a. a. O., S. 27.

236 Die bisherigen »Studientexte« sind in der Europäischen Verlagsanstalt (EVA) erschienen und haben folgende Titel:
1. Autorenteam der HDS, *Zur Einführung in die Theorie des Demokratischen Sozialismus*
2. Gerhard Kiersch, Reimund Seidelmann (Hrsg.), *Sicherheit und Entspannung in Europa. Die Antwort des Demokratischen Sozialismus*
3. Karl Georg Zinn (Hrsg.), *Strategien gegen die Arbeitslosigkeit*
4. Fritz Vilmar, Karl Otto Sattler, *Wirtschaftsdemokratie, Humanisierung der Arbeit*
5. Joseph Huber, Jiři Kosta (Hrsg.), *Wirtschaftsdemokratie in der Diskussion*
6. Christian Fenner, Ulrich Heyder, Johano Strasser (Hrsg.), *Unfähig zur Reform?*
7. Horst Heimann (Hrsg.), *Dialog statt Dogmatismus*
8. Gerhard Kiersch, Reimund Seidelmann (Hrsg.), *Eurosozialismus*
9. Johano Strasser, *Grenzen des Sozialstaats?*

237 Die Geschäftsstelle der HDS (Karl-Heinz Than, Hardenbergstr. 28, 1000 Berlin 12) ist in der Lage, allen Interessierten eine Referentenliste zuzustellen und Hinweise für wesentlich verbilligte Organisationsausgaben der genannten Studientexte zu geben.

238 Vgl. dazu die lang anhaltenden Diskussionen über den Charakter der Sowjetgesellschaft in den Nummern 1, 3, 4, 5, 6, 9 und 11/1977 sowie 1/1978 in der Zeitschrift des SB, *Links,* an denen sich Manfred Scharrer, Ursula Schmiederer, Hansgeorg Conert, die SZ Tübingen, Rudi Dutschke, Dany Diner, Wolfgang Eichwede und Hans Kaiser sowie Detlev Claussen beteiligt haben.

239 Aus: F. Vilmar, »Gesamteuropäische Koexistenz ...«, a. a. O. (vgl. Anm. 21), S. 61 ff.

240 Vgl. A. Brock, U. Mückenberger, O. Negt, »Die Jugendschule wird erwachsen«, a. a. O. (Anm. 242), S. 64. Und die Autoren erläutern auch die keineswegs zweitrangige Bedeutung dieses Geschehens: »Ist nicht der Fall Bahro viel zu weit von den alltäglichen Problemen der Jugendlichen entfernt, als daß ihm irgendein handlungsleitendes Gewicht zukäme? Diese Frage stellt sich nur bei sehr oberflächlicher Kenntnis der Verhältnisse. Wie bereits hervorgehoben, denkt ein Großteil der gewerkschaftlichen Jugendfunktionäre systemoppositionell ... Immer steckt in dieser Kritik auch die Suche nach einer glaubwürdigen Lösung der heutigen Probleme Jugendlicher, das Bedürfnis nach einer gesellschaftlichen Alternative, wenn man so will, einer ›konkreten Utopie‹: Diese Suche ist lebensnotwendig, sie könnte – im Zeichen wachsender Berufsnot der Jugend – geradezu zum Ferment einer Wiederbelebung der gewerkschaftlichen Jugendbewegung

werden. Wenn aber heute immer mehr gewerkschaftliche Jugendfunktionäre die Frage nach der Alternative als durch die Existenz der Länder des ›realen Sozialismus‹ beantwortet ausgeben, dann geben sie nicht nur zentrale Anforderungen an Selbstbestimmung im Produktionsprozeß, politische Demokratie, Meinungsfreiheit preis, sondern sie treiben den Arbeiterjugendlichen die Sehnsucht nach Utopie geradezu aus, indem sie sie vor die Alternative stellen: es soll bleiben, wie es ist, oder es soll werden, wie es in der DDR ist.«

241 Vgl. den Bericht von Heinz Oskar Vetter: »Aus der Geschichte lernen – die Zukunft gestalten«, in: *Gewerkschaftliche Monatshefte,* 11/1979, S. 674: »... Ein beachtlicher Teil der dort versammelten 16 000 oder 17 000 Jugendlichen (hat) meine Rede, die unmißverständlich gegen Rüstung, Kriegstreiberei und Krieg gerichtet war, nicht anhören wollen. Eine Stelle, und es gab da noch andere, an der der Anlaß zu einem Pfeifkonzert für mich erkennbar wurde, war die Erwähnung des Hitler-Stalin-Paktes als eine der Voraussetzungen für den Zweiten Weltkrieg. Das wurde später dahingehend kommentiert, ich hätte eine nicht der historischen Wahrheit entsprechende Wertung dieses Vortrages gegeben. Das habe die Störung provoziert.
Meine Damen und Herren, wenn sich hinter dieser Interpretation der Versuch verbirgt, historische Tabuzonen zu schaffen, sozusagen Reservate für Unschuldslämmer, Unberührbare und Märtyrer, dann entspricht das weder der Notwendigkeit von Meinungsvielfalt in der Einheitsgewerkschaft noch den Erfordernissen einer restlos aufklärenden Geschichtswissenschaft. Mir leuchtet es irgendwie nicht ein, daß die gleichen, die den Hitler-Stalin-Pakt zu rechtfertigen suchen, die Gewerkschaftsführer von 1933 zu Sündenböcken machen wollen. Auch *deren* Politik gipfelte ja in dem Versuch, zur Rettung ihrer Organisation Zeit zu gewinnen...«

242 Vgl. z. B. die offizielle Erklärung des DGB-Bundesjugendausschusses vom 6. 4. 1979, die, statt sich mit dem »Oberurseler Papier« inhaltlich auseinanderzusetzen, das DKP-Problem in den eigenen Reihen mit einigen nichtssagenden Sätzen unter den Teppich kehrte und dekretierte: »Der DGB-Bundesjugendausschuß distanziert sich... von Inhalten des Papiers. Der erweckte Eindruck der Unterwanderung bzw. Beherrschung gewerkschaftlicher Jugendarbeit durch SDAJ und DKP trifft so (!) nicht zu.« Brock, Mückenberger und Negt charakterisierten die in vielen gewerkschaftlichen Jugendgremien einsetzenden Reaktionen dieser und noch schlimmerer Art dann auch treffend: »Wie so häufig wurden jedoch in der Folgezeit die Autoren des Diskussionspapiers zu Prügelknaben für das, worüber sie berichteten. Im DGB und im einzelgewerkschaftlichen Jugendbereich wurde nämlich nicht die Strategie und das Ausmaß der DKP-orientierten gewerkschaftlichen Jugendfunktionäre zum Anlaß für Diskussionen genommen, sondern vielmehr die Tatsache, *daß* hierüber geschrie-

ben wurde. In zahlreichen gewerkschaftlichen Jugendgremien wurden Beschlüsse gefaßt, keine Lehrgänge mehr in Oberursel durchzuführen. Es wurden sogar Forderungen laut, die Schule überhaupt zu schließen und ihren Leiter, Hinrich Oetjen, zu entlassen.« Adolf Brock, Ulrich Mückenberger, Oskar Negt: »›Die Jugendschule wird erwachsen.‹ 25jähriges Jubiläum der DGB-Schule Oberursel inmitten von Konflikten und innergewerkschaftlichen Kontroversen«, in: *Kritik*, Nr. 22/1979, S. 67 f. Wortführer der Anti-Oberursel-Kampagne wurden die IG Metall-Vorstandsmitglieder Benz und Preiss, die in einer umfangreichen »Dokumentation« die Gewerkschaftsfeindlichkeit des Oberurseler Teams nachzuweisen suchten – natürlich nicht wegen deren DKP-Kritik, sondern wegen ihrer Position, für die Gewerkschaftsjugend einen Freiraum kritischen Denkens und Handelns, auch in den Gewerkschaften zu fordern (vgl. oben S. 38 ff!). Die *Frankfurter Rundschau* veröffentlichte diesen großangelegten Diffamierungsversuch am 12. und 14. 1. 1980.

241a Die folgenden Zitate sind sämtlich der Veröffentlichung des Programmentwurfs in den *Gewerksch. Monatsheften*, 11/1979, entnommen.

243 Zitiert nach dem *Redemanuskript*, S. 5 (Hervorhebg. v. Verf.).

244 Nr. 10 – Mai 1978, hrsg. v. IGBE-Hauptvorstand, Bochum, S. 5 ff.

245 Die Bedeutung dieses »*Erfahrungsansatzes*« in der gewerkschaftlichen Bildungsarbeit und die – vor allem DKP-orientierten – Versuche, ihn zugunsten autoritärer Schulung zu verdrängen, werden in dem eben (Anm. 242) zitierten Aufsatz von Brock, Mückenberger und Negt ausgezeichnet (und sogar allgemeinverständlich) dargestellt, – ebenso auch die Rolle der »Oberurseler« dabei: Der DKP-Streit erweist sich u. a. genau in dieser bildungspolitisch-didaktischen Kontroverse mitbegründet: a. a. O., S. 55 ff.

»Zu einer deutlichen Fraktionierung in Fragen der Bildungskonzeption kam es bereits 1973, als der ›Stufe-I-Leitfaden‹ für die DGB-Jugendbildungsarbeit entwickelt wurde ... Der Stufe-I-Leitfaden, der dann von der Abteilung Jugend des DGB-Bundesvorstandes herausgegeben wurde, stellt einen Bruch mit dem (u. a. Oberurseler; d. Verf.) Erfahrungsansatz dar, weil er Bildungsmaßnahmen, die der ersten Orientierung von Gewerkschaftern dienen sollen, *einem strikten curricularen Lernziel/Lernschritt-Schema unterwirft.* Kennzeichnend für diesen Leitfaden ist, daß er letztlich die Erfahrungen der jugendlichen Teilnehmer lediglich zum Vehikel dafür benutzt, um den Teilnehmern ›den Interessengegensatz‹ beizubringen und daraus die überkommenen gewerkschaftlichen Forderungen – gewerkschaftliche Organisierung, betriebliche Interessenvertretung, Mitbestimmung – abzuleiten. Von Anfang an bestand die Oberurseler Kritik darin, daß ein solches Leitfadenkonzept die Bildungsarbeit notwendig zu einer schematisierenden ›Schulung‹ der Teilnehmer verkümmern lasse, daß er die Aufnahme konkreter und neuer Erfahrungen und Probleme der Teilnehmer eher erschwere als begünstige, daß er dem Ziel der Entwicklung eigenständiger Handlungskompetenz der Teilnehmer geradezu Hindernisse in den Weg stelle. Alle diese Vorbehalte, die von Oberursel schon frühzeitig angemeldet wurden, mit denen sich die Schule jedoch angesichts des damaligen Kräfteverhältnisses in den Jugendgremien des DGB nicht durchsetzen konnte, haben sich als berechtigt erwiesen.« (S. 57; Hervorh. v. uns; d. Verf.)

Sehr bald zeigte sich, daß der autoritäre »Schulungs«-Ansatz (auch »interessenorientierter Ansatz« genannt) von DKP-nahen Autoren besonders deutlich, auch literarisch, vertreten wurde. Die »Oberurseler mußten sich auseinandersetzen mit Publikationen aus dem gewerkschaftlichen Bereich... von Brammerts/Trautwein/Gerlach ›Lernen in der Gewerkschaft‹ und Udo Achten ›Gemeinsam lernen – solidarisch handeln‹ (in der EVA erschienen; d. Verf.). Diesen Büchern ist gemeinsam, daß sie den von Negt formulierten Erfahrungsansatz zu liquidieren und durch ›stringentere‹ curriculare Lernschemata zu ersetzen versuchen. Gemeinsam ist ihnen auch, daß sie durchweg auf einer Fehlinterpretation des Konzepts ›exemplarisches Lernen‹ beruhen – einer Fehlinterpretation, *in der sie fast wortidentisch Mißverständnisse und Diffamierungen, die von DKP-Seite etwa durch Harald Werner und durch den IMSF-Forschungsbericht zur Jugendarbeit vorgetragen wurden, fortschreiben und ausgrenzend gegen die Verfechter des Erfahrungsansatzes*... wenden.« (S. 63; Hervorhebung v. uns; d. Verf.)

246 Vgl. Heinz Oskar Vetter, »Aus der Geschichte lernen – die Zukunft gestalten«, a. a. O., S. 674.

247 Die Arbeitshefte der IG Chemie hatten daher auch die Titel:
1. *Arbeit und Freizeit*
2. *Kapital und Arbeit*
3. *Die Gesellschaft, in der wir leben*

Anhang

Literaturhinweise

a) zu Darstellungen über den Sowjetkommunismus in der Bundesrepublik
b) zu sowjetmarxistischen Darstellungen (insbesondere über den Reformsozialismus)

a) Arbeiten über Sowjetmarxismus und -kommunismus in der Bundesrepublik

Gerhard Beier, »Die Wiederentdeckung der Gewerkschaftsgeschichte«, in: *Aus Politik und Zeitgeschichte. Beilage zur Wochenzeitung »Das Parlament«,* B 41/79 vom 13. 10. 1979, S. 19–36.

Gerhard Beier, »›Fälschung‹ oder ›Denunziation‹«, in: *Gewerkschaftliche Monatshefte,* 4/1979, S. 245 ff.

Helmut Bilstein, Sepp Binder, Manfred Elsner, Hans-Ulrich Klose, Ingo Wolkenhaar, *Organisierter Kommunismus in der Bundesrepublik Deutschland. DKP-SDAJ-MSB Spartakus, KPD/KPD(ML)/ KBW,* Opladen 1975 (3., vollständig überarbeitete und erweiterte Auflage) (Leske Verlag).

Frank Deppe, Georg Fülberth, Jürgen Harrer, »Zur aktuellen Diskussion über die ›Geschichte der deutschen Gewerkschaftsbewegung‹«, in: *Blätter für deutsche und internationale Politik,* 1/1980, S. 83–102

Dettmar Cramer, »Kommunisten und Sozialdemokraten, wie die Einheitspartei es sieht«, in: *Deutschland Archiv,* 7/1973, S. 698–706.

Freimut Duve (Hrsg.), *Der Thesenstreit um »Stamokap«. Die Dokumente zur Grundsatzdiskussion der Jungsozialisten,* Reinbek 1973 (rororo aktuell 1662).

Iring Fetscher, *Von Marx zur Sowjetideologie. Darstellung, Kritik und Dokumentation des sowjetischen, jugoslawischen und chinesischen Marxismus,* Frankfurt 1972 (19., durchgesehene Auflage 1975) (Verlag M. Diesterweg).

Ernst Fischer, *Die Revolution ist anders,* Reinbek 1971 (rororo aktuell).

Ossip K. Flechtheim, *Die KPD in der Weimarer Republik,* Frankfurt 1976 (2. Auflage) (EVA).

Ossip K. Flechtheim, *Weltkommunismus im Wandel,* Berlin (West) 1977 (Neuauflage) (Verlag Europäische Ideen).

Karl Wilhelm Fricke, »Sozialdemokraten und Kommunisten. ›Unbewältigte Vergangenheit‹«, in: *Deutschland Archiv,* 9/1973, S. 911–915.

Helga Grebing, »Eine große sozialwissenschaftliche und pädagogische Leistung? Bemerkungen zu dem Buch von Deppe, Fülberth, Harrer (Hrsg.): Geschichte der deutschen Gewerkschaftsbewegung«, in: *Gewerkschaftliche Monatshefte,* 4/1979, S. 204–227.

Horst Heimann, *Theoriediskussion in der SPD,* Frankfurt, Köln 1975 (EVA).

Hans Koschnik u. a., *Zur Klärung des Verhältnisses zwischen Sozialdemokratie und Stamokap-Richtung,* Bonn o. J.

Lothar Kramm, *Stamokap – eine kritische Abgrenzung. Zur Rolle des Staates in der demokratisch-kapitalistischen Gesellschaft,* Bonn-Bad Godesberg 1974 (Verlag Neue Gesellschaft).

Wolfgang Leonhard, *Sowjetideologie heute II. Die politischen Lehren,* Frankfurt 1962 (Fischer Taschenbuch 6246).

Wolfgang Leonhard, *Was ist Kommunismus? Wandlungen einer Ideologie,* München 1976 (Bertelsmann Verlag).

Ulrich Lohmar, »Sozialdemokratie oder Kommunismus?«, in: *Aus Politik und Zeitgeschichte. Beilage zur Wochenzeitung »Das Parlament«,* B 8/73, vom 24. 2. 1973, S. 3ff.

Peter Lübbe, *Kommunismus und Sozialdemokratie. Eine Streitschrift,* Bonn 1978 (J. H.W. Dietz Verlag).

Gerd Meyer, *Bürokratischer Sozialismus. Eine Analyse des sowjetischen Herrschaftssystems,* Stuttgart 1977 (F. Frommann Verlag).

Manfred Scharrer, »Zur ›Geschichte der deutschen Gewerkschaftsbewegung‹«, in: *Die Neue Gesellschaft,* 10/1979, S. 854–859.

Alexander Schwan, Gesine Schwan, *Sozialdemokratie und Marxismus. Zum Spannungsverhältnis von Godesberger Programm und marxistischer Theorie,* Hamburg 1974 (Hoffmann und Campe Verlag).

Ota Šik, *Das kommunistische Machtsystem,* Hamburg 1976 (Hoffmann und Campe Verlag).

Wolfgang Sternstein, *Marx-Lenin-Mao. Darstellung und Kritik der marxistischen Gesellschaftsanalyse,* Frankfurt 1978 (Haag und Herchen Verlag).

Fritz Vilmar, »Gesamteuropäische Koexistenz und innersozialistische Kritik«, in: Rudi Dutschke, Manfred Wilke (Hrsg.), *Die Sowjetunion, Solschenizyn und die westliche Linke,* Reinbek 1975, S. 29–64 (rororo aktuell 1875).

Fritz Vilmar, *Strategien der Demokratisierung,* 2 Bände, Darmstadt, Neuwied 1973 (Luchterhand Verlag), bes. Bd. I, S. 295ff.

Gerd Walter, *Theoretischer Anspruch und politische Praxis der DKP. Eine Analyse am Beispiel der Betriebsarbeit,* Meisenheim am Glan, 1973 (Verlag Anton Hain).

Hermann Weber, *Demokratischer Kommunismus? Zur Theorie, Geschichte und Politik der kommunistischen Bewegung,* Hannover 1969 (J. H.W. Dietz Verlag).

Der deutsche Kommunismus. Dokumente. Hrsg. und kommentiert von Hermann Weber, Köln 1963 (Verlag Kiepenheuer und Witsch).

Hermann Weber, *Die Wandlungen des deutschen Kommunismus. Die Stalinisierung der KPD in der Weimarer Republik,* 2 Bände, Frankfurt 1969 (EVA).

Hermann Weber, »Kommunisten und Gewerkschaften in Deutschland – zu einigen historischen Aspekten kommunistischer Gewerkschaftspolitik«, in: *Gewerkschaftliche Monatshefte,* 8/1979, S. 509–517.

Hermann Weber, »Realistischere Einschätzung der SPD durch kommunistische Ideologen«, in: *Die Neue Gesellschaft,* 9/1974, S. 774–776.

Hermann Weber, *SED. Chronik einer Partei,* Köln 1976 (Verlag Wissenschaft und Politik).

Hermann Weber, »Sozialdemokraten und Kommunisten. Die Haltung der Sozialdemokraten«, in: *Deutschland Archiv,* 7/1973, S. 706–712.

Hermann Weber, *Ulbricht fälscht Geschichte. Ein Kommentar mit Dokumenten zum »Grundriß der Geschichte der deutschen Arbeiterbewegung«,* Köln 1964 (Neuer Deutscher Verlag).

b) Sowjetmarxistische Darstellungen (insbesondere über den Reformsozialismus)

Autorenkollektiv des IMSF, *Klassen- und Sozialstruktur der BRD 1950–1970,* Frankfurt 1974.

Paul Boccara u. a., *Der staatsmonopolistische Kapitalismus,* Frankfurt 1973.

Jürgen Bodelle, *Die antimonopolistische Demokratie,* Berlin (West) 1973 (Duwe Verlag).

Hans Jochen Brauns u. a., *SPD in der Krise. Die deutsche Sozialdemokratie seit 1945,* Frankfurt/Main 1976 (Fischer Taschenbuch 6518).

Frank Deppe, *Autonomie und Integration. Materialien zur Gewerkschaftsanalyse,* Marburg 1979.

Frank Deppe, Georg Fülberth, Jürgen Harrer u. a., *Geschichte der deutschen Gewerkschaftsbewegung,* Köln 1977 (Pahl-Rugenstein Verlag).

Der gegenwärtige Antikommunismus – Politik und Ideologie, Berlin (DDR) 1974.

Rainer Eckert, *Das ist »demokratischer Sozialismus«. Eine Antwort auf Johano Strassers Frage: »Was ist demokratischer Sozialismus?«,* Frankfurt 1975 (Verlag Marxistische Blätter).

Rainer Eckert, Axel Seiderer, *Sozialdemokratie und Jungsozialisten. Politik, Programm und Gesellschaftstheorie – eine marxistische Kritik,* Frankfurt 1974 (Verlag Marxistische Blätter).

Jutta von Freyberg u. a., *Geschichte der deutschen Sozialdemokratie 1863–1975,* Köln 1975 (Pahl-Rugenstein Verlag).

Georg Fülberth, Jürgen Harrer, *Die deutsche Sozialdemokratie 1890–1933,* Darmstadt, Neuwied 1974 (Luchterhand Verlag).

Wladimir Granow u. a., *Die gegenwärtige Sozialdemokratie,* Köln 1973 (Pahl-Rugenstein Verlag).

Grundriß der Geschichte der deutschen Arbeiterbewegung, Berlin (DDR) 1963.

Rudi Gündel, Horst Heininger, Peter Hess, Kurt Zieschang, *Zur Theorie des staatsmonopolistischen Kapitalismus,* Berlin (DDR) 1967 (Akademie Verlag).

Jürgen Harrer, »Zur Typologie und Definition sozialdemokratischer Politik«, in: *Blätter für deutsche und internationale Politik,* 6/1974, S. 569 ff.

Heinz-Gerd Hofschen, Erich Ott, Hans Karl Rupp, *SPD im Widerspruch. Zur Entwicklung und Perspektive der Sozialdemokratie im System der BRD,* Köln 1975 (Pahl-Rugenstein Verlag).

Ideologie des Sozialdemokratismus in der Gegenwart, Frankfurt 1972 (Verlag Marxistische Blätter).

Institut für Gesellschaftswissenschaften beim ZK der SED (Hrsg.), *»Demokratischer Sozialismus« – Schein und Wirklichkeit,* Frankfurt 1975 (Verlag Marxistische Blätter).

Institut für Gesellschaftswissenschaften beim ZK der SED (Hrsg.), *Der Imperialismus der BRD,* Frankfurt 1972 (Verlag Marxistische Blätter).

Institut für Gesellschaftswissenschaften beim ZK der SED (Hrsg.), *Imperialismus heute,* Berlin (DDR) 1965.

Institut für Marxismus-Leninismus beim ZK der SED, *Geschichte der deutschen Arbeiterbewegung,* 8 Bände, Berlin (DDR) 1966.

Heinz Jung u. a., *BRD-DDR. Vergleich der Gesellschaftssysteme,* Köln 1971 (Pahl-Rugenstein Verlag).

Jungsozialisten/Bezirk Ostwestfalen-Lippe, *Herforder Thesen,* Berlin (West) 1978.

Günter Kalex, Harry Klug, »Das ›strategische Zielbündel‹ des Herrn Lohmar«, in: *Aus Politik und Zeitgeschehen. Beilage zur Wochenzeitung »Das Parlament«,* B 8/73, vom 24. 2. 1973, S. 21–31.

Kleines Politisches Wörterbuch, Berlin (DDR) 1973.

Erika König, *Vom Revisionismus zum »Demokratischen Sozialismus«,* Berlin (West) 1964.

Werner Pfaff, Günter Kalex, »Antikommunismus – Wesenszug des Sozialdemokratismus«, in: *Einheit,* Berlin (DDR), 4/1971.

Probleme der kommunistischen Bewegung. Einige Fragen zur Theorie und Methodologie, Moskau 1976 (deutsch von S. Gorelik) (Progress Verlag).

Karl-Heinz Röder, *Die Formel von der »sozialen Demokratie«. Staat und Demokratie in der Ideologie des Sozialreformismus,* Berlin (DDR) 1975.

Kurt Schacht, *Bilanz der sozialdemokratischen Reformpolitik,* Frankfurt 1976 (Verlag Marxistische Blätter).

Josef Schleifstein, »Zur Theorie des staatsmonopolistischen Kapitalismus«, in: ders. u. a., *Beiträge zur »Stamokap«-Debatte,* Köln 1973, S. 5 ff.

Verbrechen ohne Chance. Gegen die Ideologie des Antikommunismus, Berlin (DDR) 1967.

W. G. Wassin, »Die gegenwärtige Sozialdemokratie«, in: *Einheit,* Berlin (DDR), 1974.

Arno Winkler, »Wie der Sozialdemokrat Ulrich Lohmar den objektiven Verlauf der Geschichte aufhalten will«, in: *Aus Politik und Zeitgeschichte. Beilage zur Wochenzeitung »Das Parlament«,* B 8/73, vom 24. 2. 1973, S. 11–20.

Stellungnahme der SPD/FDP-Bundesregierung zur DKP

...

»Die DKP repräsentiert den orthodoxen Kommunismus sowjetischer Prägung in der Bundesrepublik Deutschland. Sie folgt in allen ideologischen und politischen Fragen vorbehaltlos der von der KPdSU und der SED vertretenen Linie. Insofern unterscheidet sie sich von anderen kommunistischen Parteien Westeuropas, z. B. der Kommunistischen Partei Italiens, die in einzelnen Fragen (z. B. Besetzung der Tschechoslowakei) eine andere Haltung als die KPdSU einnehmen.
Materiell ist die DKP, wiederum im Unterschied zu anderen orthodox-kommunistischen Parteien Westeuropas, von der Unterstützung durch die SED und deren Hilfsorganisationen abhängig. Der von ihr unterhaltene umfangreiche Apparat, ihre aufwendige Propaganda- und Pressearbeit, ihre zahlreichen Tagungen und sonstigen vielfältigen Aktivitäten sind nicht denkbar ohne die beträchtliche finanzielle Unterstützung, die der DKP aus der DDR zufließt. Die Bundesregierung schätzt diese Zuwendungen auf 30 Millionen DM im Jahre 1974. Auf die Antwort der Bundesregierung in der Fragestunde des Deutschen Bundestages vom 29. Januar 1975 wird verwiesen.
Die Bundesregierung hat zu keiner Zeit einen Zweifel daran gelassen, daß sie die Ziele der DKP für verfassungsfeindlich hält. Sie hat dies wiederholt, zuletzt in der Fragestunde des Deutschen Bundestages vom 5. Juni 1975, öffentlich erklärt.
Die Verfassungsfeindlichkeit der Bestrebungen der DKP erweist sich bei einem Vergleich ihrer Ziele – sozialistische Revolution und Diktatur des Proletariats – mit den Aussagen des Bundesverfassungsgerichts im KPD-Verbotsurteil vom 17. August 1956. Sie wird ferner belegt durch den Vergleich der programmatischen Äußerungen der DKP mit den tragenden Prinzipien der freiheitlichen demokratischen Grundordnung, wie sie das Bundesverfassungsgericht definiert hat. Die verfassungsfeindliche Zielsetzung der DKP ergibt sich schließlich aus ihrer politischen Identifizierung mit dem in der DDR bestehenden Staats- und Gesellschaftssystem.

1. Sozialistische Revolution und Diktatur des Proletariats

Die DKP bekennt sich in den Grundsatzdokumenten und in Äußerungen führender Funktionäre zum Marxismus-Leninismus, wobei sie die im kommunistischen Sprachgebrauch üblichen Bezeichnungen »Lehre« oder »Theorie von Marx, Engels und Lenin« oder »wissenschaftlicher Sozialismus« verwendet:
»Die Deutsche Kommunistische Partei wirkt als marxistische Partei der Arbeiterklasse in der Bundesrepublik. Die Tätigkeit der DKP gründet sich auf die Lehre von Marx, Engels und Lenin, auf den wissenschaftlichen Sozialismus, der auf die Veränderung der Welt gerichtet ist« (Grundsatzerklärung, Präambel, S. 4).
Nach dem KPD-Verbotsurteil des Bundesverfassungsgerichts

(BVerfGE 5, 85, 155) führt die aus der Lehre des Marxismus-Leninismus zu erschließende gesellschaftliche Entwicklung notwendig zur Errichtung einer sozialistisch-kommunistischen Gesellschaftsordnung auf dem Wege über die proletarische Revolution und die Diktatur des Proletariats. Bereits aus ihrem Bekenntnis zum Marxismus-Leninismus, aber auch aus zahlreichen anderen Aussagen der DKP ergibt sich, daß sie den Sozialismus nur über die sozialistische (synonym auch: proletarische) Revolution und die Diktatur des Proletariats für erreichbar hält. Im KPD-Verbotsurteil vom 17. August 1956 hat das Bundesverfassungsgericht festgestellt, daß die sozialistische Revolution und die Diktatur des Proletariats mit der freiheitlichen demokratischen Grundordnung in der Bundesrepublik Deutschland unvereinbar sind (BVerfGE 5, 85, 195).
Die DKP vermeidet zwar wegen des KPD-Verbotsurteils meist die Verwendung der Begriffe »Sozialistische Revolution« und »Diktatur des Proletariats« und verwendet statt dessen überwiegend Ausdrücke wie »Sozialistische Umwälzung« und »Herrschaft« oder »Macht der Arbeiterklasse«. Im Sprachgebrauch der DKP sind diese Begriffe jedoch gleichbedeutend. So heißt es in dem vom DKP-Institut für marxistische Studien und Forschungen herausgegebenen »Handbuch für Arbeiter und Angestellte zur betrieblichen und gesellschaftlichen Praxis« (Frankfurt/Main 1973) auf Seite 318 unter dem Stichwort »Sozialistische Revolution (Umwälzung)«:
»Grundlegende gesellschaftliche und politische Umwälzungen (Revolutionen) sind das Resultat des Klassenkampfes ...«
In dem in Berlin (Ost) 1973 erschienenen »Kleinen Politischen Wörterbuch« Seite 168 ist das Stichwort »Diktatur des Proletariats« erläutert als »Politische Herrschaft (Macht) der Arbeiterklasse ...«
Die Identität der Begriffe »Revolution« und »Umwälzung« ergibt sich auch aus folgenden programmatischen Äußerungen der DKP:
»Die DKP grenzt sich dadurch auch von der reformistischen Auffassung ab, ... der Sozialismus (könne) durch eine Summe von Reformen erreicht werden. Sie wendet sich auch gegen die Illusion, daß man zum Sozialismus durch sogenannte systemüberwindende Reformen, das heißt ohne die grundlegende Umwälzung der politischen und ökonomischen Machtverhältnisse gelangen könne« (These 10 des Düsseldorfer Parteitages 1971; im folgenden »Thesen« zitiert).
»Die Verwirklichung des Sozialismus ist jedoch mehr als eine Reform oder eine Summe von Reformen. Sie ist eine grundlegende Umwälzung der politischen und ökonomischen Machtverhältnisse, oder mit einem anderen Wort ausgedrückt: Sie ist eine Revolution« (Willi Gerns, Der Marxismus als Waffe zur erfolgreichen Vertretung der Arbeiterinteressen – die Aufgabe der DKP im ideologischen Kampf, in »UZ-Extra«, Eigenbeilage zur DKP-Tageszeitung »UZ« Nr. 241 vom 17. Oktober 1974, S. 18).
Die Identität der Begriffe »Diktatur des Proletariats« und »Macht der Arbeiterklasse« ergibt sich aus folgenden Äußerungen:
»Die sozialistische Gesellschaftsordnung setzt die Erringung der politischen Macht durch die Arbeiterklasse im Bündnis mit den anderen

werktätigen Schichten voraus« (Thesen des Düsseldorfer Parteitages 1971).
»Sozialismus gibt es nur in den Ländern, in denen die Arbeiterklasse unter Führung ihrer kommunistischen Partei die politische Macht errungen... hat... Die Lösung des Konflikts zwischen dem gesellschaftlichen Charakter der Produktion und der kapitalistischen Aneignung kann nur durch die Eroberung der politischen Macht durch die Arbeiterklasse und Überführung aller wichtigen Produktionsmittel in gesellschaftliches Eigentum, das heißt durch den Sozialismus erfolgen. Dieser Grundsatz bestimmt die Politik unserer Partei« (Willi Gerns, a.a.O. S. 18).
Die »sozialistische Umwälzung« (Revolution) setzt – wie das Bundesverfassungsgericht im KPD-Urteil (BVerfGE 5, 170 ff.) festgestellt hat – nach der Lehre des Marxismus-Leninismus, wie die geschichtlichen Beispiele zeigen, die gewaltsame Zerschlagung der bisherigen staatlichen Ordnung voraus; in Ausnahmefällen kann sie auch auf gewaltlosem Wege, z.B. durch Erlangung der parlamentarischen Mehrheit durch die Kommunisten, eingeleitet werden. Es kann dahinstehen, welchen Weg zur »sozialistischen Umwälzung« die DKP gegenwärtig für zweckmäßig und erfolgversprechend ansieht. Selbst wenn das der gewaltlose Weg sein sollte, müßten ihre grundsätzlichen Vorstellungen über die Gestaltung von Staat und Gesellschaft nach Erringung einer mehrheitlichen »Herrschaft der Arbeiterklasse« mit den Prinzipien unserer freiheitlichen demokratischen Grundordnung im Einklang stehen.

2. *Verhältnis der DKP zum Grundgesetz und zu den Prinzipien der freiheitlichen demokratischen Grundordnung*

2.1 Die DKP hat ein ausdrückliches Bekenntnis zur freiheitlichen demokratischen Grundordnung bisher vermieden, behauptet allerdings stets, auf der »Basis der im Grundgesetz verkündeten demokratischen Prinzipien und Rechte« zu kämpfen:
»Aufgrund der heutigen Bedingungen des Klassenkampfes geht die DKP davon aus, daß der Kampf der Arbeiterklasse und der anderen demokratischen Kräfte um die demokratische Erneuerung von Staat und Gesellschaft, um eine antimonopolistische Demokratie, am besten geeignet ist, den Weg zum Sozialismus zu öffnen. Die DKP erstrebt diese Umgestaltung auf der Basis der im Grundgesetz verkündeten demokratischen Prinzipien und Rechte.« (These 9.)
Auf diesen Satz wird regelmäßig verwiesen, wenn es gilt, die verfassungskonforme Einstellung der DKP zur freiheitlichen demokratischen Grundordnung darzutun. Dieses auf die »demokratischen Prinzipien und Rechte« beschränkte Bekenntnis der DKP stellt sich jedoch im Licht des »wissenschaftlichen Sozialismus« nicht als ein Bekenntnis zu den Grundsätzen unserer freiheitlichen demokratischen Grundordnung, sondern zu deren Gegenteil dar.
Nach der Lehre des »wissenschaftlichen Sozialismus« haben die kommunistischen Parteien der »kapitalistischen« Länder für die »maximale

Erweiterung der demokratischen Rechte und Freiheiten« zu kämpfen, weil diese günstige Kampfbedingungen für die Kommunisten schaffen (u. a. im »Sachwörterbuch der Geschichte Deutschlands und der deutschen Arbeiterbewegung«. Dietz Verlag, Berlin 1969, Band I, S. 340).
Auch die DKP sieht die demokratischen Grundrechte und Freiheiten vor allem als ein Kampfmittel der Arbeiterklasse an:
»Die Interessen der Arbeiterklasse und ihrer Verbündeten erfordern die Verteidigung der demokratischen Grundrechte und Freiheiten und den Kampf um ihre Erweiterung. Diese Rechte wurden den reaktionären Kräften vor allem durch den Kampf der Arbeiterbewegung abgerungen. Mögen sie heute auch noch so begrenzt und formal sein, sie können und müssen von der Arbeiterklasse als Waffe im Kampf für ihre Gegenwarts- und Zukunftsinteressen genutzt werden.« (These 14, ähnlich auch in These 4.)

2.2 Die Frage, ob die DKP selbst »auf dem Boden der im Grundgesetz verkündeten demokratischen Prinzipien und Rechte steht«, wie sie selbst von sich behauptet, läßt sich nur aufgrund einer Untersuchung ihres Verhältnisses zu jenen Elementen der freiheitlichen demokratischen Grundordnung beantworten, die deren unverzichtbaren Kernbestand ausmachen.
Das Bundesverfassungsgericht hat in seiner Entscheidung über das Verbot der rechtsextremistischen Sozialistischen Reichspartei die freiheitliche demokratische Grundordnung wie folgt definiert (BVerfGE 2, 1, 12 f.):
»... So läßt sich die freiheitliche demokratische Grundordnung als eine Ordnung bestimmen, die unter Ausschluß jeglicher Gewalt- und Willkürherrschaft eine rechtsstaatliche Herrschaftsordnung auf der Grundlage der Selbstbestimmung des Volkes nach dem Willen der jeweiligen Mehrheit und der Freiheit und Gleichheit darstellt. Zu den grundlegenden Prinzipien dieser Ordnung sind mindestens zu rechnen: Die Achtung vor den im Grundgesetz konkretisierten Menschenrechten, vor allem vor dem Recht der Persönlichkeit auf Leben und freie Entfaltung, die Volkssouveränität, die Gewaltenteilung, die Verantwortlichkeit der Regierung, die Gesetzmäßigkeit der Verwaltung, die Unabhängigkeit der Gerichte, das Mehrparteienprinzip und die Chancengleichheit für alle politischen Parteien mit dem Recht auf verfassungsmäßige Bildung und Ausübung einer Opposition.«
Die DKP lehnt diese Grundprinzipien einer freiheitlichen rechtsstaatlichen Demokratie ab, wie sich aus ihren eigenen Äußerungen ergibt.

2.2.1 *Achtung vor den im Grundgesetz konkretisierten Menschenrechten*

Während das Grundgesetz die Grundrechte als Konkretisierung der unantastbaren Menschenwürde (Art. 1 Abs. 1 Grundgesetz) in ihrem Wesensgehalt (Artikel 19 Abs. 2 Grundgesetz) jeglicher staatlichen Verfügungsgewalt entzieht und prinzipiell jedermann gewährleistet, will die DKP die Freiheitsrechte in dem von ihr erstrebten sozialisti-

schen System dann nicht gelten lassen, wenn von ihnen in einer Weise Gebrauch gemacht wird, die dem Ziel des »Sozialismus« oder dem Weg dorthin zuwiderläuft:
»Freiheitsbeschränkungen im Sozialismus entspringen jedoch nicht dem Wesen des Sozialismus, sondern ergeben sich aus der Notwendigkeit, die neue Ordnung, die neuen gesellschaftlichen und persönlichen Freiheiten, die sozialistischen Grundrechte gegen die Aggressivität des Imperialismus, gegen seine geistige und politische Konterrevolution zu schützen. ›Freiheit‹ für die Verbreitung reaktionärer kapitalistischer Organisationen, Zeitungen, Institutionen usw. im Sozialismus, die unkontrollierte Öffnung der Grenzen ... würde nicht nur bedeuten zuzulassen, daß die Grundlagen des Sozialismus untergraben werden, es würde schließlich auch bedeuten, die feindlichen Klassengegensätze, die der Sozialismus überwunden hat, immer wieder auf die neue Gesellschaft zu übertragen ...«.
(Aus Artikel »Zur Freiheitsauffassung des Marxismus« von Hans Adamo, in »Marxistische Blätter«, Heft 2, März/April 1972, Seite 42.)
Das bedeutet, daß in der von der DKP angestrebten sozialistischen Gesellschaftsordnung die Freiheitsrechte wegen der Notwendigkeit des Schutzes der neuen Ordnung vor der »Konterrevolution« allenfalls für Teile der Bevölkerung und nur im Sinne der Einordnung in das vorgegebene System vorstellbar sind. Das ist das Gegenteil der Freiheit, wie sie das Grundgesetz gewährleistet.
An dieser Einschätzung ändert auch nichts die kommunistische Utopie von der vollen Verwirklichung der Freiheitsrechte in der Endstufe der Entwicklung zum Kommunismus. Ein politisches System, das um der Erreichung einer in unbestimmter Zukunft liegenden allgemeinen Freiheit willen die unabdingbaren Grundrechte des einzelnen jetzt ganz oder teilweise vorenthält oder wesentlich einschränkt, ist mit der freiheitlichen demokratischen Grundordnung unvereinbar.

2.2.2 *Volkssouveränität*

Nach dem Demokratieverständnis des Grundgesetzes geht die Staatsgewalt vom Volke aus (Art. 20. Abs. 2 Satz 1 GG). Dieses ist der eigentliche Träger der Staatsgewalt. Das Volk bringt seinen politischen Willen durch Wahlen und Abstimmung zum Ausdruck.
Das Recht des Bürgers auf Teilhabe an der politischen Willensbildung äußert sich auch in der Einflußnahme auf den ständigen Prozeß der politischen Meinungsbildung, der Bildung der »öffentlichen Meinung« (BVerfGE 20, 56, 98). Dabei ist wesentlich, daß sich die Willensbildung vom Volk zu den Staatsorganen, nicht umgekehrt von den Staatsorganen zum Volk hin, vollziehen muß (BVerfGE 20, 56, 99). Jede Form von Diktatur ist damit verboten.
Zum Prinzip der Volkssouveränität fordert die DKP, nach grundlegender Änderung politischer Machtverhältnisse, wie sie in der Bundesrepublik Deutschland gegeben seien, müsse die »arbeitende Bevölkerung als absolute Mehrheit des Volkes ihren Einfluß in allen Bereichen des politischen und gesellschaftlichen Lebens« ausüben (aus: Artikel

»Zur freiheitlichen demokratischen Grundordnung« von Klaus Böwer – »Marxistische Blätter«, Heft 2, März/April 1972, S. 21, 22).
Mit der arbeitenden Bevölkerung als absolute Mehrheit des Volkes ist die Arbeiterklasse gemeint, deren Herrschaft es zu erringen gelte. Dies kommt in These 3 zum Ausdruck:
»Das staatsmonopolistische System muß überwunden werden. Die antimonopolistischen Kräfte, unter Führung der Arbeiterklasse, müssen sich die politische Macht, den entscheidenden Einfluß in allen Bereichen der Gesellschaft erkämpfen.«
Nach den programmatischen Vorstellungen der DKP soll also die Staatsgewalt nicht mehr – wie vom Grundgesetz gefordert – vom ganzen Volke, sondern von einem Teil desselben, der Arbeiterklasse ausgehen. Die politische Organisation der Arbeiterklasse aber ist – unabhängig von irgendwelchen Mehrheitsverhältnissen, die bei Wahlen oder Abstimmungen festgestellt werden könnten – nach marxistisch-leninistischer Lehre die kommunistische Partei. In der Verfassung der DDR, die von der DKP als nachzuahmendes Beispiel hingestellt wird, ist dementsprechend diese Führungsrolle der kommunistischen Partei auf Dauer festgelegt (Art. 1 Abs. 1 DDR-Verf.).
Damit wird klar, daß die DKP die Volkssouveränität, wie sie in der Bundesrepublik Deutschland verwirklicht ist, ablehnt und an ihre Stelle die Herrschaft der Arbeiterklasse (Diktatur des Proletariats) unter Führung der kommunistischen Partei setzen will.

2.3 *Gewaltenteilung*

Nach dem Prinzip der Teilung der Gewalten, wie es in Art. 20 Abs. 2 Satz 2 GG zum Ausdruck kommt, wird die Staatsgewalt – von Wahlen und Abstimmungen abgesehen – durch besondere Organe der Gesetzgebung, der vollziehenden Gewalt und der Rechtsprechung ausgeübt. Gewaltenteilung ist ein tragendes Organisationsprinzip des Grundgesetzes. Sinn der Gewaltenteilung ist es, daß die Organe der Legislative, Exekutive und Justiz sich gegenseitig kontrollieren und begrenzen, damit die Staatsmacht gemäßigt und die Freiheit des einzelnen geschützt wird (BVerfGE 9, 268, 279).
Diesem tragenden Prinzip des klassischen demokratischen Staates erteilt die DKP eine klare Absage, indem sie die Volksvertretung in der DDR als typisch für sozialistische Volksvertretungen beschreibt:
»Von ihrem Wesen her ist diese Stellung der Volksvertretungen eine prinzipielle Absage an jede Form der Zersplitterung der politischen Macht der von der Arbeiterklasse geführten Werktätigen. Sie bedeutet den völligen Bruch mit dem bürgerlichen Prinzip der Gewaltenteilung, mit dem im bürgerlichen Staat ein mit den Monopolen verflochtener Verwaltungsapparat das Parlament bei Bedarf faktisch ausschalten, zu einem politischen Schattendasein verurteilen, ggf. auch auflösen kann oder mit dem etwa die Justiz im Interesse der herrschenden Klassenkräfte die Gesetze des Parlaments überprüfen und ihren Vollzug aussetzen kann.«
(aus: Artikel »Die sozialistischen Volksvertretungen in der DDR« von

Hans-Joachim Karliczek, »Marxistische Blätter«, Heft 2, März/April 1972, S. 59.)

Die Ablehnung des »bürgerlichen Prinzips der Gewaltenteilung« verbindet die DKP mit dem Hinweis auf die in der DDR bestehende Identität zwischen der Volksvertretung und dem Staatsapparat, die beide Teile der »einheitlichen sozialistischen Staatsmacht« sind. Damit wird deutlich, daß die DKP den totalitären sozialistischen Staat anstrebt, in dem unter tatsächlicher Aufhebung aller kontrollierenden Funktionen der Gewaltenteilung untereinander alle Macht in einer Hand vereint ist.

2.4 *Mehrparteiensystem, Chancengleichheit für alle politischen Parteien, Recht auf verfassungsmäßige Bildung und Ausübung einer Opposition*

Das Grundgesetz hat die politischen Parteien in Art. 21 als verfassungsrechtlich notwendige Instrumente für die politische Willensbildung des Volkes anerkannt und sie in den Rang einer verfassungsrechtlichen Institution erhoben (BVerfGE 11, 266, 273). Nach Art. 21 Abs. 1 Satz 2 GG ist die Gründung von Parteien frei. Dadurch ist verfassungsrechtlich das Mehrparteienprinzip gewährleistet und das Entstehen eines Einparteistaats ausgeschlossen. Damit ist eng der Grundsatz der Chancengleichheit der Parteien verbunden. Er verbietet jede Ungleichbehandlung der Parteien, besonders bei der Ausgestaltung des Wahlrechts und bei der Regelung der Vorbereitung der Wahlen (vgl. z. B. BVerfGE 14, 121, 133).

Hingegen haben das Mehrparteienprinzip und das Recht auf Ausübung einer Opposition in dem von der DKP erstrebten Gesellschaftssystem keinen Platz und werden folglich abgeschafft, wenn diese Ordnung in der Bundesrepublik Deutschland errichtet werden sollte. Äußerungen von DKP-Funktionären (vgl. das Zitat von Adamo unter 2.2.1) zeigen, daß die DKP Andersdenkenden, die nach Belieben als »Monopolkapitalisten«, »Neonazis« oder »Reaktionäre« bezeichnet werden können, keine Freiheit einräumen will. Für miteinander konkurrierende politische Parteien und eine verfassungsmäßige Opposition gibt es in ihrem System keinen Raum. Die DDR, in der die dauernde »Führung der Arbeiterklasse und ihrer marxistisch-leninistischen Partei« in Art. 1 der DDR-Verfassung festgelegt ist, ist ein Beispiel für ein solches System. In diesem System sind alle anderen Parteien von jeder wirklichen Teilnahme an der Machtausübung im Staate ausgeschlossen und eine Opposition schon gedanklich nicht möglich.

2.5 *Unabhängigkeit der Gerichte*

Die Verfassungsgarantie der richterlichen Unabhängigkeit verbietet jede vermeidbare Einflußnahme der Exekutive auf die Rechtsstellung des Richters (vgl. BVerfGE 12, 81, 88). Art. 97 Abs. 1 GG gewährleistet allen Richtern die sachliche Unabhängigkeit. Sie sind, soweit sie Recht sprechen, an Weisungen nicht gebunden und nur dem Gesetz unterworfen (BVerfGE 26, 186, 198).

Schon aus der Tatsache, daß die DKP die Gewaltenteilung ablehnt (vgl.

2.2.3), folgt auch eine Absage an unabhängige Gerichte. Die folgende Äußerung – auch wenn sie die Entwicklung in der DDR darstellt – läßt daran keinen Zweifel:

»Im Prozeß der revolutionären Umwälzung der Gesellschaft, der Eroberung der politischen Macht und der Errichtung der Diktatur des Proletariats schaffen sich die werktätigen Massen ihre eigenen Rechtspflegeorgane. Sie zerschlagen den bürgerlich-bürokratischen Gerichtsapparat und ersetzen ihn durch neue Rechtspflegeorgane, die ausschließlich der Durchsetzung ihrer im Recht formulierten Klasseninteressen zu dienen haben, die selbst Hebel zur Entfaltung und Festigung der revolutionären politischen Macht der Arbeiterklasse und zur Lösung der konkret-historischen Aufgaben der sozialistischen Gesellschaftsordnung sind. Ihre Funktion ist keine andere als die des sozialistischen Staates und seines Rechts selbst. Als Bestandteil der Diktatur des Proletariats nehmen sie alle Wesenszüge der politischen Macht der Arbeiterklasse in sich auf und folgen der Dynamik ihrer gesetzmäßigen Entwicklung. Als Träger der politischen Macht üben die Werktätigen unter Führung der Arbeiterklasse ihre Rechtspflege selbst aus. Sie ist organisiert nach dem Leninschen Prinzip der Teilnahme der Massen und der Kontrolle der Öffentlichkeit über die Gesetzlichkeit und Gerechtigkeit der Tätigkeit der Rechtspflegeorgane.«

(aus: Artikel »Die Teilnahme der Werktätigen an der Rechtsprechung in der DDR« von Günter Lehmann, »Marxistische Blätter«, Heft 2, März/April 1972, S. 67.)

Nichts macht den totalitären verfassungsfeindlichen Charakter des von der DKP erstrebten Systems deutlicher als die Aussage, daß im Sozialismus die Rechtspflegeorgane ausschließlich dem Staat und seinen Interessen zu dienen haben. Die Justiz befindet sich damit in totaler Abhängigkeit vom Staatsapparat und kann den durch die in der Bundesrepublik Deutschland verfassungsrechtlich garantierte richterliche Unabhängigkeit bewirkten Schutz der Rechte des einzelnen nicht mehr gewährleisten.

3. *Programmatische Identifizierung der DKP mit dem politischen System der DDR*

Die verfassungsfeindliche Zielsetzung der DKP ergibt sich schließlich unverhüllt aus ihrer vollständigen und vorbehaltlosen Identifizierung mit dem in der DDR herrschenden Staats- und Gesellschaftssystem, das sie in jeder Hinsicht als beispielhaft und vorbildlich für eine in der Bundesrepublik Deutschland zu errichtende sozialistische Gesellschaftsordnung hinstellt. Das ergibt sich aus einer Fülle programmatischer Äußerungen, von denen nachstehend eine Auswahl wiedergegeben wird:

»In der DDR haben die Arbeiter, unsere Klassengenossen, die Macht. Ihre politische und organisatorische Vereinigung und die Führung durch ihre marxistisch-leninistische Partei, die SED, haben sie befähigt, ihre von Marx, Engels und Lenin theoretisch begründete historische Rolle praktisch zu verwirklichen ... In der DDR hat die Arbeiterklasse, dem Bündnis mit den anderen Werktätigen, einen sozialistischen Staat aufgebaut... Die SED hat sich... als die erfolgreichste Partei in der deutschen Geschichte erwiesen, ... weil sie konsequent auf der Grundlage des Marxismus-Leninismus handelt...« (These 18).

»Die erfolgreiche Entwicklung der DDR stärkt unsere Kampfposition in der Bundesrepublik. Die DDR zeigt uns durch den Aufbau des Sozialismus die Grundlinien unserer eigenen Zukunft. Das positive Verhältnis zur DDR ist darum der Gradmesser eines jeden Kommunisten in der Bundesrepublik.« (»Probleme des ideologischen und politischen Kampfes und die Rolle der DKP« – Referat von Willi Gerns auf der 8. Tagung des PV der DKP am 27. 2. 1971, »UZ-Extra«, S. 22.)

»Es ist ein Glück, ... daß es den Arbeiter- und Bauernstaat auf deutschem Boden gibt, daß die Werktätigen in der DDR sich unter Führung der SED eine Ordnung frei von Ausbeutung und Unterdrükkung ... aufbauen, in der es keinen Platz ... für Völkerhaß gibt.« (»Gruß der DKP zum 25. Jahrestag der SED« von Kurt Bachmann, in: DKP-Wochenzeitung »Unsere Zeit« vom 24. 4. 1971.)

»Am Beispiel der DDR kann die Arbeiterklasse der Bundesrepublik ermessen, welche großartige Zukunft sie sich schaffen kann, wenn sie das menschenfeindliche imperialistische System überwindet und an den Aufbau des Sozialismus herangeht.« (Interview mit Kurt Bachmann zum VIII. Parteitag der SED, »Marxistische Blätter«, Heft 4, Juli/August 1971, S. 6.)

»Die Deutsche Demokratische Republik verkörpert für uns Kommunisten der Bundesrepublik die Verwirklichung der hohen Ziele, für die die deutsche Arbeiterbewegung seit über 100 Jahren kämpfte. Mit dem Aufbau und der Entwicklung der sozialistischen Gesellschaftsordnung nach den Grundsätzen der Theorie von Marx, Engels und Lenin in fester Kampfgemeinschaft mit der Sowjetunion und der KPdSU, vollbringt das Volk der Deutschen Demokratischen Republik, unter Führung der Sozialistischen Einheitspartei Deutschlands, ein historisches Werk, das auch für die Arbeiterklasse der Bundesrepublik zukunftweisend und beispielgebend ist.« (DKP-Wochenzeitung »Unsere Zeit«, Nr. 41 vom 9. 10. 1971.)

Nach Verfassungsrecht und Verfassungswirklichkeit in der DDR ist offenkundig, daß das dort herrschende System im Widerspruch steht zu Grundprinzipien der verfassungsmäßigen Ordnung in der Bundesrepublik Deutschland. Dieses System aber sieht die DKP als beispielgebend an für eine in der Bundesrepublik zu errichtende sozialistische Gesellschaftsordnung.

Das von der DKP angestrebte sozialistische System ist nach allem mit den unverzichtbaren Elementen der freiheitlichen demokratischen Grundordnung des Grundgesetzes unvereinbar; sie verfolgt also verfassungsfeindliche Ziele, und zwar auch dann, wenn sie die Fähigkeit zu ihrer Verwirklichung – was nach der marxistisch-leninistischen Theorie allenfalls in Ausnahmefällen denkbar erscheint – auf gewaltlose Weise, etwa durch Gewinnung der parlamentarischen Mehrheit, anstreben sollte.«

Quelle: Pressedienst des BMdI, Bonn 29. 10. 1975

Zeitschriften und Verlage der DKP und ihrer (z. T. kritischer gewordenen) Freunde

Wir bitten, die Hinweise zu beachten, die zeigen, daß innerhalb dieser Zeitschriften und Verlage Differenzierungen angebracht sind.

Wichtige DKP-nahe Zeitschriften/Zeitungen und Verlage

1. Argument
2. Beiträge zum wissenschaftlichen Sozialismus (teilweise mit eurokommunistischen Tendenzen)
3. Blätter für deutsche und internationale Politik (das zum Pahl-Rugenstein-V. Gesagte – s. u. – gilt sinngemäß auch für die »Blätter ...«)
4. Demokratische Erziehung
5. Der Kürbiskern
6. Deutsche Volkszeitung
7. Elan (SDAJ)
8. Extra Dienst (bis 1978)
9. Konkret (Hamburg, mit gewissen links-pluralistischen Ansätzen)
10. Marxistische Blätter
11. Nachrichten (Hrsg.: Heinz Steeger)
12. Neue (ab 1978, vormals Extra Dienst, mit kritischen Ansätzen)
13. Sozialistische Korrespondenz (SK, 1980 eingestellt, mit der Empfehlung, als Alternative UZ zu lesen)
14. Stimme der Gemeinde
15. Tat (VVN)
16. Tendenzen
17. Unsere Zeit (UZ, offizielle DKP-Tageszeitung)

1. Asso Verlag
2. Brücken-Verlag GmbH
3. Damnitz Verlag
4. Institut für Marxistische Studien und Forschungen (IMSF)
5. Monitor-Verlag
6. Nachrichten-Verlagsgesellschaft mbH
7. Neue-Kommentare-Verlag
8. Pahl-Rugenstein Verlag (führend in – weitestgehend – DKP-konformer Theorieproduktion in wissenschaftlichem Gewande; bis etwa 1970 links-pluralistische Ansätze)
9. Plambeck & Co. Druck und Verlag GmbH
10. Rochus-Verlag
11. Röderberg-Verlag GmbH (VVN)
12. W. Runge-Verlag (tendiert zur Juso-Stamokap-Richtung)
13. Stimme-Verlag GmbH (ehemals frei-linksevangelisch)
14. Verlag Atelier im Bauernhaus
15. Verlag Marxistische Blätter
16. Verlag pläne GmbH (mit links-pluralistischen Tendenzen)
16. VSA-Verlag (mit eurokommunistischer Tendenz)
18. Weltkreis-Verlags-GmbH

Ferner erwähnenswert: Filmverleih UNIDOC, München (verleiht vor allem Defa-Filme)

Studenten und DKP. Ergebnisse einer empirischen Studie

Von Klaus-Jürgen Scherer

Im folgenden werden einige Thesen zum Einfluß des sowjetisch orientierten Kommunismus an den deutschen Hochschulen dargestellt, die auf den Ergebnissen einer im Sommer 1979 durchgeführten Repräsentativumfrage unter den Studenten fünf ausgewählter Universitäten basieren.* Zwar könnten gemäß den Kriterien empirischer Sozialforschung gesicherte Aussagen nur über das politische Verhalten der Studenten in Berlin, Bonn, Frankfurt, Hamburg und Heidelberg gemacht werden, jedoch fällt aufgrund der gezielten Auswahl der Hochschulorte den Ergebnissen eine nachgewiesenermaßen verallgemeinerbare Relevanz zu.

Im Gegensatz zur methodisch zweifelhaften Repräsentativumfrage des Instituts für Demoskopie Allensbach aus dem Oktober 1978, die einen bedrohlichen kommunistischen Einfluß an den Hochschulen suggerierte (»nur jeder vierte Student ist ein Gegner des Kommunismus«, »zwei Drittel aller Studenten halten den Kommunismus von der Idee her für gut«), zeigt sich in der Studentenschaft das Vorherrschen einer gesellschaftskritischen Grundhaltung gemäßigt linker Demokraten, die sich von fundamental-oppositionellen Radikalismen ebenso fernhalten, wie von unhinterfragter Systemloyalität konservativer Prägung. Rund 55% der Studenten teilen die gesellschaftspolitische Grundhaltung des linken Flügels von SPD und FDP. Lediglich knapp 15% der Studenten zeigen ihr Einverständnis mit der allgemeinen Ausrichtung der sozialliberalen Regierungspolitik oder der CDU/CSU-Opposition. Das Potential grundsätzlich links von Jungsozialisten und Jungdemokraten beträgt rund 18% und teilt sich etwa zur Hälfte in anarcho-, bzw. rätesozialistische Positionen linksradikaler Fundamentalopposition, sowie zur anderen Hälfte in kommunistische politische Grundströmungen (9%). Unter diesen ist zu differenzieren zwischen den fast linkssozialdemokratischen Eurokommunisten (2,3%), den noch übriggebliebenen Maoisten (0,4%), den »Linkskommunisten«, die – obwohl sie sich für die Diktatur des Proletariats aussprechen – den alternativen Gruppen zuneigen (4,5%), und schließlich den traditionellen Kommunisten, denen hier unser Augenmerk gilt. *Mit nur 1,9% studentischer Zustimmung sind die wirklichen Anhänger von DKP/SEW auch unter den Studenten auf ein Sektendasein geschrumpft.*

Obwohl bei den sowjetisch orientierten Kommunisten eine starke Minderheit partiell den Rahmen der gemäßigteren Linken verläßt, sind die DKP-Anhänger aufgrund ihrer Einstellungen zum gesellschaftlichen System der Bundesrepublik nicht eindeutig zum linksextremisti-

* Die im Rahmen eines Forschungsauftrages der Friedrich-Ebert-Stiftung angefertigte Studie wird demnächst erscheinen: Krause, Lehnert, Scherer: Zwischen Resignation und Revolution – Politische Grundströmungen, Alternativkultur und Hochschulaktivitäten in der Studentenschaft, Verlag Neue Gesellschaft, Bonn, ca. August 1980

schen Potential, wie es die Maoisten, Linkskommunisten und Anarcho-Sozialisten repräsentieren, zu rechnen. Denn mehrheitlich sehen die traditionellen Kommunisten noch politische Perspektiven im Rahmen des Parlamentarismus, sowie Chancen für die Überwindung der Arbeitslosigkeit im Zuge einer allmählichen Veränderung des Wirtschaftssystems. Zu über zwei Dritteln lehnen sie die Charakterisierung der Bundesrepublik als »faschistoid« ab. Daneben werden die anderen Parteien (SPD, FDP, Bunte/Alternative), die in ein Bündniskonzept eingeschlossen werden sollen, eher positiv eingeschätzt.

Eine Reihe weiterer Einstellungen der DKP-Anhänger weist allerdings darauf hin, daß unter dieser legalistischen Oberfläche zutiefst leninistisch-undemokratische Grundauffassungen weiterbestehen:

- 72% bekennen sich offen zur »Diktatur des Proletariats«;
- die meisten würden auch eine Mißachtung des demokratischen Mehrheitsprinzips aufgrund einer höher geordneten »proletarischen Legitimität« befürworten;
- über die Hälfte will bei der politischen Gestaltung unserer Gesellschaft die DDR zum Vorbild nehmen;
- die Forderung nach der Freilassung von politischen Gefangenen auf der ganzen Welt, also auch im Realen Sozialismus, wird überwiegend abgelehnt;
- 85% geben als letztes Ziel die totale Sozialisierung an;
- mit der eigenen Partei herrscht eine hundertprozentige Identifikation, wie sie sonst nur noch bei den Maoisten zu finden ist. Entsprechend werden außerinstitutionelle Strategien der Gesellschaftsveränderung, bei denen die Dominanz der Partei nicht gesichert ist (Bürgerinitiativen, Selbstorganisation von Betroffenen), eher abgelehnt.

Den Studenten insgesamt ist die DKP sehr unsympathisch: Sie erreicht auf einer Sympathie-Rangskala mit Werten von +5 bis −5 *einen negativen Mittelwert von −2,3.* Nur die K-Gruppen, sowie die CSU und die NPD werden von den Studenten stärker abgelehnt (zum Vergleich: SPD: +2,1; Bunte: +1,8). Auch unter den linken Studenten ist die DKP zusehends isoliert: sie wird selbst aus einem gewissen linken Grundkonsens ausgegliedert und erhält auch von den anderen linken Grundströmungen durchweg negative Sympathiewerte. Diese Isolation ist weniger Folge der allgemeinen politischen Positionen der traditionellen Kommunisten zum ökonomischen und politischen System der Bundesrepublik, als vielmehr *Ausdruck der DKP-Unglaubwürdigkeit angesichts des unkritischen Verhältnisses zum Realen Sozialismus, der blinden DDR-Gefolgstreue, sowie der hierarchischen Parteistrukturen.* Daneben ist dieser Kontaktverlust der DKP auch auf den tiefgreifenden Stimmungswandel zurückzuführen, der sich in den letzten Jahren bei einem Großteil des Potentials der ehemaligen Neuen Linken vollzogen hat: *der überwiegende Teil der links von SPD/FDP stehenden Studenten definiert sich nicht mehr über marxistische Theorierezeption (auf diesem Gebiet konnte die DKP jahrelang mithalten), sondern zusehends über eine ökologische Grundhaltung und die eigene soziokulturelle Alternativ-Position.*

Und gerade in diesen Fragen kann eine an den Grundsätzen des Marxismus-Leninismus orientierte Partei nicht mithalten:

- Auf einer von uns entwickelten Alternativkultur-Skala, die den Grad der soziokulturellen Veränderungen der eigenen Lebensformen mißt, sind die traditionellen Kommunisten »kritisch in die Mehrheitskultur integriert« bis »zwischen den Kulturen stehend«; eine direkte Zugehörigkeit zur Alternativkultur kommt nicht vor. Damit sind die DKP-Anhänger in soziokultureller Hinsicht deutlich konservativer als der Durchschnitt der linken politischen Grundströmungen, die insgesamt dazu tendieren, sich auf wesentlichen Gebieten des eigenen Lebens alternativ-kulturell zu verhalten.
- Noch deutlicher wird diese Isolation der DKP von der übrigen Linken in der Haltung zur Kernenergie. Hier sind die traditionellen Kommunisten von allen linken Strömungen am stärksten einer dogmatisch verengten Marxismusinterpretation verhaftet, derzufolge ökologische Probleme lediglich als abgeleitete Phänomene des ökonomischen Grundwiderspruches zu betrachten sind. Bezeichnenderweise werden die DKP-Anhänger in der Skepsis gegenüber ökologischen Postulaten nur noch von den rechtskonservativen Studenten übertroffen.

Diese zunehmende Isolierung der DKP wird auch in der Entwicklung des studentischen Wahlverhaltens deutlich, denn *während bei den Bundestagswahlen 1976 noch 3,6% der Studenten die DKP wählten, halbierten sich mittlerweile diese studentischen DKP-Stimmen fast: 1979 wären nur noch 2% der Studenten DKP-Wähler gewesen.* Rund 45% der ehemaligen Wähler der DKP, die für diese weniger aus inhaltlicher Zustimmung, als vielmehr als einziges »kleineres Übel« links von der Sozialdemokratie votiert hatten, würden heute Bunten bzw. Alternativen Listen (gemeint ist der nicht konservative, sondern der ökosozialistische Flügel der Grünen) ihre Stimmen gegeben.

Damit könnte man prima facie schon ein Fazit ziehen: Es gibt keinen nennenswerten inhaltlichen Einfluß des Marxismus-Leninismus der DKP auf die Studentenschaft mehr *(von einigen hier nicht erfaßten Hochburgen einmal abgesehen). Diese Schlußfolgerung läßt jedoch den von den Studentenverbänden bestimmten wichtigen Bereich der praktischen Hochschulpolitik außer acht.* Hier gelang es dem MSB, gemeinsam mit seinem »prinzipiellen Bündnispartner« SHB, der selbst bei bestem Willen vom MSB nicht mehr zu unterscheiden ist, *seinen starken Einfluß erfolgreich zu verteidigen.* So setzt sich die konstatierte Isolierung von DKP-Positionen nicht auf der Ebene der Hochschulpolitik als Isolierung von MSB/SHB fort. Vielmehr ist bis weit in die Mitte politischer Grundströmungen eine derartige Offenheit gegenüber den DKP-nahen sogenannten »gewerkschaftlich orientierten« Verbänden festzustellen, daß immerhin über 37% der Studenten ein AStA-Bündnis unter Einschluß von MSB/SHB befürworten. Für 10,7% der Studenten sind MSB/SHB diejenigen Hochschulgruppen, die ihren eigenen Standpunkt am ehesten vertreten (davon: MSB 4,9% und SHB 5,8%). Bei den letzten Wahlen zum Studentenparlament oder von studentischen Gremienvertretern gaben 15,3% der *wählenden* Studen-

ten dem MSB/SHB-Bündnis ihre Stimme (in Berlin heißt die entsprechende hochschulpolitische Gruppierung ADS).
Interessanterweise haben die meisten Wähler der sogenannten »gewerkschaftlich orientierten« Verbände keineswegs besonders linke oder gar extremistische Auffassungen. Es handelt sich vielmehr *überwiegend um Studenten, die von ihren politischen Grundpositionen her Sozialdemokraten sind,* und dort nicht einmal zum linken Flügel der Partei zu rechnen sind. *Diese Studenten orientieren sich häufig an MSB/SHB, weil sie die rechten Studentenverbände ebenso ablehnen wie die aktionistisch-antiinstitutionellen Basisgruppen und weil sich die in »Stamokaps« und »Spontis« gespaltenen Juso-Hochschulgruppen oft nicht als klare sozialdemokratische Alternative darzustellen vermögen.* MSB/SHB erscheinen da, besonders unpolitischeren Studenten aus technisch-naturwissenschaftlichen Fachbereichen, oft als die einzigen linken Studentenorganisationen, die sich von übertriebenem Verbalradikalismus fernhalten, die die alltäglichen sozialen Interessen der Studenten vertreten und die eine kontinuierliche Arbeit innerhalb der universitären Gremien gewährleisten.
Diese starke Überrepräsentanz von DKP-Anhängern in den universitären Gremien und Organen der studentischen Interessenvertretung ermöglicht einen partiell starken Einfluß auf die in der universitären Selbstverwaltung zu treffenden Entscheidungen.

Über die Autoren des Bandes

Ossip K. Flechtheim, geb. 1909 in Nikolajew, Dr. jur., Dr. phil., lehrte lange Jahre an der Freien Universität Berlin, war Professor am Otto-Suhr-Institut und Direktor des Instituts für Zukunftsforschung in Berlin. Nunmehr emeritiert. Mitglied des deutschen PEN-Zentrums. Lebt in Berlin.
Prof. Flechtheim hat zahlreiche Buch- und Zeitschriftenpublikationen vorgelegt, u. a. *Die Kommunistische Partei Deutschlands in der Weimarer Republik* (1948, 1973); *Die deutschen Parteien seit 1945. Quellen und Auszüge* (1955, 1957); *Weltkommunismus im Wandel* (1965, 1977); *Zeitgeschichte und Zukunftspolitik* (1974).

Wolfgang Rudzio, geb. 1935 in Insterburg, Dr. phil., seit 1973 Professor an der Universität Oldenburg, lehrt Politische Wissenschaft. Lebt in Oldenburg.
Buchveröffentlichungen: *Die Neuordnung des Kommunalwesens in der Britischen Zone* (1968); *Die organisierte Demokratie – Parteien und Verbände in der Bundesrepublik* (1977); daneben zahlreiche Beiträge in Anthologien und politikwissenschaftlichen sowie historischen Zeitschriften.

Fritz Vilmar, geb. 1929, Dr. phil., 1959–70 Referent in der Bildungsabteilung der IG Metall, seit 1975 Professor an der Freien Universität Berlin (Otto-Suhr-Institut), wo er Politische Wissenschaft lehrt; wissenschaftliches Mitglied der Fachkommission Humanisierung der Arbeit beim BMFT, wissenschaftliches Mitglied der Grundwertekommission der SPD.
Zahlreiche Buch- und Zeitschriftenpublikationen, u. a.: *Rüstung und Abrüstung im Spätkapitalismus* (1975, 1977); *Mitbestimmung am Arbeitsplatz* (1971); *Strategien der Demokratisierung* (1973); *Politik und Mitbestimmung: Kritische Zwischenbilanz – integrales Konzept* (1977); *Menschenwürde im Betrieb* (1973); *Sozialistische Friedenspolitik in Europa* (1972, mit Walter Möller); *Wirtschaftsdemokratie und Humanisierung der Arbeit* (1978, mit K.-O. Sattler).

Manfred Wilke, geb. 1941, Einzelhandelskaufmann, Studium an der Hochschule für Wirtschaft und Politik in Hamburg (grad. Sozialwirt); Dr. phil., Wissenschaftlicher Assistent an der Technischen Universität Berlin. Seit 1980 Geschäftsführer der GEW in NRW. Lebt in Berlin.
Veröffentlichungen u. a.: *Die Sowjetunion, Solschenizyn und die westliche Linke* (1975, zusammen mit Rudi Dutschke); *Entstalinisierung in der Sowjetunion. Der XX. Parteitag der KPdSU 1956 und seine Folgen* (1977, zusammen mit Reinhard Crusius); *Menschenrechte. Ein Jahrbuch zu Osteuropa* (1977, zusammen mit Jiří Pelikán); *Opposition ohne Hoffnung? Ein Jahrbuch zu Osteuropa 2* (1979, zusammen mit Jiří Pelikán); *Die Funktionäre. Apparat und Demokratie im DGB* (1979).